铁路岗位资格性培训教材

铁路线路工

王春江　主编
景奉铁　主审

中国铁道出版社有限公司
2025年·北　京

内 容 简 介

本书为“铁路岗位资格性培训教材”丛书的《铁路线路工》分册，主要依据铁路特有工种技能培训规范、铁路劳动培训规范和国铁集团、铁路局集团公司相关制度规定编写。全书分为理论部分和实作部分。理论部分包含劳动安全、专业安全、基础知识、轨道结构、道岔、无缝线路知识、线路设备修理标准、基本规章及相关规章、结构部知识，共九章；实作部分包含工具、量具及使用，信号防护备品及通信工具的使用，轨道设备认知，线路、信号及桥隧标志认知、设置与维护，单项标准化作业，共五章。

本书适用于铁路线路工岗位新职、转岗人员资格性培训，线路工岗位“2+1”定向培养的高职毕业生入职前培训，也可作为高等院校相关专业教学用书和线路工岗位自学用书。

图书在版编目(CIP)数据

铁路线路工/王春江主编. —北京：中国铁道出版社有限公司，2022.4(2025.7 重印)
铁路岗位资格性培训教材
ISBN 978-7-113-28968-3

Ⅰ.①铁… Ⅱ.①王… Ⅲ.①铁路线路-岗位培训-教材 Ⅳ.①U21

中国版本图书馆 CIP 数据核字(2022)第 041697 号

书　　名：铁路线路工
作　　者：王春江

责任编辑：赵昱萌　赵雅敏　　**编辑部电话：**(010)51873626　　**电子邮箱：**crphzym@163.com
封面设计：高博越
责任校对：苗　丹
责任印制：高春晓

出版发行：中国铁道出版社有限公司（100054，北京市西城区右安门西街 8 号）
网　　址：https://www.tdpress.com
印　　刷：北京铭成印刷有限公司
版　　次：2022 年 4 月第 1 版　2025 年 7 月第 4 次印刷
开　　本：787 mm×1 092 mm 1/16　**印张：**23　**字数：**537 千
书　　号：ISBN 978-7-113-28968-3
定　　价：98.00 元

前　　言

院校毕业生是铁路运输生产一线作业岗位人员的主要来源，新职人员的素质能力直接关系铁路运输生产安全和企业可持续发展。为进一步加强和改进铁路企业人才队伍建设，落实岗位准入制度，提升人才源头质量，适应“交通强国、铁路先行”对高素质专业化人才队伍的需要，沈阳局集团公司职工培训部特组织有关铁路专业技术人员、院校教师编写了本套铁路岗位资格性培训教材。

本书为铁路岗位资格性培训教材之一，主要依据《铁路特有工种技能培训规范》、《铁路劳动安全培训规范》和国铁集团、铁路局集团公司相关制度规定编写。本书结合线路工岗位作业特点、现场实践应用，以安全知识、基本规章、作业标准为基础，突出实作技能的培训，提供了大量实作技能项目的单项作业标准，便于实作培训师资教学，更易于学员自主学习，使培训更具针对性，实现岗前资格性培训与上岗作业无缝对接。

本书广泛听取了工务一线技术专家、职工培训基地专职师资、相关职业院校专业教师的意见和建议，吸取了职业教育教学、校企融合经验，体现了“工学结合、理实一体化”的教改思路，主要介绍了安全知识、基础知识、专业知识、相关知识、基本技能和专业技能等六个方面的知识和技能。本书适用于铁路线路工岗位新职、转岗人员资格性培训，以及线路工岗位“2＋1”定向培养的高职毕业生入职前培训，也可作为高等院校相关专业教学用书和线路工岗位职工自学用书。

本书由曹辉、吕宏宇、于咏梅、连惠亮、崔胜利负责统筹策划，王春江主编并统稿。参加编写的主要人员有：彭宏山、冉凤菊、卢连武、王志广、代佩岩、张大明、王春江、杨晓东、魏贤举。本书由景奉铁主审，参加审定的主要人员有：田彦福、戴成新、邹子耕、包向阳、王永峰。

本书由沈阳局集团公司职工培训基地承担主要编写任务，在编写过程中收集和参考了大量铁路工务现场作业方面的经验和事故案例，得到了中国铁路沈阳局集团有限公司有关站段的大力支持，得到了辽宁铁道职业技术学院、吉林铁道职业技术学院、辽宁轨道交通职业学院有关教师的大力帮助，在此一并表示感谢。

由于编者水平有限，教材中难免存在不足及疏漏之处，恳请广大师生及读者给予指正。

编　者

2022年1月

目　　录

理论部分

实作部分

理 论 部 分

第一章 劳动安全

第一节 国家法律法规及相关标准

安全生产法律法规是调整生产经营活动中有关安全生产各方关系行为的法律规范，是为保障劳动者在生产经营活动中的安全与健康而建立的法律体系。本章主要介绍一些与劳动安全相关的国家法律、法规、规章和标准。

一、相关法律

（一）《中华人民共和国安全生产法》（以下简称《安全生产法》）

《安全生产法》是我国安全生产领域的综合法律，是安全生产的基本法。2021 年 6 月 10 日，第十三届全国人民代表大会常务委员会第二十九次会议表决通过了《关于修改〈中华人民共和国安全生产法〉的决定》，于 2021 年 9 月 1 日起施行。

《安全生产法》分为总则、生产经营单位的安全生产保障、从业人员的安全生产权利义务、安全生产的监督管理、生产安全事故的应急救援与调查处理、法律责任和附则七章共一百一十九条。

1. 安全生产方针

安全生产工作坚持中国共产党的领导，安全生产工作应当以人为本，坚持人民至上、生命至上，把保护人民生命安全摆在首位，树牢安全发展理念，坚持安全第一、预防为主、综合治理的方针，从源头上防范化解重大安全风险。

安全生产工作实行管行业必须管安全、管业务必须管安全、管生产经营必须管安全，强化和落实生产经营单位主体责任与政府监管责任，建立生产经营单位负责、职工参与、政府监管、行业自律和社会监督的机制。

“安全第一”，就是在生产经营活动中，在处理保证安全与生产经营活动的关系上，要始终把安全放在首要位置，优先考虑从业人员和其他人员的人身安全，实行“安全优先”的原则。在确保安全的前提下，努力实现生产经营的其他目标。

“预防为主”，就是按照系统化、科学化的管理思想，根据事故发生的规律和特点，千方百计预防事故的发生，做到防患于未然，将事故消灭在萌芽状态。

“综合治理”，就是综合运用经济、法律和行政等手段，人管、法治和技防多管齐下，并充分发挥社会、职工和舆论的监督作用，有效解决安全生产领域的问题。

“安全第一、预防为主、综合治理”的安全生产方针是一个有机的统一体。“安全第一”是“预防为主、综合治理”的统帅和灵魂，没有“安全第一”的思想，“预防为主”就失去了思想支撑，“综合治理”就失去了整治的依据。“预防为主”是实现“安全第一”的根本途径，只有把安全生产的重点放在建立事故隐患预防体系上，超前防范，才能有效减少事故损失，实现“安全第一”。“综合治理”是落实“安全第一、预防为主”的手段和方法，只有不断健全和完善“综合治理”的工作机制，才能有效贯彻安全生产方针，真正把“安全第一、预防为主”落到实处，不断开创安全生产工作的新局面。

2. 对从业人员的基本要求

《安全生产法》对从业人员的基本要求有三点。

(1)未经安全生产教育和培训合格的从业人员，不得上岗作业。

(2)生产经营单位的特种作业人员必须按照国家有关规定经专门的安全作业培训，取得特种作业操作资格证书，方可上岗作业。

(3)从业人员不服从管理，违反安全生产规章制度或者操作规程的，由生产经营单位给予批评教育，依照有关规章制度给予处分；造成重大事故，构成犯罪的，依照刑法有关规定追究刑事责任。

3. 从业人员的安全生产权利义务

作为法律关系的权利与义务是对等的，没有无权利的义务，也没有无义务的权利。生产经营单位的从业人员是各项生产经营活动最直接的劳动者，有依法获得安全生产保障的权利，同时也应当依法履行安全生产方面的义务。

(1)从业人员的权利

《安全生产法》第五十三条～第五十六条规定从业人员依法享有以下安全生产权利。

①从业人员有权了解其作业场所和工作岗位存在的危险因素、防范措施及事故应急措施，有权对本单位的安全生产工作提出建议。

②从业人员有权对本单位安全生产工作存在的问题提出批评、检举、控告；有权拒绝违章指挥、强令冒险作业。

③从业人员发现直接危及人身安全的紧急情况时，有权停止作业或者在采取可能的应急措施后撤离作业场所。

④因生产安全事故受到损害的从业人员，除依法享有工伤保险外，依照有关民事法律尚有获得赔偿的权利的，有权提出赔偿要求。

(2)从业人员的义务

《安全生产法》第五十七条～第五十九条规定从业人员依法应履行以下安全生产方面的义务。

①从业人员在作业过程中，应当严格落实岗位安全责任，遵守本单位的安全生产规章制度和操作规程，服从管理，正确佩戴和使用劳动防护用品。

②从业人员应当接受安全生产教育和培训，掌握本职工作所需的安全生产知识，提高安全生产技能，增强事故预防和应急处理能力。

(3)从业人员发现事故隐患或者其他不安全因素，应当立即向现场安全生产管理人员或者本单位负责人报告；接到报告的人员应当及时予以处理。

(二)《中华人民共和国刑法》

《中华人民共和国刑法》第一百三十二条，铁路运营安全事故罪：铁路职工违反规章制度，致使发生铁路运营安全事故，造成严重后果的，处三年以下有期徒刑或者拘役；造成特别严重后果的,处三年以上七年以下有期徒刑。

《中华人民共和国刑法》第一百三十四条,重大责任事故罪:在生产、作业中违反有关安全管理的规定,因而发生重大伤亡事故或者造成其他严重后果的,处三年以下有期徒刑或者拘役;情节特别恶劣的,处三年以上七年以下有期徒刑。

强令违章冒险作业罪:强令他人违章冒险作业,或者明知存在重大事故隐患而不排除,仍冒险组织作业,因而发生重大伤亡事故或者造成其他严重后果的,处五年以下有期徒刑或者拘役;情节特别恶劣的,处五年以上有期徒刑。

第一百三十四条中还规定了与安全生产相关的内容:在生产、作业中违反有关安全管理的规定,关闭、破坏直接关系生产安全的监控、报警、防护、救生设备、设施,或者篡改、隐瞒、销毁其相关数据、信息的,具有发生重大伤亡事故或者其他严重后果的现实危险性的,处一年以下有期徒刑、拘役或者管制。

(三)《中华人民共和国劳动法》(以下简称《劳动法》)

《劳动法》是我国第一部保护劳动者的合法权益、调整劳动关系的重要法律。它以保护劳动者的合法权益为宗旨,是我国社会主义市场经济法律体系的重要组成部分。《劳动法》分为总则、促进就业、劳动合同和集体合同、工作时间和休息休假、工资、劳动安全卫生、女职工和未成年工特殊保护、职业培训、社会保险和福利、劳动争议、监督检查、法律责任和附则十三章共一百零七条。

1.《劳动法》的基本原则

《劳动法》的基本原则,是指包含在整个《劳动法》体系之中,集体体现《劳动法》的本质和基本精神,贯穿《劳动法》的立法、执法、司法的全过程的总的指导思想和根本准则。它是劳动法的核心和灵魂。

(1)劳动权利义务相统一的原则。劳动是公民的权利,即我国每一个有劳动能力的公民都有从事劳动的同等权利。这对公民、用工单位和国家都有特定的法律意义。对公民来说,意味着享有包括就业权和择业权在内的劳动权。对用人单位来说,意味着必须尽可能提供更多的就业岗位,平等地录用符合录用条件的职工,履行提供社会保险、就业服务、职业培训等方面的应尽职责,并且不得以任何方式阻碍公民劳动权的实现。对国家来说,意味着应当为公民实现劳动权提供保障。劳动也是公民的义务,这是宪法的规定,也是从劳动尚未普遍成为人们生活第一需要的现实和社会制度的要求出发提出的。

(2)保护劳动者合法权益原则。保护劳动者的合法权益,历来是各国劳动法所奉行的主旨。劳动者权利的内容相当广泛,包括劳动权、获取劳动报酬权、劳动保护权、休息休假权、职业培训权、物质帮助权、参与企业民主管理权等。《劳动法》应当以具体落实宪法中关于劳动者权益的规定为己任,对劳动者合法权益的保护,应当是偏重保护、平等保护、全面保护和最基本的保护。

(3)劳动法主体利益平衡原则。劳动法主体主要包括国家、用人单位和劳动者,劳动法主体利益平衡就是要求尽量实现这三方利益的平衡。《劳动法》的立法宗旨从根本上说就是为了实现劳动法主体三方权益的平衡,《劳动法》的具体条文应在充分考虑、衡量三方主体利益之后确定。

2. 劳动者的基本权利和义务

《劳动法》第三条赋予了劳动者享有的项权利和义务。

(1)权利

①享有平等就业和选择职业的权利。即符合《劳动法》规定的劳动者享有获得职业的权利,劳动者可以根据自己意愿选择适合自己才能、爱好的职业。

②享有取得劳动报酬的权利。劳动者在与用人单位签订劳动合同时,合同必须具备约定劳动报酬的条款。

③休息休假的权利。《劳动法》规定的休息时间包括工作间歇、两个工作日之间的休息时间、公休日、法定节假日以及年休假、探亲假、婚丧假、事假、生育假、病假等,用人单位不得剥夺劳动者合法的休息休假权。

④享有获得劳动安全卫生保护的权利。作为一个公民,生命安全与身体健康是公民依法享有的基本权利,用人单位在为劳动者安排工作的时候需要确保劳动者的安全问题得到保障。

⑤享有接受职业技能培训的权利。职业技能培训是指对准备就业的人员和已经就业的职工,以培养其基本的职业技能或提高其职业技能为目的而进行的技术业务知识和实际操作技能教育和训练,劳动者接受职业技能培训可以说是保障劳动者平等就业和选择职业的基础。

⑥享有社会保险和福利的权利。社会保险是国家和用人单位依照法律规定或合同的约定,对具有劳动关系的劳动者在暂时或永久丧失劳动能力以及暂时失业时,为保证其基本生活需要,给予物质帮助的一种社会保障制度。劳动者与用人单位建立劳动关系之后,用人单位有义务为劳动者办理缴纳社保。

⑦享有提请劳动争议处理的权利。在劳动者与用人单位发生劳动争议的时候,劳动者有权向劳动争议仲裁委员会依法申请调解或仲裁,提起诉讼。

⑧法律规定的其他劳动权利。

(2)义务

①劳动者应当完成劳动任务。劳动者在与用人单位建立劳动关系后,完成劳动任务是劳动者强制性的义务。劳动者不能完成劳动义务,就意味着劳动者违反劳动合同的约定,用人单位可以解除劳动合同。

②劳动者应当提高职业技能。劳动者享有接受职业技能培训的权利,同时也具有提高自身职业技能的义务,这也是劳动者完成劳动任务的保障。

③劳动者应当执行劳动安全卫生规程。劳动者在从事劳动的时候享有生命安全和身体健康的权利,国家与用人单位为了保障劳动者获得安全卫生保护权利而指定的劳动安全卫生规程,劳动者需要执行。如果是因为劳动者自身未执行劳动安全卫生规程而导致的损害,劳动者自身需要负责。

④劳动者应当遵守劳动纪律和职业道德。劳动纪律是劳动者在共同劳动中所必须遵守的劳动规则和秩序,宪法规定遵守劳动纪律是公民的基本义务。职业道德是从业人员在职业活动中应当遵循的道德,劳动者在从事劳动过程中需要忠于职守,对社会负责。

3. 劳动安全卫生

《劳动法》第六章规定了用人单位、从业人员和政府在安全生产中的责任和义务。第五十二条~第五十四条规定了用人单位必须建立、健全劳动安全卫生制度,严格执行国家劳动安全卫生规程和标准，对劳动者进行劳动安全卫生教育，防止劳动过程中的事故，减少职业危害；劳动安全卫生设施必须符合国家规定的标准，新建、改建、扩建工程的劳动安全卫生设施必须与主体工程同时设计、同时施工、同时投入生产和使用；用人单位必须为劳动者提供符合国家规定的劳动安全卫生条件和必要的劳动防护用品，对从事有职业危害作业的劳动者应当定期进行健康检查。

第五十五条、第五十六条规定，从事特种作业的劳动者必须经过专门培训并取得特种作业资格；劳动者在劳动过程中必须严格遵守安全操作规程；劳动者对用人单位管理人员违章指挥、强令冒险作业有权拒绝执行；对危害生命安全和身体健康的行为有权提出批评、检举和控告。

第五十七条规定，国家建立伤亡事故和职业病统计报告和处理制度。县级以上各级人民政府劳动行政部门、有关部门和用人单位应当依法对劳动者在劳动过程中发生的伤亡事故和劳动者的职业病状况进行统计、报告和处理。

4. 劳动争议

劳动争议又称劳动纠纷，是指劳动关系双方当事人因执行劳动法律、法规或履行劳动合同、集体合同发生的争议，包括因除名、辞退和辞职、离职发生的争议，因执行国家有关工时、工资、保险、福利、培训、劳动保护的规定发生的争议，因履行劳动合同发生的争议，以及法律、法规规定的其他劳动争议。

劳动争议的处理部门主要有劳动争议调解委员会、劳动争议仲裁委员会和人民法院。劳动争议调解委员会，是用人单位内依法成立的调解劳动争议的群众性组织，由职工代表、用人单位代表和工会代表组成，劳动争议调解委员会主任由工会代表担任。劳动争议调解委员会的职责是调解本单位内部的劳动争议，劳动争议经调解达成协议的，当事人应当履行。劳动争议仲裁委员会是依法成立的行使劳动争议仲裁权的劳动争议处理机构，由劳动行政部门代表、同级工会代表、用人单位方面的代表组成，劳动争议仲裁委员会主任由劳动行政部门代表担任。

劳动争议的处理方式有：协商、调解、仲裁、诉讼。协商和调解不是处理劳动争议的必经程序。仲裁是解决劳动争议的必经程序，未经仲裁，不得直接起诉。提出仲裁要求的一方应当自劳动争议发生之日起 60 日内向劳动争议仲裁委员会提出书面申请。仲裁裁决一般应在收到仲裁申请的 60 日内做出，对仲裁裁决无异议的，当事人必须履行。劳动争议当事人对仲裁裁决不服的，可以自收到仲裁裁决书之日起 15 日内向人民法院提起诉讼，一方当事人在法定期限内不起诉又不履行仲裁裁决的，另一方当事人可以申请人民法院强制执行。

(四)《中华人民共和国铁路法》(以下简称《铁路法》)

《铁路法》是国家管理铁路的重要法律，是制定铁路规章制度、实施铁路运输和铁路建设管理所必须遵循的法律依据。它不仅规范了铁路运输企业及其职工的行为，也规范了地方和公民的行为。《铁路法》共六章，包括总则、铁路运输营业、铁路建设、铁路安全与保护、法律责任和附则。

1.《铁路法》的立法目的

(1)保障铁路运输的顺利进行

我国铁路作为国家重要的基础设施、综合运输体系的骨干、大众化的交通工具，在经济社会发展中具有特殊的地位和作用，承担着十分繁重的客货运输任务。随着国民经济的快速增长，铁路运输面临着许多新的问题，如铁路运输持续紧张，运输负荷不断加重；铁路列车速度不断提高；铁路运输的沿线环境与管理对象发生了重大变化等。铁路运输面临的这些问题，必须通过立法规范各方面的权利和义务，才能确保铁路运输的安全与畅通。

(2)保障铁路建设的顺利进行

目前，铁路建设投资主体呈现多元化趋势，铁路工程建设领域出现了许多新情况和新问题。为此，必须通过立法，规范铁路建设管理和建设市场的行为，提高铁路建设的社会经济效益，为又快又好完成大规模铁路建设任务提供强有力的保证。

(3)适应社会主义现代化建设和人民生活的需要

铁路与国家的现代化建设、国民经济的发展、人民群众的生活息息相关。《铁路法》要求铁路运输和铁路建设必须为人民的生活、为社会主义现代化建设服务，适应国民经济发展，其最终的落脚点是"以人为本"，为广大人民群众创造安全稳定的生存发展环境，为构建社会主义和谐社会创造基础性、前提性条件。

《铁路法》第二条规定：本法所称铁路，包括国家铁路、地方铁路、专用铁路和铁路专用线。国家铁路是指由国务院铁路主管部门管理的铁路；地方铁路是指由地方人民政府管理的铁路；专用铁路是指由企业或其他单位管理的，为本企业或本单位内部提供运输服务的铁路；铁路专用线是指由企业或其他单位管理的与国家铁路或其他铁路线路接轨的岔线。另据有关补充规定，合资铁路(国内)、中外合资铁路也是铁路法的适用范围。与此同时，凡是在我国境内乘坐火车的旅客或者托运物品的发货人、收货人都要依《铁路法》的有关规定，进行铁路运输活动，履行自己的义务。

2. 铁路安全与保护

铁路安全与保护是指铁路运输企业对铁路运输设施、列车和车站的安全以及对铁路沿线环境应承担的保护义务与责任，是铁路运输最基本的要求，主要有四个方面的内容。

(1)铁路站车的安全保障

做好铁路列车和车站的安全保障工作，确保旅客生命和财产的安全是铁路运输首要的工作任务。其主要内容有四点。

一是禁止携带危险品进站上车或者以非危险品品名托运危险品。铁路公安人员和国务院铁路主管部门规定的铁路职工，有权对旅客携带的物品进行运输安全检查，实施运输安全检查的铁路职工应当佩戴执勤标志。

二是确保良好的铁路治安管理秩序和铁路运输秩序。对破坏铁路行车设备，扰乱车站秩序，危害旅客人身、财产安全的，铁路职工有权制止，铁路公安人员可以予以拘留。

三是做好卫生检疫、防止传染病流行。在车站和旅客列车内发生法律规定需要检疫的传染病时由铁路卫生检疫机构进行检疫。根据铁路卫生检疫机构的请求，地方卫生检疫机构应予以协助。

四是铁路公安机关和地方公安机关分工负责共同维护铁路治安秩序。铁路车站和列车内的治安秩序，由铁路公安机关负责维护；铁路沿线的治安秩序，由地方公安机关和铁路公安机关共同负责维护，以地方公安机关为主。

(2)铁路行车安全管理

铁路行车安全管理主要有三个方面的内容。

一是铁路道口的安全管理。《铁路法》规定：禁止擅自在铁路线路上铺设平交道口和人行过道；平交道口和人行过道必须按照规定设置必要的标志和防护设施；行人和车辆通过铁路平交道口和人行过道时，必须遵守有关通行的规定。

二是铁路运营用电负荷的电力供应保障。《铁路法》规定，电力主管部门应当保证铁路牵引用电以及铁路运营用电中重要负荷的电力供应。

三是行车瞭望的安全保护。《铁路法》规定：在铁路弯道内侧、平交道口和人行过道附近，不得修建妨碍行车瞭望的建筑物和种植妨碍行车瞭望的树木；修建妨碍行车瞭望的建筑物的，由县级以上地方人民政府责令限期拆除；种植妨碍行车瞭望的树木的，由县级以上地方人民政府责令有关单位或个人限期迁移或者修剪、砍伐；违反上述规定，给铁路运输企业造成损失的单位或者个人，应当赔偿损失。

(3)路基安全保护

铁路路基是轨道的基础，是重要的铁路运输设施之一。《铁路法》规定：在铁路线路和铁路桥梁、涵洞两侧一定距离内，修建山塘、水库、堤坝，开挖河道、干渠、采石挖砂，打井取水，影响铁路路基稳定或者危害铁路桥梁、涵洞安全的，由县级以上地方人民政府责令停止建设或者采挖、打井等活动，限期恢复原状或者责令采取必要的安全防护措施；在铁路线路上架设电力、通信线路，埋置电缆、管道设施，穿凿通过铁路路基的地下坑道，必须经铁路运输企业同意并采取安全防护措施。

对铁路地界(即铁路留用土地)内外的山坡地，还要做水土保持工作和整治工作，对整治工作的分工，《铁路法》规定：

①铁路线路两侧地界以外的山坡地由当地人民政府作为水土保持的重点进行在整治；

②铁路隧道顶上的山坡地由铁路运输企业协助当地人民政府进行整治；

③铁路地界以内的山坡地由铁路运输企业进行整治。

(4)铁路交通事故处理

铁路交通事故是指在铁路运营过程中发生的行车事故和路外伤亡事故。对铁路交通事故的处理，《铁路法》规定：发生铁路交通事故，铁路运输企业应当按照国务院和国务院有关主管部门关于事故调查处理的规定办理，并及时恢复正常通车，任何单位和个人不得阻碍铁路线路开通和列车运行。因铁路行车事故及其他铁路运营事故造成人身伤亡的，铁路运输企业应当承担赔偿责任；如果人身亡是因不可抗力或者由于受害人违章通过平交道口或人行通道、在铁路线路上行走、坐卧等自身的原因造成的，铁路运输企业不承担赔偿责任。

二、相关法规

(一)《铁路安全管理条例》

为了加强铁路运输安全管理，保障铁路运输安全和畅通，保护人身安全、财产安全及其他合法权益，根据《铁路法》和《安全生产法》，国务院发布了《铁路安全管理条例》，对于保障铁路运输安全发挥了重要作用。《铁路安全管理条例》规定：从事铁路建设、运输、设备制造维修的单位应当加强安全管理，专用铁路、铁路专用线的安全管理参照本条例的规定执行。《铁路安全管理条例》分为总则、铁路建设质量安全、铁路专用设备质量安全、铁路线路安全、铁路运营安全、监督检查、法律责任和附则八章，共一百零八条。

1. 铁路安全与保护的工作方针

根据《铁路安全管理条例》的规定，铁路安全管理应当坚持“安全第一、预防为主、综合治理”的方针。

安全第一，就是要求在生产经营活动中，在处理保证安全与实现生产经营活动的其他各项目标的关系上，始终把安全特别是从业人员和其他人员的人身安全放在首要的位置，实行“安全优先”的原则；在确保安全的前提下，努力实现生产经营的其他目标；当安全工作与其他活动发生冲突与矛盾时，其他活动要服从安全，绝不能以人的生命、健康、财产损失为代价换取发展和效益。总之，安全第一，体现了以人为本的思想，是预防为主、综合治理的统帅。

预防为主，就是要把预防生产安全事故的发生放在安全生产工作的首位，是安全生产方针的核心和具体体现，是实施安全生产的根本途径，也是实现安全第一的根本途径。

综合治理，是保证“安全第一，预防为主”安全管理目标实现的重要手段和方法。综合治理，就是要运用法律、经济、行政等手段，从发展规划、行业管理、安全投入、科技进步、经济政策、教育培训、安全文化以及责任追究等方面着手，建立安全生产长效机制。综合治理，是一种新的安全管理模式，将综合治理纳入安全生产方针，标志着对安全生产的认识上升到一个新高度。

2. 安全保护区

《铁路安全管理条例》重点对铁路线路安全区的范围、划定及其保护，铁路运输企业安全管理人员保护铁路线路的义务，铁路建筑限界的保护，铁路桥梁(包括道路、铁路两用桥)、隧道的安全保护，影响线路安全的施工行为的限制，设置或者拓宽铁路道口和行人过道的审批程序、通行规则、警示标志设立等条件和费用分担原则做了规定。铁路线路安全保护区的范围，从铁路线路路堤坡脚、路堑坡顶或者铁路桥梁(含铁路、道路两用桥)外侧起向外的距离分别为：

(1)城市市区高速铁路为 10 m，其他铁路为 8 m；

(2)城市郊区居民居住区高速铁路为 12 m，其他铁路为 10 m；

(3)村镇居民居住区高速铁路为 15 m，其他铁路为 12 m；

(4)其他地区高速铁路为 20 m，其他铁路为 15 m。

3. 对铁路桥梁范围的安全规定

(1)任何单位和个人不得擅自在铁路桥梁跨越处河道上下游各 1 000 m 范围内围垦造田、拦河筑坝、架设浮桥或者修建其他影响铁路桥梁安全的设施。

(2)禁止在铁路桥梁跨越处河道上下游的下列范围内采砂、淘金：

①跨河桥长 500 m 以上的铁路桥梁，河道上游 500 m，下游 3 000 m；

②跨河桥长 100 m 以上不足 500 m 的铁路桥梁，河道上游 500 m，下游 2 000 m；

③跨河桥长不足 100 m 的铁路桥梁，河道上游 500 m，下游 1 000 m。

(3)在铁路桥梁跨越处河道上下游各 500 m 范围内进行疏浚作业，应当进行安全技术评价，有关河道、航道管理部门应当征求铁路运输企业的意见，确认安全或者采取安全技术措施后，方可批准进行疏浚作业。但是，依法进行河道、航道日常养护、疏浚作业的除外。

4. 铁路员工的义务及法律责任

为加强铁路安全管理，《铁路安全管理条例》在对铁路运输企业、铁路参建企业、铁路专用设备企业提出要求的同时对其工作人员行为也提出了要求。一是要求铁路建设、运输、设备制造维修单位工作人员应当严格执行规章制度，实行标准化作业，保证铁路安全；二是要求铁路运输企业的从业人员应当按照操作规程使用、管理铁路设施设备；三是规定铁路运输企业工作人员不得窃取、泄露旅客身份信息；四是规定从事安全检查的工作人员应当佩戴安全检查标志，依法履行安全检查职责，并有权拒绝不接受安全检查的旅客进站乘车和托运行李物品。在法律责任中规定违反本条例规定，对直接负责的主管人员和其他直接责任人员依法给予处分，铁路运输企业工作人员窃取、泄露旅客身份信息的，由公安机关依法处罚。

(二)《铁路交通事故调查处理规则》

《铁路交通事故调查处理规则》简称《事规》，2007 年 8 月 28 日国铁集团(原铁道部)令第 30 号公布，自 2007 年 9 月 1 日起施行。

《铁路交通事故调查处理规则》制定目的是及时准确调查处理铁路交通事故，严肃追究事故责任，防止和减少铁路交通事故的发生。根据《铁路交通事故应急救援和调查处理条例》，《铁路交通事故调查处理规则》共包括八项主要内容：第一章，总则；第二章，事故等级；第三章，事故报告；第四章，事故调查；第五章，事故责任判定和损失认定；第六章，事故统计、分析；第七章，罚则；第八章，附则。

1. 总则

铁路机车车辆在运行过程中发生冲突、脱轨、火灾、爆炸等影响铁路正常行车的事故，包括影响铁路正常行车的相关作业过程中发生的事故；或者铁路机车车辆在运行过程中与行人、机动车、非机动车、牲畜及其他障碍物相撞的事故，均为铁路交通事故(以下简称事故)。

事故调查处理应坚持以事实为依据，以法律、法规、规章为准绳，认真调查分析，查明原因，认定损失，定性定责，追究责任，总结教训，提出整改措施。

铁路运输企业及其他相关单位、个人应及时报告事故情况，如实提供相关证据，积极配合事故调查工作。

2. 事故等级

事故分为特别重大事故、重大事故、较大事故和一般事故四个等级。

(1)有下列情形之一的，为特别重大事故：

①造成 30 人以上死亡。

②造成 100 人以上重伤(包括急性工业中毒，下同)。

③造成 1 亿元以上直接经济损失。

④繁忙干线客运列车脱轨 18 辆以上并中断铁路行车 48 h 以上。

⑤繁忙干线货运列车脱轨 60 辆以上并中断铁路行车 48 h 以上。

(2)有下列情形之一的，为重大事故：

①造成 10 人以上 30 人以下死亡。

②造成 50 人以上 100 人以下重伤。

③造成 5 000 万元以上 1 亿元以下直接经济损失。

④客运列车脱轨 18 辆以上。

⑤货运列车脱轨 60 辆以上。

⑥客运列车脱轨 2 辆以上 18 辆以下，并中断繁忙干线铁路行车 24 h 以上或者中断其他线路铁路行车 48 h 以上。

⑦货运列车脱轨 6 辆以上 60 辆以下，并中断繁忙干线铁路行车 24 h 以上或者中断其他线路铁路行车 48 h 以上。

(3)有下列情形之一的，为较大事故：

①造成 3 人以上 10 人以下死亡。

②造成 10 人以上 50 人以下重伤。

③造成 1 000 万元以上 5 000 万元以下直接经济损失。

④客运列车脱轨 2 辆以上 18 辆以下。

⑤货运列车脱轨 6 辆以上 60 辆以下。

⑥中断繁忙干线铁路行车 6 h 以上。

⑦中断其他线路铁路行车 10 h 以上。

(4)一般事故分为：一般 A 类事故、一般 B 类事故、一般 C 类事故、一般 D 类事故。

3. 事故责任判定和损失认定

(1)事故责任判定

①事故责任分为全部责任、主要责任、重要责任、次要责任和同等责任。

②铁路运输企业或相关单位发布的文电，违反法律法规、铁道部规章或铁路相关技术标准和作业标准等，直接导致事故发生的，定发文电单位责任。

③因设备管理不善造成的事故，定设备管理单位责任。

④因产品质量不良造成事故，属设计、制造、采购、检修等单位责任的，定相关单位责任；应采用经行政许可或强制认证的产品而采用其他产品的，追究采用单位责任；采购不合格或不达标产品的，追究采购单位责任。

⑤自然灾害原因导致的事故，因防范措施不到位，定责任事故。确属不可抗力原因导致的事故，定非责任事故。

⑥营业线施工中发生责任事故，属工程建设、设计、监理、施工等原因造成的，定上述相关单位责任；同时追究设备管理单位责任。

已经竣工验收的设备，因质量问题发生责任事故，确属工程建设、设计、施工、监理等单位责任的，定上述相关单位责任；属设备管理不善的，定设备管理单位责任。

⑦涉嫌人为破坏造成的事故，在公安机关确认前，定发生单位责任事故；经公安机关确认属人为破坏原因造成的，定发生单位非责任事故。

⑧自轮运转设备编入列车因质量不良发生事故时，定设备配属单位责任；过轨检查失职的，定检查单位责任；违规挂运的，定编入或同意放行的单位责任。

⑨因临时租(借)用其他单位的设备设施、人员，发生事故，定使用单位责任。

产权单位委托其他单位维修设备设施，因维修质量不良造成事故，定维修单位责任；产权单位管理不善的，追究其同等责任。

⑩凡经铁道部批准或铁路运输企业批准并报铁道部核备后的技术革新项目、科研项目在运营线上试验时，在限定的试验期限内确因试验项目本身原因发生事故，不定责任事故；但由于违反操作规程以及其他人为因素造成的事故，定责任事故。

⑪事故发生后，因发生单位未如实提供情况，导致不能查明事故原因和判定责任的，定发生单位责任。

⑫事故涉及两个以上单位管理的相关设备，设备质量均未超过临修或技术限度时，按事故因果关系进行推断，确定责任单位。

⑬铁路作业人员在从事与行车相关的作业过程中，不论作业人员是否在其本职岗位，由于违反操作规程、作业纪律，或铁路运输生产设备设施、劳动条件、作业环境不良，或安全管理不善等造成伤亡，定责任事故。具体情形按以下规定办理。

a. 乘务人员及其他作业人员在企业内候班室、外地公寓、客车宿营车等处候班、间休期间，因违章违纪、设备设施不良等造成伤亡，定有关单位责任。

b. 作业人员在疏导道口、引导或帮助旅客上下车、维持站车秩序过程中被列车撞轧而伤亡的，定作业人员所在单位责任。

c. 事故发生过程中，作业人员在避险或进行事故抢险时因违章作业再次发生伤亡，应按同一件事故定责；事故过程已终止，在事故救援、抢修、复旧及处理中又发生事故导致伤亡的，按另一件事故定责。

d. 铁路运输企业所属临管铁路发生的责任伤亡事故，定该企业责任事故。

e. 作业人员在工作或间歇时间擅自动用铁路运输设备设施、工具等导致伤亡的，定该作业人员所在单位责任事故，同时追究设备设施配属(或管理)单位的责任。

f. 作业人员因患有职业禁忌症而导致行为失控，造成伤亡的，定该作业人员所在单位责任。

g. 两个及以上铁路运输企业在交叉作业中发生伤亡，定主要责任单位事故；若各方责任均等，定伤亡人员所在单位责任，同时追究其他相关单位责任。若各方责任均等且均有人员伤亡，分别定责任事故。

⑭作业人员发生伤亡，经二级以上医院、急救中心诊断或经法医检验、解剖，证明系因脑溢血、心肌梗塞、猝死等突发性疾病所致，并按事故处理权限得到事故调查组确认的，不定责任事故。医院等级不够的，须经法医进行尸表检验或尸体解剖鉴定。法医尸检或解剖鉴定报告结论不确定的，定责任事故。

⑮作业人员伤亡事故原因不清，或公安机关已立案但尚无明确结论的，定责任事故。暂时不能确定事故性质、责任的，按待定办理。若跨年度仍不能确定或处理时间超过法定期限的，定伤亡人员所在单位责任。在年度统计截止前，该事故已查清并作出与原处理决定相反结论的，可向原处理部门申请更正。

⑯铁路机车车辆与行人、机动车、非机动车、牲畜及其他障碍物相撞造成事故，按以下规定判定责任。

a. 事故当事人违章通过平交道口或者人行过道，或者在铁路线路上行走、坐卧造成人身伤亡，定事故当事人责任。

b. 事故当事人逃逸或者有证据证明当事人故意破坏、伪造现场、毁坏证据，定事故当事人责任。

c. 事故当事人违反国家法律法规，有明显过失的，按过错的严重程度，分别承担责任。

(2)事故损失认定

①下列费用列入事故直接经济损失：

a. 铁路机车车辆、线路、桥隧、通信、信号、供电、信息、安全、给水等设备设施的损失费用。

报废设备按报废设备账面净值计算，或按照市场重置价计算；破损设备设施按修复费用计算。

b. 铁路运输企业承运的行包、货物的损失费用。

c. 事故中死亡和受伤人员的处理、处置、医治等费用(不含人身保险赔偿费用)。

d. 被撞机动车、非机动车、牲畜等财产物资，造成的报废或修复费用。

e. 行车中断的损失费用。

f. 事故应急处置和救援费用。

g. 其他与事故直接有关的费用。

②负有事故全部责任的，承担事故直接经济损失费用的100%；负有主要责任的，承担损失费用的50%以上；负有重要责任的，承担损失费用的30%以上、50%以下；负有次要责任的，承担损失费用的30%以下。有同等责任、涉及多家责任单位承担损失费用时，由事故调查组根据责任程度依次确定损失承担比例。负同等责任的单位，承担相同比例的损失费用。

(三)《工伤保险条例》

《工伤保险条例》是国家为保障因工作遭受事故伤害或者患职业病的职工获得医疗救治和经济补偿，促进工伤预防和职业康复，分散用人单位的工伤风险制定的条例。

它的实施扩大了工伤保险的适用范围、工伤认定范围，简化了工伤认定、鉴定和争议处理程序。

1. 应当认定为工伤的情形

(1)在工作时间和工作场所内，因工作原因受到事故伤害的；

(2)工作时间前后在工作场所内，从事与工作有关的预备性或者收尾性工作受到事故伤害的；

(3)在工作时间和工作场所内，因履行工作职责受到暴力等意外伤害的；

(4)患职业病的；

(5)因工外出期间，由于工作原因受到伤害或者发生事故下落不明的；

(6)在上下班途中，受到非本人主要责任的交通事故或者城市轨道交通、客运轮渡、火车事故伤害的；

(7)法律、行政法规规定应当认定为工伤的其他情形。

2. 视同工伤的情形

(1)在工作时间和工作岗位，突发疾病死亡或者在48 h之内经抢救无效死亡的；

(2)在抢险救灾等维护国家利益、公共利益活动中受到伤害的；

(3)职工原在军队服役，因战、因公负伤致残，已取得革命伤残军人证，到用人单位后旧伤复发的。职工有前款第(1)项、第(2)项情形的，按照本条例的有关规定享受工伤保险待遇；职工有前款第(3)项情形的，按照本条例的有关规定享受一次性伤残补助金以外的工伤保险待遇。

3. 不得认定为工伤或者视同工伤的情形

(1)故意犯罪的；

(2)醉酒或者吸毒的；

(3)自残或者自杀的。

三、相关标准

(一)安全标志

安全标志是用以表达特定安全信息的标志，由图形符号、安全色、几何形状(边框)或文字构成，分为禁止标志、警告标志、指令标志和提示标志大类型。下面的安全标志引用于《安全标志及其使用导则》(GB 2894—2008)。该标准规定了传递安全信息的标志及其设置、使用的原则，适用于公共场所、工业企业、建筑工地和其他有必要提醒人们注意安全的场所。

1. 禁止标志

禁止标志是禁止人们不安全行为的图形标志，其基本形态是带斜杠的圆边框。

2. 警告标志

警告标志是提醒人们对周围环境引起注意，以避免可能发生危险的图形标志，其基本形式是正三角形边框。

3. 指令标志

指令标志是强制人们必须做出某种动作或采用防范措施的图形标志，其基本形式是圆形边框。

4. 提示标志

提示标志是向人们提供某种信息(如标明安全设施或场所等)的图形标志，其基本形式是正方形边框。

提示标志提示目标的位置时要加方向辅助标志。按实际需要指示左向或向下时，辅助标志应放在图形标志的左方；指示右向时，则应放在图形标志的右方。

(二)安全色

安全色包括红、蓝、黄、绿 4 种颜色，对比色包括黑、白两种颜色。

1. 红色

是传递禁止、停止、危险或提示消防设备、设施的信息。

2. 蓝色

是传递必须遵守的指令性信息。

3. 黄色

传递注意、警告的信息。

4. 绿色

传递安全提示性信息。

5. 黑色

黑色用于安全标志的文字、图形符号和警告标志的几何边框。

6. 白色

白色用于安全标志中红、蓝、绿的背景色，也可用于安全标志的文字和图形符号。

(三)劳动防护用品分类

1. 概念和作用

劳动防护用品是劳动者在劳动过程中为防御物理、化学、生物等有害因素伤害人体而穿戴和配备的各种物品的总称。劳动防护用品又称劳动保护用品或个人防护用品。

劳动防护用品是劳动安全工作的重要组成部分。当技术措施尚不能消除生产过程中的危险和有害因素，达不到国家标准或有关规定时，或不能进行技术改造时，穿戴劳动防护用品就成为既能完成生产任务又能保证劳动者的安全和健康的唯一手段，也是保护劳动者安全和健康的最后一道防线。

2. 分类

劳动防护用品分为一般劳动防护用品和特种劳动防护用品，特种劳动防护用品实行生产许可制度。按人体防护部位劳动防护用品通常分为九大类。

(1)头部防护用品

头部防护用品是为防御头部不受外来物体打击和其他危险和有害因素而配备的个人防护装备。生产过程中伤害头部的主要因素有物体打击伤害、高处坠落伤害、机械伤害、污染毛发(头皮)伤害。

按防护功能分为普通(一般)防护帽、防尘帽、防水帽、防寒帽、安全(防冲击)帽、防静电帽、防高温帽、防电磁辐射帽、防昆虫帽和其他头部防护用品等。

(2)呼吸器官防护用品

呼吸器官防护用品是为防御有害气体、粉尘、烟、雾经呼吸道吸入，或直接向使用者供氧或清净空气，保证尘、毒污染或缺氧环境中作业人员正常呼吸而配备的防护用具。

生产过程中伤害呼吸器官的主要因素有生产性粉尘和生产性有害物。

按防护功能分为防尘口罩、防毒口罩(面具)、防酸碱口罩、给氧装备和其他呼吸器官防护用品五类；按形式又可分为过滤式和隔离式两类。

(3)眼面部防护用品

眼面部防护用品是为防御眼面部不受烟雾、尘粒、金属火花和飞屑、热、电磁辐射、激光、化学飞溅物等伤害而配备的个人防护用品。

常见的生产过程中眼面部伤害主要有异物性眼伤害、化学性眼(面)伤害、非电磁辐射眼伤害、电磁辐射眼伤害、微波和激光眼伤害。

按防护功能分为防尘风镜(面罩)、防水眼罩、防冲击眼罩(镜)、防毒面罩、防高温面罩、防电磁辐射眼镜、防射线眼镜(罩)、防酸碱面罩、防风沙面罩、防强光眼镜(面罩)和其他眼面部防护用品十一类。使用较普遍的有 3 种，即焊接护目镜和面罩、炉窑护目镜和面罩、防冲击眼护具。

(4)听觉器官防护用品

听觉器官防护用品是为防御噪声侵入耳道，预防噪声对人身引起的不良影响而配备的个人防护用品。

生产过程中对听力的损害因素有机械性噪声、空气动力性噪声、电磁性噪声。

按防护功能分为防水耳塞、防寒耳塞、防噪声耳塞(罩)和其他听觉器官防护用品等四类；按形式又可分为耳塞、耳罩和防噪声头盔三类。

(5)手部防护用品

为防御手部不受外来物体打击和其他危险和有害因素在生产过程中对手部的伤害，大致可归纳为下列几种因素：火与高温、低温、电磁与电离辐射、电、化学物质、撞击、切割、擦伤、微生物侵害以及感染等。

按防护功能分为普通(一般)防护手套和防水手套、防寒手套、防毒手套、防静电手套、防高温手套、防射线手套、防酸碱手套、防油手套、防振手套、防切割手套、绝缘手套和其他手部防护用品十三类。

(6)足部防护用品

足部防护用品是为防御足部不受外来物体打击和其他危险和有害因素而配备的个人防护用品。生产过程中对足部的伤害因素主要有重物、锐利物品、高温、低温、化学物质、电、静电等。

按防护功能分为防尘鞋、防水鞋(靴)、防寒鞋(靴)、防冲击鞋(盖)、防静电鞋、防高温鞋(靴)、防酸碱鞋(靴)、防油鞋(靴)、防烫脚盖、防滑鞋、防穿刺鞋(靴)、电绝缘鞋(靴)和其他足部防护用品(防振鞋)等十三类。

(7)躯干防护用品

躯干防护用品是为防御躯干不受外来物体打击和其他危险和有害因素而配备的个人防护用品。生产过程中对躯干的伤害因素主要有高温、强辐射热、低温、电磁与电离辐射、化学物质、电、静电等。

躯干防护用品就是通常讲的防护服。根据防护功能分为普通(一般)防护服、防水服、防寒服、防毒服、防静电服、防高温服、防电磁辐射服、防酸碱服、防油服、防昆虫服、防风波服、阻燃服、防砸背心、水上救生衣和其他防护服(带电作业屏蔽服和反光标志服、背心)十五类。

(8)护肤用品

护肤用品用于防御皮肤(主要是手、面等外露皮肤)免受化学、物理等有害因素的危害。生产过程中对皮肤的伤害因素主要有高温、低温、紫外线、化学物质等。根据防护功能分为防毒、防射线、防油、其他劳动护肤品四类。

(9)其他劳动防护用品

根据防护功能分为防高温的遮阳伞、防坠落用品的安全带(绳)和安全网、水上救生圈(筏、艇)、电绝缘地板、防滑垫、其他六类。

第二节 预防机车车辆伤害

机车车辆伤害是铁路运输生产过程中的主要伤害之一。铁路作业人员在站场与线路上行走侵入限界、避车安全距离不够、施工作业防护不当、未执行作业安全标准等,极易造成机车车辆伤害。掌握预防机车车辆伤害安全知识和作业防护技能,是确保铁路劳动安全的前提。

一、机车车辆伤害事故类型

机车车辆伤害事故是指铁路机车车辆在运行过程中碰、撞、轧、压、挤、摔等造成铁路作业人员伤亡的事故。机车车辆是指在铁路线路上运行的铁路机车、客车、货车、动车组及各类自轮运转特种设备等。按造成伤害的主要因素可以分为:

1. 作业人员违章抢道、走道心、钻车底、跳车、扒车、以车代步、作业侵限等人为因素造成的伤害;

2. 线路上作业不设防护、作业防护不到位、作业环境不良、违章指挥等管理因素造成的伤害。

二、机车车辆伤害事故危险辨识

在生产过程中，容易造成机车车辆伤害的危险和有害因素较多。根据事故致因理论，事故致因因素包括人的因素、物的因素、环境因素和管理因素四个方面。

（一）人的不安全行为

1. 作业人员安全意识淡薄，缺乏防护技能。如：工务作业人员没有树立安全意识，安全第一的思想移位，不遵守安全规章，存在侥幸心理，养成了惯性违章坏习惯；工作不认真，心不在焉，不考虑自身及他人安全，简化作业程序；作业人员岗位技能不扎实，应变能力差，未掌握相关安全作业标准及防护知识，缺乏安全防护技能等。

2. 作业人员侵入机车车辆限界。如：不按规定的走行线路行走；沿线路行走时走道心或轨枕头；靠近线路坐卧、休息；未随时注意邻线机车、车辆动态；扒乘机车车辆、以车代步；没有下道或下道不及时，距离线路安全距离不够等。

3. 作业人员盲目穿越线路。如：工务作业人员横越线路时未确认线路上有无开来列车，不执行或不认真执行"一停、二看、三通过"规定。

4. 作业人员违章上道作业。如：工务线上作业时未设防护或防护未到位，作业人员就上道作业；工务人员上道作业未按规定着装、佩戴防护用品和正确使用防护用具；天窗点外擅自上道作业；无计划上道作业；提前上道作业；不在规定区域和时间进行作业；在不具备作业条件下上道作业；防护中断脱节；下道避车不及时，避车安全距离不足等。

5. 防护用品、用具使用不规范。如：不会正确使用对讲机，防护标志设置位置不正确，夜间作业时穿戴无反光标志的防护服等。

（二）物的不安全状态

1. 机车车辆扶手、踏板、车辆闸台等稳定性差，强度不够，如工务机械车或工务轨道车的扶手、踏板开焊或强度不够。

2. 防护装置、设施存在缺陷。如：防护设备、设施损坏、失效、失灵，防护设备、设施使用不当，夜间作业方位灯显示不良，信号显示距离不够等。

3. 劳动安全防护用品、用具存在缺陷。如：使用不符合标准的劳动安全防护用品、用具，防护用品、用具作用不良，高可视警示服反光标志失效，防护雨衣、防寒帽无耳孔等。

（三）作业环境不良

1. 作业场所环境不良。如：作业处所多条线路间距离较近，作业通道狭窄、杂乱、不平整、湿滑，作业处所声音嘈杂。

2. 恶劣天气。如：寒冷的冬季进行线上作业，高温天气高强度作业，作业时遇降雾、暴风雨（雪）、扬沙等恶劣天气等。

3. 站场照明条件不良。如：照明灯具少，照明灯具作用不良、损坏严重等。

4. 特殊地形地貌。如：作业处所处在小半径曲线，瞭望条件不良；作业处所存在无避车台的桥梁、隧道；作业处所路肩狭窄，安全避车距离不够等。

（四）安全管理缺陷

1. 安全规章制度不完善。如：管理职责不清，未根据实际情况制定相关安全规章制度，制定的作业标准不规范，作业项目缺乏安全控制措施，应急预案及响应存在缺陷等。

2. 安全培训教育不到位。如:未按规定对作业人员进行安全教育培训,未按规定组织作业人员进行安全防护知识学习,专职防护员未经专门培训考试上岗等。

3. 监督检查不到位。如:对现场作业缺乏监督检查;检查发现违章、违纪现象不重视、无整改,处理影响安全的问题不主动、不迅速,检查发现安全问题没有及时整改,未做到闭环管理等。

4. 劳动安全投入不足。如:劳动安全管理未投入相应资金支持,不按规定配发劳动保护用品用具,配发防护用品用具不全等。

5. 现场作业负责人违章指挥、违规组织。如:作业负责人不设防护违章组织人员上线作业等。

三、站场与线路走行安全

如何在站内、区间走行是确保人身安全的关键,安全避车是避免被运行中的机车车辆碰撞而受到伤害的重要环节。铁路作业人员在站场或线路上走行、横越时,应严格遵守站场、线路走行和避车的相关规定。

(一)上下工行走安全

1. 在站内走行应按规定走行线路,如站台或线路两侧平坦处。

2. 顺线路走行时,应走路肩,并注意本线、邻线的机车、车辆和货物装载状态,严禁在道心、枕木头上行走。不准脚踏钢轨面、道岔连接杆、尖轨等。

3. 在区间走行时应走路肩,不间断瞭望。

4. 禁止在桥梁、站台、路肩上骑自行车等交通工具。

5. 在站台抬运笨重工具、材料时,要呼唤应答,步调一致,并注意邻线列车动态;搬运材料、配件需在两线间走行时,应设置防护,不得紧靠线路。

(二)避车安全

1. 上、下工走行遇来车时,必须严格执行《普速铁路工务安全规则》中下道避车的规定。

2. 在桥梁上避车。列车通过前,在桥梁上的作业人员应撤离至桥头路肩或进入避车台避车,严禁在涵顶(无护栏、距离不足)和无避车台的桥上避车。

3. 在隧道内避车。列车通过前,在隧道内所有的作业人员必须进入隧道避车洞内或撤离至隧道外安全地点避车,严禁在隧道内其他地点避车。

4. 瞭望条件不良或联系中断情况下的避车。遇通信信号不良或瞭望条件不良,必须增加中间联络防护人员。遇通话联络中断时,现场防护员必须立即通知所有作业人员携带机具(料)撤离到安全地点避车。

5. 道口岗位作业避车。列车通过道口时,道口看守员必须提前出务立岗,立岗接车位置应距钢轨头部外侧 3 m 以上。道口看守员必须按规定及时关闭道口栏木,监视机动车辆及行人情况,正确处置突发事件。

(三)预防机车车辆伤害安全知识和作业防护措施

铁路作业人员在施工维修作业、调车作业等生产活动中,违反预防机车车辆伤害的安全规定,不执行作业防护措施,是造成机车车辆伤害的直接原因。

1. 施工维修作业安全

在线路上进行施工维修作业主要涉及工务、电务、供电等专业作业人员。

(1)作业安全基本要求

①作业人员在作业前必须充分休息，严禁饮酒，保持精神状态良好，作业中应按规定着装，正确佩戴劳动防护用品。

②行车设备管理单位要严格执行“行车不施工、施工不行车”的规定，对各类行车设备的检修应安排在天窗点内进行，并加强天窗修管理，提高天窗作业效率。

③凡在营业线进行各类施工(含施工准备)、维修、检查等作业，必须设置驻站联络员和现场防护员，并配带相应的防护备品及用具，驻站联络员、现场防护员不得临时调换。

④遇有降雾、暴风雨(雪)、扬沙等恶劣天气影响瞭望时，应停止线上作业和上道检查，必须作业时，应采取特殊安全措施，保证来车之前按规定的距离及时下道。

⑤接到来车信息后，作业人员应按规定距离到指定地点下道避车。人员下道避车应面向列车认真瞭望，防止列车上的抛物、坠落物或绳索伤人。

⑥在站内作业时，要时刻注意瞭望列车运行，根据站场线路布置，建立作业安全岛。

(2)施工维修作业防护

施工和维修作业前必须按规定设置驻站(调度所)联络员、防护员，驻站(调度所)联络员或现场防护员不得临时调换。

现场防护员应根据施工作业现场地形条件、列车运行特点、施工人员和机具布置等情况确定站位和移动路径，并做好自身防护。

作业过程中，驻站(调度所)联络员与现场防护员必须保持通信畅通并定时联系，确认通信良好。一旦联控通信中断，作业负责人应立即命令所有作业人员下道。铁路局应制定驻站(调度所)联络员、现场防护员及施工负责人之间的联控办法，明确通信设备管理要求，对联控时机、联控内容、联控对象、联控标准用语及复诵确认等环节进行规范。

四、事故案例分析

[案例一] “6·4”人身伤亡责任较大事故

1. 事故概况

××年6月4日5时18分，××局集团公司××工务段××车间在××下行线进行线路机械维修作业，因捣固稳定车临时故障，作业负责人违章组织作业人员转场跨越铁路线路时，跨线人员与××次旅客列车发生相撞，造成9人死亡。

2. 事故原因

维修作业过程中，捣固稳定车发生故障，作业人员在转场跨线过程中，有关人员盲目指挥、联控不彻底、现场防护失效、违章跨越线路是事故发生的主要原因。带班人员违反《普速铁路工务安全规则》第3.2.2条“通过桥梁、道口或横越线路时，应‘手比、眼看、口呼’，做到‘一停、二看、三通过’，严禁来车时抢越”的规定。同时还违反了《铁路营业线施工安全管理办法》(铁运〔2012〕280号)第19条：“施工负责人的主要职责：负责施工现场的组织指挥工作，指挥现场施工、安排施工防护，确认放行列车条件等；负责总结分析施工组织、进度和安全等情况，对施工现场的安全负责”等规定，没有布置跨越线路安全注意事项，不遵守现场防护规定，盲目催促转场人员跨越线路。

3. 事故教训

要认真贯彻落实习近平总书记关于安全生产重要论述和指示批示精神，坚持人民至上、生命至上，坚持红线意识、底线思维，树牢安全发展理念，切实提高政治站位，深刻认识当前铁路安全工作面临的严峻形势，落实安全生产主体责任，强化风险研判和隐患排查治理，迅速扭转安全生产被动局面，坚决遏制类似事故发生；立即开展营业线施工专项整治，从施工组织领导、施工方案审核、施工计划编制与审批、安全协议签订、人员培训等方面全过程对规对标，全面排查现场作业标准不落实、组织不规范、防护措施不落实、作业中违规上下道等问题，加强干部现场盯控，发挥远程监控等科技手段作用，加大监督考核力度，压实安全责任；针对事故暴露出的问题，科学分析研判铁路安全管理方面的薄弱环节，通过强化"人防、物防、技防"手段弥补现场安全管理短板，提升现场安全管控能力。要分层、分级严格对营业线施工作业人员和管理人员开展培训，加强劳务用工管理和培训，建立健全作业安全"自控、互控、他控"责任制，强化重点时段、重点地段、重点环节施工作业安全盯控，确保行车、人身和施工安全；要完善营业线施工安全管理制度，落实营业线施工专业管理责任，健全施工安全风险预防预判机制和非正常应急处置机制，针对不同施工特点，分析研判潜在风险，制定应急处置预案，提高应急处置和风险防范能力，确保安全。

［案例二］ "8·22"人身伤亡责任较大事故

1. 事故概况

××年8月22日7时15分，按天窗修调度命令，××工务段××线路车间前往××下行线K912＋00～K915＋00处进行撤板捣固作业。7时33分，上行11102次货物列车通过作业地点K912＋800处时，将站于上行路肩上的防护员与正在下行线路上作业的人员隔离开。此时，正在作业的代工长发现下行线87021次货物列车已经临近，后慌忙呼喊人员下道，4名作业人员下道不及时，被列车碰撞，造成3人死亡1人重伤，构成责任铁路交通较大事故。

2. 事故原因

(1)现场作业违章指挥。天窗修作业结束后，现场负责人不与驻站联络员联系，违章指挥作业人员继续在线路上作业，在邻线有列车通过、防护员被列车隔开的情况下，没有要求职工停止作业、下道避车，是造成事故的主要原因。

(2)班前预想流于形式。作业前，车间副主任和代工长没有按规定组织召开班前会，只是个别简单分派任务，致使作业人员不知道天窗修起止时间，不清楚安全防护安排，班前安全预想流于形式。

3. 事故教训

(1)加强现场作业安全管理，严格执行天窗修制度，全面落实安全责任。

(2)强化作业人员安全意识，敢于拒绝违章指挥、违规组织、冒险作业等行为，对于现场作业要做到"自控、互控、他控"。

(3)加强安全防护工作，认真执行规章规定。

第三节 预防机动车伤害

机车车辆伤害是铁路运输生产过程中的主要伤害之一。铁路作业人员在站场与线路上行走侵入限界、避车安全距离不够、施工作业防护不当、未执行作业安全标准等，极易造成机车车辆伤害。掌握预防机车车辆伤害安全知识和作业防护技能，是确保铁路劳动安全的前提。

一、机动车辆事故类型

（一）道路交通事故类型

1. 碰撞是指交通强者的正面部分与他方接触，或同类车的正面部分相互接触。

2. 碾压是指作为交通强者的机动车，对交通弱者的推碾或压过。

3. 刮擦是指相对而言的交通强者的侧面部分与他方接触，造成自身或他方损坏。

4. 翻车是指没有发生其他形态，部分或全部车轮悬空、车身着地的现象。

5. 坠车是指车辆的坠落。

6. 爆炸是指由于有爆炸物品带入车内，在行驶过程中由振动等原因引起突爆造成事故。

7. 由于人为或技术的原因引起的火灾。

（二）道路交通事故特点

1. 随机性：交通系统是动态的系统，每个失误都可能引发整个系统的大事故。

2. 突发性：没有任何先兆，由于驾驶员反应不正确、不准确而操作失误或不适宜，导致交通事故。

3. 频发性：车辆增加，交通量增大，造成车辆与道路比例严重失调。

4. 社会性：道路交通是一种必不可少的社会活动。社会分工越来越细，人们的协作和交往越来越密切，使人们在道路上的活动越来越多。

5. 不可逆性：指不可重现性，不能预测。

二、机动车辆伤害事故危险辨识

隐患、危险、事故成单向线性关系，只要消除隐患和危险中的一个环节就可以阻止事故的发生。因此，只有辨识出危险，才能分析危险、评价危险和控制危险或消除危险。根据事故致因理论，事故致因因素包括人的因素、物的因素、环境因素、管理因素四个主要方面。

（一）人的不安全行为

1. 驾驶员无证驾驶或驾驶无证机动车。

2. 驾驶员酒后或疲劳驾驶机动车，超载、超限、超速驾驶。

3. 驾车精力不集中，如拨打或接听手机。

4. 行人在设有中心隔离设施和行人护栏的道路上钻越、跨越护栏的。

5. 在人力三轮车、自行车上非法安装机械动力装置的。

6. 行人通过路口不走人行横道或不遵守交通信号的。在设有人行天桥、人行通道和漆画人行横道线处 100 m 范围内，不走天桥、通道、横道的。

（二）物的不安全状态

1. 车型淘汰，已无配件来源的。

2. 轮胎没按规定进行换位或胎压过高的。

3. 车辆技术状况涉及驾驶转向系、制动系、行驶系、刮水器和照明装置等有故障的。

4. 维护保养不当，设备失灵。

5. 防护、保险、信号灯安全装置缺乏或有缺陷。

(三)作业环境不良

1. 低能见度情况下的行驶,如雾、雨、雪、沙尘、冰雹等。

2. 驾驶人在夜间、黄昏、雨雾天气、冰雪道路、弯道、陡坡、交叉路口、铁路平交道口及视线不良的路段等环境下行车、会车。

3. 驾驶人在冰雪、积水或泥泞等湿滑道路上行车、会车。

4. 在窄桥、窄路、隧道、弯道等复杂危险地段上行车、会车。

(四)安全管理缺陷

1. 没有切实加强驾驶员的培训教育,落实持"双证"上岗制度的。

2. 没有建立健全汽车交通事故应急处置预案的或机动车安全管理制度不健全的。

3. 没有做到定期对汽车的灯光、制动、油、水润滑、刮雨器、发动机、紧固件、仪表指示灯进行监督检查的。

4. 没有对照"汽车安全检查表"的检查内容,逐台对汽车进行月度、年度技术鉴定的。

5. 在派车时没有与驾驶员开展安全预想,向其布置注意事项的。

6. 强迫、指使、纵容驾驶员违反法律法规和安全操作规程的。

三、机动车驾驶人的安全要求和应急处置

(一)机动车驾驶人的安全要求

1. 机动车驾驶人基本要求

(1)驾驶人员应当遵守《中华人民共和国道路交通安全法》,接受道路交通安全教育。

(2)驾驶人员依法取得机动车驾驶证,并随身携带机动车驾驶证和行驶证,方准驾驶车辆。

(3)机动车驾驶人员驾驶机动车上道路行驶前,应当对机动车的安全技术性能进行认真检查。

(4)机动车驾驶人员应当遵守道路交通安全法律、法规的规定,按照操作规范安全驾驶、文明驾驶,严禁酒后驾驶。

(5)对乘车人违章携带易燃易爆等危险物品乘车、向车外抛洒物品、影响机动车驾驶人员安全驾驶的有权制止。

2. 机动车驾驶人员必须遵守的规定(简称"十不准")

(1)不准无证驾驶或驾驶无证机动车。

(2)不准酒后或疲劳驾驶机动车。

(3)不准驾驶超员、超载、超限机动车。

(4)不准驾驶车况不良或性能不熟的机动车。

(5)不准驾驶与驾驶证准驾车型不符机动车。

(6)不准超速驾车或违章超车。

(7)驾车时不准拨打或接听手机。

(8)车门、车厢未关紧不准启动机动车。

(9)因违章违纪正待岗培训的不准驾驶机动车。

(10)患有不宜驾驶疾病的不准驾驶机动车。

(二)机动车驾驶员的应急处置

突发事件是指机动车驾驶人员在从事本岗位工作过程中突然发生的,会造成或者可能造成人身安全危害或财产损失,需要采取应急处置措施予以应对的安全事件。

1. 交通事故应急处置

当发生交通事故后,立即在右侧或紧急停车带停车,并开启双闪危险灯,车后按规定设置警示牌,保护现场,驾驶员及其他乘车人员应撤离事故车辆,立即拨打110或122报警;如果事故车辆车门无法打开,驾驶员应立即使用应急锤砸破车窗玻璃,组织车内人员逃生;如果发现有人受伤时,应立即拨120求助,因抢救受伤人员变动现场的,应当标明位置,并迅速报告执勤的交通警察或者公安机关交通管理部门及向单位车辆管理部门报告事故的有关情况,协助交警勘察处理事故。

2. 车辆发生火灾时的应急处置

当发现火情时,驾驶员应立即疏散乘车人员逃离车辆,撤离到安全地带,同时向110(119、122)报警,并利用车载灭火器进行灭火;如果火势难以控制,立即撤离到安全地带。车辆发生火灾后,如果有人员伤亡,应立即拨打120求救,并做好现场临时急救处理。

3. 车辆掉入河水时的应急处置

车辆掉入河里,当河水很浅时,待车辆稳定后,摸清水流、水底情况,设法驶出或牵拉;若驾驶室被水淹没,不要急于开车门、车窗,待车厢或驾驶室被水灌满时,深吸气破窗或推门潜游而出。

四、预防机动车辆伤害的安全知识

道路上通行的车辆驾驶人、行人、乘车人以及与道路交通活动有关的单位和个人应当遵守道路交通安全有关法律、法规,熟知交通安全基本知识,保障道路交通有序、安全、畅通。

(一)道路通行规定

1. 机动车通行相关规定

(1)在快速车道行驶的机动车应当按照快速车道规定的速度行驶,未达到快速车道规定的行驶速度的,应当在慢速车道行驶。

(2)机动车在道路上行驶不得超过限速标志、标线标明的速度。

(3)机动车超车时,应当提前开启左转向灯、变换使用远、近光灯或者鸣喇叭。

(4)机动车在有禁止掉头或者禁止左转弯标志、标线的地点以及在铁路道口、人行横道、桥梁、急弯、陡坡、隧道或者容易发生危险的路段,不得掉头。

(5)机动车倒车时,应当察明车后情况,确认安全后倒车。不得在铁路道口、交叉路口、单行路、桥梁、急弯、陡坡或者隧道中倒车。

2. 乘车人规定

(1)副驾驶乘坐人员应系好安全带。

(2)在机动车道上不得从机动车左侧上下车。

(3)机动车行驶中,不得干扰驾驶,不得将身体任何部分伸出车外,不得跳车。

(4)乘坐两轮摩托车应当正向骑坐。

3. 高速公路行驶的相关要求

在高速公路上行驶应严格遵守高速公路的有关规定,小型载客汽车最高车速不得超过

120 km/h，其他机动车不得超过 100 km/h。

(1)遇有雾、雨、雪、沙尘、冰雹等低能见度气象条件时，应当遵守下列规定：

①能见度小于 200 m 时，开启雾灯、近光灯、示廓灯和前后位灯，车速不得超过 60 km/h，与同车道前车保持 100 m 以上的距离。

②能见度小于 100 m 时，开启雾灯、近光灯、示廓灯、前后位灯和危险报警闪光灯，车速不得超过 40 km/h，与同车道前车保持 50 m 以上的距离。

③能见度小于 50 m 时，开启雾灯、近光灯、示廓灯、前后位灯和危险报警闪光灯，车速不得超过 20 km/h，并从最近的出口尽快驶离高速公路。

(2)机动车在高速公路上行驶，不得有下列行为：

①倒车、逆行、穿越中央分隔带掉头或者在车道内停车。

②在匝道、加速车道或者减速车道上超车。

③骑、轧车行道分界线或者在路肩上行驶。

④非紧急情况时在应急车道行驶或者停车。

五、事故案例分析

[案例一]　车辆行驶超速，追尾事故伴随

1. 事故概况

××年 6 月 29 日 7 时 10 分，××铁路局××工务段汽车司机驾驶依维柯客车，载 15 名职工由该段驻地前往施工现场进行施工，当车辆行至国道××隧道东进口内 104 m 处时，与因故障停留在隧道内同向右侧的一解放牌大货车尾部相撞，造成依维柯客车中 8 人死亡、8 人受伤，构成责任特大交通事故。

2. 事故原因

(1)依维柯客车司机，在隧道进口设有限速标志情况下，思想麻痹，违章超速，遇突发情况制动不及时，是造成事故的直接原因。

(2)地方解放牌大货车在隧道内发生故障违章停车，是造成事故的间接原因。

3. 事故教训

(1)加强各段汽车司机安全培训，认真学习《中华人民共和国道路交通安全法》有关规定。

(2)需要临时停车时，司机必须按照交通法规及有关停车规定，选择安全地点停车，及时打开危险警告灯，设置警示标志。

(3)各段要提高对交通安全管理的重视程度，对身边发生的违章问题加大监督力度。

[案例二]　车辆行驶超速，车毁人亡悲惨

1. 事故概况

××年 2 月 9 日，××段检测班 3 名作业人员乘坐汽车司机驾驶的丰田 4500 越野汽车去现场处理设备故障。13 时 04 分，汽车行至国道 109 线 K3773＋80 处，由于超速行驶，造成翻车事故，造成乘车的 3 人当场死亡，汽车司机重伤，构成道路交通较大死亡事故。

2. 事故原因

根据公安局交通警察支队事故处理大队出具的《交通事故认定书》：驾驶员因违反《中华人民共和国道路交通安全法实施条例》第 45 条第 2 项之规定，对此事故负全部责任。3 名乘车

人在此次事故中无责任。

(1)驾驶员超速行驶。驾驶员在驾驶机动车辆过程中,严重违反《中华人民共和国道路交通安全法实施条例》第45条第2项"同方向只有一条机动车道的道路,城市道路为50 km/h,公路为70 km/h"之限速规定,超速行驶、操作不当是造成该起事故的主要原因。

(2)车间管理不到位。该段日常对汽车交通安全的管理不到位,汽车驾驶员安全意识不强,是造成该起事故的重要原因。

(3)监督检查不到位。该段对汽车交通安全管理不重视,监督、检查落实不到位,管理力度不够,是造成该起事故的管理原因。

3. 事故教训

(1)组织驾驶员学习不够。该段未能按规定定期组织驾驶员进行安全教育培训和道路交通法规学习,没有定期对各部门、车间开展教育培训及考试情况进行检查,致使驾驶员安全意识薄弱和业务素质不高。

(2)该段管理不严。该段没有严格控制沿线机动车辆的使用,未能细化明确管辖内各路段车辆行驶速度和控制车辆运行区段。

(3)异地车间管理薄弱。异地车间对机动车辆的日常维护保养不到位,对于车辆是否"带病"出车检查不彻底,日常工作没有严格做到"出车前、行驶中、收车后"的例行检查。

第四节　预防触电

工务部门进行设备养护维修作业使用的机电设备、电气设备,电气化铁路区段接触网的高压带电体等,都对现场作业人员的人身安全构成了很大威胁。作业人员掌握用电安全知识、防止触电事故是十分必要的。

一、触电事故类型

电流通过人体叫触电。人体触电方式有以下几种:直接接触触电、间接接触触电、跨步触电、高压电场对人体的伤害、静电对人体的伤害、雷电。触电时人体会受到某种程度的伤害,按其形式可分为电击和电伤两种。

二、电气安全知识

(一)电气安全基本知识

1. 触电对人体的伤害

按照通过人体的电流大小及呈现的不同反应,分为如下4个级别:

(1)感知电流:引起人体感觉但无有害生理反应的最小电流。

(2)反应电流:指通过人体能引起肌肉不自觉收缩的最小电流值,通用值为0.5 mA。

(3)摆脱电流:触电后能自主摆脱电源而无病理性的最大电流,成人为10 mA,也是人体的安全电流。

(4)致命电流:引起心室颤动而危及生命的最小电流,成人一般为50 mA。

2. 电流通过人体的途径

(1)从左手到前胸是最危险的电流路径，这时心、肺、脊髓等器官都处于电路内，极易引起心颤和中枢神经失调而死亡。

(2)从右手到脚的危险性小一些，但会因痉挛而摔伤，造成二次伤害。

(3)从右手到左手的危险性比右手到脚要小些。

(4)危险性最小的是从左脚到右脚，但触电者可能因痉挛而摔倒，导致电流通过全身或二次伤害。

3. 安全电压

安全电压的规定：以通过人体的电流（不超过安全电流）与人体电阻（人体电阻与导电途径、皮肤潮湿、多汗、有损伤、导电扬尘、接触面、接触压力有关）的乘积为依据。这是一个不确定的值。我国现行的安全电压额定值的等级为：42 V、36 V、24 V、12 V 和 6 V。一般性的规定是：在干燥的情况下，安全电压 36 V；在隧道或潮湿场所，人体皮肤受潮，同时电气设备的金属外壳和能导电的构造物表面结露，规定安全电压为 12 V；在游泳池或设有电路的水槽内，规定安全电压为 6 V。国家标准《特低电压（ELV）限值》（GB/T 3805—2008）规定在干燥的情况下，特低电压极限值为 33 V；在潮湿场所，特低电压极限值为 16 V。

（二）电气化安全知识

电气化铁路，是以电能作为牵引动力的一种现代化交通运输工具。它与蒸汽牵引和内燃牵引不同的地方，是电力机车（或动车组）本身不带能源，必须由外部供给电能。电气化铁路牵引供电设备带有高压电，因此与非电气化铁路相比，电气化铁路对人身安全和作业安全提出了更高的要求。为了防止触电伤亡事故发生，确保安全生产和从业人员的生命财产安全，施工作业人员必须熟知电气化铁路安全的有关规定，并且必须严格执行。

1. 供电系统

电气化铁路由电力机车（或动车组）和牵引供电系统两大部分组成，将电能从电力系统传送给电力机车的电力装置的总称为电气化铁路的供电系统，又称牵引供电系统，主要由牵引变电所和接触网两大部分组成。牵引变电所将电力系统输电线路电压从 110 kV（或 220 kV）降到 27.5 kV，经馈电线将电能送至接触网；沿着铁路线的两旁，架设着一排支柱，上面悬挂着金属线，即为接触网。接触网是向电力机车直接输送电能的设备，电力机车升弓后便可从其取得电能，用以牵引列车。

牵引供电构成的回路是：牵引变电所—馈电线—电力机车—钢轨和大地—回流线—牵引变电所。

2. 接触网

接触网是电气化铁路上的主要供电装置，它通过支柱及软横跨、硬横跨，以一定的悬挂形式将接触线直接架设在铁路的上方。它的功能是通过与电力机车车顶部分受电弓的滑动接触将电能供给电力机车（或动车组）。

接触网额定电压值为 25 kV，最高工作电压为 27.5 kV，短时（5 min）最高工作电压 29 kV，最低工作电压为 19 kV（高速铁路为 20 kV）。

架空式接触网主要由接触悬挂部分、支持装置、定位装置、支柱和基础四大部分组成。前三部分带电，与支柱（或其他建筑物）接地体之间用绝缘子隔开。

三、触电危险辨识

带电作业中由于施工环境和作业条件差，不安全因素随着施工项目和作业过程变化而变化，事故隐患较多。根据事故致因理论，事故致因因素包括人的因素、物的因素、环境因素和管理因素四个主要方面。

(一)人的不安全行为

1. 接触网断线触地后，未设置防护人员进行防护。

2. 作业区段附近有安全距离不足的其他带电设备，未进行停电并验电接地。

3. 作业未设置监护，监护人未及时提醒作业人员保持与带电设备的安全距离。

4. 接地装置未定期检查和维护，无完好的记录。

5. 使用的电气设备类别不符合要求。

6. 未选用合格的安全装置或安全装置不齐全、有效，安全装置与被保护设备不匹配或匹配程度不高，安全装置无定期检修维护，安全装置的正确动作率与被保护线路不匹配。

7. 在带电区域内作业，作业人员未按规定穿戴好劳动保护用品。

(二)物的不安全状态

1. 机电设备绝缘老化，导线、引线及接头部位存在过热变色现象，如发电机输电线的绝缘老化、破损等。

2. 电气设备所用绝缘材料的选择不符合要求，绝缘性能不好。

3. 机电设备无接地装置或接地装置失效。

4. 与可能带电的设备搭接的物品无绝缘设施，如在电气化区段换轨时撬棍无绝缘套等。

(三)作业环境不良

1. 存在潮湿、腐蚀性场所或存在导电性粉尘、高温、导电及有可能触及电气设备外壳和接地设备的场所。

2. 在特别危险环境下，使用的手持电动工具、照明灯无安全特低电压保护。

3. 遇有雨、雪、雾恶劣天气时，没有增设接地线进行接触网 V 形天窗作业。

4. 遇有雨、雪、雾、气温在－15～37 ℃之外、风力在 5 级及以上等恶劣天气或相对湿度大于 85％时进行间接带电作业。

(四)安全管理缺陷

1. 未建立健全规章制度，未专门配备安全管理机构和管理人员。

2. 未对作业人员进行用电安全培训。

3. 未按规定对安全用具定期进行绝缘检测和试验。

4. 未按规定加强对用电安全的必要投入，不按规定配发现场所需的用电安全防护备品。

四、预防触电的作业安全要求和防护技能

(一)作业安全规定

1. 一般规定

(1)工作前，必须检查工具、测量仪表、防护用具是否完好。

(2)动力配电箱的闸刀开关，禁止带负荷拉开。

(3)电气设备的金属外壳必须接地(接零),接地线要符合标准,有电设备不准断开外壳接地线。

(4)电器或线路拆除后,可能来电的线头必须及时用绝缘胶布包扎好。

(5)安装灯头时,开关必须接在火线上,灯口螺纹必须接在零线上。

(6)动力配电盘、配电箱、开关、变压器等各种电气设备附近不准堆放各种易燃易爆、潮湿和其他影响操作的物件。

2. 带电作业安全规定

(1)在线路设备上进行带电作业,应由有一定实践经验的人员担任工作,要经过严格的审批程序,并指定专人监护;按规定穿戴好劳动保护用品。

(2)线路上带电作业,应在天气良好的条件下进行,雷雨时应停止工作。

(3)应使用合格的绝缘工具。

(4)要保持人体与大地之间、人体与周围接地金属之间、人体与其他相的导体或零线之间有良好的绝缘和适当的距离。

(5)一般不应带负荷断电和接电,断开导线时应先断开火线、后断开地线,搭线、接电时,先接地线(先接零线),后接火线(后接相线)。

(二)工务作业防触电的安全措施

1. 在电化区段拆换钢轨或夹板时,要按有关规定首先连接好横向及纵向连接线,保持钢轨间电气回路的畅通,连接要紧固,导电要良好,确保在任何情况下都不出现危险电压。

2. 在通往牵引变电所的铁路专用线上换钢轨时,在设置可靠的分路连接线前,不得将回流线从钢轨上拆开,拆装回流线由牵引变电所的工作人员进行。

3. 在工务施工中,要防止撞坏和禁止拆开接地线。因施工需要拆开接地线时,要按规定的导线截面接好临时接地线,此项工作要由接触网工或经过专门训练的工务人员进行。

4. 在电化区段,通过和使用的各种机具(铺砟机、铺轨机、铺路机、架桥机及吊车等)设备,不得超过机车车辆限界,所有工作人员(包括所持工具)与接触网带电部分必须保持 2 m 以上的距离。

5. 在进行隧道内的检查、补漏、衬砌修补、油刷标志、刨冰使用高梯搭设脚手架及隧道口的粉刷装饰、端墙检修等作业,与接触网带电部分不足 2 m 距离时,必须在接触网停电后进行。

6. 在接触网带电情况下,使用轨道拖车装卸钢轨时,所有工具(如撬棍等)不准超过头顶。使用电力机车边走边卸时,不得将电力机车置于所卸车辆的后部。

7. 电化区段开山放炮、清除线路两侧危石危树作业时,要与供电段商定,采取有效防护措施。

8. 在带电的接触网下进行装卸作业时,不准在敞车、平车、罐车等车辆上进行装卸作业,不准用竹竿等非高压绝缘物测量货物和装卸高度。在接触网不停电的情况下,平车装运钢轨、片石,站在车上作业时使用的撬棍不得长于 0.8 m;敞车装运石砟、砂等散堆货物时,作业人员要站在车下通过侧门进行作业。在平车、敞车上作业,要根据现场具体情况,适当加装安全防护网,作业人员站在安全防护网下进行卸车作业。

(三)在电气化铁路上作业应注意的事项

1. 在电气化区段通过或使用各种车辆、机具设备不得超过机车车辆限界。除牵引供电专业人员按规定作业外，任何人员及所携带的物件、作业工器具等须与牵引供电设备高压带电部分保持 2 m 以上的距离，与回流线、架空地线、保护线保持 1 m 以上距离，距离不足时，牵引供电设备须停电。

在电气化区段作业时，长轨列车必须安装屏蔽装置，轨道吊必须安装限位装置。

2. 在距离接触网带电部分 2～4 m 的建筑物上作业时，接触网可不停电，但应加强监护，确保人员、机具、材料等与接触网带电部分的距离不小于 2 m。必须由接触网工或经专门训练的人员现场监护。

3. 发现牵引供电设备断线及其部件损坏，或发现牵引供电设备上挂有线头、绳索、塑料布或脱落搭接等异物，均不得与之接触，应立即通知附近车站，在牵引供电设备检修人员到达并采取措施以前，任何人员均应距已断线索或异物处所大于 10 m。

4. 在接触网支柱及接触网带电部分 5 m 范围以内的金属结构均必须接地，在与接触网相连的支柱及金属结构上，未装设接地线或接地线已损坏时，严禁人员与之接触。

5. 使用发电机、空压机、搅拌机等机电设备时，应有良好的接地装置。在可能带电部位，应有“高压危险”“禁止攀登”等明显标志和防护措施。各种机械与车辆不准用水冲洗；施工用的水管不准跨越接触网，不准用射水方式进行圬工养生。

6. 任何作业均不得影响供电设备的支柱、拉线及基础等设施的稳定。

7. 在电气化区段清除危石，进行爆破作业时，应有供电部门人员配合；有碍接触网及行车安全时，应先停电后作业。

8. 大型养路及施工机械作业，施工机械不超出机车车辆上部限界，且作业人员及所持机具与接触网带电部分保持 2 m 以上距离时，接触网可不停电。不符合上述条件时，按照规定办理停电手续并做好安全防护措施后，方可作业。

9. 作业范围与牵引供电设备高压带电部分须保持 2 m 以上的距离，与回流线、架空地线、保护线保持 1 m 以上距离，距离不足时，牵引供电设备须停电。必须按规定办理接触网停电申请手续，得到许可施工命令，具备施工条件，并有接触网工区派人安设临时接地线后方能施工。

五、事故案例分析

[案例一]　清筛车司机违章作业造成触电身亡

1. 事故概况

××工务机械段清筛三队的施工机械列车在××线施工作业后，停留在××站 7 道休整。13 时 45 分机组人员在对设备进行保洁过程中，负责保洁 10 号清筛机司机室的作业人员，盲目登上前后两个司机室间的污土传送带（长 6.5 m、高 4.7 m），侵入 27.5 kV 接触网界，被电击伤害，送医院抢救无效，3 日后死亡，构成作业人员死亡铁路交通一般 B 类事故。

2. 原因分析

(1)作业人员安全意识淡薄，自我保护意识差，在接触网未停电的情况下，违章盲目登上司机室间的污土传送带进行作业，侵入接触网界，严重违反有关规定，对这起事故负主要责任，是造成事故的直接原因。

(2)工务机械车间对现场作业安全失管失察。车间主要领导检查不到位，劳动安全管理无序，对清筛机污土传送带无遮拦防护装置，对作业人员可以随意攀登的事故隐患不管不问，是造成事故的重要原因。

(3)工务机械段清筛三队工队负责人人身安全意识不强，安全责任落实不到位，在电化区段作业，没有落实班前预想和安全提示，检查不到位，为事故的发生埋下隐患。

[案例二] 接触网工违章作业造成触电身亡

1. 事故概况

××年8月23日下午，××供电车间接触网工区，按局电调859号停电作业命令，在××线上行供电20～18号支柱更换导线作业。作业接近尾声时，工作领导人通知接地线人员拆除接地线。当时在18号支柱上作业的接触网工黄××(男，29岁)从支柱上下来时，跟班作业的车间安全员发现支柱上还有一自制铁丝环没有取下，就让黄××把它取下，黄××又重返支柱上，当黄××取铁丝环时，因接地线已拆除，黄××被感应电电击死亡。

2. 原因分析

(1)作业领导人违反接触网作业安全规程，在没有确认现场作业全部结束，作业人员、机具、材料撤至安全地点的情况下，盲目拆除接地线，是造成事故的主要原因。

(2)黄××本人没有按分工要求完成应有的工作内容，就下支柱；后又重上支柱，在取遗忘在支柱上的铁丝环时也未确认地线是否拆除，是造成事故的直接原因。

(3)监护人员未起到监护作用，是造成事故的重要原因。

(4)车间跟班作业人员违章指挥，是造成事故的又一重要原因。

第五节 预防高处坠落

高处作业安全在众多的生产环节中与铁路安全运输生产紧密相连，息息相关。工务线路、桥梁、大型养路机械车、轨道车、钢轨探伤等岗位涉及高处的作业对运输安全生产要求也很高。在高处作业时，哪怕是一个小小的失误，一个不经意的疏忽，都会造成事故。由于高处作业危险性较大，不安全因素较多，较容易发生高处坠落事故。因此，熟悉和掌握高处作业安全技术，做好高处作业的安全管理、安全防护、监护工作是高处作业安全的重点内容。

一、高处坠落事故类型

高处坠落事故是由于高处作业引起的，故可以根据高处作业的概念、等级和坠落范围、作业种类和特殊高处类别、高处坠落事故主要类型等形式对高处坠落事故进行简单的分类和了解。

(一)高处作业的概念

《高处作业分级》(GB/T 3608—2008)规定："凡在坠落高度基准面2 m以上(含2 m)有可能坠落的高处进行作业，都称为高处作业。"

(二)高处作业等级和事故主要类型

1. 高处作业等级

按照不同的坠落高度，高处作业的等级可分为4级，高度在2～5 m时，称为Ⅰ级高处作业；高度在5～15 m时，称为Ⅱ级高处作业；高度在15～30 m时，称为Ⅲ级高处作业；高度在30 m以上时，称为Ⅳ级或特级高处作业。

2. 高处坠落范围

由于并非所有的坠落都是沿着垂直方向笔直地下坠，因此就有一个可能坠落范围的半径问题。当可能范围的半径为 R，从作业位置至坠落高度基准面的垂直距离为 h 时，国家标准规定 R 值与 h 值的关系是：

(1)$2\ \text{m} \leqslant h \leqslant 5\ \text{m}$ 时，R 为 2 m；

(2)$5\ \text{m} < h \leqslant 15\ \text{m}$ 时，R 为 3 m；

(3)$15\ \text{m} < h \leqslant 30\ \text{m}$ 时，R 为 4 m；

(4)$h > 30\ \text{m}$ 时，R 为 5 m。

3. 作业种类和特殊高处类别

高处作业按性质和环境的不同，可分为一般高处作业和特殊高处作业两类。

(1)一般高处作业

为正常作业环境下进行的各项作业。

(2)特殊高处作业

是指较复杂的作业环境下对操作人员具有危险性的作业，有下列 8 类：①强风高处作业(阵风 6 级，风速 10.8 ～13.8 m/s)；②异温高处作业；③雪天高处作业；④雨天高处作业；⑤夜间高处作业；⑥带电高处作业；⑦悬空高处作业；⑧临边高处作业。

4. 高处坠落事故主要类型

依据高处坠落事故对人体的伤害、高处作业人员工作时所处的部位区别不同，其主要有以下几个类型：

(1)因蹬踏物强度不够，突然断裂(如通往线路、桥梁作业通道上的条石、角钢、钢筋、铁板断裂开焊，以及桥梁步行板强度不足导致作业人员在行走、作业中导致的坠落)。

(2)高处作业移动位置时，踏空、失稳(如在桥上使用撬棍、翻轨器等工机具进行更换钢轨等作业时操作失误导致作业人员滑倒、摔伤、滚落桥下，锯断侵入限界或有可能侵入限界的树木时失稳造成的伤害)。

(3)高处作业时，由于站立位置不当或操作失误被移动的物体碰撞坠落(如在工务机械段收轨车、收枕车上进行作业，吊装钢轨、辙叉、轨枕等作业人员失稳钢丝绳断裂原因造成人身伤害)。

二、高处坠落危险辨识

高处作业因施工环境和作业条件差，不安全因素随着施工项目和作业过程变化而变化，事故隐患较多，其主要原因是：作业人员缺乏高处作业的安全技术知识，防高处坠落的安全设施、设备不健全，高处作业环境恶劣的影响，安全管理上存在的缺陷。根据事故致因理论，事故致因因素包括人的因素、物的因素、环境因素、管理因素四个主要方面。

(一)人的不安全行为

1. 不系安全带(绳)，不佩戴安全帽。

2. 因睡眠、休息不足而精神不振、疲劳作业、思想不集中或开玩笑、追逐、嬉闹。

3. 人在移动过程中被绊倒，踩中易滚动或不稳定物件而失身失足坠落。

4. 高处作业移动位置时，踏空、失稳或站位不当、操作中用力过猛、猛拉猛甩不受力的工具、材料或操作失误失稳而坠落。

5. 在桥梁步行板上行走时脚步不稳(如打滑、踩空),身体失控坠落。

6. 在钢梁桥上转移作业地点时因没有及时系好安全带或安全带系挂不牢而坠落。

7. 班前饮酒或前一日晚上过量饮酒后第二天进行高处作业时精力不集中而坠落。

8. 在桥梁上持物行走或传递物品时坠落。

(二)物的不安全状态

1. 桥梁步行板断裂、失稳导致人员坠落。

2. 角钢、钢筋等金属物断裂或开焊,混凝土面风化碎裂、石条、砖块不稳固导致人员坠落。

3. 劳动防护用品缺陷,安全帽、安全带、安全绳、防滑鞋等用品因内在缺陷而破损、断裂等引起的人员坠落。

4. 触电、物件打击或其他方式导致人员坠落。

5. 梯子不坚固完整、断档缺档、折断、铁梯档脱焊、梯脚底未采取包扎、未钉胶皮防滑导致人员坠落。

6. 在从事检修设备、调换灯具和保洁工作等作业时不采取防坠落措施而坠落。

7. 安全防护设施的材质强度不够、安装不良、磨损老化导致的人员坠落。

(三)作业环境不良

1. 现场施工作业场地不平整,操作平台及高处临边防护缺乏栏杆、盖板而导致人员坠落。

2. 桥梁步行板或作业通道上摆放轨枕、钢轨、道砟等材料导致人员坠落。

3. 在雷雨、强降雪、能见度较差沙尘天气、大雾或 6 级以上(含 6 级)大风的气象条件下,从事露天高处作业导致人员坠落。

4. 夜间进行高处作业没有足够的照明设备导致人员坠落。

5. 冬季施工未做好防冻、防滑、防寒措施导致人员坠落。

(四)安全管理缺陷

1. 作业前不进行安全分析、制订安全技术措施并组织交底,不向作业人员交代作业任务和安全注意事项。

2. 作业前不对施工现场进行检查督促、落实安全措施。

3. 患有高血压、心脏病、严重贫血、美尼尔氏症、癫痫病、精神病和其他不适于高处作业的人从事登高作业。

4. 特殊高处作业无安全网或其他预防坠落措施导致人员坠落。

5. 从事高处作业未设立并明确现场监护人员,违章指挥强令冒险作业。

三、预防高处坠落的作业安全要求

预防高处坠落需加强科学管理,明确岗位责任,熟悉作业方法,掌握技术知识,执行操作规程,正确使用防护用具用品,加强日常检查,做好防范工作,防止人与物从高处坠落的事故发生,才能有效地保障作业人员的人身安全。

(一)高处作业人员要求

1. 凡从事高处作业的人员必须身体健康,并必须定期进行体格检查。严禁患有高血压、心脏病、严重贫血、美尼尔氏症、癫痫病、精神病和其他不适于高处作业的人从事高处作业。

2. 凡从事高处作业的人员必须经高处作业上岗前安全技术培训，熟知现场环境和施工安全要求，经考训合格后，方可上岗作业。

3. 凡从事高处作业的人员工作中必须服从分工，听从指挥，了解本工作的作业内容和作业区域的环境条件，相互密切配合，行动统一，在保证作业安全的条件下开展作业。

4. 从事高处作业必须设立并明确现场监护人员。对于违章指挥，作业人员有权抵制；对于违章作业，施工作业负责人和监护人有权制止与批评教育；对于不听劝阻者，监护人有权制止，使其停止作业。相关管理人员应随时检查高处作业情况。

5. 在雷雨、强降雪、能见度较差的雾霾、大雾或 6 级以上（含 6 级）大风的气象条件下，不得安排露天高处作业。

6. 在地面 2 m 以上从事高处作业的人员必须正确穿戴劳动防护用品，戴好安全帽、系好安全带（绳），穿好防滑软底鞋，不准穿拖鞋或赤脚作业，应有专门的工作服，扎紧袖口、扣好纽扣、束好衣服下摆、扎好裤管口，不能穿过于宽松和飘逸的衣服，做到衣着灵便。

7. 从事高处作业的人员严禁岗前饮酒，作业中严禁追逐、嬉闹、开玩笑。作业中严禁因争抢施工和维修进度而违章冒险作业，注意劳逸结合，防止疲劳作业。

（二）高处作业环境要求

1. 高处作业场所应设定警戒范围并围挡。凡有危险的作业地点应及时设置安全警示标志，不得擅自移动。

2. 高处作业场所必须有安全通道，通道不得堆放过多物件，设置符合安全规定的栏杆或盖板。悬空作业应有牢靠的立足处，必须配置防护栏网或其他安全设施。夜间进行高处作业必须有足够的照明设备。

3. 遇有 6 级以上大风及恶劣天气时应停止高处作业。

4. 冬季施工要做好防冻、防滑、防寒措施，爬梯时在霜冻、雨雪天气要先清除霜冻后再进行作业。

（三）高处作业安全要求

1. 作业前要进行安全分析，制订安全技术措施并组织交底，向作业人员交代作业任务和安全注意事项，详细了解作业内容和作业部位及周边状况。

2. 作业前应对施工现场进行检查督促，落实安全措施，要对人员行走的通道、上下梯子等进行检查，确认符合安全要求后方可作业。

3. 安全防护用品。

(1)作业前必须检查劳动防护用品穿戴情况，安全防护用品、用具在使用前要进行检查，确保其性能完好，应相互检查，发现使用者使用不当应及时给予纠正。

(2)作业中必须戴好安全帽，安全帽外帽壳必须完好，与内衬有良好的连接。使用安全帽时系带必须系牢，有利于防止安全帽脱落。严禁将安全帽当板凳坐。

(3)严格执行安全带的一些使用方法和安全注意事项。

(4)使用移动作业架时，特别是移动作业架钩挂在桥梁人行道栏杆上时，应详细检查人行道、托架 U 形螺栓和作业架，同时应对人行道、承重结构的支架、梁体荷载进行检算。未检查或经检算及检算结果不符有关规定时，不得作业。

4. 攀登作业安全要求。

(1)在攀登通往高处作业的通道、梯子时必须将所用的工具、零部件、材料等装入工具袋，上下时手中不得拿物件。传递工具材料时，禁止上下抛掷。

(2)对堑顶、边坡上将要侵入限界或已经侵入限界的树干、树枝进行砍伐、剪断时，应有专人在现场防护。作业人员不得攀抓脆弱和枯死的树枝，应站在坚固的树干上，攀爬树干时应系好安全带、绳。

四、事故案例分析

[案例一] 2018年××局“7·3”一般B类事故

1. 事故概况

7月3日上午，路桥养修工区将田南桥右侧步行板拆除(桥面步行板3块一组，并排铺设在人行道支架。当日拆除其中两块，其中一块叠加在靠人行道栏杆的步行板上，另一块斜靠在线路挡砟板上，翻开的步行板间隙0.6 m)，对支架进行维修作业，拆除步行板后的桥梁支架下面未安装防护网，桥头(尾)设有“桥梁维修，禁止通行”标识。

7月3日，××线路工区利用综合维修天窗在××线K45＋000～K47＋000进行线路捣固、抽垫作业。22时10分作业完毕，作业人员从K46＋200返回工区，李××与两名推运起道机人员行至K43＋710左右时(田南桥桥尾)，推运起道机的小车脱出轨面，该二人停下来扶正小车，李××单独一人继续往前走，没多久，李××掉落桥下，后在K43＋620处桥下发现李××，经医务人员现场抢救无效死亡，构成责任铁路交通一般B类事故。

2. 事故原因

(1)远端防护员李××违反《普速铁路工务安全规则》相关规定，天窗点作业完毕后，返回工区途中违章在上行方向线路左侧行走，不慎坠落桥下，是事故发生的直接原因。

(2)桥梁维修未按规定设置安全防护设施。当日××养修工区违反《普速铁路工务安全规则》第3.3.5条“临边作业应设置防护围栏和安全网。悬空作业应有可靠的安全防护设施”的规定，在翻开田南桥右侧步行板后，未在临边高处危险作业处所设置安全网，未采取可靠的安全防范措施，给事故发生埋下了安全隐患。

(3)工长履职不到位。7月2日上午，线路工区工长黄××组织路桥车间计划对××线田南桥进行维修，要求相关人员注意走行安全，且当日上午工长带班在现场点外作业时，也已经看见了田南桥右侧步行板翻开，桥头、尾两侧设置了“桥梁维修，禁止通行”标识，在19时班前点名分工安全预想时，工长没有根据车间要求，详细布置桥上走行的安全注意事项。

3. 事故教训

(1)按照《普速铁路工务安全规则》第三章“人身安全”相关规定加强对从业人员的人身安全教育。

(2)加强职工高处作业安全教育。

(3)工长在早点名会上要针对当日项目和内容明确作业风险点并制定研判措施。

[案例二] 2018年××局“6·19”铁路交通一般B类事故

1. 事故概况

2018年6月19日，××工务段检查监控车间探伤工区三组按计划对××线下行K199＋

000～K203＋000 焊缝探伤作业，7 时 30 分，驻站联络员闫××通知探伤组上线作业，探伤组在设置好前后远端防护后从 K199＋000 下行线开始作业。9 时 20 分，当作业组在 K199＋538～K199＋550 处探伤时，张××走到河口特大桥第 5 孔第 9 号、10 号人行道支架步板处，人行道外侧 3 块桥面步板和横向角钢脱落，探伤工张××与步板和横向角钢一并从桥上坠落，经抢救无效死亡，构成责任铁路交通一般 B 类事故。

2. 事故原因

(1)施工单位××集团桥隧工程有限公司在河口特大桥人行道施工时违反“专桥 8145”标准图中“焊缝应为连续满焊、角焊应烧断焊接、焊接安装横向限位挡板”的要求，采用点焊方式对水平肢 N1 和 N2 角钢进行焊连，且部分焊点未融合；没有安装横向限位挡板；N1 转角部分角焊缝偏焊，导致焊接强度不足，支架质量未达到设计标准，是事故发生的主要原因。

(2)设备管理单位××工务段对桥梁人行道及墩台吊篮等设施质量检查、维修和整治不到位，未能及时发现和整治河口特大桥人行道支架焊缝存在的安全隐患，是事故发生的重要原因。

(3)监理单位××工程监理咨询有限公司违反《建设工程监理规范》规定，未严格履行河口特大桥人行道施工的监理职责，对施工单位未按设计要求施工、人行道支架存在严重质量问题的情况失察，是事故的次要原因。

3. 事故教训

(1)施工单位严控施工质量。

(2)加强桥梁人行道及墩台吊篮等设施质量检查、维修和整治，及时消除安全隐患。

(3)监理单位严格履行桥梁人行道施工的监理职责。

第六节 预防起重伤害

在道岔大修铺设、更换钢轨、轨枕以及日常装卸钢轨、辙叉及其他轨件、材料中会使用轨道吊、汽车吊等专用起重机械，作业时人的不安全因素、作业环境不良等危险因素较多，对工务作业人员的安全要求也比较严格。但只要掌握起重机械伤害事故的类型、特点以及内在原因，制定防范事故发生的作业要求和措施并切实予以落实，起重伤害是可以防止和避免的。

一、起重伤害事故类型

工务系统利用轨道车车载起重设备对钢轨、轨枕及其他轨料进行吊装作业，工务机械段收枕车、工务段的轨道车在每年的春季、秋季起重作业效率较高，使用时一般在复杂的施工环境中，容易导致起重伤害事故的发生。

(一)起重机械类型

依据国家质检总局《特种设备目录》等规定，起重机械按照其结构形式，可分为桥式起重机、门式起重机、塔式起重机、铁路起重机、悬臂式起重机、轻小型起重设备、机械式停车设备等 12 类。

铁路工务起重机械主要包括铁路轨道专用起重机、履带式起重机和汽车吊等起重机械。

(二)起重伤害事故类型

起重伤害事故主要是指在起重机械使用、维修等各种作业中发生的人身伤害事故。从起重伤害情况和原因来分，起重伤害事故类型主要有以下5类：

1. 打击伤害事故：起重作业中，由于物件捆绑不牢、挂钩不当、起升结构零件故障所引起。

2. 夹挤伤害事故：作业环境狭窄，安全距离不足，吊臂在回转过程中吊物对作业人员造成夹挤伤害。

3. 坠落伤害事故：起重作业人员在2 m及以上的高度进行起重机械作业时，因坠落造成伤害或因钢丝绳、吊臂断裂导致吊起的钢轨、轨枕、道岔零配件箱体坠落。

4. 触电伤害事故：起重作业人员在使用、维修中，因触电遭受电击发生伤害。触电一般是因为起重机械本身作为触电源造成触电事故，或是因为起重机械在电气化铁路接触线附近作业时，距离接触线等高压带电体过近，感应带电或触碰带电物体，引发触电伤害。

5. 倾翻伤害事故：由于操作不当(例如超载、臂架变幅或旋转过快等)，或者由于强风作用，起重机连带轨道平车一侧脱轨、翻覆，造成伤害。

二、起重伤害危险辨识

预防起重伤害事故，需对起重作业活动中存在的危险源加以识别、评价，确定风险等级，依据法规要求及控制目标，落实管理措施，通过监控机制发现问题并予以纠正。起重伤害危险源主要分为人的因素、物的因素、环境因素和管理因素等四个主要方面。

(一)人的不安全行为

1. 健康状况异常。

2. 心理异常。

3. 超载起重。

4. 未按规定穿戴、使用防护帽、防护服和安全带等防护用品。

5. 误操作。

6. 指挥失误或违章指挥。

7. 监控失误。

8. 其他危险行为。

(二)物的不安全状态

1. 使用时限过长造成零部件因磨损、变形或裂纹而失效。

2. 强度不够、刚度不足造成起重机吊臂折断。钢丝绳绳端固接部分材质不合格造成钢丝绳脱落或破断。

3. 离地2 m以上的平台或过道无防滑功能。

4. 电气设备损坏而造成触电事故。

5. 其他电气缺陷。

(三)作业环境缺陷

1. 起重现场雾大、风沙大、降雨、降雪、雾霾，能见度差，晚间光线太暗或眩目刺眼，看不清物体和周围障碍物，这是发生事故的隐患之一。

2. 生产噪声大，地面人员听不到指挥或思想麻痹，不能迅速避让，导致物体坠落伤人。

3. 夜间天窗时作业灯光太暗、视线不良和遮挡视线导致误操作。

4. 因场地拥挤、杂乱造成的碰撞、挤压事故。

5. 其他作业环境缺陷。

(四)安全管理缺陷

1. 现场无人指挥。

2. 无证操作起重机。

3. 作业人员业务技能生疏。

4. 日常安全检查不到位。

5. 安全操作规程缺失或不合理。

6. 其他安全管理缺陷。

三、预防起重伤害的安全知识和作业要求

起重机械设备安全是有效预防起重伤害事故的根本,充分掌握起重机械安全作业知识和要求,掌握事故伤害危险辨识,才能在起重作业中有效防范事故、保障作业人员人身安全。

(一)起重机械安全技术措施

1. 施工作业应确定走行路线,明确与建筑物、供电设备等设备的安全距离。

2. 在电气化铁路区段利用起重机械工作时,臂架、吊具、辅具、钢丝绳、重物等,按照《普速铁路工务安全规则》第2.3.11条"大型养路机械及施工机械作业,如施工机械不超出机车车辆上部限界,且作业人员及所持机具与接触网带电部分保持2 m以上距离,接触网可不停电。不符合上述条件时,应按照规定办理停电手续并做好安全防护措施后,方可作业"规定进行作业。

(二)起重机安全操作措施

1. 作业前准备

(1)必须正确佩戴个人防护用品。

(2)起重机司机及操作人员需持证上岗。

(3)熟悉吊物状况,根据技术数据进行受力计算,确定吊点位置和捆绑方式。

(4)作业前应做好安全预测,对可能出现的事故采取有效预防措施,制定应急处置对策。

2. 吊载钢轨、辙叉、岔枕及其他材料时作业过程中安全事项

(1)操作过程中,不准吊物从人头顶上通过;吊物和起重臂下不准站人。

(2)严格按指挥信号操作,接到紧急停止信号,必须立即紧急停止作业。

3. 作业过程中指挥注意事项

(1)无论采用何种指挥信号,必须规范、准确、明了。

(2)指挥者所处位置应能全面观察作业现场,并使司机和其他相关操作人员都能看得到。

(3)在作业进行的整个过程中(特别是重物悬挂在空中时),指挥者应密切注意观察吊物及周围情况,发现问题,及时发出指挥信号。

4. 作业过程中吊运物品坚持"三不越过"

(1)不从人头上越过。

(2)不从汽车、机车头上越过。

(3)不从道岔转辙机等信号设备上越过。

5. 作业完毕

(1)将吊钩升至规定高度,吊钩不准悬挂重物。

(2)所有工作控制键应回原位,将紧急开关断开拉下保护柜刀闸,切断电源关闭操作门后下车。

6. 工作中突然断电

应将所有控制器手柄扳回零位;重新工作前,应检查起重机是否正常。

四、事故案例分析

[案例一] 违反电气化作业规定,造成接触网停电

1. 事故概况

2010年3月18日,××局××工务段在××线虎石台站牵出线进行吊车检修作业时,轨道车吊车司机发现起重机卷扬器钢丝乱了,轨道吊车司机扬臂、出杆,对钢丝绳进行捋顺之后,欲将吊臂收回,错将操纵杆推出,造成吊臂伸出,导致吊臂接近下锚斜拉接触线,引起接触线放电,造成电务机械室内16处断路器跳起,部分器材烧损,构成铁路交通一般D类事故。

2. 原因分析

轨道车吊车司机在处理起重机卷扬器钢丝时,错误操作,导致吊臂接近接触线,造成接触网对吊臂放电,短路电路流经钢轨烧损电务设备。

[案例二] 2012年6月15日××局××工务段轨道车在××线江山站刮碰接触网钢立柱

1. 事故概况

2012年6月15日7时50分,根据当日计划,××工务段从江山站到金华站开行路用车56364/56331,江山站从10道转线至3道进行收路料作业。轨道车编组56364于8时16分从江山站10道(杭端)经上下行正线转线至江山站3道处停车,并开始进行旧轨料回收吊装作业,共计回收旧钢轨7根。8时28分驻站联络员申请占用江山站N17号道岔吊装回收3道左侧(相对××线下行里程K437+060~+135)旧轨料。经车站同意后,8时31分10813轨道车运行到达3道(相对下行里程K437+053)处时,P10811平车上车载吊机机臂向运行方向右侧旋转侵限,以8 km/h的速度撞击3道外侧047号接触网硬横梁立柱,造成立柱变形弯曲并导致硬横梁倾倒、接触网塌网停电。经抢修,上下行列车分别于10时08分和10时17分经由站内6、8道通过;15时33分,Ⅰ、Ⅱ、3、4道供电线路开通;15时40分,149、150供电单元恢复供电。

2. 原因分析

(1)作业负责人在动车前,没有对吊机复位情况进行确认,盲目指挥轨道车司机动车。在轨道车移动中,中断对平车吊机状况的监控。

(2)吊机操作手为抢任务,在操作过程中盲目求快,违章提前向右转动吊臂杆做收轨准备,未确认前方接触网立杆,致使吊臂杆侵限撞上接触网立杆。

(3)吊机操作手违反作业标准,轨道车在3道第一批吊装作业完毕,动车前未将吊机吊臂缩回,未将吊钩与平板车上所装钢绳套环拉紧固定,违反了《××工务段运输及其他作业项目指导书》中关于"使用后吊臂要缩回到底,恢复原位,并将吊钩与平板车上所装钢绳套环拉紧"的作业要求。

(4)作业现场没有设置防护。本次在3道回收旧轨紧邻下行正线,××工务段未对现场作业派设专职防护员。违反《轨道车管理规则》(铁运〔2007〕22 号)第 54 条“起重轨道车装卸作业时，必须指派有实践经验的施工负责人做现场指挥，指定专人防护”的规定。

注：该事故发生后，2014 年中国铁路总公司《普速铁路工务安全规则》第 2.4.22 条做出明确规定“使用伸缩式随车吊装卸车，车辆需要越过接触网立柱、信号机柱等设备设施移动时，随车吊需恢复到原位”。

[案例三] 2014 年 12 月 13 日××集团公司××工务段××线××站轨道车收旧轨作业刮碰旅客列车

1. 事故概况

2014 年 12 月 13 日，根据 6971 号路用列车开行计划，工务段于 11 时 30 分至 13 时 00 分在××线佗城站 3 道回收旧轨料作业。××次旅客列车以 105 km/h 速度运行至××站中心时，发现前方约 200 m 处站内 3 道停留的轨道平车在吊钢轨作业，吊起的钢轨距离地面约 2 m；当列车距离起吊钢轨约 50 m 左右时，吊起的钢轨突然横向摆动，侵入Ⅰ道限界，司机紧急停车不及擦碰上钢轨，停车后，司机到非操纵端(Ⅰ室)叫醒副司机钟××共同下车检查机车，发现机车操纵端(Ⅱ室)扶手擦碰变形，机车左侧瞭望窗下方有一处长约 60 cm、深约 3 mm 的刮痕。

2. 原因分析

(1)作业人员违章。××工务段装卸料负责人在佗城站内 3 道装轨作业中、13 时 00 分车站给点结束前，没有检查作业及开通前的各项工作，仍在抢吊旧轨；12 时 57 分接到驻站联络员邻线来车的信息后，没有及时通知 160 号吊机操作手停止作业，致使其仍继续起吊钢轨；加之装卸作业未安排专职防护人员，且装卸作业人员在钢轨吊起往轨道平车上转移过程中，没有拴挂方向绳，车上作业人员没有接扶吊起的钢轨，造成钢轨九龙端往Ⅰ、3 道间偏移，侵入Ⅰ道限界，被通过的××次列车顺向擦碰。

(2)计划审批把关不严。××工务处计划审批人员将收卸路料的工务Ⅰ级维修项目降级审核，未纳入施工(维修)作业，而是按照路用列车运行计划进行批复。违反《铁路营业线施工安全管理办法》相关规定。××集团运输处施工协调办公室指导各区域施工协调组审定周维修计划工作不力，对××工务段长期未将普速铁路收卸轨料维修天窗项目纳入施工(维修)作业的行为没有发现和制止。

第七节　预防物体打击

在工务施工和维修作业中使用工机具、材料时常出现崩块、飞溅、坠落等原因造成的打击伤害，甚至对作业人员的生命安全造成威胁，特别是在施工周期短、人员密集、使用工机具较多时。为有效预防和避免物体打击伤害，作业人员必须严格执行操作规程和有关规定，管理人员加强监督检查，防止物体打击事故发生。

一、物体打击事故类型

物体打击是指由失控物体的重力或惯性力引起的伤害事故。物体打击适用于落下物、飞来物、滚石、锤击、碎裂、崩块等所造成的伤害，常见事故类型有以下几个方面：

1. 坠落物伤人,如工具、零件、零部件等物体由高处掉落伤人,钢轨、轨枕等重物坠落等伤人。

2. 飞溅物伤人,如打磨机、锯轨机锯片破碎或碎屑物飞溅伤人。

3. 抛落物伤人,如运行的货物列车上坠落的货物、松动的篷布、绳索等伤人。

4. 惯性力伤人,如撬棍、扳手滑脱伤人,钢丝绳甩击,夹具、工件飞出等伤人。

二、物体打击危险辨识

造成物体打击的原因有多方面,在生产活动过程中存在多种危险有害因素,主要包括人的因素、物的因素、环境因素、管理因素四个主要方面。

(一)人的不安全行为

1. 作业人员进入危险区域,如在运行的起重机械下行走或穿行。

2. 忽视个人防护用品、用具的使用,如锯断钢轨、用砂轮机打磨作业时,未佩戴防护眼镜;进入施工作业区域不戴安全帽。

3. 上下传送材料、工机具。

4. 作业人员从高处往下抛掷建筑材料、杂物、建筑垃圾。

5. 未经安全培训上岗操作。

6. 出现险情时,应变失误。

7. 操作错误,如超载起吊物件。

8. 在起吊物上堆放其他物件。

(二)物的不安全状态

1. 脚手架、支撑架强度、刚度不够,起吊重物的绳索不符合安全要求等。

2. 无安全防护装置。

3. 施工场地出入口、通道口未搭设双层防护棚和安全通道。

4. 支撑不当、防护距离不够。

5. 强度不够、刚度不足、稳定性差、制动器缺陷等。

6. 起重设备或垂直运输机具零部件掉落。

7. 材料、构件、料具应按施工组织规定的位置堆放整齐。

(三)作业环境不良

1. 采光照明不良,空气质量不良,气温过高或过低,大风、暴雨、大雪、雾霾等自然灾害。

2. 施工场所狭窄、安全过道缺陷。

3. 作业场地塌陷。

(四)安全管理缺陷

1. 违章指挥。

2. 安全责任制不落实,检查不到位,监督不严。

3. 安全操作规程缺乏或不健全,安全教育不够等。

4. 个人防护用品、用具缺少或有缺陷。

5. V形天窗作业时两线间未设警示标志。

6. 立体交叉作业。

7. 拆除脚手架等施工材料时周边未设置护栏。

三、预防物体打击的安全知识和作业要求

在作业过程中，作业人员要仔细观察、检查作业区域内的机械设备、建筑物、机具材料等的安全状况，及时发现和解决安全问题和隐患。严格执行安全作业标准，防止物体打击事故发生。

(一)作业人员安全防护要求

1. 作业人员或检查人员进入施工现场必须按规定佩戴好合格的安全帽、安全带(绳)和其他防护用品。应在规定的安全通道内出入和上下，不得在非规定通道位置行走。

2. 锤击时，作业人员必须戴防护眼镜。

3. 高处作业人员的身体条件要符合安全要求，如：不准患有高血压病、心脏病、贫血、癫痫病等不适合高处作业的人员从事高处作业，对疲劳过度、精神不振和思想情绪低落人员要停止高处作业，严禁酒后从事高处作业。

4. 高处作业人员的个人着装要符合安全要求，如：根据实际需要配备安全帽、安全带和有关劳动保护用品，不准穿高跟鞋、拖鞋、硬底鞋或赤脚作业，悬空高处作业要穿软底防滑鞋，不准从高处跳上跳下。

(二)作业安全要求

1. 高处作业的下方不得同时有人作业。必须同时作业时，应做好防止坠落物伤人的措施，并设专人看护。

2. 小型养路机械启动前应认真检查，保证安全可靠使用，防止磨片、锯片等零部件飞出伤人。

3. 打磨机、锯轨机等转动机器应加装防护罩，不得触及转动部位。

4. 用翻轨器翻转钢轨时，作业人员要站在同一侧，听从负责人的指挥，动作一致，防止翻轨器、钢轨伤人。

(三)工机具、物料运送要求

1. 材料应堆放整齐、平稳，作业场地及时清扫，每天做到工完场清。

2. 吊运一切物料都必须由持有司索工上岗证人员进行指挥，散料应用吊篮装置好后才能起吊。

3. 高处作业人员应佩戴工具袋，使用的小型工具及小型材料、配件等，必须装入工具袋内，防止坠落伤人。

4. 物料传递时不准往下或向上乱抛材料和工具等物件，所有物料应堆放平稳。严禁上下作业和抛递工具、材料。

5. 上下传送材料，特别是易滑的钢材，绳结必须系牢，防止材料散落伤人。严禁上下作业和抛递工具、材料。

四、事故案例分析

[案例一]　清点钢轨未排隐患，双侧踝关节被砸伤

1. 事故概况

2004年4月9日11时45分，××局××工务段料库1名调度员，在段管线(料库内)进行

废轨料吊装监装作业，该调度员在废轨料堆下清点数量时，被从钢轨支架上滑落下的一节长11 m的短轨砸中双脚，构成责任重伤事故。

2. 事故原因

(1)该调度员安全意识淡薄，自我保护意识不强，在清点废钢轨数量时未认真检查身边存在的安全隐患，是造成事故的直接原因。

(2)设置在被割长轨下的支架放置不当，在割轨中造成被割轨重心偏移，当长轨被割下的瞬间，另一端下滑，砸中正在旁边清点钢轨数量的调度员双脚，是造成事故的重要原因。

3. 事故教训

(1)该调度员清点钢轨前未认真检查作业区域内安全状况，未发现潜在的安全隐患。

(2)焊工割轨作业时没有观察周边环境，未注意该调度员已行至旁边清点钢轨，缺乏安全意识。

(3)钢轨支架未摆放稳固，造成被割轨滑动砸伤该调度员。

[案例二] 电钻用力不均，钻头崩断伤人眼

1. 事故概况

2004年2月26日8时35分××局集团公司××电务段工区2名作业人员前往××站处理位于K86＋700轨道电路接续线断股3处的故障。作业中，1名作业人员用铁冲冲旧接续线塞钉头，因塞钉头过紧，在无法冲出情况下，该作业人员改用安装9.8 mm的钻头钻孔，因使用电钻过程中用力不均，致使钻头突然崩断成几块飞出，其中一块断钻头碎片屑溅入该作业人员的左眼，造成左眼失明，构成责任重伤事故。

2. 事故原因

(1)自我保护意识不强。该作业人员违章使用电钻冲铣旧塞钉头且未按规定戴防护眼镜，是造成事故的直接原因。

(2)联防互控不力。另1名作业人员对该作业人员违章作业未及时制止，是造成事故的重要原因。

3. 事故教训

(1)安全教育培训不到位。日常劳动安全教育培训形式和方法缺乏针对性、有效性，部分职工不能真正从发生同类事故中吸取教训、举一反三、提高安全意识和自我保护意识。

(2)电务部门作用未能发挥。电务部门对现场作业缺少专业指导、检查和约束；对存在的伤害事故隐患与问题，缺少超前防范意识和强力控制手段。

第八节 预防机械伤害

使用机械设备过程中，由于操作者的不安全行为、机械设备的不安全状态等原因，往往容易引发各种机械伤害事故，严重的造成人员伤亡，影响生产正常进行。因此，为了防止和减少事故的发生，应采取安全防护措施，预防机械伤害事故的发生。

一、机械伤害事故类型

机械设备种类繁多，设备运行时，其加工部件和机械设备本身可进行不同形式的机械运动，在其制造及运行、使用过程中，也会带来撞击、挤压、切割等，容易导致机械伤害事故的发生。

(一)铁路常用的通用机械

工务常用的通用机械主要有：

1. 打磨机械。

2. 钻孔机械。

3. 切割机械。

4. 起重机械，如轻小型起重机械(千斤顶、滑车、手拉葫芦等)、轨道起重机械等。

5. 捣固机械。

6. 清筛机械。

(二)常见的机械伤害类型

机械伤害是指人们在接触设备或与静止设备某部位做相对运动时，机械设备运动(静止)部件、工具、加工件直接与人体接触引起挤压、碰撞、冲击、切割时造成的伤害。

1. 机械设备零、部件做旋转运动造成的伤害，例如机械设备中的轮、皮带轮、滑轮、轴等零部件，伤害的主要形式有绞伤和物体扭击伤。

2. 磨片、切割片、钻头造成的伤害，例如钻轨时的钻头、打磨时磨片、锯轨时的切割片伤人，伤害的主要形式有烫伤、刺伤、割伤。

3. 电气系统造成的伤害，主要包括发电机组、开关、按钮、局部照明灯以及接零(地)和馈电导线等，伤害的主要形式是电击。

4. 其他的伤害。例如有的机械设备在使用时伴随着发出强光、高温，还会放出化学能、辐射能，以及尘毒危害物质等，这些对人体都可能造成伤害。

二、机械伤害危险辨识

为了便于进行危险源辨识和分析，首先应对危险因素与危害因素进行分类。机械伤害危险源主要分为：人的因素、物的因素、环境因素、管理因素四个主要方面。

(一)人的不安全行为

1. 打磨钢轨、切割钢轨、钢轨钻孔时、使用电焊焊接、铝热焊接等作业未按照规定穿戴适当的防护用品，包括护目镜、护腿、手套等。

2. 技术不熟练，操作方法不当。

3. 作业程序不当，违章作业。

4. 人为使机器处于不安全状态，如取下安全罩等。

5. 班前未充分休息，班前饮酒。

(二)物的不安全状态

1. 钢轨切割片、钢轨打磨机的磨片损坏或受潮。

2. 打磨机、锯轨机未安装防护罩或防护罩损坏。

3. 切割、打磨、钻孔时飞出的铁屑、砂轮碎片等伤人。

4. 使用的机械紧固件松动或部件缺失。

(三)作业环境不良

1. 大机捣固、大机打磨、大机清筛或使用小型养路机械进行打磨、锯轨时噪声大、瞭望条件不良。

2. 夜间施工采光照明不良或施工场所无通风、作业区域狭窄等。

3. 气温过高或过低。

4. 遇有雨、雪、扬沙、雾霾、大雾等不良天气影响。

(四)安全管理缺陷

1. 安全操作规程和规章制度不健全。

2. 安全教育和业务技术培训、考核落实不到位。

3. 事故应急预案及响应缺陷。

三、预防机械伤害的安全知识和作业要求

有效消除或控制设备、设施、作业环境的不安全因素和人的不安全行为,改善机械设备操作的不安全状况,加强从业人员的人身保护,避免或减少机械伤害事故的发生。

(一)安全知识

1. 一般安全常识

(1)未经授权许可,任何人不得拆除设备的安全装置或对安全装置进行改造。

(2)严禁动用未经授权许可操作的设备。

(3)严禁随意更改设备的参数,以免影响安全操作。

(4)作业前穿戴好相应个人防护用品,着装要"三紧":领口紧,袖口紧,下摆紧。

(5)不得用手或身体任何部位接触运转中设备的运动部件。打磨机、锯轨机等均需设置安全护罩。

2. 操作安全规定

(1)操作者须经相关安全培训,充分了解设备的安全性能及操作规范;严禁未经安全培训上岗作业。

(2)每日作业前应对设备进行点检,严禁设备带故障运行。

(3)开机前应检查是否有维修人员在维修。

(4)开机前禁止将各种工具、工件材料放在设备台面上,防止坠落伤人。

(5)打磨、锯轨时应佩戴防护眼镜;禁止徒手清理铁屑等杂物。

(6)清理、维护、维修设备时,必须停机后进行。

(7)设备长时间不用时,必须使机器各部件设定归为零位,并切断电源。

(二)作业安全要求

1. 停机维修时作业要求

(1)机械维修人员必须经相关专业培训并取得维修资格后才能进行维修作业。

(2)维修机械时,必须停机。

(3)对机械设备进行保养时(如清洁、加油等),必须停机并切断电源。

(4)维修人员在高处(2 m 以上)作业时,应戴安全帽、系安全带。

(5)维修作业时,对设备中松动和仍能自由移动的部件加以固定。

(6)维修机械时,必须停机,切断设备的动力源(电、气、水)后并挂标示牌(如"设备维修中,

禁止启动")。

(7)维修作业时,应防止维修部位受到外力而突然运动。

2. 钢轨打磨、切割、焊补机具的安全要求

(1)打磨、电焊、切割机具必须由专人负责保管、监督,要经常检查保养,保持其良好状态。使用后应将燃油倒净回收。

(2)操作人员必须熟知角磨机、钢轨钻孔机、钢轨打磨机、电焊机、锯轨机等小型养路机械操作安全知识,按规定穿戴劳动保护用品,电焊机等机具应按规定安装漏电保护装置。

(3)使用前,必须先检查砂轮有无裂损,防护罩是否牢固,然后启动试运转,确认全部良好后方可使用。

(4)用锯轨机切割钢轨时,其他人员应远离锯轨机两侧和前方,防止锯片碎裂伤人;钢轨打磨时其他人员应远离打磨前方;焊补钢轨、辙叉时,电焊机应采取接地措施,防止人员触电灼伤;钢轨焊接时,应严格按规程操作,防止烫伤。

四、事故案例分析

[案例一] 无证违规操作,断掌失手伤残

1. 事故概况

2012年7月24日8时50分,××局××铁路车辆配件厂铸造车间1名操作工,在操作开式双柱可倾压力机冲压闸瓦瓦背作业时,直接用左手到模具内去取冲件,由于未使用专用工具操作、冲床未断电、其右脚未脱离脚踏开关(离合器)踏面,致使冲床冲头从正上方落下,将该操作工左手压在模腔内,左手严重受伤,构成责任重伤事故。

2. 事故原因

违规操作设备。该操作工在未取得设备操作证的情况下,盲目违规操作双柱可倾压力机,在冲压闸瓦瓦背作业时,不按操作程序进行操作,未使用专用工具,直接用左手取拿冲好的瓦背,是造成事故的主要原因。

3. 事故教训

(1)承包企业安全管理失控。承包企业没有认真履行《承包经营合同》第4条"承包方严格执行各项规章制度,坚决落实安全制度、工前落实安全措施"等规定。

(2)作业人员安全意识淡薄。承包单位对作业人员安全规章制度的教育培训不到位,作业人员未掌握安全操作规程、未落实安全卡控措施。

(3)日常安全监管不到位。××铁路车辆配件厂对承包单位的安全生产监督管理不严格,未能建立监管考核机制。

[案例二] ××水泥轨枕厂"9·3"职工死亡事故

1. 事故概况

2005年9月2日19时××水泥轨枕厂轨枕二车间乙班三组在水泥轨枕生产线上开始灌注、振动、入池、养生等作业。混凝土工祝××负责清边入池控制台,9月3日5时20分返回休息室添加衣服,组磨工李××接替祝××操纵控制台,将重模送入入池辊道,桥吊司机在将重模吊入养生池后没有将自动挂钩摘开便移回重模辊道上方,此时,祝××返回岗位发现桥吊自动挂钩处于闭合状态便进入入池辊道中间调整吊钩,此时组磨工李××擅自来到控制台前准备利用旁侧轨道重模撞击清边辊道上的重模进入入池辊道,李××在没有确认有人作业的

情况下按下控制台上的按钮，移动的重模将入池辊道中间的祝××撞倒并轧伤，现场人员将其抬出送往医院，祝××经抢救无效死亡。

2. 事故原因

违规无资质操作控制台，同时未确认钢模辊道上是否有人；违规进入运行中的钢模辊道，不掌握辊道上钢模运行状态。

3. 事故教训

不执行设备安全技术操作规程，违章冒险进入运行中的钢模辊道，是对他人和自己的生命不负责任。

[案例三] ××铁路采石公司“7·24”职工死亡事故

1. 事故概况

××年7月24日6时，××铁路采石公司××采石车间内燃维修钳工王××乘坐王某驾驶的ZL50-A型装载机到车间油罐处加油，在有关附近的缓坡处停车加油时发现车辆制动系统漏风，制动不良，6时45分，二人返回车间院内检查确认是制动风缸排风阀泄漏后王××便钻到车下维修，司机王某到附近的维修班组避雨，7时左右王××从维修班组出来喊了一声“老王，我走了”之后便登上驾驶室启动装载机，此时仍在车下维修的王某喊了一声便往外爬，不幸的是被倒行的装载机右前轮从腹部压过，车间人员发现后立即将王某送往医院，王某经抢救无效死亡。

2. 事故原因

不确认车下维修人员是否撤出，司机盲目动车；进入车下抢修故障前，维修工不采取任何安全防护和安全警示措施。

3. 事故教训

机械设备维修作业，特别是在危险性较大的环境下维修作业前，不设置安全防护，作业过程中不加强联系，作业人员安全就没有保障。

第九节 消防安全

铁路消防安全包括单位办公、宿舍区及场院的消防安全和区间站内作业区域的消防安全，如因生活用电、食堂煤气天然气的使用、钢轨打磨、钢轨切割、钢轨铝热焊接、焊补等作业中操作不当或者用火不慎给单位生产、生活带来巨大的灾难，一把大火，往往使职工辛勤劳动创造的财富顷刻间就化成了灰烬，生命安全受到严重威胁、甚至死亡。

一、消防安全知识

火灾本身就是一种燃烧现象，燃烧不但产生巨大的热量，而且生成气体、蒸汽、固体物质和浓烟。在燃烧过程中有些物质是有毒有害的，对人体具有刺激、麻醉、窒息作用，直接威胁着人们的生命安全。通过发生的火灾死亡事故来看，死者大多不是直接烧死的，而多是因为浓烟熏死的，即窒息死亡。因此，人们必须要懂得和掌握火焰燃烧和火灾扑救的相关知识。

(一)火灾的概念

火灾是在时间和空间上失去控制，对财物和人身造成一定损害的燃烧现象。燃烧是可燃物与氧化剂作用发生的放热反应。物质燃烧之后发生了变化，生成与原来不同的物质，燃烧还伴有放热、发光和发烟现象。放热，是存在于物质中的化学能，在物质燃烧时一部分变成热能；发光，是人们用肉眼能观察到的光亮，由于物质的化学组成不同，以及所处环境不同，有些物质燃烧时的光较弱不易被观察到，而多数可燃物质燃烧时火焰光亮，且带有不同程度的烟熏现象；发烟，是燃烧产物悬浮在空气中的微小颗粒群。

（二）火灾的特性

1. 普遍性

普遍性是指火灾不论在区间和站内、宿舍和办公区、城市、农村都可能发生。

2. 随机性

随机性是指随时、随地都可能发生火灾。人们无法事先确定何时、何地、何场所将会发生，同时，也无法判断火灾的规模程度大小，具有一定的不可预测性。

3. 必然性

必然性是指在放松警惕、没有任何预防的情况下，它的发生是必然的，只要具备了起火条件，火灾的发生便是确定无疑的。

（三）火灾燃烧的要素

发生火灾必须同时具备可燃物、氧化剂和引火源三个要素。

1. 可燃物

（1）气体、液体和固体物质。凡是在正常情况下能够在空气（氧气）或其他氧化剂中燃烧的物质，一般都称为可燃物。

（2）常见的有机物可燃物有天然气、液化石油气、汽油、塑料、橡胶、棉花、麻、化学纤维等。

2. 氧化剂

氧化剂是指与可燃物相结合导致燃烧的物质，俗称助燃物。可燃物燃烧时必须与氧化剂发生反应，否则燃烧不能发生。氧化剂主要是空气中的氧气等。

3. 引火源

引火源是指能够使可燃物与氧化剂发生燃烧反应的能量来源。引火源常见的是热能，还有其他如电能、化学能、光能及机械能等。多以热能表现出来。

常见的引火源主要有：

（1）明火是比较强的热源，它能点燃任何可燃物质，高于一般可燃物质的自燃点。如：单位取暖锅炉用火，作业人员吸烟时使用的打火机等。

（2）火星一般包括电焊操作中飞溅出来的高温渣粒、钢轨打磨过程中飞出的铁屑、锯断钢轨过程中飞溅出的铁屑、铝热焊过程中飞溅出的高温铁水等，这些飞溅出的火星瞬间温度都很高，可能对作业人员的衣物、皮肤造成伤害，也可以引燃封闭网外的干草、秸秆、松树等干燥、松软易燃物。

（3）化学反应热和生物热，即由于化学变化或生物作用产生的热能，比如铝热焊接时坩埚内药包点燃后瞬间产生的高温高热和挥发性有毒气体，如果作业人员没有做好自身劳动保护措施，都会造成身体上的一些伤害。

（四）火灾损害的程度分类

按照一次火灾事故所造成的人员伤亡、受灾户数和财物损失金额，可把火灾分为以下 3 个等级：

1. 特大火灾。死亡 10 人以上,重伤 20 人以上,死亡、重伤 20 人以上,财物损失 100 万元以上。

2. 重大火灾。死亡 3 人以上,重伤 10 人以上,死亡、重伤 10 人以上,财物损失 30 万元以上。

3. 一般火灾。不具有前两项情形的燃烧事故。

二、火灾危险辨识

火灾危险是指消防系统中存在可能造成人员伤害、财产损失、作业环境破坏或其他损失的根源或状态,如危险环境、危险条件、危险状态、危险物质、危险场所、危险人员、危险因素等。火灾隐患泛指人的不安全行为,设施设备、机具、环境和物料的不安全状态以及管理缺陷。

造成火灾的原因很多,究其根本原因大致可分为:电气隐患、物料隐患、生活用火隐患、吸烟隐患、违反安全规定隐患等。

(一)电气隐患

火灾电气隐患包括违反电气安装与使用规定以及伪劣电气产品;露天安装的电气设备(如发动机、闸刀开关、电灯等)淋雨进水,使绝缘受损;一些电气设备,如发电机组、电容器、导线及接头等在运行中发热温度升高;使用电炉取暖;电气线路短路、超负荷运行、导线接触电阻过大;电气线路导线裸露或绝缘破损;相线与相线、相线与零线或大地在电阻很小或没有通过负载的情况下相碰,产生电流;突然大量增加或乱拉乱接电线;不按使用要求随意加大负荷;电线绝缘老化,不按时更换电线;宿舍区违规使用电热毯;违规使用大功率电水壶等。

(二)物料隐患

物料隐患包括易燃易爆化学危险物品自燃,以及煤堆等自燃引起的火灾。

(三)生活用火隐患

生活用火隐患是指生活炉灶(炉具)设置、使用不当,余火复燃,明火照明,生火取暖,熏蚊不当等,在火灾事故中占较大比例。

(四)吸烟隐患

吸烟隐患包括吸烟入睡、醉酒吸烟、随地乱扔烟蒂、火柴梗以及在有爆炸危险场所违章吸烟等,也是引起火灾事故的重要原因。

(五)违反安全规定隐患

违反安全规定是指生产、储存、运输等作业过程中违反规章制度或操作规程所导致的不安全因素,例如违章动火、施焊切割、违章操作等引起的火灾,也占到火灾事故的一定比例。

三、消防安全管理

火灾事故警示我们,起火初期的十几分钟,是扑灭火灾的关键时段。因此,应急处置必须要把握好两点:一是使用现场灭火器材及时扑救,二是要立即报火警。不管火势大小,要立即报警,报警早,损失少。

(一)灭火的基本方法

1. 火灾报警方法

发生火灾时,首先要拨打火警电话 119,及时准确地报警是火灾施救的关键。

2. 冷却灭火法

根据可燃物质发生燃烧时必须达到一定浓度这个条件，将灭火剂直接喷洒在燃烧的物体上，使可燃物质的温度降到燃点以下，使其停止燃烧。

3. 窒息灭火法

根据可燃物质燃烧需要足够的助燃物质（空气、氧气）这一条件，采取防止空气进入燃烧区的措施，或断绝氧气而使燃烧物质熄灭。为将火熄灭，需将水蒸气、二氧化碳等惰性气体引入着火区，以稀释着火空间氧浓度。若可燃物本身含有化学氧化剂物质，是不能采用窒息灭火法灭火的。

4. 隔离灭火法

根据发生燃烧必须具备可燃物质这一条件，将燃烧物质与附近的可燃物隔离或疏散，中断可燃物的供应，使燃烧停止。

5. 化学抑制灭火法

使灭火剂参与到燃烧反应中去，起到抑制反应的作用。具体而言就是使燃烧反应中产生的自由基与灭火剂相融合，形成稳定分子或低活性的自由基，从而切断了自由基的连锁反应链，使燃烧停止。

（二）常用灭火器的类型

起火初期阶段利用灭火器材及时扑救是最有效的手段。按充装灭火剂种类的不同，常用灭火器有水型、空气泡沫型、干粉型、卤代烷型、二氧化碳型等灭火器具。

1. 储压式干粉灭火器。使用灭火器时注意，先使灭火器上下颠倒并摇晃几下，使内部干粉松动并与压缩气体充分混合。然后摆正灭火器，拔出手压柄和固定柄（提把）间的保险销，右手握住灭火器喷射管，左手用力压下并握紧手柄，使灭必器开启。将干粉喷于火焰根部即可灭火。

2. 水是最常用的灭火剂，木材、纸张、棉布等起火，可以直接用水扑灭。

（三）《中国铁路沈阳局集团有限公司工务安全管理细则》中消防安全管理部分

依据《中华人民共和国消防法》、国铁集团《铁路消防管理办法》、集团公司《消防安全管理办法》，工务部应组织各段落实消防安全规章制度，加强消防安全管理和监督检查，及时发现和整改火灾隐患。

建全管理机构，明确管理职责。各科室、车间、班组负责人是本科室、车间、班组消防安全的第一责任人。

1. 防火安全委员会工作职责

（1）贯彻执行消防法律、法规和规章制度，制定全段消防工作规划，确定消防工作安全目标，分阶段部署消防工作。

（2）召开季度防火安全工作会议，研究解决和督办整改存在的重大火灾隐患。

（3）配合上级防火委员会和消防管理部门进行火（险）灾事故调查。

2. 防火办公室工作职责

（1）健全各项防火安全管理制度，明确各科室、车间防火安全管理职责，强化管理主体责任制的落实。

（2）监督检查和指导各车间、班组、施工场地的消防安全工作，完善各项防火安全控制措施。

(3)结合季节防火安全工作特点,组织开展防火安全专项检查和火灾隐患的排查整治。

3. 科室、车间防火工作职责

(1)各科室负责本专业防火安全管理工作,各车间负责本车间防火安全管理工作的具体落实,应贯彻执行消防法律、法规和规章制度,负责人每月组织召开防火工作会议。

(2)组织防火安全风险检查,建立重大火灾隐患督促整改工作制度,及时整改和消除重大火灾隐患问题。制定本车间灭火应急预案并定期组织演练。

4. 明确工作和作业职场防火要求

(1)职场用电不得私拉乱接,不得超负荷用电,不得擅自处理电力故障。

(2)各种电气开关、插座、电源线必须符合标准,不得使用超容量的保险丝(片),更不得用铜、铝、铁丝代替。

(3)职场严禁使用电褥子、电炉子;离开职场必须关闭电源。

(4)食堂用火、用电、用气由专人管理。

(5)加强对火炉、火墙、火炕等取暖设施的管理,保证燃烧充分,烟道畅通;焚火处要与休息室有效隔开,否则睡前必须熄火。

(6)职场中不得存放易燃、易爆物品。

(7)各类易燃、易爆物品必须存放在专用库房,严禁烟火。

(8)职场房舍旁严禁堆放秸秆等易燃物品,露天存放的木枕必须加盖沙土。

5. 明确自轮运转特种设备防火要求

(1)自轮运转特种设备驾驶室内不得存放燃油。存放于平车上的各类油桶,要注意隔离,并封严桶盖,以防外溢挥发而失火。

(2)自轮运转特种设备应确保油管、接头等处无渗漏。加注燃油时车内严禁一切火源。

(3)自轮运转特种设备上严禁使用燃油式炊具,运行中严禁做饭。

(4)严禁使用明火预热发动机及发电机。

(5)严格使用电加热取暖器取暖。

(6)禁止用汽油、酒精等擦拭温升较高的发动机,清洁车内外油污应采用清洁剂。

(7)车内低压电路系统及动力电路系统应保持绝缘性能良好,按规定使用保险丝,不准超负荷,防止电气火灾。

(8)严禁将易燃、易爆物品带上车,杜绝外来火源。

(9)自轮运转特种设备和检修列内禁止吸烟。

6. 明确施工作业防火要求

(1)使用电气焊必须严格执行操作规程和《焊接工安全技术规范》,持证上岗。

(2)切割、焊接作业,氧气和乙炔瓶必须保持 5 m 以上的距离,并距离明火 10 m 以上。

(3)使用电焊作业,必须保证接地良好,不得与可燃气体管道、容器或其他金属管道搭接。

(4)氧气和乙炔瓶必须有防震胶圈、安全帽等装置,运输时严禁混装,严禁碰撞,总气阀冻结时严禁用火烘烤,用后及时回收。

(5)打磨、锯切、焊接钢轨,要提前检查清理附近易燃物品,作业结束后要检查确认无火患。

7. 各段应加强对防火安全的重点管控,强化日常培训、检查和监督

(1)应对干部职工进行经常性的防火安全知识和扑灭初期火灾技能的教育培训,每年组织

一次集中实战演练，指导车间视情况进行实战演练。

(2)各类生产房屋、库房、车辆应按规定配备消防设施，防火分隔、安全疏散、防烟排烟、电气设备等必须符合国家消防技术标准。

(3)有火灾、爆炸危险的场所须禁止吸烟、使用明火，设置明显的警示标志。因特殊情况需要使用明火作业时，应当办理动火审批手续，采取划定区域、配备灭火器材等相应的消防安全措施，作业人员应当严格遵守消防安全规定。

(4)各段、车间、班组应定期对生办房屋、车辆、食堂(伙食点)等防火重点部位开展防火检查，根据季节性特点对所负责的铁路林木组织巡查，及时消除火灾隐患。

8. 各段应加强火灾、火险的应急管理，建立和完善应急处置流程

(1)信息受理。各段防火安全办公室负责做好火灾、火险、火情信息的受理工作。接到信息后，应立即报告段主管领导或直接报告主要领导，通知相关车间(科室)负责人组织处置，并视情况报集团公司。

(2)现场处置。各段防火安全办公室根据现场反馈的情况，指导现场及时做好火灾、火险、火情的处理、扑救或报火警119，同时做好善后处理。

(3)总结分析。现场处理后，防火安全办公室须及时向主管领导或主要领导反馈处理结果，并根据需要向消防管理部门、集团公司反馈具体情况。同时组织召开“四不放过”分析会，查明原因，吸取教训，制定整改措施。

四、事故案例分析

[案例] “5·15”××客技站K57/58次客车底火灾事故

1. 事故概况

2012年5月15日1时40分，××车辆段配属的K57/58次客车车底(编组19辆)，在××客技站检修作业完毕后，在库内K4道停留时，在8号车厢8号包房休息的保洁员听到9号包房内起火并发出“噼叭”响声，当他从8号包房出来、拉开9号包房房门后火焰蹿出，立即拍打各包房房门和呼喊在包房内休息的人员，在该车休息的8名人员中有6人撤离火灾现场，3号包房休息的售货员王××在逃生过程中窒息晕倒在7号餐车过道处，送医院抢救无效死亡，炊事员陆××在3号包房内中毒窒息死亡。消防人员于3时将火扑灭。该起事故造成2人死亡，构成铁路交通一般A类事故。

2. 事故原因

造成这起火灾事故的原因是，K57/58次列车保洁员徐××在8号车厢9号包房吸烟，将未熄灭的烟头遗留在35号铺上，引燃卧铺上的可燃物引起火灾。××客运段安全管理混乱，列车保洁员当班过程中离岗串岗、饮酒吸烟等严重违反劳动纪律，根据《铁路交通事故调查处理规则》第六十八条的规定，该事故定××客运段全部责任。

3. 事故教训

通过对事故现场勘察和事故原因的调查分析，该事故暴露出的安全管理、专业管理、制度落实、现场作业、干部作用等方面的问题十分突出。

(1)群体违章违纪，作业严重脱标。库内看车期间严禁车内吸烟和使用明火、当班睡觉、饮酒和擅离值守、携他人在车上留宿，并要求定时对车辆进行巡视检查。8号软卧车看守员对保

洁员徐××携家属在软卧包房留宿及对擅自串岗到软卧包房休息的保洁人员，既没有制止，也没有向班组长报告。班组长李××也未按规定进行车辆巡视检查，为事故发生埋下重大隐患。

(2)现场失管失控，规章制度形同虚设。经调查分析发现，导致该起事故的深层次原因，是管理混乱，现场作业失控。

(3)干部安全意识淡薄，安全管理不到位。此次事故暴露出的大量问题，原因在管理，根子在干部。××客运段一些干部对现场存在的安全隐患重视不够，关键部位、关键时段检查不到位，不能及时发现安全隐患并跟踪解决和严格考核，"严不起来、落不下去"的官僚主义、好人主义严重，导致职工现场作业惯性违章问题大量存在；二是安全信息质量不高，对现场职工作业中脱岗、离岗、串岗、饮酒、睡觉、吸烟、迟到早退、旷工等严重违章违纪问题检查发现甚少；三是干部考核不严格，违反安全经营逐级负责制考核办法规定，考核不严肃，考核制度流于形式。

(4)专业管理弱化，履行职责不到位。没有真正把部党组提出的"三点共识""三个重中之重"的安全工作要求落到实处，对客运系统现实安全中存在的安全隐患问题缺乏预测分析及超前防范。

(5)应急预案不完善，突发事故处置不当。××客运段没有针对库内停留客车底发生火灾等突发事件制定具体的应急处置办法，日常也没有针对库内保洁作业进行消防模拟演练。

(6)结合部管理失控，作业场区管理制度不落实。当日，××客运段××保洁车间保洁员私带他人进入 K57/58 次客车软卧车厢包房内休息，没有被及时发现和制止。

第十节 预防中毒和窒息

加强预防中毒和窒息知识教育，提高职工防范意识，防止职业病和事故的发生，提高劳动生产率，对促进铁路运输生产任务的完成有着重要的意义。

一、中毒和窒息事故类型

在工作生活中使用或接触有毒的物质能使人体器官组织机能发生异常改变，使人体呼吸过程受阻，产生全身各器官组织缺氧、功能紊乱和形态结构损伤的病理状态称为中毒和窒息。

(一)中毒的类型

生产性毒物按其致病作用可分为刺激性、窒息性、麻醉性、溶血性、致敏性、致癌性等毒物。根据接触毒物时间长短、发病缓急，中毒可分急性中毒、亚急性中毒、慢性中毒三种。

(二)窒息的类型

当有害物质浓度大于立即威胁生命(或健康)浓度，或虽经通风但有毒气体浓度仍高于工作场所有害因素职业接触限制所规定的浓度要求(例如硫化氢高于 10 mg/m^3)或缺氧时(氧气浓度低于 18%)容易发生窒息，窒息一般可分为以下两种：

1. 缺氧窒息：如作业环境中单纯性窒息性气体浓度增高，其含量大 84%时，会使氧气浓度降低，导致人因缺氧出现窒息症状，如头晕、头痛、呼吸困难、心跳加快，以至昏迷和死亡。

2. 中毒窒息：由呼吸过程吸入化学性窒息性气体后，则可与人体内血红蛋白结合，抑制组织细胞色素氧化酶，影响氧在组织内的传递和代谢，导致组织缺氧，引起窒息。例如，硫化氢、氢化物在空气中浓度过高时，吸入后可使人呼吸停止，在极短时间内死亡。

二、中毒和窒息危险辨识

在生产运输过程中接触毒害品或在有毒有害场所作业存在一定的危害因素。根据铁道行业工作特点，铁路运输生产过程中相关中毒和窒息危险，主要有以下两个方面。

(一)有毒物品的运输、装卸作业

有毒物品在运输途中由于各种机、泵和阀门等设备，发生跑、冒、滴、漏或辐射等危害因素，可使人在短时间、高浓度吸入或接触有毒物品，发作急性中毒。在装卸过程中人体可能接触有毒物品或因装卸过程中的冲击、振动和挤压产生有毒物品散落，而发生中毒危险。

(二)有毒物品的储存保管作业

储存危险化学品受挥发或因生化反应、呼吸作用等，容易产生有毒有害气体积聚，一段时间以后，会形成较高浓度的有毒有害气体。

三、预防中毒和窒息的基本知识

为保护作业人员的生命安全、身体健康，有效预防、控制和消除中毒和窒息危害，生产经营单位应采取有效的预防措施，消除事故隐患。同时，作业人员应掌握预防中毒和窒息的基本知识。

(一)毒害品的分类

毒害品的种类很多，按化学组成可分为无机毒害品和有机毒害品，按毒性大小可分为剧毒品和有毒品。把两个方面结合起来，即分为无机剧毒物品、有机剧毒物品、无机有毒物品和有机有毒物品四类。按国际上比较普遍采用的分类法，半数致死量分级法可分为剧毒、高毒、中毒、低毒、基本无毒和无毒六类。

(二)预防中毒的措施

1. 修理各种小型养路机械、喷打除草剂、钢梁喷漆、线路标志刷新，不能在现场吃、喝、吸烟及嚼口香糖。

2. 不能在装有除草剂等有毒物品的仓库存放食物及饮料。

3. 避免皮肤及眼睛与危险化学品直接接触。

4. 绝对不能用裸手与除草剂、硫、汽油、油漆等危险化学品接触。与危险化学品接触后，必须先用肥皂洗手。

5. 每次打完除草剂后的工作服及时清洗。

6. 熟悉掌握并遵守紧急救护的有关规定和步骤。

7. 不能一个人单独进行有毒有害作业。

8. 打完除草剂后的空瓶不能随意扔在现场，要收回集中销毁。

9. 车间、工区采用锅炉取暖时，锅炉房必须单独设置，并远离宿舍或办公区。道口房内不准采用火炉、火炕、火墙取暖，如因条件限制必须使用，需安设排烟通风设施及煤气监控报警装置，制定防止煤气中毒安全措施，坚持睡前熄火，及时处理火炉、火炕、火墙倒烟和裂缝等缺陷。

四、事故案例分析

[案例一]　违法盗取燃油，导致窒息死亡

1. 事故概况

2014 年 6 月 16 日，××省××市××县护路办一名护路队员巡护工作期间，在××公司

××车务段管内××车站，进入停放在该站的一辆油罐车内舀取剩余汽油时，吸入有毒气体窒息死亡。

2. 事故原因

(1)地方单位的护路队员违法进入油罐车盗取国家财产，属于违法犯罪行为。进入有限空间时没有严格遵守国家《预防中毒和窒息措施》有关规定，蛮干乱干，是造成这起事故的直接原因。

(2)××车站治安管理不到位，是造成事故的重要原因。

3. 事故教训

(1)在密闭空间作业时要严格遵守《预防中毒和窒息措施》的有关规定，做好通风排毒措施。

(2)在有毒有害场所作业前要加强作业人员预防中毒和窒息教育。

[案例二] 职工误喝百草枯，抢救无效致死亡

1. 事故概况

2018年7月6日，××局××工务段线路工朱××，在线路上用农用喷壶打完除草剂后回到班组，在桌子上发现一个人的背包里面有瓶冰红茶，在没有确认里面是否为饮料的情况下就大喝一口，之后感觉味道不对，经现场作业负责人确认，这个外包装为冰红茶的瓶子里装的是除草剂百草枯，工区立即派人将其送往医院进行救治，近一个月后朱××医治无效身亡。

2. 事故原因

(1)××站的一名工作人员发现站台和站舍周边有杂草，就与线路工区的负责人商量能否提供一瓶除草剂。当日工区负责人将在现场剩余的除草剂百草枯倒入了空的冰红茶瓶内，之后放入了随身携带的背包里，准备吃完饭抽出时间交给这名车站的工作人员。这名负责人没有与职工交代清楚这瓶装有除草剂的冰红茶并非饮料，是造成误喝百草枯的直接原因。

(2)线路工朱××在没有与这个背包的主人确认是否为饮料的情况下就喝进百草枯是造成事故的重要原因。

3. 事故教训

(1)工务段应加强对除草剂的管理

对人体具有高毒的百草枯类的除草剂要禁止采购和使用，车间、班组对除草剂要有专人管理，每次打完的空瓶要回收集中处理。

(2)加强人身安全教育

作业人员在打除草剂时要做好防护措施。打药时作业人员要戴好口罩；兑药过程要戴好橡胶手套或一次性塑料手套；必要时戴好防护眼镜，避免药液溅入和飞入眼睛；药壶不要与皮肤直接接触；打完药后用肥皂水及时清洗手部；当日穿过的工作服及时清洗。

[案例三] 工业酒精兑水，畅饮后抢救无效死亡

1. 事故概况

2019年1月23日××局××工务段线路工王××等四人下班后在职工宿舍饮酒，两名职工饮酒较多，另外两名职工当日饮酒较少。其中一名饮酒量较大的职工王××在饮酒后第二天感到头晕恶心，到医院检查诊断为酒精中毒，经抢救无效十几个小时后死亡，另一名一起饮酒量较大的职工梁××只有轻微的头晕不良症状，没有及时去医院救治，在王××死亡后的第二天经大家劝说才去医院检查，同样被确诊为酒精中毒，梁××住院一周后医治无效死亡。

2. 事故原因

(1)××段探伤工区，每次走完一个区间或一个区段后都将用于探伤仪器冬季使用的酒精(酒精的化学名称是乙醇，一般在东北及其他高寒地区冬季钢轨探伤中作为探头与钢轨间的耦合剂使用，作用是防止结冰，类似于防冻液)放在线路工区内，在此之前，该段引进的酒精基本上都是食用乙醇(可食用酒精)，而从事发的这一年，该段引进非食用乙醇(工业酒精)。该段冬季对用于探伤仪器的酒精管理不善是造成这起事故的直接原因。

(2)线路工李××认为放在工区的酒精还是食用酒精，在别人都不知情的情况下，偷偷地将桶内少许酒精倒入了即将喝完的酒桶内兑上了适量的凉开水。李××在未明确是否为食用酒精的情况下拿水进行勾兑而且没有告知他人是造成这起事故的重要原因。

(3)工区负责人未对探伤人员使用的酒精桶入库妥善保管也是造成这起事故的重要原因。

(4)该段主管领导、车间负责人、工区工班长未对通勤职工独身宿舍进行严格管理和职工人身安全教育，同样是造成这起事故的重要原因。

3. 事故教训

(1)工务段应加强对职工宿舍的管理

按照集团公司和段内管理规定执行，单位内不准饮酒、赌博，如有违反，按照“红线”考核。

(2)加强人身安全教育

段、车间、班组加强有毒、有害、易燃、易爆物品的管理，管理责任落实到人，并按照《普速铁路工务安全规则》《铁路劳动安全》内容加强作业人员的人身安全、劳动安全教育。

第十一节　防暑降温

高温天气是指地市级以上社会公众气象主管部门所属气象台(站)向公众发布的日最高气温 35 ℃以上的天气。高温天气作业是指用人单位在高温天气期间安排劳动者在高温自然气象环境下进行的作业。高温作业是指有高气温、或有强烈的热辐射、或伴有高气湿(相对湿度大于等于 80%)相结合的异常作业条件、湿球黑球温度指数(WBGT 指数)超过规定限值的作业。因为工务系统线路工、桥隧工、探伤工等工种工作的特殊性，在高温天气作业可能导致从事户外作业人员中暑甚至死亡事件的发生。为加强高温作业和高温天气作业的劳动保护工作，防止因高温作业和高温天气作业出现的作业人员中暑和各类生产安全事故，维护劳动者健康及其相关权益，要求用人单位严格落实《防暑降温措施管理办法》等有关规定和防暑降温措施。

一、中暑症状

中暑是指在高温和热辐射的长时间作用下，机体体温调节障碍，水、电解质代谢紊乱及神经系统功能损害的症状的总称。

(一)中暑诱因

有人认为中暑了一定是在阳光下、室外环境中造成的，其实，在家中室内不通风也没有空调的环境，也会导致中暑。老年人、产妇、儿童、心血管系统疾病患者、糖尿病患者、感染性疾病患者或体质较差的人容易出现中暑。中暑是一个与气温、室温相关的季节病，是可以预防的。

（二）中暑症状及处理办法

轻度中暑可有面色潮红或苍白、恶心呕吐、胸闷、头晕、眼花、无力、大汗、四肢麻木等表现；重度中暑除上述症状外，还可有呼吸急促、高热、肌肉痉挛、血压下降、烦躁不安、昏迷，甚至危及生命。

1. 意识清醒

让患者停止活动或作业，在凉爽、通风的环境中休息，比如将患者护送到通风条件较好的办公区或宿舍内，在现场作业时将其送往单位装有空调的运输车辆内、大树下、限界外有阴凉的建筑物旁。帮患者脱去多余的或者紧身的衣物，将湿的凉毛巾放置于患者的头部或躯干部以降温，有条件时可将冰袋置于患者的腋下、颈侧、腹股沟处，还可以向患者全身喷洒自来水，同时让患者饮用一支藿香正气水或富含电解质的饮料，如清凉的淡盐水、果汁、牛奶、蔬菜汁等，并密切观察其情况。

2. 意识丧失

当患者意识丧失时，进行物理降温的同时将其翻转至侧卧位，翻转方法为：抬起患者近侧手臂，向上放在头的一侧，将患者远侧胳膊放在近侧脸颊下方使其远侧腿屈曲，足部置于近侧腿膝关节下方。施救者一只手抓住患者远侧肩头或肘部，另一只手抓住其屈曲的膝盖，同时将其翻转至侧卧位，调整患者头部，使其仰头，调节脸颊下方手掌的位置，使嘴巴低于喉头位置，最后调整患者腿部位置使其稳定，维持这种姿势，并密切观察患者呼吸及脉搏等情况，如果患者意识丧失，呼吸停止或濒死样呼吸，应立即对其进行心肺复苏术（具体可参照心脏骤停急救法）。

不懂上述急救知识时应将患者迅速送往就近医院或者拨打急救电话 120 进行专业救治。

3. 注意事项

患者出现抽搐时，引用纯净水、矿泉水会加重抽搐。如患者意识不清或者昏迷，禁止喂水，以免造成窒息。当患者发生肌肉不自主的抽搐时，不要在病人的嘴里放任何的东西，更不要刻意束缚其抽搐的肢体，可用软物（如床垫等）垫在患者身下。如果发生呕吐，需将患者偏向一侧以确保其呼吸道畅通。

二、危险辨识

生产性热源是指小型养路机械设备在工作中产生的热，比如在作业时使用的“小蜜蜂”威客镐等内燃捣固镐、软轴内燃捣固机的发动机、发电机组、双头内燃电动扳手、小型钢轨仿形打磨机等小型养路机械在使用中发动机散发的热量以及焊补和铝热焊接作业等产生的热量。

（一）高温天气露天作业

工务系统高温天气露天作业包括线路、桥隧施工、维修、检查作业，钢轨探伤检查作业，这些作业在高温天气下存在高温、高辐射，作业人员会出现一系列生理功能改变，这些变化在一定限度范围内是适应性反应，但如超过范围，则会产生不良影响，甚至引起病变。

（二）防暑降温缺陷

1. 高温天气露天作业，作业人员患有高血压、心脏病等禁忌疾病。

2. 高温天气露天作业，防暑降温措施不到位，如未佩戴防护用品。

3. 作业环境不良，如高温、高辐射、高湿度、通风不良、气压不适等。

4. 安全管理缺陷，如未建立防暑降温措施、高温中暑应急预案不完善、未进行防暑降温检查、职业安全卫生责任制未落实、作业现场未配备清凉饮料和防暑药品、对患有职业禁忌症的人员未调整岗位、高温天气作业人员连续作业时间超过国家规定等。

5. 办公或宿舍防暑降温设施缺乏，如未合理设置电风扇、空调等。

三、防暑降温的基本知识和预防中暑措施

为了加强高温天气作业劳动保护工作，预防中暑事件的发生，工务现场作业人员应掌握防暑降温基本常识和预防中暑措施，养成良好的生活习惯。

(一)防暑降温的常识

1. 作业时要按规定佩戴个人防护用品。

2. 对作业人员进行上岗前职业卫生培训和在岗期间的定期职业卫生培训，普及防暑降温、中暑急救等职业卫生知识。

3. 在高温工作环境设立休息场所。休息场所应当配有桌椅，保持通风良好或者配有空调等防暑降温设施；要合理调整工休时间，注意劳逸结合，避免过度疲劳。

4. 高温天气要保证作业现场饮水或清凉饮料供应充足。现场应供给足够的合乎卫生要求的饮用茶水或清凉饮料等，有效地防暑降温；高温天气现场作业人员要随身携带防暑药物，避免发生中暑事件。

5. 作业人员出现中暑症状时，应当立即采取救助措施，使其迅速脱离高温环境，到通风阴凉处休息，供给防暑降温饮料，并采取必要的对症处理措施；病情严重者，应当及时送医疗卫生机构治疗。

6. 合理饮食，及时补充水分。饮食以清淡为好，多食富含蛋白质和维生素B、维生素C的食物。因这些水溶性维生素容易随汗排出。每日补充足够的水分，特别是出汗多时，要喝些盐汽水。

7. 保持充足的睡眠。夏天日长夜短，气温高，人体新陈代谢旺盛，消耗也大，容易感到疲劳。充足的睡眠，可使大脑和身体各系统都得到放松，既利于工作和学习，也是预防中暑的措施。

8. 空调不宜过冷。医疗气象学家通过试验发现，应该不断调节居室温度，从而逐渐适应温度的较大变化。正确的做法是：居室的温度在26 ℃最为适宜，睡觉时注意不要躺在空调的出风口和电风扇下，以免患上“空调病”。

9. 降温不宜过快，大汗淋漓时，不能直接到空调下降温，也不能打开电风扇对着身体猛吹，更不能拧开水龙头，让冷水直冲而下。殊不知，这种“快速冷却”的方式会引起各种风湿等疾病。

10. 身体不宜过露。有的人在夏季愿意剃光头，认为散热快、凉快，如果不戴凉帽，长时间在阳光的直射下会造成头皮的损伤、炎症的出现。赤膊只能在皮肤温度高于环境温度时，通过增加皮肤的辐射、传导散热起到降温的作用。而酷暑之日，最高气温一般都会接近或超过人体体温，皮肤不但不能散热，反而会从外界环境中吸收热量，因而夏季赤膊不仅会晒伤皮肤，而且会感觉更热。

(二)防暑降温相关规定和措施

1. 防暑降温相关规定

(1)认真贯彻落实国家颁布的《防暑降温措施管理办法》(安监总安健〔2012〕89号)。在高

温天气期间，用人单位应当根据生产特点和具体条件，采取合理安排工作时间、轮换作业、适当增加高温工作环境下劳动者的休息时间和减轻劳动强度、减少高温时段室外作业等措施。

(2)在高温天气期间，应当根据地市级以上气象主管部门所属气象台当日发布的天气预报或局集团公司发布的高温预警来调整作业时间(因人身财产安全和公众利益需要紧急处理的除外)，适当增加高温工作环境下劳动者的休息时间和减轻劳动强度、减少高温时段室外作业等。日最高气温达到 40 ℃以上，应当停止当日室外露天作业；日最高气温达到 37 ℃以上、40 ℃以下时，全天安排职工室外露天作业时间累计不得超过 6 h，连续作业时间不得超过国家规定；日最高气温达到 35 ℃以上、37 ℃以下时，用人单位应当采取换班轮休等方式，缩短劳动者连续作业时间，并且不得安排室外露天作业劳动者加班。

(3)用人单位应当对劳动者进行上岗前职业卫生培训和在岗期间的定期职业卫生培训，普及高温防护、中暑急救等职业卫生知识。

(4)用人单位应当为高温作业、高温天气作业的劳动者提供足够的、符合卫生标准的防暑降温饮料及必需的药品。不得以发放钱物替代提供防暑降温饮料，防暑降温饮料不得充抵高温津贴。

(5)制定高温中暑应急预案，各车间定期进行应急救援的演习，并根据从事高温作业和高温天气作业的劳动者数量及作业条件等情况，配备应急救援人员和足量的急救药品。

(6)做好职业健康检查和职业病危害因素监测工作，对患有心、肺、脑血管疾病、肺结核、中枢神经系统疾病及其他身体状况不适合高温作业的职工，应调离高温作业岗位或对其加强预防中暑保护措施。

2. 工务系统室外作业人员防暑降温措施

按照国家和铁路行业的规定开展劳动保护工作，落实劳动防护用品、防暑降温等工作管理制度，及时做好防暑降温用品计划提报和发放工作，各段须对劳动防护用品和防暑降温用品采购、发放和质量进行监督检查，及时纠正存在的问题，严重问题要及时报告。

(1)线路、桥隧、探伤等现场作业人员必须按规定穿戴防护用品，作业现场必须配足生活用水、清凉饮料、防暑药品(藿香正气水、十滴水、祛风油等)，夜间天窗时携带涂抹灭蚊药品等。出工时直接将熬制好的绿豆汤用专用保温桶携带到现场，各段工会部门在炎热夏季组织人员将西瓜等防暑降温物资送到作业现场。

(2)根据国家有关职业卫生标准，入暑前组织完成“双高”作业人员的体检，防止因员工患有职业禁忌症而在生产过程导致人身伤亡事故。

(3)在连续高温期间，根据生产特点和具体条件，及时调整作息时间，避开和减少高温时段作业，严格控制加班加点，保证生产人员休息，适当减轻劳动强度。

(4)施工作业人员：因“天窗修”、紧急故障抢修等原因不能避开高温时段的作业和在没有防暑降温设施作业场所作业时，要督促个人做好防护。

(5)工务轨道车司乘人员：确保轨道车配备的空调、电风扇正常运转；严格落实候班制度，重点抓好班前休息；配足生活用水、防暑药品(藿香正气水、十滴水、祛风油等)。

(6)区间作业休息时严禁员工私自下河塘游泳或洗澡，防止淹溺事故的发生。

(7)段相关部门要加强对防暑设备设施和防暑降温工作措施落实情况的专项检查。

(8)积极改善施工或作业地点生产生活环境。要认真落实施工或作业地点现场管理规定，积极采取措施，增强通风降温，确保施工及作业人员宿舍、食堂、厕所、淋浴间等临时设施满足防暑降温需要，并为施工及作业人员提供清凉饮料和常用防暑药品，办公场所、宿舍和食堂必须安装电扇，有条件的单位应安装空调。

(9)切实做好卫生防疫工作。要切实做好施工及作业现场及生活区的卫生防疫工作，加强对饮用水、食品的卫生管理，严格执行食品卫生制度，避免食品变质引发中毒事件。加强对夏季易发疾病的监控，现场作业人员发生法定传染病、食物中毒时，应及时向有关主管部门报告。

第十二节 防寒过冬

铁路防寒工作的对象，主要是指铁路作业人员在冬季作业的人身安全和设备设施的防寒检查和整备。沈阳局集团公司、哈尔滨集团公司管内的大部分地区冬季气候条件非常恶劣，冬季工作环境的影响造成职工伤害的危险因素增多，所以确保办公和休息场所、机具、材料、设备防寒过冬是铁路冬季运输生产必须提前做好的一项工作。

一、防寒过冬基本知识

北方冬季受蒙古高原和西伯利亚的冷高压影响，经常有冷空气南下形成寒潮，使气温大大降低。工务现场作业压力增大。特别是一些段由于经常受蒙古高原和贝加尔湖冷空气的影响，冬季线路积雪，气候寒冷干燥，给工务线路、桥梁、探伤等户外现场作业带来一定的安全隐患。

(一)冬季防寒常识

1. 冬季防寒注意的问题

冬季保暖过度，容易使机体的调节和适应能力下降，耐寒能力降低，反倒容易引发一些疾病。所以冬季防寒应尽量避免以下几方面的误区：

(1)紧闭门窗：冬季，很多人紧闭门窗，足不出户。由于紧闭门窗，室内空气流通不佳，导致空气污浊，容易引发头昏、出汗、咽喉干痛、胸闷不适等症状。

(2)运动减少：冬季由于气候寒冷，人们多不愿出外运动。其实，越是寒冷，越应多多运动，因为运动是驱除寒冷的最好办法，还可增强抗病能力，减少疾病的发生。

(3)热水洗脸：冬天人的面部在冷空气刺激下，汗腺、毛细血管呈收缩状态。当遇上热水时则迅速扩张，但热量散发后，又恢复低温时的状态。毛细血管这样一张一缩，容易使人的面部干燥。

(4)饮酒御寒：饮酒后有浑身发热的感觉，这是酒精促使人体散发原有热量的结果。酒劲过后，因大量热量散出体外，反而使人浑身起鸡皮疙瘩，导致酒后寒。

(5)手脚冰冻用暖气片烤或热水泡：冬天手脚长期暴露在外，血管收缩、血流量减少。此时，如果马上用暖气片烤或热水泡会使血管麻痹、失去收缩力，出现毛细血管扩张、渗透性增强，局部性瘀血，轻的形成冻疮，重的造成组织坏死。所以，冰冻的手脚只能轻轻揉擦，使其慢慢恢复正常温度。

(6)皮肤发痒用手挠：冬天因干燥感到浑身发痒时，切不可直接用手抓挠，否则易抓破皮肤引起继发感染。防治方法是多喝水、多吃蔬菜和水果，少吃辛辣等刺激性较强的食物，少喝或不喝酒。勤洗澡,勤换内衣。

(二)冬季防寒常识

天气寒冷,人们很容易感受外邪、风寒,引起感冒、鼻炎等上呼吸道感染疾病。

1. 开窗通风。冬天天气干燥,室内外温差较大,一出一进很容易受凉。门窗不应太封闭。冬季室内要多通风换气,以保证空气清新、氧气充足。在冬天应该每天开窗通风2～4次,每次10 min左右。

2. 常喝白开水。冬天气候干燥,人体极易缺水,常喝白开水,不但能保证机体的需要,还可起到利尿排毒、消除废物之功效。

3. 常喝枣姜汤。用大枣10枚、生姜5片煎茶,每晚服用一次,能起到增强人体抗寒能力、减少感冒及其他疾病的作用。

4. 坚持冷水洗脸。可增强人体耐寒、抗病能力,起到预防伤风、感冒之目的。

二、冬季作业安全的特点

冬季作业的特点,实际上是铁路运输安全生产的难点。季节变换给铁路运输生产带来不利因素,充分做好冬季作业的思想准备,在实际工作中应采取针对性的有效措施,克服这些不利条件,才能确保安全生产,高质量地完成冬季运输生产任务。

(一)气候及人员特点

冬季天气寒冷、气温低,风、雪、雾、霜频繁发生,夜间长、昼间短,温差大,这些自然现象,对铁路运输生产的设备、作业场所、作业人员产生较大影响,对铁路行车组织工作等多方面增加了很大的难度,给人员作业带来了极大的不便,可概括为冷、长、滑、凝、笨、畏、忙。

1. 冷:冬季气温低,天气寒冷,人的视觉、听觉、行动都会受到一定影响,对外界反应敏感度降低,容易发生冻伤、跌滑、交通事故等人身伤害。另外也给人们的生活、心理上带来诸多不良影响,对严寒易产生畏惧心理,精神不集中,工作中易出现简化作业、违章作业等行为。

2. 长:昼短夜长,高速铁路夜间天窗和普速铁路夜间紧急故障抢修时照明不好,作业难度大,作业人员体力消耗大,精力往往不够充沛。

3. 滑:冰天雪地是北方冬季的真实写照。冬季经常有冰、雪覆盖现场,特别是有时午间冰雪表面融化,到了夜间又结成光滑的冰面,地面、轨面、台阶湿滑,易发生滑跌、摔伤等人身事故,给现场作业人员带来极大的不便,增加了作业的难度。

4. 凝:沿江沿海地区冬季多雾,能见度低,而且信号、玻璃、眼镜都容易凝霜、凝雾,影响视线,使瞭望困难,现场作业防护瞭望视线距离短,尤其巡桥等单独作业人员作业困难更大,给人身、作业带来影响。

5. 笨:冬季天气寒冷,露天作业人员穿戴较多,衣着笨重,行动不便,反应相对迟缓,作业场所溜滑,易碰伤或摔伤。因此,作业人员要相互关照,做好互控,注意人身安全。

6. 畏:冬季气候严寒,铁路行车人员几乎天天在寒风凛冽、零下几十度的冰天雪地里作业,易产生畏寒怕冷思想而缩手缩脚,反应迟钝,导致简化作业程序,违章蛮干,给行车和人身安全带来隐患。

7. 忙:冬季是铁路冬运、春运繁忙季节,车流密度大,再加上中国两大传统节日,职工家务忙、事情多,思想比较活跃,容易休息不好,造成工作精力分散,劳动纪律松弛,思想抛锚,诱发各类事故,对人身安全构成威胁。另外,年末阶段生产任务紧张,容易产生"抢任务、轻安全"的思想倾向。

(二)冬季工务部门作业特点

1. 进入冬季,随着气温降低,钢轨冷缩现象加剧,"天寒铁脆",钢轨、辙叉、无缝线路焊缝、夹板、零配件等金属材质脆性加大,伤损折断增多。另一方面,钢轨内部拉应力随着轨温降低逐步增大,特别是无缝线路和超长无缝线路,由于轨缝大量减少,再加上列车动载荷作用和钢轨、焊缝质量的影响,更增加了断轨的可能。因此,冬季防钢轨折断、防夹板折断、防螺栓折断是工务安全管理工作的重中之重。同时更换钢轨、夹板、辙叉、零配件的作业和阻止钢梁裂纹扩大的作业量大大增加。

2. 随着大地结冻,路基由于基床土冻结而发生隆起变形等冻胀现象。基于路基土壤土质和含水量不同,按冻胀程度,可分为表层冻胀和深层冻胀两种类型。随着气温逐步降低,冻害地段逐步增高,线路钢轨高低、水平随之发生变化。整治冻害作业成为冬季工务部门主要作业项目之一。由于道床冻结,轨道下部作业减少,上部作业增多。特别是整治线路冻害作业,造成垫板增多加厚,螺栓(或道钉)扣压力减少,而且在作业中大量松动轨枕扣件螺栓(或道钉),对工务设备和列车运行条件造成一定程度的影响。

受冰雪覆盖影响,各种设备故障不易被及时发现,不利于线路施工、维修和检查工作,导致线路隐患不能及时消除,处理临时设备故障任务加重。作业人员容易出现简化作业程序、违章作业情况。

三、冬季作业对人身安全的基本要求

防寒过冬安全一直是铁路企业生产中的重要工作。在冬运前要专门进行安全思想教育,做好职工的思想工作,对有关人员进行防寒过冬培训,并按规定做好防寒劳动防护用品的配备和发放工作,储备足够的防寒过冬材料、燃料和工具,检修好除冰雪机具和防雪设备,组织好除冰雪队伍。

(一)冬季预防人身伤害应做好的工作

冬季预防人身伤害应提前准备好防寒、防护用品,做到备足备齐及时发放到每个职工手中,如防寒服、棉鞋、手套等。对下雪后积雪和场地的积冰要及时组织采取清除措施,防止滑倒摔伤。

(二)冬季作业对人身安全的基本要求

防寒安全一直是铁路企业生产中的重要工作,是安全生产中的主要组成部分,是日常安全管理的重要措施之一。防寒工作一是对有关人员进行防寒过冬培训,并按规定做好防寒劳动防护用品的配备和发放工作;二是对铁路技术设备进行防寒过冬检查、整修,并做好包扎管路等工作;三是做好易冻的设备、物资的防冻解冻工作;四是储备足够的防寒过冬材料、燃料和工具,检修好除冰雪机具和防雪设备,组织好除冰雪队伍。

根据冬季作业特点和作业规律,必须认真贯彻落实"安全第一、预防为主、综合治理"的方针,必须遵守以下规定。

1. 冬季职工上班前的有关要求

(1)上班前严禁饮酒,充分休息,保证工作时精力充沛、思想集中。

(2)工作前必须按规定穿戴好防护用品，防寒帽必须有耳孔且孔径不小于20 mm，禁止穿高跟鞋、塑料底鞋及带钉子鞋作业。

(3)作业前认真检查确认使用的工具、交接的设备，确保状态良好，严禁使用不良机具；严格执行岗位责任制和交接班制度，认真听取工班长班前生产计划安排以及对安全生产注意事项的布置要求，作业中要认真执行各种规章命令，团结协作，密切联系，不得臆测行事，不准玩笑打闹。

2. 冬季在站场上作业及行走时的安全要求

在站场上作业和行走时，禁止戴妨碍视觉、听觉的色镜、帽子或其他遮盖物；有冰冻时在鞋上绑扎草绳或穿其他防滑鞋具，以防滑倒摔伤。

3. 冬季施工作业安全要求

(1)施工作业互控五程序包括：明确互控对象，互对信号，呼唤应答，提醒注意，监督检查。坚持以自控为主，他控提醒，互相监督。

(2)施工作业互控五程序是保证人员在作业中相互监控，减少、杜绝违章作业的有效手段。落实其程序的关键取决于工班长、安全员、防护员和单独顶岗作业人员遵章守纪的自觉性。

(3)工务作业人员任何情况下禁止在线路上接打手机。

(4)冬季在电气化区段作业时，应遵守《电气化铁路电气安全规则》的规定。隧道起拱线以上部分的结冰，由接触网工区负责清除。

(三)冬季除冰雪作业

除雪、除冰工作是一项非正常工作，由于天气恶劣、作业时间不固定，给人身安全带来严重隐患，作业前，作业人员要根据除雪位置制定详细的安全措施，制定行走路线图、待避列车位置图；遇到易于溜滑的地段，应注意提高警惕，踏稳、踩牢，防止滑倒摔伤。除雪、除冰负责人负责除雪前的安全教育。

1. 遇有雪情预告，必须提前做好人员、用具、通信设备、防护用品等各项除雪准备工作。

2. 线路上除雪作业必须设置安全防护，现场设现场防护员、车站设驻站联络员。

3. 线路上除雪作业必须有组织、有防护，严禁单人除雪，现场除雪必须保证3人以上，必须设一名专职防护人员。清除雪后道岔内残雪时，也必须严格按规定设置安全防护。

4. 除雪作业前，每一个小组必须明确负责人，必须指定专人担任安全防护工作；在站场道岔咽喉区多个作业组同时作业时，可在作业群体两端分别设置现场防护员，负责全体作业人员的安全防护。

5. 同小组的作业人员必须同去同归，并严格按照规定的路线图行走，作业期间不得单人离开作业小组。

6. 驻站联络员要先于现场作业人员到达车站行车室(信号楼或调度所)，在驻站防护期间要认真掌握列车通过和调车作业情况，并及时通知现场防护人员。

7. 现场防护员要按规定携带防护用具，与作业人员一同到达现场，并及时向驻站联络员报告作业位置，确认无车方可进行除雪作业；在防护期间要认真监听电台，接到来车报告后及时通知作业人员按规定距离下道避车。

8. 使用风力、内燃除雪机的作业小组，车站设好驻站联络员、现场按规定设好现场防护员后再上道作业，并听从小组负责人的指挥。现场防护员携带好防护手机和对讲机的同时，还要戴好防护耳麦，加强与驻站联络员的联系，上道作业时，必须执行一人一机牵绳防护的规定，来车前提前下道，确保安全防护措施的有效落实。

9. 除雪作业人员必须按照规定着装，确保听觉、视觉不受影响。严禁穿戴连体帽，或无听声孔防寒帽，防寒帽耳孔尺寸要符合标准并开放。禁止穿大帽钉鞋、塑料底鞋、高跟鞋及易滑鞋，防止发生人身伤害。

10. 除雪人员上下道，必须清点人数，必须向驻站联络员进行登销记。

四、冻伤处置和预防煤气中毒措施

冬季，户外作业，如果防护不当，人体受低温寒冷侵袭极易伤损，形成冻伤；另外，冬季用煤炉取暖，如用法不当，易发生煤气中毒。因此，克服麻痹思想，掌握预防冻伤、煤气中毒基本知识十分重要。

(一)一般冻伤处置

1. 冻伤的基本知识

(1)冻伤的概念

冻伤是在寒冷、潮湿和有风的地带工作或劳动时，由于低温寒冷或肌体长时间暴露在寒冷环境下，引起全身或局部温度下降而发生的损伤。多发生于四肢和皮肤外露部位，如手、足、面颊、耳、鼻等。

(2)冻伤的分类

冻伤在临床上分为非冻结性损伤和冻结性损伤两种。根据受伤的程度，把冻伤分为Ⅰ～Ⅲ度。Ⅰ度(红斑性冻伤)：皮肤浅层冻伤，局部皮肤发白，继后红肿，可有局部发痒、刺痛、感觉异常。Ⅱ度(小泡性冻伤)：皮肤全层冻伤，损伤达皮肤深层，局部红肿明显。可有水泡出现，内有血清样或血性液体，疼痛剧烈，数日内水泡干枯，周内形成黑色干痂，脱落后创面愈合。Ⅲ度(坏死性冻伤)：皮肤和皮下组织冻伤，其损伤达皮肤深层、皮下组织或肌肉骨骼，损伤部位呈紫黑色、感觉消失，周围组织水肿，疼痛剧烈，创面愈合慢，常留下瘢痕与功能障碍。

在冻伤的患者中，最严重的为冻僵者。所谓冻僵，是指由于低温寒冷或肌体长时间暴露在寒冷环境下所引起的全身性的损伤。全身冻伤初表现为寒战，皮肤苍白、冰冷，呼吸、心跳加快，反应迟钝，神志不清，全身肌肉关节僵硬，直至呼吸和循环衰竭，如不及时抢救，常会危及生命。

2. 冻伤处置

(1)急救和治疗原则

①迅速脱离寒冷环境，防止继续受冻。

②抓紧时间尽早快速复温。

③局部涂敷冻伤膏。

④改善局部微循环。

⑤抗休克、抗感染和保暖。

⑥应用内服活血化瘀等类药物。

⑦Ⅱ度、Ⅲ度冻伤未能分清者按Ⅲ度冻伤治疗。

⑧冻伤的手术处理，应尽量减少伤残，最大限度地保留尚有存活能力的肢体功能。

(2)快速复温

尽快使伤员脱离寒冷环境后，如有条件，应立即进行温水快速复温，复温后在充分保暖的条件下护送就医。如无快速复温条件,应尽早护送就医,护送途中应注意保暖,防止外伤。到达医疗单位后应立即进行温水快速复温。特别对于救治仍处于冻结状态的Ⅱ度、Ⅲ度冻伤,快速复温是效果显著而关键的措施。

具体方法:将冻肢浸泡于42 ℃(不宜过高)温水中,至冻区皮肤转红,尤其是指(趾)甲床潮红,组织变软为止,时间不宜过长。对于颜面冻伤,可用42 ℃的温水浸湿毛巾,进行局部热敷。在无温水的条件下,可将冻肢立即置于自身或救护者的温暖体部,如腋下、腹部或胸部,以达复温的目的。救治时严禁火烤、雪搓、冷水浸泡或猛力捶打患部。

(3)冻伤的预防

①在寒冷条件下的工作人员,均需注意防寒、防湿。

②尽可能减少暴露在低温下的体表面积。保持衣着、鞋袜等干燥,沾湿后及时更换。

③在严寒环境中要适当活动,特别是现场防护员避免久站或蹲地不动。

④进入低温环境工作以前,可进适量高热量饮食,但不宜饮酒。

(4)特别提示

①避免用力捶打冻伤部位或对肢体进行按摩,禁止用雪或冰块擦拭冻僵的肢体。

②对冻伤者进行施救时,禁止用温度过高的热水浸泡伤肢,不要用篝火、汽车的发动机等干热方式来为肢体复温。

③如冻伤者出现昏迷或昏厥,应立即拨打急救电话;如果无反应且无呼吸或无正常呼吸,立即进行心肺复苏,复苏过程中首先要维持呼吸道通畅,必要时给予辅助呼吸。

(二)预防煤气中毒措施

无色无味的煤气被称为"沉默的杀手",煤气中毒,其实就是一氧化碳中毒。

1. 一氧化碳中毒

一氧化碳中毒是含碳物质燃烧不完全时的产物经呼吸道吸入引起的中毒。中毒机制是一氧化碳与血红蛋白的亲合力比氧与血红蛋白的亲合力高200～300倍,所以一氧化碳极易与血红蛋白结合,形成碳氧血红蛋白,使血红蛋白丧失携氧的能力和作用,造成组织窒息。对全身的组织细胞均有毒性作用,尤其对大脑皮质的影响最为严重,当人们意识到已发生一氧化碳中毒时,往往为时已晚,因为支配人体运动的大脑皮质最先受到麻痹损害,使人无法实现有目的的自主运动。

2. 一氧化碳中毒症状

(1)轻度:头痛、头晕、心慌、恶心、呕吐症状。

(2)中度:面色潮红、口唇樱桃红色、多汗、烦躁、逐渐昏迷。

(3)重度:神志不清、呼之不应、大小便失禁、四肢发凉、瞳孔散大、血压下降、呼吸微弱或停止、肢体僵硬或瘫软、心肌损害或心律失常。

(4)发现时间过晚,吸入煤气过多,或在短时间内吸入高浓度的一氧化碳,血液碳氧血红蛋白浓度常在50%以上,病人呈现深度昏迷,各种反射消失,大小便失禁,四肢厥冷,血压下降,呼吸急促,会很快死亡。一般昏迷时间越长,愈后越严重,常留有痴呆、记忆力和理解力减退、肢体瘫痪等后遗症。

3. 现场急救

当发现有人一氧化碳中毒后,救助者必须迅速按下列程序进行救助:

(1)进入室内时严禁携带明火,尤其是开放煤气自杀的情况,室内煤气浓度过高,按响门铃、打开室内电灯产生的电火花均可引起爆炸。

(2)进入室内后,应迅速打开所有通风的门窗,如能发现煤气来源并能迅速排出的则应同时控制,如关闭煤气开关等。

(3)然后迅速将中毒者背出充满一氧化碳的房间,转移到通风保暖处平卧,解开衣领及腰带以利其呼吸顺畅。同时呼叫救护车,随时准备送往有高压氧舱的医院抢救。

(4)等待运送车辆的过程中,对于昏迷不醒的患者可将其头部偏向一侧,以防呕吐物误吸入肺内导致窒息,为促其清醒可用针刺或指甲掐其人中穴。若其仍无呼吸则需立即开始口对口人工呼吸。因而对昏迷较深的患者不应立足于就地抢救,而应尽快送往医院。

4. 预防一氧化碳中毒

(1)燃煤取暖的锅炉房要单独设置,通风条件应良好,烧锅炉人员不得长时间在锅炉房内休息和盹睡,以免煤气中毒发生。

(2)选择符合国家有关标准的用气设备(燃气燃烧器具)。做好冬季室内的通风,如果通风不足,燃气燃烧不完全,会产生一氧化碳,造成窒息,危及人的生命。

(3)用完燃气设备后必须检查灶具和管道阀门是否关闭。定期检查胶管是否牢固,并及时更换老化胶管,最好做到每年更换一次。

五、事故案例分析

[案例] 除雪来车无人知,三人当场被车撞

1. 事故概况

××年2月21日7时23分N120次旅客列车以每小时140 km的速度行驶至××上行线K139+140时将正在××站进站道岔处负责除雪作业的站值班站长、支部书记和配合车站除雪作业的电务段信号工长撞飞,两人当场死亡,另一人重伤后送医抢救无效死亡。构成铁路交通较大事故。

2. 事故原因

(1)按照规定,负责除雪作业现场防护工作的××站值班站长没有认真履行防护职责而去参与除雪作业,导致间断瞭望、间断联控,最终导致三人同时被通过的列车撞上。因此,防护措施不落实是本次事故发生的直接原因和重要原因。

(2)除雪人员自我安全防护意识淡薄。××站的支部书记、值班站长以及信号工长作为车站干部和××电务段基层班组的负责人,上线除雪作业忙于除雪任务,忽视了自身的安全保护。所以,三名除雪作业人员普遍缺乏安全意识是事故发生的重要原因。

(3)除雪安全防护应急措施不健全。××局××车务段和××站所实行的既有除雪安全措施中没有规定除雪人员上道时,变换作业地点时向信号楼通报和定时通报,没有规定信号楼值班人员向现场除雪人员通报列车接近后在没有得到现场回答的情况下信号楼需要采取哪些应急措施。所以,安全防护应急措施不健全是事故发生的管理原因。

(4)对雪后上道除雪人员的人身安全预想不到位。××车务段在集中除雪后忽视了雪后清雪人员的安全工作,特别是对于运输繁忙、积雪影响较大的××站没有继续投入力量和没有持续控制安全,忽视雪后中间站清雪安全是事故发生的管理原因。

(5)恶劣天气严重影响除雪人员的人身安全。低温、大风、浓雾、噪声及飞扬的残雪影响了作业人员对来车的判断,是事故发生的客观原因。

3. 事故教训

(1)健全和完善营业线作业安全防护规章制度。规范防护员的作业行为、严肃驻站联络员的作业纪律,细化除冰除雪安全防护措施,强化安全防护作业的检查考核。

(2)深入开展营业线劳动安全专项整治工作,通过认真总结分析本单位专项整治工作的经验和教训,针对营业线各类作业中存在的问题,以预防作业人员机车车辆伤害为重点,结合关键岗位和作业环节制定专项整治方案。

第十三节　职业健康

铁路局集团公司工务部和各段必须坚持以人为本的工作理念,弘扬"生命至上,安全第一"的思想,始终把从业人员生命安全和身体健康放在第一位,切实履行劳动安全管理职责。根据国家和铁路行业有关规定健全职业健康和劳动保护管理制度,各段应对有粉尘、噪声和有害物质等对作业人员安全健康构成威胁的生产经营场所采取措施进行有效监控和管理,确保从事有害和危险作业人员安全与健康。

本节从铁路常见职业病类型,职业病危害因素的分类、识别、职业病的预防原则与预防措施、劳动者心理卫生健康等 4 个方面介绍职业病防治的相关知识。

一、铁路常见职业病类型

(一)职业病的概念

《中华人民共和国职业病防治法》明确规定,职业病是指企业、事业单位和个体经济组织等用人单位的劳动者在职业活动中,因接触粉尘、放射性物质和其他有毒、有害因素而引起的疾病。

(二)工务系统职业病

根据国家卫生部、劳动和社会保障部公布的职业病分类,工务系统职工由于工作中使用的原辅材料、作业环境或生产工艺等各方面因素和特点导致可能存在各种类型的职业病危害,包括职业性眼病、慢性咽炎等职业病。

1. 经常在一些煤矿、石灰、水泥、铁矿、铝矿、采石场等铁路专用线施工及维修未做好劳动保护,根据《尘肺病诊断标准》和《尘肺病理诊断标准》确诊的尘肺类疾病。

2. 经常进行电焊未做好劳动保护导致的电光性眼炎等职业性眼病。

3. 利用除草剂除草,利用油漆进行标志刷新,桥梁的钢梁进行喷漆作业,在通风条件不良的房间对小型养路机械拆装修理,使用电焊、铝热焊接、夹板胶结等作业时未做好自身防护,由产生的有毒刺激性气味导致的咽部不适、头晕、恶心等慢性中毒。

4. 物理因素所致的职业病,包括高温、紫外辐射导致的中暑,低温环境下作业冻伤,抬运轨枕、钢轨不掌握操作要领导致的腰椎间盘突出等疾病。

二、有害因素辨识

(一)职业病危害因素的概念

职业病危害因素是指在职业活动中产生或存在的,可能对职业人群健康、安全和作业能力造成不良影响的因素或条件，包括化学、物理、生物等因素。

（二）职业病危害因素的分类

工作场所中的职业病危害因素，按其来源可分为以下三类。

1. 生产工艺过程中产生的有害因素

（1）生产性毒物：如铝热焊接钢轨时铝粉和氧化铁粉混合物在点燃后高温状态下发生还原放热反应产生的气溶胶；使用电焊作业中焊芯、药皮和金属母材在高温下熔化、蒸发、氧化、凝集，产生大量的金属氧化物及其他物质的烟尘；小型养路机械修理时的汽油挥发物和汽油机排出的有害气体，如果作业时不做好个人防护，长期吸入这类有毒有害的气体，可引起操作人员尘肺并导致锰、铝、铅金属中毒，并有咽部不适、头晕、乏力、白细胞增多，重者有神经、心理行为异常等，严重者身体还会出现恶性肿瘤等。

（2）油漆类化学性毒物：利用油漆对线路标志进行刷新、桥梁工对钢梁的喷漆、补漆作业中存在的苯系物等。对作业人员伤害包括头晕、恶心、头痛、乏力、视力模糊、精神不振，重度中毒时，会出现昏迷、抽搐等严重的心脑血管疾病。

（3）生产性粉尘：如电焊作业中存在的电焊烟尘，铝热焊接浇铸作业中存在的矽尘，钢轨打磨作业中存在的砂轮磨尘等。

（4）物理因素：紫外线和红外线对眼及皮肤的损伤是电焊作业职业损害的一个重要方面，表现为电光性眼炎、结膜炎、慢性睑缘炎，工人接触过量的紫外线会发生非黑色素细胞皮肤癌等疾病。长期使用威客镐、小蜜蜂、软轴等振动捣固镐产生的噪声对听觉还会造成一定损害。

2. 劳动过程中的有害因素

（1）劳动组织和制度不合理，劳动作息制度不合理等。

（2）职业性精神（心理）紧张。

（3）劳动强度过大或者生产定额不当，不能合理地安排与劳动者身体状况相适应的作业。

（4）个别器官或系统过度紧张，如视力紧张等。

（5）长时间处于不良体位或姿势，或使用不合理的工具劳动等。

3. 生产环境中的有害因素

（1）自然环境因素的作用，炎热季节高温辐射等。

（2）厂房建筑或布局不合理：如采光照明不足、通风不良。

（3）作业环境空气污染。

三、工务职业病预防措施

根据国家和铁路行业有关规定健全职业健康和劳动保护管理制度，各段应对有粉尘、噪声和有害物质等对作业人员安全健康构成威胁的生产经营场所采取措施进行有效监控和管理，确保从事有害和危险作业人员安全与健康。

（一）职业健康检查

应按规定定期对从事有害和危险作业人员组织身体检查，防止患有职业禁忌症或患职业病的人员从事有害和危险作业。

1. 劳动人事科负责制定年度体检计划，与有资质的医疗单位共同制定体检方案，组织身体检查，并将身体检查情况及时记录建档。

2. 劳动人事科应掌握从事有害和危险作业人员体检结果，对不适合从事有害和危险作业的人员要及时进行调整，对患有职业病的人员要及时安排医治。同时要组织从事有害和危险作业人员参加上级定期组织的健康疗养。

(二)健全劳动保护措施

按照国家和铁路行业的规定开展劳动保护工作，落实劳动防护用品、防暑降温等工作管理制度，明确劳动防护用品的生产、采购、保管、发放、使用、检验检测、检查验收、报废等方面的规定和要求，保证防护用品质量并按规定配发。

1. 劳动用品采购。各段须严格执行集团公司《职工劳动防护用品管理规定》，按规定从具有产品准入资格的单位采购劳动用品，确保劳动防护用品来源清、质量好、安全可靠。

2. 劳动用品配发。各段须严格按集团公司《职工个人劳动防护用品配发标准》配发劳动用品，严禁超标准、超范围发放，更不准许拖欠配发；及时做好防暑降温用品计划提报和发放工作，各段须对劳动防护用品和防暑降温用品采购、发放和质量进行监督检查，及时纠正存在的问题，严重问题要及时报告。

3. 特种劳动防护用品监督管理。各段应严把特种劳动防护用品采购质量关，杜绝采购无安全标志的产品。应监督检查作业人员使用情况，防止已经损坏或过期失效的特种劳动防护用品继续使用。各段须严格执行特种劳动防护用品的定期检测制度，落实检测和监管责任，确保特种劳动防护用品的安全使用。

(三)强化对劳动安全危险源的管控

针对可能导致从业人员伤亡和职业病的潜在不安全因素，各段要强化对劳动安全危险源的管控。根据工务各岗位作业的特点，确定以下作业为工务主要劳动安全危险源。

1. 易造成车辆伤害的作业：营业线群体或单独作业、上下工走行、横越线路、通过长大桥隧等。

2. 易造成触电事故的作业：电气化区段维修作业、电气设备的使用和维修等。

3. 易造成高处坠落的作业：桥梁高空作业、装卸作业等。

4. 易造成物体打击的作业：钢轨搬运作业、笨重物件拨抬及装卸作业、无缝线路高温作业等。

5. 易造成道路交通事故的作业：各类机动车辆驾驶作业等。

6. 易造成火灾爆炸的作业：专用线的油罐区和易燃易爆处所施工维修等。

7. 其他容易造成人员伤害的作业：起重作业、机械加工和生产场所危险区域等。

四、心理卫生健康基本知识

在日常的养护维修工作中，不一定每天都与有害因素一直接触，但是与某些有害因素接触的时间虽然短，在没有做好自身安全防范措施的前提下，同样也会对职工的心理和生理造成一定的不良影响。

(一)产生心理异常的原因

1. 劳动自身的因素

高速铁路线路工、桥隧工等夜间天窗工作，普速铁路线路工、桥隧工夏季天窗修时间过早或过晚，造成一些职工生活节奏紊乱，容易造成睡眠障碍、精神不安、食欲不振等症状。

道口工等工作注意力持续高度集中，心理过度紧张，责任感压力过大，易罹患神经系统疾病、消化不良、消化性溃疡和慢性皮肤病。

2. 生理疲劳和心理疲劳

生理疲劳和心理因素是交互作用的，心理上的疲劳往往会加重生理上的疲劳，心理上的不满、烦恼，可增加疲劳感，并使厌倦情绪加重。

3. 人与工作的相互适应

这有两方面问题，一般体现在一些转岗职工和新职（本科、大专毕业生）职工身上。一方面是工作特点对进行工务现场工作人员的要求。一个人如果长期地不能满足和适应工作要求，如不能胜任某一岗位职务，就会产生强烈的持久的心理应激，严重时亦可与其他因素共同作用使人患病。另一方面是作为具有某种个性心理特征的人对工作是否满意。人的需要是多方面的、多层次的，不单只是为了谋求物质满足而工作，还有更多、更高的社会和精神的需求。

（二）避免心理异常发生的方法

1. 倾诉倾倒心理垃圾

心理垃圾在心里积存太久会影响情绪，而牢骚、苦闷、悔恨、怨气、委屈或者愤怒的时候，倾诉就是倒垃圾。因此要学着不沉溺于自己的苦难，做自己的心灵清洁师，只要有勇气敞开心扉，并选择安全的听友，如你的亲友或者心理专家，倾诉会使你受益良多。

2. 转移注意力

过分紧张焦虑，会削弱行为能力，而缺乏有效的行为，又会加重紧张焦虑。因此在紧张不安的时候，可以列一张表：在目前的情势之下可以做些什么？然后按轻重缓急将它们排一个顺序，立足一个最主要的目标，着手实施，使自己的全部注意力转移到目标上去。

3. 学会宽容

不要苛求别人，也不为难自己。一般而言，一个人对别人的好不会超过对他自己，这就是人性，超越它是伟大的，遵从它也不该受到责难。较低的期待几乎总是能得到较多的快乐。

4. 常怀感恩之心

感恩父母给予我们生命，感谢家庭带给我们的幸福，感恩老师教授给我们知识，感谢朋友给我们友谊，感谢企业给我们发展平台，感谢陌生人给我们的帮助。常怀感恩之心才能看到社会美好的一面，才能更加积极乐观地工作和生活。

5. 互相帮助

社会支持系统是生活的缓冲垫，人活在社会中，要学着去帮助他人。因为帮助他人可能使你忘却痛苦、增进友谊。也要给他人帮助自己的机会，帮你在困难的时候渡过难关。

6. 学会等待

伤心、痛苦都是暂时的，在走厄运时，要耐心等待转机出现；让时间把伤痛愈合；在冲动时，要等待理性恢复，避免在冲动时做出决策；也要在等待中积累充实资源，做到厚积而薄发。

7. 懂得妥协

人要懂得妥协，妥协后会发现，人生并不是只有这一条路可以走。

8. 抛开心理包袱

人要有所为有所不为，有所舍才能有所得，所以要专注于最重要且紧迫的事物。掌握三种智慧，懂得什么时候应坚守，什么时候应放弃，什么时候应撤离战场。

9. 拓展心理空间

过分专注繁杂的事务会使内心过于拥挤，健康的心灵需要自由的空间。不妨培养点自己的爱好：运动、音乐、书法、旅行等，用心地体验亲情、友情与爱情；左右事情而不要被事情所左右。

第十四节　现场急救

一、现场急救的基本概念

现场抢救是指一些意外伤害、急重病人在到达医院前得到的及时有效的急救措施。目的是挽救生命，减少伤残和痛苦，为进一步救治奠定基础。倡导人道、博爱、奉献精神；牢固树立健康安全救护意识；熟悉了解现代救护的基本概念和心肺复苏与创伤救护的基本理论知识；熟练掌握事故现场环境评估与危重伤病情的判断要点；基本掌握心肺复苏的技能和常见创伤止血、包扎、骨折固定及搬运伤病员的方法；基本掌握现场救护的原则与现场检伤程序，熟悉了解有关救护器材的特点与使用方法，面对伤害、疾病事发现场，能熟练运用所学知识开展自救互救工作。

(一)现场急救的主要任务

现场急救的主要任务是抢救生命、减少伤员痛苦、预防并发症，正确而迅速地把伤病员转送到医院。

(二)现场急救的基本程序

1. 现场评估

(1)评估造成事故、伤害及发病的原因，是否存在对救护者、患者和围观者造成伤害的危险环境。

(2)评估危重病情，包括对意识、气道、呼吸、循环等几方面的评估。

2. 现场急救与呼救

现场急救：针对伤情采取合适措施。

电话呼救："120"是我国统一的医疗急救电话号码，应广泛宣传教育广大职工记住呼救电话号码。

3. 现场急救的原则

(1)先排险后施救。在现场救护前先评估现场环境，排险后再施救。

(2)先重伤后轻伤。优先抢救危重患者，后抢救较轻者。

(3)先复苏后固定。遇有呼吸心搏骤停又有骨折者，应先进行心肺复苏术，直至呼吸、心跳恢复后，再进行骨折固定。

(4)先止血后包扎。大出血合并有伤口者，首先立即采取指压法、止血带止血法等进行止血，再消毒伤口进行包扎。

(5)先急救后转运。对垂危重伤病员，先进行现场的初步处理后，才可在医疗监护下转运至医院，途中不要停止抢救措施，继续观察病情变化，少颠簸，注意保暖，快速平安抵达目的地。

(6)急救与呼救并重。有多人在现场或遇有成批伤病员时，救护与呼救同时进行。只有一人在场的情况下，应先施救，后在短时间内进行电话呼救。

二、铁路作业常见伤害的急救方法

(一)止血

人体血量大约占体重的8%，如体重50 kg，则约有4 000 mL血液。急性出血时，若短时间内血液流失超过全身血量的1/4～1/3，就有生命危险。因此，争取时间进行有效止血，对挽救伤员的生命具有非常重要的意义。

出血可分为外出血和内出血。血管破裂后，血液流出体外称为外出血；血液流入组织、脏器或体腔内，称为内出血。急性创伤性大量出血是伤后早期死亡的主要原因之一。因此，必须迅速采取有效的止血措施。根据出血的血管种类，出血可分动脉出血、静脉出血、毛细血管出血3种。动脉出血：血色鲜红，出血呈喷射状，危险性最大；静脉出血：血色暗红，血流较缓慢，呈持续性，危险性较大；毛细血管出血：血色鲜红，血从伤口渗出，常可自动凝固止血，危险性较小。出血急救方法如下。

1. 压迫止血法

压迫止血是最常用的止血方法。常用的方法有三种。

(1)直接压迫

小伤口出血，直接压迫出血部位，即可达到应急止血的目的，然后再视情况和条件做进一步处理。

(2)指压止血法

指压止血，指抢救者用手指把出血部位近端的动脉血管压在骨骼上，使血管闭塞，血流中断而达到止血目的。优点：操作简单、动作迅速、快速止血。缺点：无法持久按压，是临时止血方法，最终还要用其他方法彻底止血。

常见的指压止血部位如下。

①头部出血：位于同侧耳前，对准耳屏上前方1.5 cm处，如图1-1所示。

②面部出血：位于同侧下颌骨与咬肌并缘交界处，如图1-2所示。

图1-1　头部止血

图1-2　面部止血

③颈部出血：位于同侧气管外侧与胸锁乳房肌前缘中段之间，注意不能同时压迫两侧颈部总动脉，以免引起大脑缺血，如图1-3所示。

④鼻出血：位于唇沟与鼻翼相交的端点处，如图1-4所示。

⑤肩部、腋窝、上臂出血：位于同侧锁骨上窝中部的搏动点(锁骨下动脉)至深处的第一肋骨，如图1-5所示。

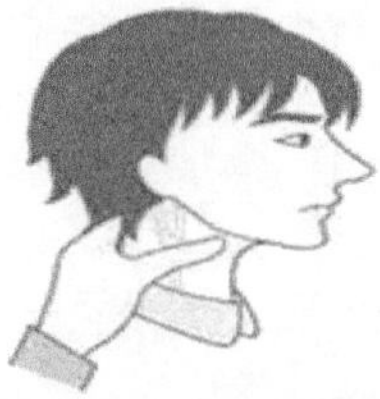

图 1-3 颈部止血

图 1-4 鼻部止血

⑥前臂出血:位于上臂内侧肱脉末端,如图 1-6 所示。

图 1-5 肩部、腋窝、上臂止血

图 1-6 前臂出血

⑦手掌、手背出血:位于手腕部的尺动脉和桡动脉,如图 1-7 所示。

⑧手指出血:位于手指侧的两侧指动脉,如图 1-8 所示。

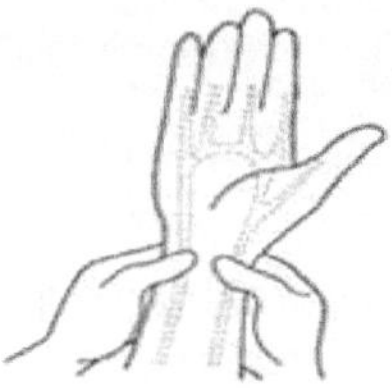

图 1-7 手掌、手背止血

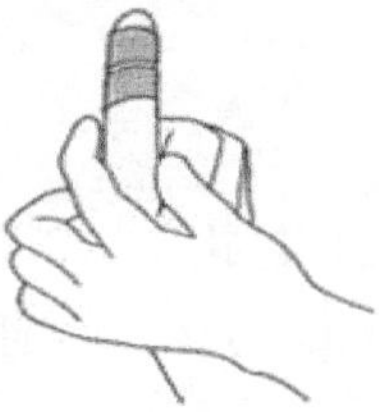

图 1-8 手指止血

⑨大腿出血:位于大腿上端腹股沟中点稍下方股动脉,如图 1-9 所示。

⑩足部出血:位于足部中部近足腕处(胫前动脉)和足跟内侧与内踝(胫后动脉),如图 1-10 所示。

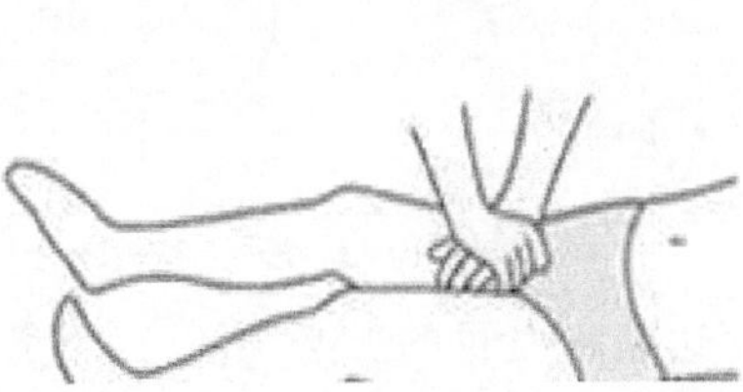

图 1-9 大腿止血

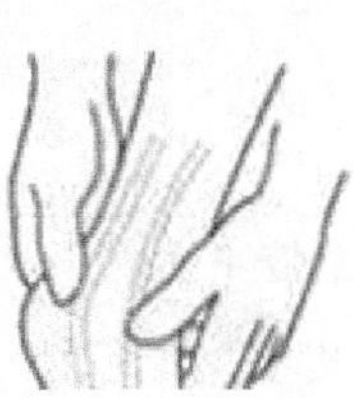

图 1-10 足部止血

(3)加压包扎止血

加压包扎止血,是用包扎敷料等直接与伤口接触,刺激人体组织凝血功能发挥作用,有利于血管断端形成血栓,堵塞血管,停止出血。常用加压包如图 1-11 所示。

①手指伤口包扎

用创可贴是最方便的包扎方法。注意不能扎得太紧,以免造成手指端缺血。

图 1-11　常用加压包

方法 1:剪开创可贴成 V 形,如图 1-12 所示。

图 1-12　成 V 形,贴关节

方法 2:螺旋形粘贴,如图 1-13 所示。

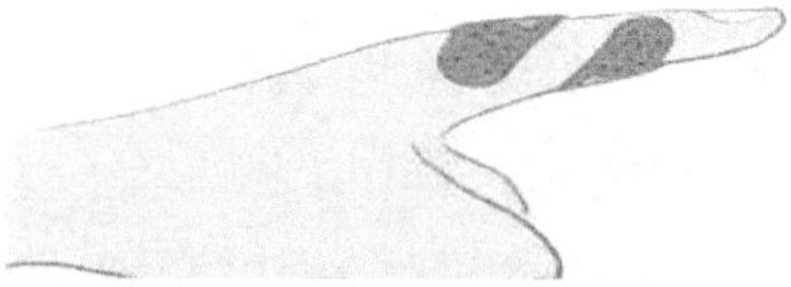

图 1-13　螺旋形粘贴两端

②体表表浅伤口包扎

体表表浅伤口出血量不大,直接用敷料或其他清洁材料(毛巾、衣服)包扎即可止血,如图 1-14 所示。

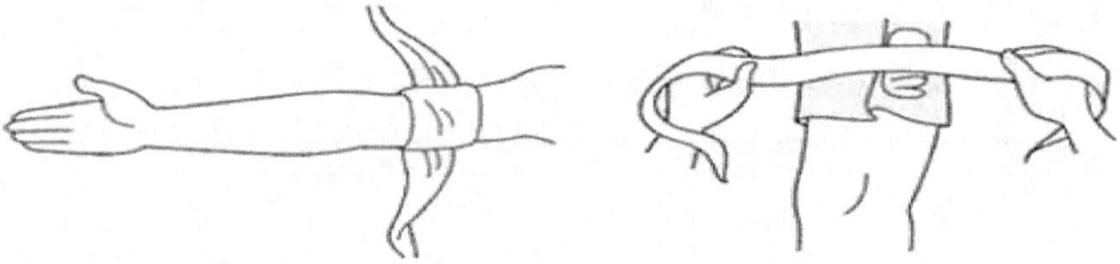

图 1-14　勒紧带止血

2. 止血带止血法

(1)卡扣式止血带是将伤口近心端血管压瘪而达到止血目的。必须注意:四肢大动脉出血而其他止血方法无效时方可使用;压脉带不能与皮肤直接接触;松紧要适宜,以能止住出血为度;时间不宜过长,应每隔 40～50 min 放松一次,每次放松 3～5 min。卡扣式止血带使用方法如图 1-15 所示。

(2)布带绞紧止血法

用宽度大于 3 cm、长度大于要止血部位肢体周径 10 cm 的布带 2 条,直径大于 1 cm、长度 10 cm 左右的木棍(笔杆也可)1 根。止血时先用 1 根布带在止血部位绕肢体一周后打一死结,然后插入木棍,提起木棍旋转施压,直到出血停止,再用另一根布带将木棍打死结固定于肢体。

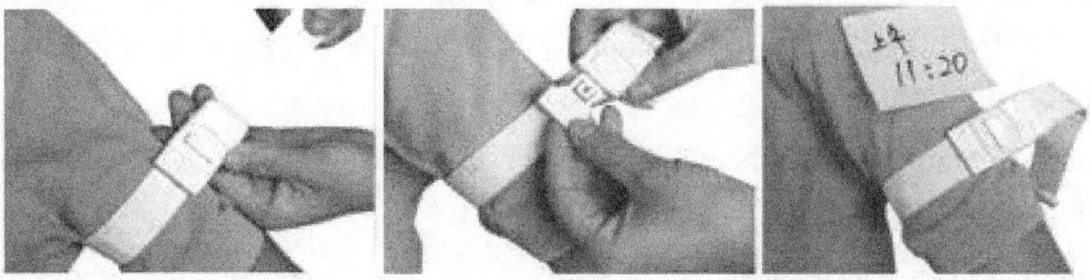

图 1-15 卡扣式止血带

简易压脉带制作过程：如无止血带，可用布带、绷带等代替，如图 1-16 所示。

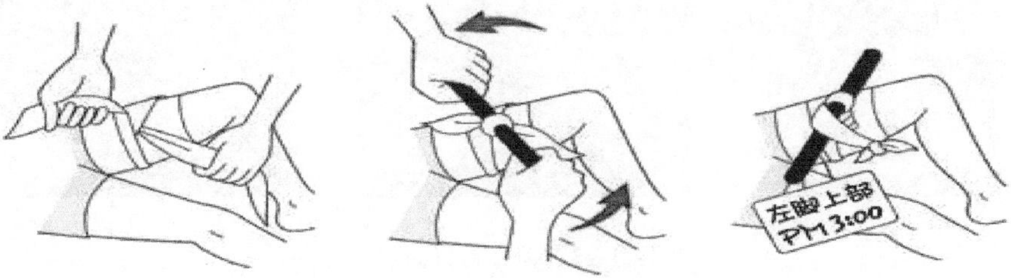

图 1-16 简易压脉带使用

(3)注意事项

①上止血带前，皮肤与止血带之间应加一层布垫。

②止血带要松紧适宜，以能止住出血为度。

③上止血带的部位要尽可能靠近伤口。一般情况上肢出血扎在上臂的上 1/3 处(中 1/3 处容易损伤桡神经)，下肢出血扎在大腿中、上 1/3 交界处。

④上止血带过久，容易引起肢体坏死，因此每隔 40～50 min 放松一次，每次放松 2～3 min。必须注意，放松止血带时要在伤口处加压，以防止血带放松后引起猛烈出血。

⑤运送伤员时，要有明显标志，并注明上止血带与放松止血带的时间。

3. 填塞止血法

伤口较大、较深，出血多时，需要把敷料或其他洁净棉布材料塞入伤口深部(图 1-17)，才能有效止血。注意，此法只适用于四肢，躯干部出血不能使用此方法。

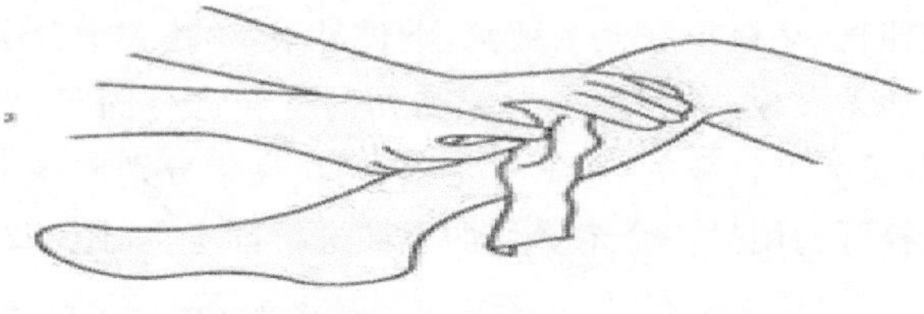

图 1-17 填塞止血

(二)骨折

骨折是指骨的完整性或连续性完全或部分中断。现场处理不当常可致血管、神经损伤等并发症。现场作业时出现骨折的职工，要马上拨打急救电话 120 或用单位的运输车辆送医做 X 光影像检查。

1. 急救方法:对骨折和怀疑存在骨折患者,应做好固定,以防止骨折断端移位,造成其他严重损伤,固定的材料有制式夹板(竹木制品、金属制品、聚酯材料制品等),必要时也可就地取材(树枝、木板等)。

不同部位骨折的固定方法是不一样的,在进行骨折的固定时要特别注意,以便减少骨折患者的痛苦。下面是常见骨折的固定方法。

2. 不同部位骨折基本固定方法

(1)锁骨骨折

绷带"8"固定法,如图 1-18 所示。

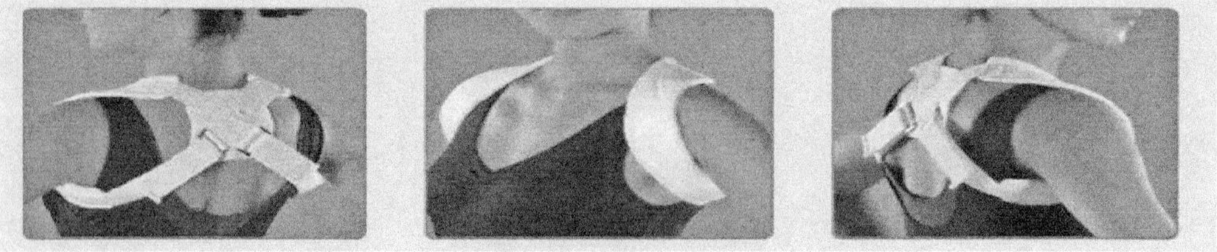

图 1-18 锁骨骨折固定

(2)臂部的固定

上臂受伤时病人手臂屈肘 90°,用两块夹板固定伤处,一块放在上臂内侧,另一块放在外侧,然后用绷带固定。固定好后,用绷带或三角巾悬吊伤肢,如图 1-19 所示。前臂受伤时病人手臂屈肘 90°,用两块夹板固定伤处,分别放在前臂内外侧,再用绷带缠绕固定。固定好后,用绷带或三角巾悬吊伤肢。如果没有夹板,可利用三角巾加以固定。三角巾上放杂志或书本,前臂置于书本上即可,如图 1-20 所示。

图 1-19 上臂固定

图 1-20 前臂固定

(3)腿部受伤的固定

大腿受伤时将伤腿伸直,夹板长度上至腋窝,下过足跟,两块夹板分别放在大腿内外侧,再用绷带或三角巾固定。如无夹板,可利用另一未受伤的下肢进行固定,如图 1-21 所示。小腿受伤时将伤腿伸直,夹板长度上过膝关节,下过足跟,两块夹板分别放在小腿内外侧,再用绷带或三角巾固定。如无夹板可利用另一个未受伤的下肢进行固定,如图 1-22 所示。

图 1-21 大腿固定

图 1-22 小腿固定

(4)腰椎、胸椎、脊柱骨折的固定

患者发生脊柱骨折时病情多较严重，此时严禁乱加搬动，应轻巧平稳地在保持脊柱安定状况下，移至硬板担架上，用三角巾固定后，及早转运(图 1-23)。切勿扶持患者走动，也不要让伤者躺在软担架之上，这样有可能会造成脊柱神经损伤，引起终生截瘫。

图 1-23 腰椎、胸椎、脊柱骨折的固定

3. 骨折固定的注意事项

(1)有开放性的伤口应先止血、包扎，然后固定。如有危及生命的严重情况先抢救，病情稳定后再固定。

(2)怀疑脊椎骨折、大腿或小腿骨折，应就地固定，切忌随便移动伤员。

(3)固定时应力求稳定牢固，固定材料的长度应超过固定两端的上下两个关节。

(4)夹板和代替夹板的器材不要直接接触皮肤，应先用棉花、碎布、毛巾等软物垫在夹板与皮肤之间。

(5)松紧适宜，不因固定而影响远端的血液循环，四肢末梢未受伤时要暴露以便于观察血液循环情况。

(三)头部损伤

头部损伤指暴力作用于头颅引起的损伤，约占全身损伤的 15%～20%，仅次于四肢损伤，是致残率及病死率均居首位的重要损伤。常见于各种交通或工矿事故、自然灾害、跌倒、坠落、爆炸、火器伤以及由锐器或钝器对头部的伤害引起。头部损伤可分为头皮损伤、颅骨损伤、脑损伤，三者可单独或合并存在。头皮损伤根据致伤原因和表现特点可分为头皮血肿、头皮裂伤和头皮撕脱伤。

急救措施如下：

1. 应让伤者安静卧床，头不要乱动。头皮损伤患者早期可冷敷，以减轻出血和疼痛，48 h 后改用热敷，以促进血肿吸收；血肿较大时，进行血肿穿刺和加压包扎；有伤口时应压迫止血、包扎伤口；头皮撕脱伤除现场包扎伤口外，还应妥善保护撕脱下来的头皮，将其用无菌敷料或清洁布单包裹，装入塑料袋内，再放置于有冰块的容器中，随伤员一起送往医院。

2. 要注意观察病人病情，当出现下述情况之一时应立即送医院治疗：①轻微伤却失去意识的病人；②眼睛周围、鼻子、耳朵有出血现象的病人；③受伤后发生恶心、呕吐的病人；④意识逐渐模糊的病人；⑤产生痉挛、麻痹、语言障碍的病人；⑥剧烈头痛的病人。

(四)肢体离断

肢体离断即强大暴力导致人体组织广泛而严重地破坏并断离者。常见于爆炸、高空坠落、建筑物倒塌或火车碾压等所致的复合性损伤。离断发生时患者常剧烈疼痛、大量失血、精神紧张，处理不及时可引起休克、肢体失活。

急救方法如下：

1. 止血和全身支持治疗

离断伤出血多，应迅速采取止血措施。

2. 做好断肢(指)体的处理

不完全离断的肢体应使用夹板制动，以避免转运时进一步损伤组织。完全离断的肢体离断的近端应用清洁敷料加压包扎，最好不用止血带。对必须使用止血带者，应每小时放松止血带1次。完全离断肢体的远端，应使用无菌敷料或用清洁的布料、毛巾等包裹。如现场离医院较远，转运的时间较长或在炎热的季节，为了减慢离断组织的代谢和细菌繁殖，肢体应保存在低温的环境中，方法是将离断肢体用清洁布料包裹后，再用塑料袋或橡皮袋包裹，扎紧袋口后放置于盛有冰块的冷水中，然后迅速转运送医院。但不能直接浸泡在冰水之中，也不要让冰块直接接触皮肤，更不要用消毒液、盐水直接浸泡断肢。

3. 给病人以心理支持

肢(指)体断离病人，多有伤口出血、疼痛和突然受到刺激而产生的恐惧、紧张不安的心理。急救者应敏捷、沉着、冷静、情绪稳定，做到有条不紊处理各种复杂情况。一边用温和的语言安慰病人，不要让病人直视伤口，一边迅速止血、固定、包扎。

(五)休克

休克是各种强烈致病因素作用于机体(如严重创伤、失血等)，使循环功能急剧减退，组织器官微循环灌流严重不足，导致重要的生命器官缺血缺氧，以至重要生命器官代谢障碍，细胞受损，组织坏死。

休克的识别：早期患者出现皮肤苍白、四肢发冷、心跳呼吸加快、尿量减少等症状。但如果不能及时有效处理，休克会进一步发展，患者将出现血压进行性下降，少尿甚至无尿，心搏无力，患者神志淡漠甚至转入昏迷。

急救方法如下：

1. 提供安静、舒适的环境，安置患者平卧位或头和躯干抬高20°～30°、下肢抬高15°～20°卧位，以利于呼吸和静脉血回流。

2. 保持呼吸道通畅、吸氧，昏迷者头偏向一侧，以防呕吐物和分泌物误吸入呼吸道。

3. 多数患者体温偏低，应采取保暖措施，但禁忌体表加温(如使用热水袋保暖)，以防血管扩张加重休克。

4. 对症处理。因创伤骨折所致的休克给予止痛，骨折固定；烦躁不安者可给予适当的镇静剂。

5. 现场紧急处理后，尽快送医院急诊。

(六)晕厥

晕厥是因为多种原因所致突发性、短暂性、一过性的意识丧失而昏倒，系因多种因素导致一时性、广泛性脑缺血、缺氧引起，并在短时间内自然恢复。常见原因可分为心源性晕厥、非心源性晕厥和不明原因性晕厥。

急救方法：出现先兆症状或已瘫倒在地时，应立即扶病人平卧在空气流通处，将其双腿抬高，解开领口、腰带、胸衣，片刻后常可自行清醒。如病因已查明，应尽早进行病因治疗，这是根治昏厥的最有效措施，如有明确诱因者应尽量避免之。

第二章　专业安全

专业安全知识是工务专业在现场作业中必知必会的内容，深入学习、掌握并落实专业安全知识，是作业人员确保人身安全和行车安全的重要途径。专业安全知识的主要理论依据是国铁集团制定的《普速铁路工务安全规则》和《国铁集团铁路营业线施工管理办法》(铁调〔2021〕160 号)。通过本章学习让学员充分认识到保证安全生产是工务部门的基本职责。工务部门必须认真贯彻执行“安全第一、预防为主、综合治理”的方针，掌握安全生产规律，加强对安全生产的领导，建立、健全各项安全管理制度，严格作业纪律和劳动纪律，落实防范措施，防患于未然。

第一节　行车安全

一、施工作业组织

施工作业系指影响设备稳定、使用和行车安全或需改变列车运行条件的作业。

施工必须纳入月度施工计划，并在车站(调度所)办理封锁或慢行手续。

(一)施工项目

工务专业营业线施工项目主要包括：

1. 线路及站场设备技术改造，增建新线、新线引入、电气化改造等施工。

2. 跨越、穿越线路或站场的桥梁、隧道、涵洞、管道、渡槽和电力线路、通信线路、油气(燃气、蒸汽)管线，以及铺设道口、平过道等设备设施的施工。

3. 在规定的安全区域内实施爆破作业进行影响路基和桥隧涵稳定的各种施工。

4. 设置在线路上的安全检测、监控设备的新建、技术改造、大中修施工。

5. 线路大中修，路基、桥隧涵大修施工及大型养路机械作业。

6. 成段破底清筛，成组更换道岔(含钢轨伸缩调节器)及轨件，成段更换扣件，更换轨道板(道床板)，更换无砟道床。

7. 无缝线路应力放散。

8. 普速铁路成段更换钢轨或轨枕，使用冻害垫板一次总厚度大于等于 40 mm 的冻害整治等施工。

9. 在线间距不足 6.5 m 地段(两线间已有站台、栅栏等设施的除外)一线作业邻线行车时，单个防护单元内(防护单元长度原则上不超过 100 m)使用小型养路机械(包括捣固机、捣固镐、道岔打磨机、仿形打磨机、内燃扳手、切轨机)总数 10 台及以上的作业。

10. 其他影响营业线设备稳定、使用和行车安全的施工。

(二)普速铁路营业线施工等级的划分

1. Ⅰ级施工

(1)繁忙干线封锁 5 h 及以上、干线封锁 6 h 及以上或繁忙干线和干线影响信联闭 8 h 及以上的大型站场改造、新线引入施工。

(2)繁忙干线和干线大型换梁施工。

(3)繁忙干线和干线封锁 2 h 及以上的大型上跨铁路结构物施工。

2. Ⅱ级施工

(1)繁忙干线封锁正线 3 h 及以上或影响全站(全场)信联闭 4 h 及以上的施工。

(2)干线封锁正线 4 h 及以上或影响全站(全场)信联闭 6 h 及以上的施工。

(3)繁忙干线和干线其他换梁施工。

(4)繁忙干线和干线封锁 2 h 及以内的大型上跨铁路结构物施工。

大型养路机械维修作业、清筛,处理路基基床,成段更换钢轨和轨枕以及不影响相邻正线行车的更换道岔施工除外。

3. Ⅲ级施工

除Ⅰ级、Ⅱ级施工以外的各类施工。

(三)组织形式

1. 施工方案

施工作业应由施工单位编制施工组织方案,并经相关设备管理单位会签,施工"一日一案",推行"两图两表"。"两图两表"包括施工方案示意图、现场防护示意图、施工及车辆运行计划表、人员分工及安全关键卡控表。施工计划应按规定程序进行审批。

施工方案审核通过后,施工单位应与相关设备管理单位和行车组织单位按施工项目分别签订施工安全协议。施工单位在提报施工计划申请时,必须同时提报施工安全协议。未签订施工安全协议的施工计划申请,铁路局集团公司主管业务处室不予审核。设备管理单位在自管范围内进行的作业,不需签订施工安全协议,涉及非自管设备时应与相关单位签订施工安全协议。

2. 施工天窗

线桥大中修、桥隧涵大修、大型养路机械作业不应少于 180 min。

3. 施工负责人的确定

施工作业负责人由施工单位按照施工等级安排相应人员担当。施工负责人不得临时更换,遇特殊情况必须更换时,须安排同级别及以上且掌握该施工方案的专业人员担任,具体更换时机由铁路局集团公司规定。建设项目、工程单位承担的技术改造项目:Ⅰ级施工由标段项目负责人担当,Ⅱ级施工由标段副职担当,Ⅲ级施工由项目分部负责人(副)担当。技术改造项目(工程单位承担的除外)、大中修项目:Ⅰ级施工由施工单位负责人担当,Ⅱ级施工由施工单位分管副职担当,Ⅲ级施工由施工单位段领导或车间主任(副)担当。配合人员资格由铁路局集团公司规定。

4. 施工负责人的主要职责

(1)负责施工现场的组织指挥工作。检查施工和开通前的各项准备工作,指挥现场施工,安排施工防护,确认放行列车条件等。

(2)负责协调解决施工中发生的问题，协调各单位施工作业，掌握施工进度，反馈现场信息。

(3)负责总结分析施工组织、进度和安全等情况，对施工现场的安全负责。

(4)施工负责人对作业质量、安全工作全面负责，全面掌握施工现场指挥权。施工应按照程序和规章规定进行，不得违章指挥、违章作业。各级干部和安全监控人员应对现场安全进行监控，可提出有关建议或要求，但不能干扰施工负责人的指挥。

(四)施工地段放行列车条件和线路状态

1. 施工地段放行列车条件

施工天窗结束后放行列车条件按表 2-1 执行，表 2-1 所列项目以外的影响行车安全的较复杂施工，列车或单机运行速度按设计文件执行。

表 2-1　普速铁路各项施工作业放行列车条件

项目		施工条件	作业方式	放行列车条件
一、影响道床路基稳定的施工作业	(1)成段(连续 3 根及以上轨枕)破底清筛 (2)成段(连续 3 根及以上轨枕)更换道床 (3)成段(连续 3 根及以上)更换轨枕(板) (4)成组更换道岔 (5)基床换填 (6)一次起道量或拨道量大于等于 40 mm 的成段起道或拨道 (7)利用小型爆破开挖侧沟或基坑(限于影响路基稳定范围)	封锁施工	大型养路机械捣固、稳定车作业	(1)两捣一稳作业时，开通后限速 60 km/h 至第二次捣固开通时止(其中第一列限速 35 km/h，第二列限速 45 km/h)，第二次捣固开通后限速 80 km/h 至第三次捣固开通时止(其中第一列限速 60 km/h)，第三次捣固开通后限速 120 km/h 至第四次捣固开通时止(其中第一列限速 80 km/h)，第四次捣固开通后恢复常速。 (2)三捣两稳作业时，开通后限速 80 km/h 至第二次捣固开通时止(其中第一列限速 45 km/h，第二列限速 60 km/h)，第二次捣固开通后限速 120 km/h 至第三次捣固开通时止(其中第一列限速 80 km/h)，第三次捣固开通后恢复常速。 道岔施工后直向、侧向按此标准分别阶梯提速。 未达到上述捣固、稳定遍数的，应相应降低列车放行速度
			小型养路机械捣固	开通后限速 45 km/h 不少于 4 h(其中第一列限速 35 km/h)，后限速 60 km/h 至第二次捣固开通时止，第二次捣固开通后限速 80 km/h 至第三次捣固开通时止(其中第一列限速 60 km/h)，第三次捣固开通后限速 120 km/h 至第四次捣固开通时止(其中第一列限速 80 km/h)，第四次捣固开通后恢复常速
			人工捣固	(1)施工期间，当日开通后限速 45 km/h 不少于 4 h(其中第一列限速 15 km/h，第二列限速 25 km/h)，后限速 60 km/h 至下次天窗结束； (2)施工结束，开通后限速 45 km/h 不少于 4 h(其中第一列 15 km/h，第二列 25 km/h)，以后按限速 60 km/h、80 km/h、120 km/h 各不少于 24 h 捣固后阶梯提速，其后正常

续上表

项目		施工条件	放行列车条件
二、不影响道床稳定的施工作业	(1)成段(连续 100 m 以上)更换钢轨 (2)无缝线路应力放散 (3)成段(连续 100 m 以上)调整轨缝,拆开接头并插入短轨头 (4)成段(连续 100 m 以上)修整轨底坡	封锁施工	开通后第一列限速 45 km/h,第二列限速 60 km/h,第三列限速 120 km/h,其后恢复常速
	(1)使用冻害垫板一次总厚度超过 40 mm (2)长大隧道宽轨枕垫砟 (3)道口大修(若影响道床稳定,比照第一大项办理)	封锁施工	开通后第一列限速 35 km/h,第二列限速 45 km/h,第三列限速 60 km/h,其后恢复常速
三、桥隧涵施工作业	(1)更换或拨正钢梁、混凝土梁 (2)抬高或降低桥梁 (3)拨正、更换 T 梁支座或翻修支撑垫石、砂浆厚度超过 50 mm (4)整孔更换明桥面桥枕 (5)明桥面移动桥枕 (6)翻修、加深隧道内中心或横向排水沟	封锁施工	施工作业期间,当日开通后限速 45 km/h 至下次天窗结束;施工作业结束后,开通后限速 60 km/h 不少于 24 h(其中第一列限速 45 km/h),再限速 80 km/h、120 km/h 各一列后恢复常速
	(1)明桥面移动桥枕后,上盖板喷砂除锈涂装 (2)架空施工中,安装、拆除纵横梁体系的横梁,安装 D 型便梁的横梁 (3)修补或重新施作有砟轨道桥面、桥台顶面防水层	慢行施工	施工作业期间限速 45 km/h
	线路架空或加固后桥涵顶进	慢行施工	施工作业期间限速 45 km/h;施工结束后限速 45 km/h 不少于 12 h,后限速 60 km/h、80 km/h 各不少于 24 h、后限速 120 km/h 一列后恢复常速
	新建明、棚洞的基础施工	慢行施工	施工作业期间,本线限速 45 km/h,邻线列车限速 160 km/h;基础施工结束后恢复常速
	(1)在线路上安装或拆除轨束梁、工字钢纵梁、D 型便梁的纵梁、纵横梁体系的纵梁,拆除 D 型便梁的横梁 (2)喷锚、套衬、钢拱架、防护网加固隧道衬砌 (3)模筑混凝土整治隧道拱顶空洞、防水板切割二次衬砌、施工冷缝 (4)隧道整体道床翻修、注胶抬升 (5)影响行车安全的其他复杂桥隧施工	封锁施工	按经审查批准的施工作业设计文件所确定的列车放行条件

续上表

<table>
<tr><th colspan="2">项　　目</th><th>施工条件</th><th>放行列车条件</th></tr>
<tr><td rowspan="2">三、桥隧涵施工作业</td><td>拨正、更换、调高箱梁支座</td><td>封锁施工</td><td>施工作业期间，当日开通后限速 60 km/h 至下次天窗结束；施工作业结束后，开通后限速 60 km/h 不少于 24 h，再限速 80 km/h、120 km/h 各一列后恢复常速</td></tr>
<tr><td>(1)路基注浆，挖孔桩、旋喷桩施工，路基降水
(2)隧道内增设密井暗管施工
(3)翻修、加深隧道内侧向排水沟</td><td colspan="2">按经审查批准的施工设计文件所确定的施工条件和列车放行条件</td></tr>
</table>

注：表内未列出的其他施工作业项目，可由铁路局集团公司比照本表类似施工作业确定施工条件和放行列车条件。

2. 大中修施工地段放行列车时的线路状态

(1)施工地段放行列车时，轨道静态几何尺寸偏差不得超过计划维修容许偏差管理值。

(2)列车速度 $v_{max}>45$ km/h 时，工务设备状态符合铁路线路、桥隧修理有关规定。

(3)列车限速 $v_{max}\leqslant 45$ km/h 时，线路状态应符合下列要求：

①轨枕盒内及轨枕头部道砟不少于 1/3。

②枕底道砟串实。

③轨枕每隔 6 根可空 1 根。

④道钉或扣件：

a. 钢轨接头两根轨枕和桥枕上道钉、扣件齐全、有效；

b. 半径小于或等于 800 m 曲线地段，混凝土轨枕可每隔 1 根拧紧 3 根，木枕可每隔 1 根钉紧 6 根；

c. 半径大于 800 m 曲线及直线地段，混凝土轨枕可每隔 2 根拧紧 1 根，木枕可每隔 1 根钉紧 1 根。

⑤接头螺栓：每个接头至少拧紧 4 个(每端 2 个)。

⑥钩螺栓：每隔 3 根桥枕拧紧 1 根。

⑦起道(含垫砟)顺坡率不小于 200 倍。

⑧冻害垫板平台两端的顺坡率不小于 200 倍。

3. 施工过程控制与开通提速

施工作业过程中，设备管理单位应对施工前准备、施工中控制、线路开通和逐步提速等关键环节进行监控。线路开通、速度变更执行施工单位和设备管理单位共同检查签认制度。每次提速前要对线路设备进行检查，确认符合提速条件后方准提速。施工作业地段线路开通后，列车限速应按速度阶梯逐步提高。故障处理后的放行列车条件由工务现场负责人决定。线桥设备故障种类繁多，一些故障处理后的放行列车条件难以一一明文规定，所以故障处理后的放行列车条件由工务现场负责人决定。

4. 特殊桥梁施工的放行列车条件

在进行钢梁修理或上盖板涂装时，可根据施工需要移动桥枕，但移动后，每根桥枕的钩螺栓、道钉或分开式扣件应齐全有效，固定枕木的拉条保证枕木间距不变化；移动后的桥枕中心间距不应超过 550 mm，个别情况不得超过 600 mm，而接头处桥枕净距不得超过 210 mm。如桥枕状态不良，可根据实际情况，采取必要的加固措施或限速运行。允许速度 100 km/h 以上的区段，桥枕净距大于 210 mm 的钢梁桥客车限速 100 km/h，货车限速 60 km/h。

5. 下列作业应办理临时封锁手续，设置停车手信号防护。封锁完毕放行列车或单机时限速与否及限速列车的时间、次数、速度由作业负责人根据具体情况决定：

(1)危及行车安全的突发性灾害的紧急抢修；

(2)钢轨、辙叉或夹板折断后的紧急处理；

(3)线路胀轨的紧急处理；

(4)更换重伤钢轨、辙叉或联结零件；

(5)轨道几何尺寸超过临时补修标准的病害整修；

(6)其他影响行车安全的故障处理。

影响行车安全的设备故障处理或抢修，应在临时天窗内进行。发生 5 中的(1)～(3)款规定的情形时，要及时封锁线路，施工单位或设备管理单位要立即进行故障处理或抢修，同时通知有关配合单位，并按规定在车站登记。发生 5 中所规定的其他情况时，由施工或设备管理单位通知有关配合单位，并按规定在车站登记，通过车站值班员报告铁路局列车调度员，在下达调度命令后，封锁线路进行处理。在调度命令下达前，设备管理单位要密切监视设备状态变化，视具体情况可采取限速或封锁线路等措施。发生 5 中的(2)～(4)款规定的情形处理后，放行列车条件可按照断轨、胀轨、单根更换钢轨作业后放行列车条件执行。

二、维修作业组织

维修作业是指作业开始前不需对行车条件进行限制，结束后须达到正常放行列车条件的作业。

(一)维修作业项目

根据作业是否需要天窗，维修项目分为应纳入天窗的维修项目和可不纳入天窗的维修项目。

1. 纳入天窗的维修项目

纳入天窗的维修等级分为二级。按照作业复杂程度和设备影响范围，维修项目分为Ⅰ级维修和Ⅱ级维修。

(1)Ⅰ级维修项目

①更换道岔尖轨、辙叉、护轨、基本轨，更换道岔扳道器下长岔枕、可动心轨道岔钢枕及两侧相邻岔枕或辙叉短心轨转向轴处轨枕。

②开行路用列车运送作业人员、装卸机具路料。邻线未封锁时，在区间作业人员上下车、装卸机具材料不得在两线间，站内不得在靠近正线的两线间进行。

③利用小型爆破开挖侧沟或基坑(限于不影响路基稳定的范围)。

④更换和整正桥梁梁缝挡砟板。

(2)Ⅱ级维修项目

①利用小型养路机械整治线路病害，对轨道(道岔)伤损零部件进行更换或修理。

②胶接、焊接钢轨，非成段更换钢轨。

③一次起道量、拨道量不超过 40 mm 的起道、拨道作业。

④螺栓扣件涂油。

⑤桥梁施工进行试顶需要起动梁身并回落原位。拨正支座，支座垫砂浆厚度在 50 mm 及以下时。

⑥更换桥梁护轨，钢梁明桥面单根抽换桥枕、更换护木。

⑦隧道漏水整治、衬砌裂损修补。

⑧整修道口铺面。

⑨不破底处理道床翻浆冒泥、清筛道床。破底清筛道床以及更换、方正轨枕连续不超过 2 根；破底清筛道床以及更换、方正轨枕后，枕下道床不稳定，列车通过时会发生沉降。如果两段作业的间隔过密，会产生连续性多波不平顺，极易引发列车激振，所以两段间隔应不小于 18 m。

⑩可能影响行车安全的清理危石、砍伐危树及隧道内除冰作业。

⑪更换桥梁挡砟块、作业通道步行板。

⑫箱梁支座脱空、翻浆整治。

⑬在天窗内可以完成的其他作业项目。

2. 可不纳入天窗的维修项目

下列维修作业可在天窗点外进行：

(1)160 km/h 及以下的区段使用轨道检查仪、钢轨探伤仪（双轨探伤仪除外）等随时能撤出线路的便携设备进行检查、检测作业。

(2)利用速度小于 160 km/h 的列车与前一趟列车之间的间隔时间进行预卸路料的加固；线路标志、标记涂刷；整理道床；清理垃圾或弃物；其他在道床坡脚以外栅栏以内不影响线桥设备正常使用的作业。

(3)利用速度小于 160 km/h 的列车与前一趟列车之间的间隔时间进行桥梁更换人行道步行板、栏杆油漆、不移动桥枕进行钢梁上盖板涂装，不影响行车安全的隧道除冰作业。

隧道内的除冰作业，使用工具笨重，或结冰体积较大，掉落后可能侵限的作业，应纳入天窗点内进行；使用轻便除冰工具，且结冰体积较小，掉落后不侵限的作业，可在天窗点外进行。

以上三条内容“160 km/h”指运营速度而非线路允许速度。

(4)成段换轨施工时，利用速度不大于 120 km/h 的列车与前一趟列车之间的间隔人工进行材料分散、收集工作。

(5)线路限速（或允许速度）小于等于 60 km/h 的区段，可使用单人能随时撤出线路的轻便小型机具进行螺栓涂油、捣固、改道、补充或紧固轨道联结零件、垫入或撤出垫板等作业。

(6)桥面以下不影响行车安全的作业等。

(二)组织形式

1. 维修作业计划编制与审批

维修作业应由设备管理单位编制维修作业计划，并按规定履行相应的审批程序。需临时安排的维修作业，由设备管理单位申请，按规定履行相应的审批程序。维修作业必须在计划审批后方可实施。

2. 维修天窗

普速铁路维修天窗：双线应不少于 120 min，单线宜不少于 120 min。维修天窗应根据维修作业需要合理安排。维修天窗原则上应安排在昼间，并满足作业轨温条件。维修天窗在时间安排上应与施工天窗重叠套用，原则上每月每区间不应少于 20 次(双线为单方向)。

3. 维修作业负责人的确定

维修的组织领导工作由设备管理单位负责。Ⅰ级维修负责人由车间主任(副主任)担当(Ⅰ级维修较多时，车间主任可委托车间胜任干部担当)，Ⅱ级维修负责人由工(班)长担当。

4. 维修作业负责人的主要职责

(1)负责维修现场的组织指挥工作。检查维修和开通前的各项准备工作，指挥现场维修，安排维修防护，确认放行列车条件等。

(2)负责协调解决维修中发生的问题，协调各单位维修作业，掌握维修进度，反馈现场信息。

(3)负责总结分析维修组织、进度和安全等情况，对维修现场的安全负责。

(4)作业负责人对作业质量、安全工作全面负责，全面掌握作业现场指挥权。作业应按照程序和规章规定进行，不得违章指挥、违章作业。各级干部和安全监控人员应对现场安全进行监控，可提出有关建议或要求，但不能干扰维修作业负责人的指挥。

第二节　安全防护

一、安全防护的基本要求

1. 施工和维修作业须设置驻站联络员、现场防护员，且不得临时调换。

2. 在区间线路、站内线路、站内道岔上维修时，现场防护人员应根据作业现场地形条件、列车运行特点、作业人员和机具布置等情况确定站位及移动路径，站在维修地点附近且瞭望条件较好的地点进行防护，在天窗内作业时，显示停车手信号，同时做好自身防护。

3. 封锁或慢行施工作业应办理施工手续，设置移动停车或移动减速信号防护。

4. 凡影响行车、人身安全的施工和维修作业及发生线路故障地点，均应设置防护。作业负责人、驻站联络员、现场防护员，必须携带列车无线调度电话等通信设备，随时监听列车运行情况。发生异常情况时可直接通报车站值班员、机车乘务员。

5. 驻站联络员与车站值班员办理施工、维修登销记手续；向作业负责人传达调度命令；随时与现场防护员保持联系，通报列车运行情况。现场防护员在防护时，除掌握驻站联络员通报信息外，应以瞭望防护为主；如联系中断，现场防护员应立即通知作业负责人停止作业，必要时将线路恢复到准许放行列车的状态。作业负责人下达设置或撤除防护、开始或停止作业、下道避车等命令。

二、故障或自然灾害的防护措施

(一)线路发生危及行车安全故障或自然灾害时

1. 应立即使用列车无线调度通信设备通知车站值班员或列车司机紧急停车，同时在故障或自然灾害影响地点设置停车信号。

2. 当确知一端先来车时，应急速奔向列车，用手信号旗(灯)或徒手显示停车信号。

3. 如不知来车方向，应在故障或自然灾害影响地点注意倾听和瞭望，发现来车，应急速奔向列车，用手信号旗（灯）或徒手显示停车信号。

设有固定信号机时，应先使其显示停车信号。

（二）站内线路、道岔发生故障或自然灾害时

应立即通知车站值班员采取措施，防止机车、车辆通往该故障或自然灾害影响地点，同时按规定设置停车信号防护。

（三）个别特殊地点发生故障或自然灾害的防护措施

对于有人看守的桥隧建筑物、平交道口及可能危及行车安全的坍方落石地点，应根据需要装设遮断信号机、无线预警设备等保安设施，遮断信号机距防护地点不得小于 50 m。

三、区间线路上利用列车间隔的作业，驻站联络员与现场防护员或作业负责人联系程序

1. 作业负责人应通过驻站联络员与车站值班员保持密切联系，设置好防护后方可作业。

2. 在作业过程中应密切注意来车“预报”“确报”等信号。

(1)预报：车站对作业区间办理闭塞时，驻站联络员应立即向现场防护员发出预报；如系通过列车，则应提前一个车站（即邻站向本站发车时）发出预报。

(2)确报：车站向作业区间发车时，驻站联络员应立即向现场防护员发出确报。

(3)作业地点距车站较近或作业条件较复杂，需提前预报、确报时，作业负责人应事先与驻站联络员商定明确并告知全体防护员及作业人员。

(4)变更通知：预报、确报有变化时，驻站联络员应向现场防护员发出变更通知。

3. 现场防护员接到驻站联络员发出的预报、确报、变更通知后，均应立即通知到作业负责人。同时应加强警戒，注意瞭望，监视来车与作业情况。如设置有中间联络防护员时，应以上述相同方式准确及时地将信息传达给对方。

4. 驻站联络员应加强与车站值班员的联系，双线区段反方向来车时，驻站联络员应及时通知现场防护员转报作业负责人。

四、线路上作业设置或撤除移动停车信号防护的程序

1. 设置移动停车信号

(1)驻站联络员抄录并确认作业调度命令，通知作业负责人。

(2)作业负责人通知现场防护员按规定在作业地点设置移动停车信号。

(3)按规定设置好移动停车信号后作业负责人发出作业命令。

2. 撤除移动停车信号

(1)作业负责人检查确认线路已达到放行列车条件（外单位施工的还需设备管理单位监督检查人员共同检查确认）。

(2)通知现场防护员撤除作业地段的移动停车信号。

(3)通知车站开通线路。

五、应增设防护员的特殊要求

在通信不畅或瞭望条件不良地段作业时，应增设防护员。

第三节 应急处置与特殊线路故障的预防和处理

一、故障或自然灾害的应急处置程序

1. 当工务人员检查、作业中发现线路设备故障或自然灾害时

应立即按照规定进行防护。迅速通知工长或车间主任，并采取紧急措施修复故障设备；若不能在列车运行间隔时间内修复，应通过车站值班员立即向列车调度员请求，由列车调度员发布命令封锁区间或限速运行。

车站值班员接到区间发生故障的警报后，应立即通知有关列车停车或限速，并报告列车调度员。

必要时，工务部门的工长或车间主任随乘第一趟列车去故障现场，以便迅速组织和指挥抢修工作。工长或车间主任根据故障判断影响行车的程度，确定运行办法，并报告车站值班员或列车调度员。在工长或车间主任到达故障地点之前，列车运行办法由现场工务人员确定。

故障、自然灾害处置后，由现场负责人确定放行列车条件。

2. 接到列车调度员（车站值班员）设备故障、自然灾害通知时

铁路局集团公司工务调度接到设备故障、自然灾害通知时，应及时通知相关领导及设备管理单位；设备管理单位接铁路局或车站值班员设备故障、自然灾害通知时，应立即通知有关车间（班组），并向单位相关领导汇报。

车间（班组）按通知的故障、自然灾害类别或领导要求，携带机具和材料赶赴现场，同时设置驻站防护、办理相关手续。

作业负责人确认设备故障或自然灾害后，立即向车站值班员（列车调度员）报告故障或自然灾害主要情况及影响范围、处置方案、行车限制条件。

故障或自然灾害处置后，由现场作业负责人确定放行列车条件。

二、特殊故障处理

（一）胀轨跑道的防治和处理

1. 当线路出现连续碎弯并有胀轨迹象时，必须加强巡查或派专人监视，观测轨温和线路方向的变化。若碎弯继续扩大，应采取限速或封锁措施，进行紧急处理。线路稳定后，恢复正常行车。

2. 作业中如出现轨向、高低不良，起道、拨道省力，枕端道砟离缝等胀轨迹象时，必须停止作业，并及时采取防胀措施。

无论作业中或作业后，发现线路轨向不良，用 10 m 弦测量两股钢轨的轨向偏差，当平均值达到 10 mm 时，必须设置移动减速信号，并采取夯拍道床、填满枕盒道砟和堆高砟肩等措施，来不及设置移动减速信号的，现场防护员应显示黄色信号旗（灯），指示列车限速运行，并及时报告车站值班员限速地点和限速值，并安排人员在车站登记；当两股钢轨的轨向偏差平均值达到 12 mm，必须立即设置停车信号防护，及时通知车站，并采取钢轨降温、切割等紧急措施，消除故障后放行列车。

3. 发现胀轨跑道时必须立即拦停列车，尽快采取措施，恢复线路，首列放行列车速度不超过 15 km/h，并派专人看守、整修线路，逐步提高行车速度。

胀轨阶段轨道弯曲变形的矢度在 12 mm 以内，已具有危及行车安全的苗头，因此，对轨道矢度要实行监控，做好以下工作：

(1)高温季节无缝线路出现局部的碎弯尚无大碍，而连续出现的碎弯极易诱发列车蛇形运动与连续的水平共振，引起破坏性的后果。因此，要对局部的碎弯加强巡检，若碎弯继续扩大，则应慢行或封锁。

(2)作业中发现轨向、高低不良，起道、拨道省力，枕端道砟离缝等危及行车安全的胀轨跑道预兆，必须停止作业，避免作业诱发胀轨。

(3)当发现线路方向不良，用 10 m 弦测量两股钢轨的轨向偏差，其平均矢度达 10 mm 时，单股钢轨的方向偏差可能更大，继续扩大已趋危险。因此规定，在此情况下应设慢行信号，并采取夯实道床、填满枕盒道砟和堆高砟肩等措施。当平均矢度达到 12 mm 时，已是发生跑道危险的预兆，再放行列车非常危险，因此规定必须立即设置停车信号防护并及时通知车站，并采取钢轨降温、切割等紧急措施，消除故障后放行列车。

(4)发生胀轨跑道后，在条件允许时可采取浇水、液态二氧化碳降低钢轨温度的方法；但实际应用过程中采取“普通线路应拆开钢轨接头，无缝线路采取切轨”的方法处理更快捷有效。发生胀轨后钢轨内部温度应力很大，使用轮盘锯切断钢轨时容易卡锯片，为尽快抢修开通线路，必要时现场可通过切割处理无缝线路胀轨跑道。

(二)线路钢轨(焊缝)折断的处理

首先按《普速铁路工务安全规则》第 2.2.12 条的规定设置停车信号防护，按现场具体情况进行处理

1. 紧急处理——当钢轨断缝不大于 50 mm 时，应立即进行紧急处理。在断缝处上好夹板或臌包夹板，用急救器固定，在断缝前后各 50 m 拧紧扣件，并派人看守，放行列车速度不超过 15 km/h。如断缝小于 30 mm 时，放行列车速度不超过 25 km/h。有条件时应在原位焊复，否则应在轨端钻孔，上好夹板或臌包夹板，拧紧接头螺栓，然后可适当提高行车速度。

混凝土枕、弹性扣件地段，断轨后轨距不会有较大的变化，断口处不会出现较大的左右错牙，从现场实际情况来看，可适当提高放行速度。因此紧急处理时，当钢轨断缝不大于 50 mm 时，放行列车速度不超过 15 km/h；断缝小于 30 mm 时，放行列车速度不超过 25 km/h。木枕地段由于结构强度较低，在钢轨断缝大于 30 mm 且小于等于 50 mm 时，放行列车速度不超过 5 km/h。

2. 临时处理——钢轨折损严重或断缝大于 50 mm，以及紧急处理后，不能立即焊接修复时，应封锁线路，切除伤损部分，两锯口间插入长度不短于 6 m 的同型钢轨，轨端钻孔，上接头夹板，用 10.9 级螺栓拧紧。在短轨前后各 50 m 范围内，拧紧扣件后，按正常速度放行列车，但不得大于 160 km/h。发生断轨后，在条件允许的情况下可直接进行临时处理。

临时处理或紧急处理时，应先在断缝两侧轨头非工作边做出标记，标记间距离约为 8 m，并准确丈量两标记间的距离和轨头非工作边一侧的断缝值，做好记录。

3. 永久处理——对紧急处理或临时处理的处所，应及时插入短轨进行焊复，恢复无缝线路轨道结构。

在线路上焊接时气温不应低于 0 ℃。放行列车时，焊缝温度应低于 300 ℃。

(三)胶接绝缘接头发生拉开离缝时的处理

胶接绝缘接头发生拉开离缝时，应立即拧紧胶接绝缘接头两端各 50 m 范围内线路扣件，并应尽快修复。胶接绝缘失效时，应立即更换或采用现场胶接绝缘接头技术处理。暂时不能进行永久处理的，可将失效部分拆除，更换为普通绝缘材料或插入等长绝缘接头钢轨或胶接绝缘钢轨，用夹板联结进行临时处理，并尽快用较长的胶接绝缘钢轨进行永久处理。进行永久处理时，应严格掌握轨温、胶接绝缘钢轨的长度和预留焊缝，使修复后无缝线路锁定轨温不变。

第四节　线路作业安全

一、人身安全的基本要求

1. 安全技术培训要求

各单位应经常对从业人员进行人身安全教育，组织学习安全规章及有关操作技术。从业人员在任职、提职、改职前，必须经过段或段以上单位进行安全技术教育培训，考试合格后，持铁路岗位培训合格证书上岗。防护员(驻站联络员、现场防护员、远端防护员)必须由经培训考试合格的人员担任，并持铁路岗位培训合格证书上岗。

国铁集团《铁路岗位培训电子证书管理办法》(铁劳卫〔2019〕47 号)规定，自 2020 年 7 月 1 日起，全面使用铁路岗位培训电子证书，纸质《铁路岗位培训合格证书》收回集中保管。

2. 从事特种作业要求

从事轨道车驾驶、工务机械车驾驶和操作、钢轨探伤、钢轨焊(熔)接工作及特种设备操作人员，必须经过专业培训、考试或鉴定合格，取得铁路岗位培训合格证书及相应资格，方可上岗。持有国家铁路局颁发的理论考试合格证明的轨道车、工务机械车驾驶证申请人，在司机指导下方能驾驶相应申请考试机型，进行实际操作训练。

3. 接触有毒、易燃、易爆品要求

作业人员接触职业病危害因素的，应按照国家规定开展职业病防治工作。进行接触粉尘、有毒物品、易燃、易爆物品的作业，使用电器、机械，以及高空作业等，必须按规定采取相关措施和使用劳动保护用品保证劳动者健康。

易燃、易爆及有毒物品必须有专人保管，储藏时应与建筑物、烟火及水源隔离；搬运装卸及使用时，应严格按规定程序操作，慎防起火、爆炸和中毒。

4. 遇恶劣天气要求

野外作业遇雷雨时，作业人员应放下手中的金属器具，迅速到安全处所躲避，严禁在大树下、电杆旁和涵洞内躲避。酷暑、严寒季节，应采取措施，防止中暑、溺水、冻伤和煤气中毒。影响瞭望的大雾天气应减少上道作业，必须上道的要制定卡控措施并加强盯控，确保人身安全。大风天气应减少高空作业，严防高空坠落。

二、作业人员避车要求

线路作业和巡检人员，必须熟悉管内的线桥设备情况、列车运行速度、密度和各种信号显示方法，作业和巡检时注意瞭望，及时下道避车。

(一)作业人员下道避车时应遵守的规定

1. 距钢轨头部外侧距离不小于 2 m，设有避车台(洞)的桥梁(隧道)应进入避车台(洞)避车。

2. 本线来车按下列距离下道完毕：

(1)$v_{max}\leqslant 60$ km/h 时，不小于 500 m；

(2)60 km/h$<v_{max}\leqslant$120 km/h 时，不小于 800 m；

(3)120 km/h$<v_{max}\leqslant$160 km/h 时，不小于 1 400 m；

(4)160 km/h$<v_{max}<$200 km/h 时，不小于 2 000 m。

3. 邻线(线间距小于 6.5 m)来车下道规定

(1)本线不封锁时

①邻线速度 $v_{max}\leqslant 60$ km/h 时，本线可不下道；

②60 km/h$<$邻线 $v_{max}\leqslant$120 km/h 时，来车可不下道，但本线必须停止作业；

③邻线 $v_{max}>$120 km/h 时，下道距离不小于 1 400 m；

④瞭望条件不良，邻线来车时本线必须下道。

(2)本线封锁时

①邻线 $v_{max}\leqslant$120 km/h 时，本线可不下道；

②120 km/h$<$邻线 $v_{max}\leqslant$160 km/h 时，本线可不下道，但本线必须停止作业；

③邻线 $v_{max}>$160 km/h 时，本线必须下道，距离不小于 2 000 m。

列车运行速度与工务作业人员人身安全密切相关，是制定下道避车措施的重要依据。客货车共线的线路，客车与货车、客车与客车之间速度差异大，列车行车速度不宜掌握。具体执行中宜就高不就低。纵向下道避车安全距离，在线路允许速度 $v>$120 km/h 的线路，货车行车速度按 $v\leqslant$120 km/h 掌握，客车行车速度按最高运行速度掌握。

实践证明，人们从发现列车开来到人开始动作一般需要 5～10 s，停止手中工作并收拾工具材料一般为 15～20 s，从线路下到路肩为 10～15 s(桥隧作业所需时间略长于线路作业)。即对于列车行车速度 120 km/h，按制动距离下道，时间仅有 30 s 左右。由于不同速度的列车制动距离不同，要求至少在一个制动距离外人员、材料、机具要下道完毕，因此，应提前 3～5 min 下道。

自 20 世纪末开始，铁路运营单位和科研部门对线路上作业人员的人身安全做出了积极探索研究。国外有的国家规定桥上危险范围(与线路中心之间的距离)：$v\leqslant$120 km/h 时为 2.3 m，120 km/h$<v\leqslant$160 km/h 时为 2.5 m，160 km/h$<v\leqslant$200 km/h 时为 3.0 m。根据我国铁路实际情况(既有线列车运行速度不超过 160 km/h)，参考国外经验，对横向下道避车安全距离，统一规定为距钢轨头部外侧距离不小于 2 m，即距线路中心不小于 2.75 m，也有利于管理和现场作业人员执行。对桥上、隧道等因限界限制，不能满足避车要求的地点或路段，要制定保证避车安全的措施，有条件的要逐步改造，使之达到要求。避车时，任何情况下作业机具、材料不得侵入建筑限界。

4. 在站内其他线路作业，躲避本线列车时，下道距离不小于 500 m，与本线相邻的正线来车时，按避车要求中第 3 条第(1)(2)项办理，与本线相邻的其他站线来车时可不下道，但必须停止作业。列车进路不明时必须下道避车。

5. 速度小于 120 km/h 区段，瞭望条件大于 2 000 m 以上时，钢轨探伤仪、轨道检查仪作业，邻线来车可不下道。

6. 人员下道避车的同时，必须将作业机具、材料移出线路，并放置、堆码牢固，不得侵入建筑限界；两线间距离小于 6.5 m 不得停留人员和放置机具、材料。人员下道避车时应面向列车认真瞭望，防止列车上的抛落、坠落物或绳索伤人。

(二)普速和高速铁路并行段要求

1. 普速铁路和高速铁路并行地段，普速铁路作业、进出防护栅栏门必须严格执行高速铁路登销记制度。

2. 普速铁路和高速铁路并行，但未设物理隔离且天窗不同步地段，所有作业必须纳入天窗。普速铁路本线与相邻高速铁路线间距不足 6.5 m 地段，普速铁路作业而相邻高速铁路行车时，相邻高速铁路列车须限速 160 km/h 及以下，相邻高速铁路来车，本线可不下道。作业和避车严禁侵入高速铁路建筑限界。如作业需侵入高速铁路建筑限界，相邻高速铁路也必须同时封锁。

3. 普速铁路与高速铁路垂直天窗相同时段，在设好防护、确认高速铁路无路用列车通过时，可以跨越高速铁路进出，但要制定相应的安全措施。

(三)作业人员走行、绕行等相关安全要求

1. 步行上下工时，区间应在路肩或路旁集中走行；在双线区间，应面迎列车方向走行；通过桥梁、道口或横越线路时，应“手比、眼看、口呼”，做到“一停、二看、三通过”，严禁来车时抢越。必须走道心时，应设置专人防护。进路信号辨认不清时，应及时下道避车。

2. 严禁作业人员跳车、钻车、扒车和由车底下、车钩上传递工具材料。休息时不准坐在钢轨、轨枕头及道床边坡上。绕行停留车辆时其距离应不少于 5 m，并注意车辆动态和邻线上开来的列车。

3. 遇有降雾、暴风雨(雪)、扬沙等恶劣天气影响瞭望时，应停止线上作业和上道检查，必须作业时，应采取特殊安全措施，保证来车之前按规定的距离及时下道。线路 $v_{max}>120$ km/h 的区段，巡道、巡守人员应在路肩上行走，并注意察看线路状态。

三、线路作业安全要求

(一)机具检查

作业前，机具使用人员应对机具进行检查，机具状态不良或安全附件失效的机具严禁上线使用。

(二)线路作业对作业负责人的要求

1. 必须在符合规定的作业负责人领导下进行。

2. 作业负责人应根据人员、作业项目、天气等情况，具体布置安全事项。

3. 作业地段不宜过长，并不得指派人员到防护区段以外的线路上作业。

(三)在线路上进行下列作业时的要求

1. 天窗点外严禁使用齿条式起道机。

2. 多人在一起作业时应统一指挥，相互间应保持一定的安全距离，防止工具碰撞伤人。

3. 分组人工捣固时，前后距离应不小于3根轨枕，作业人员前脚不得伸出轨枕边缘。多组捣固机械同时捣固时，前后距离应不小于3 m，走行应保持同步。

4. 不得使用撬棍翻动钢轨。使用撬棍拨道时，撬棍应插牢，听从指挥，统一行动，严禁骑压或肩扛撬棍拨道。

5. 改道打道钉时严禁锤击钢轨，不准用捣镐打道钉。分组打道钉时，前后距离应不小于6根木枕。在无人行道的桥面上作业时，起钢轨外口道钉，应站在道心内侧并使用专用起钉器或弯头撬棍等特制工具。

四、搬运与装卸作业要求

1. 搬运及装卸重物时，应尽量使用机械作业；人力操作时，应统一指挥，动作一致；夜间应有充足的照明。

2. 用滑行钢轨装卸钢梁及其他重型机械设备时，滑行钢轨应支撑牢固，坡度适当，滑行前方严禁站人，后方应有保险缆绳。

3. 装卸长钢轨，钢丝绳与挂钩、固定器等应联结牢固，人员不得站在移动前方和钢丝绳附近。

4. 长轨车运行中，人员必须离开轨端3 m以外，并严禁在长轨上走动；卸轨时，撬棍不得插入长轨移动方向的横梁后面，前一根长轨通过本车后方能拨动后一根就位，严禁在悬空的长轨下作业；长轨尾端落下时，长轨车尾端周围5 m范围内不得有作业人员，防止落下时摆动伤人。

5. 运料列车开车前，负责人应确认有关人员已上车坐稳方可开车；列车未停稳前，卸车人员不得打开车门及做其他影响安全的准备工作，开车门前，车上人员应离开车门，车下人员不得站在车门下面。

6. 轨道平车的随乘人员应坐稳扶牢，不准坐在堆放较高的物体上和车体连接处，车未停稳，人员不能上下车。装载路料、机具的轨道平车不准搭乘人员，确因工作需要乘坐人员时，必须安装围栏及扶手。单轨小车严禁搭乘人员。

7. 搬运、装卸有毒、有害物品时，必须按规定穿戴防护用品。

8. 换装或搬运钢轨、混凝土枕、辙叉等笨重轨料，应有专人指挥，尽量在平整的地面行走；必须在坑洼不平或在线路上行走时，应注意踏稳踩牢。

9. 整组道岔在线上做铺设前的纵、横向移动时，应由作业负责人统一指挥，合理布置移动轮和滑行轨道，平稳移动。轨枕间及移动前方不得站人。

五、机具使用安全

1. 机具使用前应确认油、水、电、连接件是否符合使用要求，防护装置是否齐全可靠，显示仪表是否正常，整机是否符合现行的安全使用办法。使用中发现故障需紧急处理时，应先停机、切断电路、风路、动力油路等，撤离线路建筑限界以外进行处理，在未确认故障已得到处理的情况下，不得继续使用。机具应由专业组或专业人员负责使用、检修、保养、登记工作日志。

2. 皮带轮、皮带、链轮、链条、齿轮、砂轮、砂轮切割片和风扇等露出机体的传动和转动部件，应有符合设计图纸规定的防护设施。转动部件应标有旋转方向指示标志，只允许一个方向旋转的设备，应设置有反转自锁装置。

3. 切轨机、打磨机、电焊机等机具操作人员应按规定穿戴劳动保护用品。机具应按规定安装漏电保护装置。

4. 用锯轨机切割钢轨时，其他人员应远离锯轨机两侧和前方，防止锯片碎裂伤人；钢轨打磨时，其他人员应远离打磨前方；焊补钢轨、辙叉时，电焊机应采取接地措施，防止人员触电灼伤；钢轨焊接时，应严格按操作规程操作，防止烫伤。

5. 使用氧乙炔设备时，操作人员必须按规定穿戴劳动保护用品，其他人员应远离喷嘴前方，防止烧伤。乙炔瓶不得倾倒、靠近热源和电气设备。乙炔瓶与明火的距离不得小于 10 m，与氧气瓶间的距离不得小于 5 m。

6. 多台机械配合作业时，应明确作业负责人与安全负责人之间，机械与机械之间的联系方式，并由作业负责人负责现场指挥。除突发情况外，任何一台机械的起动或停机，都应提前通知作业负责人和安全负责人，并及时通知相关机械的操作人员。

7. 在无人行道栏杆的桥梁上操纵动力机械时，应设置有安全栅栏。

8. 压力容器必须按国家规定进行检验，未经检验或检验不合格的严禁使用。压力容器操作人员必须具有授权单位颁发的有效操作证。压力容器上应安装压力表和安全阀，并按规定进行压力试验，未经试验或超过试验期的容器不得使用。安全阀保证该设备压力容器的安全系数应符合设计规范。压力容器应放置在通风阴凉处，在规定的距离范围内不准进行金属切削、焊接及其他加热的工作。

第五节　交通安全基本知识

交通安全，是指人们在道路上进行活动时，要按照交通法规的规定，安全地行车、走路，避免发生人身伤亡或财物损失。

一、交通安全知识教育的意义

教育能提高人的意识，意识能改变人的行为，行为决定了后果。交通安全教育是解决交通事故的根本途径。只有有了很好的交通安全知识和自我防卫意识，才能确保交通的安全。

二、交通安全常识

每当我们走马路，会看到许多行人和车辆来来往往，川流不息。如果行人和车辆爱怎么走就怎么走，那么就会交叉冲突，发生混乱，甚至造成交通事故。所以，我们要遵守交通法规，掌握必要的交通安全常识。

(一)行走安全常识

在繁忙的十字路口，四面都悬挂着红、黄、绿三色交通信号灯，它是不出声的“交通警”。红绿灯是国际统一的交通信号灯。红灯是停止信号，绿灯是通行信号。交叉路口，几个方向来的车都汇集在这儿，有的要直行，有的要拐弯，到底让谁先走，这就是要听从红绿灯指挥。红灯亮，车辆禁止直行或左转弯，在不碍行人和车辆情况下，允许车辆右转弯；绿灯亮，准许车辆直行或转弯；黄灯亮，停在路口停止线或人行横道线以内，可以继续通行；黄灯闪烁时，警告车辆注意安全。

1. 指挥灯信号绿灯亮时，准许行人通行。

2. 黄灯亮时，不准行人通行，但已进入人行道的行人，可以继续通行。

3. 红灯亮时，不准行人行走。

4. 步行外出时要注意行走在人行道内，在没有人行道的地方要靠路边行走。

5. 横过马路时须走过街天桥或地下通道，没有天桥和地下通道的路要仔细观看两侧，小心行走。

（二）乘车须知

1. 不准在道路中间招呼车辆，机动车在行驶中不准将身体的任何部位伸出窗外，乘车时，不准站立，不准在车内吃东西，不强行上下车，做到先下后上，候车要排队，按秩序上车。

2. 下车后要等车辆开走后再行走，如要穿越马路，一定要在确保安全的情况下穿行。

3. 不乘坐超载车辆，不乘坐无载客许可证、运动证的车辆。

（三）交通标线

马路上，用漆划的各种各样颜色线条是交通标线。道路中间长长的黄色或白色直线，叫车道中心线，用来分隔来往车辆，使它们互不干扰。中心线两侧的白色线，叫车道分界线，其中虚线表示可以跨过，实线则反之，它规定机动车在机动车道上行驶。

（四）停止线与人行横道线

非机动车在非机动车道上行驶。在路口四周有一根白线是停止线。红灯亮时，各种车辆应该停在这条线内。马路上用白色平等线，像斑马纹那样的线条组成的长廊就是人行横道线，行人在这里过马路比较安全。

（五）隔离设施

交通隔离设施主要有行人护栏和隔离墩或绿化隔离带。

1. 行人护栏是用来保护行人安全，防止行人横穿马路走入车行道和防止车辆驶入人行道的。

2. 隔离墩或绿化隔离带是设在车行道上用来隔机动车与非机动车或来往车辆的。大家不要跨钻护栏和隔离墩或绿化隔离带、走进车行道，否则有被车辆碰撞的危险。

三、交通安全注意事项

1. 行人必须在人行道内行走，没有人行道要靠路边行走。

2. 行人不准在车行道上追逐、猛跑，不准在车辆临近时突然猛拐横穿。

3. 不准在道路上扒车、追车，不准强行拦车或抛物击车，不准在公路上玩耍嬉闹。

4. 学龄前儿童在街道或公路上行走，须有成年人带领。

5. 不准在道路中间招呼车辆，机动车在行驶中不准将身体的任何部位伸出窗外。

6. 乘车时不准站立，不准在车内吃东西，不强行上下车，做到先下后上，候车要排队，按秩序上车。

7. 下车后要等车辆开走后再行走，不乘坐超载车辆，不乘坐无载客许可证、运动证的车辆。

四、交通安全"六不"与"六要"

(一)交通安全"六不"

1. 不无证驾驶摩托车、汽车;
2. 不驾驶超标电动车;
3. 不驾驶自行车、电动车载人;
4. 不在机动车道内骑车;
5. 不乘坐超员车辆;
6. 不乘坐低速货车、三轮摩托、拖拉机、"摩的"以及报废、非法拼装等有安全隐患的车辆。

(二)交通安全"六要"

1. 乘坐汽车要系好安全带;
2. 乘坐摩托车、电动自行车要戴好安全头盔;
3. 横穿道路要走斑马线;
4. 走路要走人行道;
5. 骑车要在非机动车道内;
6. 要自觉做到红灯停、绿灯行、黄灯亮时不抢行。

第三章 基础知识

第一节 养路机械

一、液压传动

(一)液压传动工作原理

液压传动原理如图 3-1 所示。

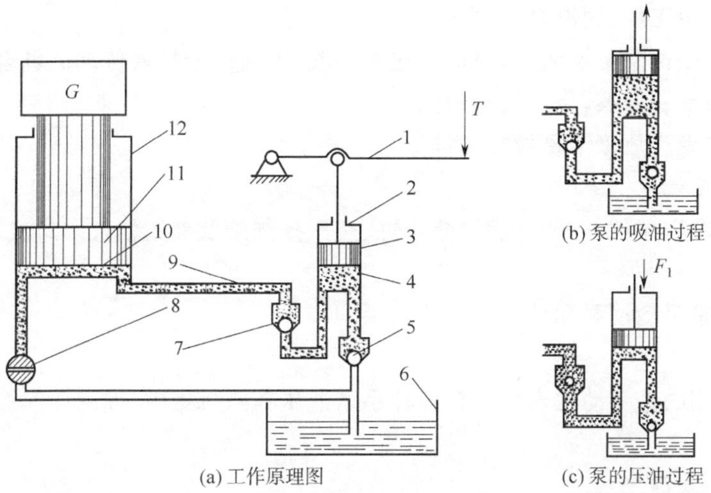

图 3-1　液压千斤顶的工作原理图

1—杠杆;2—泵体;3、11—活塞;4、10—油腔;5、7—单向阀门;6—油箱;8—放油阀;9—油管;12—缸体

工作时,先关闭放油阀 8,上提杠杆 1,手动油泵从油箱吸油。下压杠杆 1 把吸上来的油送至油缸油腔 10,推动活塞 11 向上运动。反复提压杠杆 1,就能不断地将油液压入油腔 10,使活塞 11 和重物不断上升。

液压传动的工作原理是以油液作为工作介质,依靠密封容积的变化来传递运动,依靠油液内部的压力来传递动力。

能量转换:机械能→液压能→机械能。

(二)液压传动系统的组成和特点

1. 液压传动系统的组成

(1)动力元件——液压泵

作用:将原动机输入的机械能转换为系统的液体压力能,为液压传动系统提供压力油。

(2)执行元件——液压缸、油马达

作用:将系统的液体压力能转换为机械能,以驱动工作装置做功。

(3)控制元件——控制阀

作用:控制和调节系统的压力、流量及流动方向,以保证液压执行元件和工作装置完成指定工作。

(4)辅助元件——油管、油箱等

作用:创造必要的条件以保证液压系统能正常地工作。

(5)工作介质——液压油

作用:传递动力并润滑和冷却液压系统。

2. 液压传动系统的特点

(1)体积小、质量轻、功率大、动作灵敏;

(2)易于较大范围内实现无级调速;

(3)传动平稳、惯性小,便于实现频繁换向和自动防止过载;

(4)与电磁配合很容易实现自动化;

(5)机件在油中工作,润滑好、寿命长;

(6)传动精度受油温影响大,因而传动比不准确,不适用于精密传动的场合;

(7)存在着漏油和摩擦,所以效率较低;

(8)液压系统发生故障不易检查和排除。

(三)常用液压元件

液压系统由液压元件——液压泵、液压缸、液压控制阀及液压辅件等组成。

1. 液压泵

应用较多的是手动油泵和外啮合齿轮油泵。

(1)手动油泵

我们经常应用的是手动柱塞泵。在各种小型液压养路机械中(如液压起拨道器)采用的都是手动栓塞泵。

(2)外啮合齿轮油泵

①齿轮油泵的特点如下:

结构简单,价格低廉,对油液污染不敏感,工作噪音较大,体积小,质量轻,工作可靠。

②齿轮油泵使用时主要注意事项如下:

a. 齿轮轴不允许反转。

b. 吸油口和压油口不允许反接(压油口小于吸油口)。

c. 使用时,齿轮油泵若发出尖叫声,应立即停机。

2. 液压缸

我们应用较多的是单出杆双作用活塞式液压缸和单出杆单作用柱塞式液压缸。

(1)单出杆双作用活塞式液压缸

压力油进入无杆腔,可推动活塞向右运动。

压力油进入有杆腔,可推动活塞向左运动。向右运动称之为工进,运动速度慢,但推力大。向左运动称之为快退,运动速度快,但作用力小。

(2)单出杆单作用柱塞式液压缸

压力油只能进入无杆腔。工作时只存在单方向作用力。结构上不是活塞和活塞杆而是柱塞。

常用小型液压养路机具(如起道器、起拨道器、轨缝调整器等)应用的油缸都是单出杆单作用柱塞式液压缸。

3. 液压控制阀

(1)单向阀

单向阀的作用是只允许油液按一个方向流动,不能反向流动。

(2)换向阀

换向阀的作用是利用阀芯和阀体相对位置的改变,来控制油液流动方向,接通或关闭油路,从而改变液压系统的工作状态(改变油缸活塞运动方向或锁定油缸)。换向阀种类很多,三位四通换向阀是常用的一种。

(3)卸荷阀

人为控制其开通与关闭。开通时,油缸中的油液可通过卸荷阀流回油箱完成卸荷,故又可称之为回油阀。

(4)溢流阀

溢流阀应用很广,在所有液压传动装置中都须安装溢流阀。它的作用主要有两个方面:一是起溢流和稳压作用,二是起限压保护作用(又称安全阀)。

4. 液压辅件

(1)油箱

作用:储油、散热、分离油中空气和杂质。

单独做成的油箱,一般要具有油面指示器、滤油器、放油塞、隔板、吸油管和回油管等。

(2)油管

液压系统中使用的管道分为硬管和软管两类。硬管有无缝钢管、有缝钢管和铜管等;软管则有橡胶管和尼龙管等。

二、YQBD-294 型液压起拨道器

(一)工作原理

顺时针拧紧回油阀,通过手摇柄的外力作用推压柱塞泵的油液介质产生压力,等压力传递到介质内部的所有各点,油液介质推动油缸外伸,拨道时拨道杆置于钢轨底板侧面,油缸推动拨道杆顶住钢轨完成线路拨道作业。起道时起道轮置于钢轨底部,油缸外伸与拨道杆一起支撑起道轮将钢轨抬起而实现线路起道作业。

(二)结构

YQBD-294 型液压起拨道器主要由底架、油泵总成和起、拨道装置组成。

1. 底架

底架为铸钢件,主要承载起道力,为提高拨道效果,在底架横梁上设有三条防退挡。

2. 油泵总成

油泵总成主要由柱塞泵、油箱、手摇柄、回油阀等组成,为调节压力和过载保护,还设置了溢流阀。

3. 起、拨道装置

起、拨道装置主要由油缸、拨道杆、起道轮等组成。

(三)操作方法

起、拨道作业时,先扒掉少量石砟,把起道器底板平放在道床上,起道轮伸到钢轨底部(拨道时拨道杆置于钢轨底板侧面),顺时针拧紧回油阀,然后扳动插在摇把孔内的手柄,柱塞泵产生的高压油进入主油缸,迫使主油缸的活塞杆向外伸出,推动起道轮轴将钢轨抬起,或推动拨杆机构,使拨道杆和起道轮推动钢轨实现线路起道和拨道作业,作业完毕后,逆时针旋松回油阀,在钢轨重量作用下,起道轮、拨道杆复位,将起、拨道器取下。

在起、拨道作业时,以两台液压起拨道器为一组同时使用为好(亦可三台一组)。作业时只要将两台液压起拨道器同时插入两股钢轨同一侧的底部道床上,使轨底的侧面与拨道杆的端部接触,放下提手把,用手顺时针拧紧回油阀杆或将回油手柄转至中位,使回油口处于关闭状态。两名操作者同时摇动手柄,在油压的作用下使拨道杆作有规律的运动,便可使钢轨移位,起、拨道完毕后逆时针旋松回油阀杆或将回油手柄转至两端的极限位置,使回油口处于卸载状态,便可将起拨道器取下道。

(四)使用安全注意事项

1. 液压起、拨道器是以油液为介质来传递运动的,因此在使用时特别要注意保持油液的洁净,绝对不能将脏油加入油箱,否则会影响机具的正常使用。加油时,拧下加油螺钉将洁净的 15 号(或 10 号)机械油注入油箱,加油量以油面距离油箱加油孔上平面 45～50 mm 为宜(测量油面时,起拨道轮应当处在最低位置)。

2. 保持回油阀转动灵活。起道时,回油阀一般用手拧紧即可,不可用力敲击。

3. 注意保持机具的清洁,应经常擦拭,使用完毕后应将活塞杆压到底,以保护活塞。使用时勿乱摔乱甩,以免损坏机件。

4. 各个铰接处的转动部分,应保持清洁,经常加油润滑,保持转动灵活。

5. 开始起、拨道时,由于起、拨重量较小,故操作者扳动手柄的幅度可大些,以便提高工作效率;当起拨重量较大,手中感觉较重时,扳动手柄的角度则不宜太大,否则既费力,又易损坏柱塞、泵壳。

6. 起拨道时务必注意当摇把下部的限位平面碰到起道臂时,起道轮已升到最高极限位置,不能再硬扳手柄,否则将损坏机件。

7. 为了防止手柄碰到另一股钢轨而发生连电事故,手柄后端应加橡胶套管方能使用。

8. 机具通过钢轨绝缘接头时,不许在钢轨上滑行,以免破坏通信信号。

(五)YQBD-294 型液压起拨道器的维护和保养

1. 起拨道器在正常使用情况下,切勿随意拆卸以免造成人为故障。

2. 需要维修和更换零配件、液压元件和密封件,拆卸和装配时必须参照配件图进行。

3. 更换泵壳和活塞杆上的 O 形圈和尼龙垫时,要注意安装位置。壳槽内的尼龙垫应装在 O 形圈的上面,活塞杆上的尼龙垫应装在 Y 形圈的下面,否则将减弱密封的功能,降低密封圈的使用寿命。

4. 回油阀杆拆下时,应防止回油阀杆下面的钢珠垫($d=6$ mm)脱落,否则将造成起道器不能使用。

5. 机内溢流阀的卸荷压力,在出厂前已校验好,切勿任意拆装或调整,如发生变动,应在压力机下重新校验。

6. 本机使用工作机油为40号机油，气温较低时，用20号机油。注入的工作油要经过滤清洁，不工作时注意不要碰撞，不要倒置，以免受损及泄油，要定期更换机油，定期进行检修，以保证机具的使用寿命。

7. 本机易损件(主要是密封件)要定期更换。

三、ND-5型内燃捣固镐

(一)基本结构及工作原理

1. 基本结构

ND-5型内燃捣固镐的基本结构如图3-2所示。

2. 工作原理

汽油机经离合器、软轴带动偏心铁高速旋转，产生振动并传递给镐头，振动着的镐头插入道床后，道砟受振动而呈现“流动状态”，开始相对运动、重新排列，使枕下的空隙充满，达到枕下道砟密实的程度，实现捣固作业。

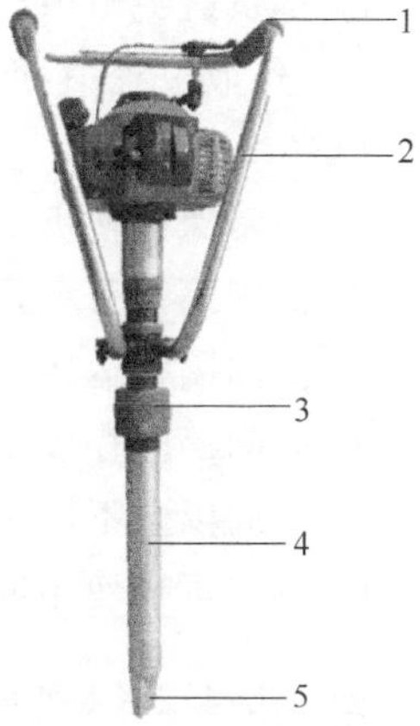

图3-2 ND-5型内燃捣固镐
1—手把；2—汽油机；3—减振器；4—镐体；5—镐头

(二)操作方法

1. 使用前检查

静态检查：紧固件、润滑油和燃油是否符合使用要求。

动态检查：

(1)将捣固镐直立在石砟或泥土地面上，禁止立于硬质地面上。

(2)迅速拉动启动手柄，启动汽油机。

(3)汽油机启动后，应使其怠速运转3～5 min热机，使汽油机各部门润滑后方可工作。

2. 安全要求

利用列车间隔或封锁线路并在具备安全通信防护的条件下作业，确保作业行车安全。捣镐由一人操作，操作手必须了解捣固镐的结构及工作原理，严格按操作规程操作。

3. 捣固作业与停机

(1)捣固作业

①汽油机启动后，应使其怠速运转3～5 min热机，使汽油机各部门润滑后方可工作。

②手持捣固镐手把，在距离钢轨边缘20～30 mm处下镐，使镐板与轨枕面成45°角，使镐板逐渐增大角度到80°左右。

③作业时，应注意观察镐头和镐体，如出现捣镐停止振动、镐头或镐体松动等异常现象，应立即停机下道检查。

④捣固间歇可将油门调至怠速，但不能长时间怠速运转。

(2)停机与下道

①停机时先将油门关至最小，然后按停机按钮停机。

②在捣固作业中，如遇列车通行或作业结束，应停机并人机同时下道。

③不使用时应将汽油机一侧朝上放于地面，避免摔碰汽油机。

（三）使用安全注意事项

1. 不能使用本机振动刚性物体，尽量避免与水泥轨枕和钢轨等碰撞。

2. 初次使用汽油发动机可不必加机油，以后应根据使用说明书加注机油，防止损坏发动机。

3. 油箱加油应在燃油未完全用尽时停机进行，以便下次起机更加容易。

4. 作业中途须加注燃油时，应停机 5 min 后再加注燃油。

5. 避免超过 8 000 r/min 超高速旋转，怠速尽量不大于 3 000 r/min。

6. 使用过程中如有连接松动，应立即停机，并予以检修。

7. 汽油机启动时，不要触摸火花塞、高压导线和消声器排气管，以免触电或烫伤。

8. 根据发动机本身特性，整机工作一箱燃油时，应停机休息 10 min。

9. 尽量避免雨中作业。

10. 作业过程中，严禁触碰机具振动装置、离合器及汽油机挡风板部位，以免烫伤。

（四）维护和保养

1. 经常保持整机干净、整洁。

2. 捣固镐镐头磨损到一定程度后，应及时更换，避免损坏套筒。

3. 捣固镐每运转 100 h 后，应由专业修理人员进行检查，更换易损配件。

4. 捣固镐应存放于干燥、通风的仓库内，空气中不含腐蚀性气体。

5. 一周以上不用时，应放净燃油，并启动汽油机，燃净油路中的燃油直至自动停机。

6. 汽油机按使用说明书保养。

四、ND-4.2×4 型内燃软轴高频捣固机

1. 工作原理

以内燃机为动力通过三角带分别驱动捣固镐主轴，使动力传递到振动体上，即可实现捣固作业。

2. 结构组成

由内燃机、软轴、软管、减振手把、振捣棒、走行架等组成。

3. 操作方法

（1）使用前应检查。上道前，应对汽油机、油类、软轴、绝缘部分进行检查。

（2）上道操作使用。操作人员应手持减振手把操作，严禁手持软管加力，捣固作业时软管弯曲半径不得少于 250 mm。

（3）下道应迅速。先关电机再将振捣棒插入走行架两端的插棒处，四人一组将走行架抬置铁道电源线一侧限界以外，不得侵入限界。

（4）每捣固 3 km 后应将减振手把与软管连接的紧固螺母松开旋转 180°，再重新拧紧以改善软管的受力状态，延长其使用寿命。

（5）使用完毕应存放于干燥场所。

4. 维护和保养

（1）软轴软管组件使用 100 h 后应清洗一次。

（2）振捣棒中的油封是易损件，应注意检查更换。

（3）工作中若软轴转动而棒头不振或振动无力，一般是棒头内进异物，应拆开清除。

五、NLB-600 型内燃螺栓扳手

（一）作业原理

双头螺栓机动扳手，由汽油机直接驱动减速箱输入轴，通过减速箱减速并传递换向机构，换向花键轴带动齿轮减速并同时传递给两套牙嵌式弹簧离合结构，经过输出花键轴将恒定扭力矩传递给螺母套筒，实现扣件螺母（或螺钉）的拧紧或松开。

（二）主要构造

NLB-600 型内燃螺栓扳手主要构造如图 3-3 所示。

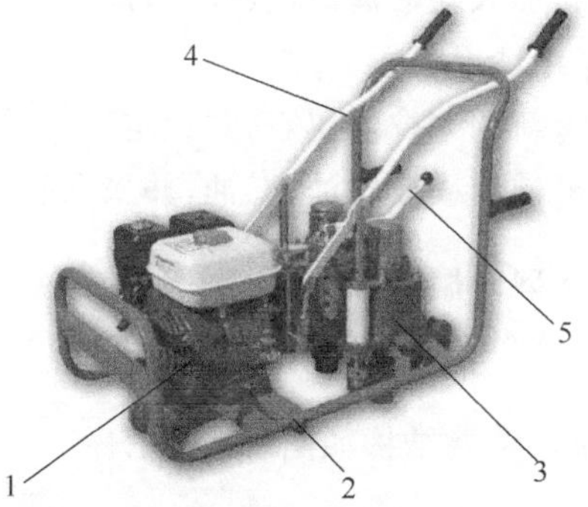

图 3-3　NLB-600 型内燃螺栓扳手整机及主要部件示意图

1—汽油机；2—车架；3—减速箱；4—操纵杆；5—换向手柄

（三）使用安全注意事项

1. 上道前应全面检查机械各部，确保每个部件处于完好状态，在机器有故障时，严禁上道作业。

2. 检查机器的润滑油及燃油，不足时应补充，严禁使用不合格的汽油、机油。

3. 机器启动后应怠速运转 2～3 min，机器各部运转正常后，方可上道作业。

4. 作业前应检查、标定线路扣件的扭矩要求，严格执行标准，不能大于或小于规定扭矩。

5. 遇有螺母与作业套筒卡帽时，请及时将快换浮动外套向上拉起并向右旋转，即可使扳头与机具分离，将机具及时撤离作业线路。

6. 作业完成抬机下道后，应注意机具不得侵入安全限界。

7. 机器搬运时，发动机进气门端倾斜角度不可大于 45°，防止机油进入空气滤清器滤芯，造成新鲜空气不足而无法启动和正常运转。

8. 汽油机在运转中，不得长时间将机具倾斜，可能造成油底壳缺油，无法产生飞溅润滑，造成烧瓦或拉缸故障。

（四）NLB-600 型内燃螺栓扳手维护和保养

1. 日常保养

每天作业结束后进行的主要项目如下：

(1)擦干净各部件上的油污灰尘。

(2)机械传动应检查紧固件是否松动，齿轮减速箱有无漏油、缺油等情况；液压传动应检查液压泵、阀、马达、管路接头有无漏油情况。

(3)检查润滑油或液压油油位,不足时添加。初次使用时润滑油或液压油 50 h 更换,以后每半年更换一次。

(4)检查快卸安全装置是否可靠;滑动部件、旋转部件应加注机械油,并运转自如。

2. 定期检修

每年进行一次,主要项目如下:

(1)机械传动检查各部轴承是否良好,各传动轴间隙是否正常。液压传动检查液压泵、换向阀、液压马达是否良好,发现异常应调整或更换。检查各连接螺栓和弹簧是否失效。

(2)更换不良的密封圈或油封。

(3)放净油润滑油或液压油,加入新油润滑油或液压油。

(4)检查走行轮与钢轨的绝缘情况。

(5)按规定的扭矩值要求,重新调整拧紧扭矩,并锁定。

(6)如长期不使用时,放净机械油或液压油、燃油,并采取防尘、防锈措施。

六、打磨机械——NMG-4.9 型内燃轨形磨轨机

(一)主要结构

NMG-4.9 型内燃轨形磨轨机主要结构如图 3-4 所示。

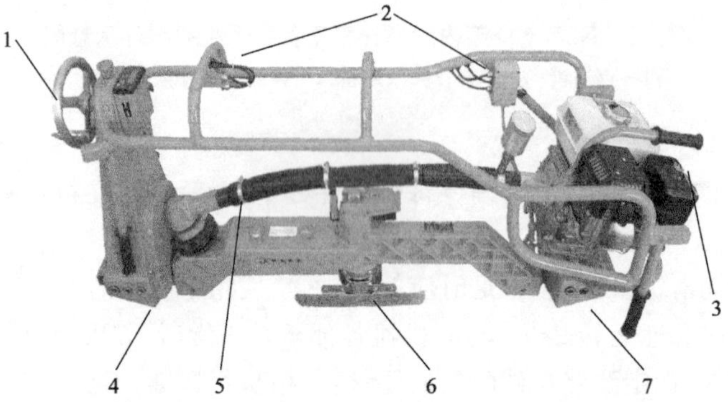

图 3-4　NMG-4.9 型内燃轨形磨轨机主要结构

1—偏转系统;2—电气系统;3—发动机;4—走行系统;5—传动系统;6—砂轮进给系统;7—走行系统

(二)操作方法

1. 发动机起动前,检查紧急停机按钮开关在开启位置,且确定砂轮离钢轨存在至少 3 mm 间隙。

2. 进行打磨操作时,升高打磨砂轮,使其位于钢轨的最高凸出点位置,使用砂轮自动进给电控开关将砂轮设置到所需打磨的深度(大多数情况根据钢轨附近的情况进行调整)。

3. 特殊作业时,允许在不移动机器的情况下,对整个轨面进行打磨。当机器在打磨点进行打磨作业时,用砂轮自动进给电控开关控制打磨砂轮的进给量。当打磨钢轨两侧时,砂轮在轮箱内弹簧的作用下自动压向钢轨,以保证打磨时所需要的打磨压力。通过机架偏转手轮对机器偏转度进行调节。关闭机器前应先将砂轮置于高出轨面 3 mm 高度以上。

（三）使用安全注意事项

1. 不要过量倾斜机器（小于 45°），因为发动机润滑油会漏到气缸腔内，导致发动机无法正常起动。

2. 紧急停机按钮开关是在紧急情况下才能用的，正常的关机程序是先将节气门推至“慢”位置，使发动机处于怠速状态，再关闭发动机开关。

3. 机器在使用后请将砂轮升至足够高的位置（大于 3 mm）再关闭发动机，以避免机器在搬运过程中与轨面发生擦碰，出现损伤轨面或因接触轨面而无法起动发动机的情况。

4. 维护之前必须先关机。

5. 只有在机器置于钢轨上时才能起动或关闭发动机。

6. 发动机运转时，严禁加油，在注油过程中，要检查通风条件，远离明火。

（四）维护和保养

1. 机架旋转单元设备

机架偏转手轮和主机架之间的阻尼垫片每月或需要时进行润滑。如果机架偏转手轮转动不灵活，可调节手轮轴端上的螺母。链条驱动的张紧由内置的张紧链轮控制。

2. 万向联轴节

位于胶套的保护之下，每三个月应检查一次；联轴节与框架周边的间隙，需注入润滑油脂（通用锂基润滑油脂即可）。

3. 调节砂轮进给的链条张紧度

取下调节砂轮轴的星形手柄和链轮罩，松开齿轮马达的螺栓，通过调节安装螺丝位置或张紧链条来进行调整，调节完成后，上好链轮罩，装好星形手柄，拧上螺栓。

七、内燃钢轨切割机

（一）主要结构

内燃钢轨切割机主要结构组成如图 3-5 所示。

（二）操作方法

1. 安装砂轮片

安装前，应检查砂轮片是否有裂纹，并用直尺检查两侧面是否平整。装片时，螺栓旋紧力要适当，用力过大易造成砂轮片破裂。

2. 装夹切轨机

将切轨机固定夹轨架放置在钢轨上，调整切轨机砂轮片切轨位置，然后顺时针紧固手柄，将切轨机固立于钢轨上，直到固定夹轨架与钢轨配合面全部密贴于钢轨的侧面及顶面。

图 3-5 内燃钢轨切割机主要结构

1—摆动杆；2—砂轮片罩；3—砂轮片；4—紧固手柄；5—固定夹轨架；6—扳杆；7—动力部分

3. 切轨操作方法

操作前应检查砂轮片是否完好，开启汽油机转速手柄，检查砂轮片的转动方向是否符合砂轮片罩指示的旋转方向，然后按使用要求进行切割。

(三)使用安全注意事项

1. 作业前检查切轨机各部紧固件是否牢固。

2. 以汽油机为动力的切轨机应检查汽油机机油加注量是否符合规定的油尺范围内,燃油的加注量为油箱的4/5。

3. 切轨作业前必须检查砂轮片是否有裂纹、掉边或变形等缺陷。

4. 切轨时严禁砂轮片撞击钢轨,或用力压砂轮片。

5. 切轨时操作人员及其他人员严禁站在正对砂轮片旋转方向范围内,防止切割火花或砂轮片飞溅伤人。

6. 向汽油机加注燃油时,应使发动机熄火冷却后加注。

7. 切割时汽油机倾斜角度不得大于30°角,停机不用时应使汽油机水平放置。

(四)维护和保养

1. 传动皮带

(1)保养项点

每季度检查三角皮带松紧度及磨损程度。

(2)保养方法

①停机状态下,观察三角带是否漏出黑线,两根三角带的松紧度是否一致。

②松紧度检查方法:用手在每条三角带中部,施加2 kg左右的垂直压力,双面下沉量为20～30 mm为宜,不合适时要及时进行调整。

③调整三角带松紧度。

调整方法:松开皮带一端锁紧螺母,调整螺杆距离,带动汽油机移动,进而调整汽油机皮带轮和砂轮轴皮带轮的距离。

④当三角带漏出黑线或两根三角带的松紧度不一致时,需调整或同时更换两条三角带。

(3)产生故障

三角带过松,易打滑,容易加速三角带的磨损,甚至不能传递动力;三角带过紧,不仅会使三角带拉长变形损坏,同时也会造成汽油机曲轴轴承因受力过大而温升过高。

2. 卡轨装置

(1)保养项点

①每次使用前检查卡轨装置有无变形。

②每次使用前检查卡轨装置状态。

③每月进行卡轨装置旋转轴润滑。

(2)保养方法

①检查卡轨装置侧板是否完好,与钢轨接触面应平整,无凸起及变形。发现凸起,可用锉刀将凸起部分修磨平整,若严重变形应更换。

②检查卡轨装置摆动是否灵活,应无卡阻,左右间隙过大应调整两端锁紧圆螺母至合适间隙。左右间隙应小于0.1 mm。

③每月需对两处润滑点加注黄甘油,如果在使用过程中发现摆动不自如需及时检查,避免因缺油干磨造成连接处磨损。

(3)产生故障

在运输过程中被重物压迫或切割前对尺时用其他金属撞击,造成卡轨装置变形或间隙过大,会使钢轨切割面垂直精度降低。

八、内燃钢轨钻孔机

(一)主要构造

NZG-31 型内燃钢轨钻孔机主要构造如图 3-6 所示。

(二)使用安全注意事项

1. 操作时应戴好护目镜、手套等防护用品。

2. 钻孔前应先检查机器是否正常,钻头是否夹紧,清理上次钻孔时在钻头内留下的芯块和切屑。

3. 更换钻头应在停机状态下进行。

4. 经常检查固定钻头的顶丝是否拧紧。

5. 不可触摸汽油机排气管及缸体部分,以免烫伤。

6. 定期检查机器,并检查每个紧固件是否拧紧。

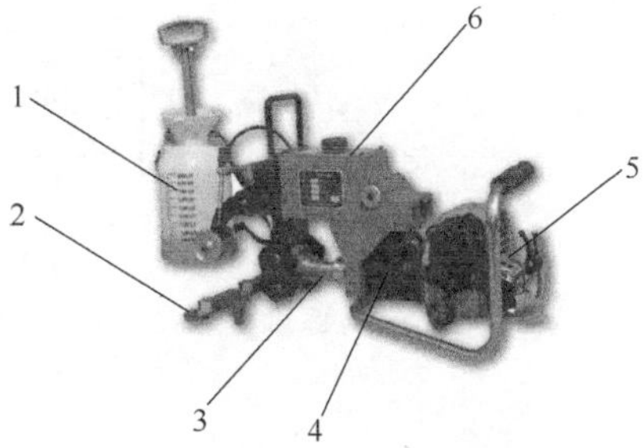

图 3-6 NZG-31 型内燃钢轨钻孔机

1—冷却水壶;2—定位尺;3—钻杆总成;4—减速箱总成;5—汽油机;6—进给箱(油箱)

7. 为了安全防火,给机器加油时必须停止机器待冷却后进行,并远离火源,严禁吸烟。

(三)操作方法

1. 选好钻头和与之配套的顶针,确认钻头内部无切屑,放进钻杆压到位并用顶丝压紧,摇动进给手柄将钻头摇到最后位置。

2. 压动加压泵,给切屑液加压。

3. 安装定位尺。

4. 起动汽油机。

5. 均匀进给空心钻头,钻透时即可关闭水阀。

6. 在钻下一个孔之前,应确认钻屑芯块已从钻头中弹出,并将钻头摇到最后位置,方可移位。

九、液压方枕器

(一)主要结构

主要由推力板、液压传动装置、回位弹簧、底座等组成,如图 3-7 所示。

(二)操作方法

1. 使用前,检查油箱内的油液情况及各机械连接部位有无松动现象。

2. 使用时,先扒除方枕部位的少量石砟,将方枕器平稳地放置在两轨枕中间,使推力板顶住轨枕的中部。拧紧卸荷阀,往复扳动油泵手柄。方枕作业完毕后旋松卸荷阀手柄,将方枕器提出。

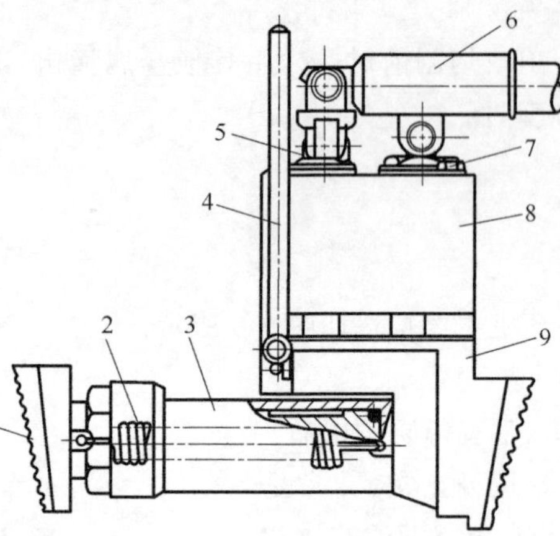

图 3-7　液压方枕器结构

1—推力板；2—回位弹簧；3—驱动油缸；4—手提梁；5—卸荷阀；

6—手柄插座；7—加油口螺塞；8—油箱；9—底座

十、小型电动角磨机

(一)工作原理

电动角磨机就是利用高速旋转的薄片砂轮以及橡胶砂轮、钢丝轮等对金属构件进行磨削、切削、除锈、磨光加工。角磨机适合用来切割、研磨及刷磨金属与石材，作业时不可使用水。切割石材时必须使用引导板。针对配备了电子控制装置的机型，如果在此类机器上安装合适的附件，也可以进行研磨及抛光作业。

(二)操作方法

1. 戴保护眼罩。

2. 打开开关之后，要等待 3～5 min，观察砂轮转动稳定后才能工作。

3. 长发职工一定要先把头发扎起。

4. 切割方向不能朝向人。

5. 连续工作半小时后要停 15 min。

6. 不能用手捉住小零件对角磨机进行加工。

7. 工作完成后自觉清洁工作环境。

(三)维护和保养

1. 经常检查电源线连接是否牢固，插头是否松动，开关动作是否灵活可靠。

2. 检查电刷是否磨损过短，要及时更换电刷，以防因电刷接触不良而形成火花过大或烧毁电枢。

3. 注意检查工具的进、出风口不可堵塞，并清除工具任何部位的油污与灰尘。

4. 应及时添加润滑脂。

5. 工具发生故障，送厂家或指定的维修处检修。

6. 检查角磨的标记。不能使用的角磨有：无标记、看不清标记的、不能核实的、不管有无缺点的。

7. 检查角磨的缺点。这个检查方法有 2 种：目测检查，直接用眼睛观察角磨表面有无裂痕等问题；敲击检查，主要检查角磨的内部，其方法是用木槌敲打角磨。若角磨没有问题应该是清脆的声音，若是其他的声音则表明有问题。

8. 检验角磨的回转强度。把同一种类同一批型号的角磨使用回转强度抽查，没有经过检测的角磨绝对不可以安装使用。

十一、倒棱器（倒角器）

（一）操作方法

1. 取出倒棱器，拧上手柄。
2. 将倒棱器心轴向后拉，使三个卡爪缩进头部。
3. 将倒棱器头部插入钢轨孔内，用力推心轴手柄，三个卡爪胀开将倒棱器卡在钢轨上。
4. 往复扳动手柄，使铰刀将孔锐角去掉到合适尺寸。
5. 将心轴向外拔出，倒棱器将一起取下。

（二）使用注意事项

1. 刀具切削力的大小由弹簧力大小决定。当切削吃刀量不合适时，可适当调整压盖。吃刀量不可过大，以免损坏刀具。

2. 每次使用后及时将倒棱器清理干净。如长期存放，应涂油以防锈蚀。

十二、大型养路机械简介

（一）道床捣固车

1. D08-32 型自动抄平起拨道捣固车

D08-32 型自动抄平起拨道捣固车（以下简称 D08-32 型捣固车），目前已在全国铁路线路修理、提速线路改造和新线建设当中得到广泛应用。

D08-32 型捣固车是一种结构先进的自行式、多功能线路机械，集机、电、液、气于一体，采用了电液伺服控制、自动检测、微机控制和激光准直等先进技术，具有操作简便、性能良好、作业高效的特点。

D08-32 型捣固车为双枕捣固车，作业走行为步进式。在封锁线路条件下，能够进行轨道拨道、起道抄平、钢轨两侧枕下道砟捣固和枕端道砟夯实作业。该车利用车上测量系统，可以对作业前、后线路的轨道几何参数进行测量及记录，并可通过控制系统，实现按设定的轨道几何参数进行作业。作业控制能够选择手动或自动形式。

D08-32 型捣固车共有 32 把捣固镐，左右对称地安装在捣固车的中部。每次可以同时捣固两根轨枕，所以又称为双枕捣固装置。捣固装置除了可以完成振动夹持动作外，还能垂直升降和横向移动，升降和横向的控制，由各自独立的自动控制机构来完成。

2. D09-32 型连续式自动抄平起拨道捣固车

D09-32 型连续式自动抄平起拨道捣固车（以下简称 D09-32 型捣固车），具有较高的作业精度和作业效率。

D09-32 型捣固车为双枕连续作业式捣固车，在封锁线路条件下，能够不间断地进行轨道拨道、起道抄平、钢轨两侧枕下道砟捣固和枕端道砟夯实作业。该车利用车上测量系统，可以对作业前、后线路的轨道几何参数进行测量及记录，并可通过控制系统，实现按设定的轨道几何参数进行作业。

3. 道岔捣固车

CD08-475 型道岔捣固车是继我国采用技贸结合方式引进 D08-32 型自动抄平起拨道捣固车和 RM80 型全断面道砟清筛机制造技术国产化取得成功后，又一次引进制造技术进行国产化生产的大型养路机械，填补了我国制造大型道岔捣固机械的空白。

CD08-475 型道岔捣固车是一种结构先进的自行式、多功能线路机械，集机、电、液、气于一体，采用了电液伺服控制、自动检测、微机控制和激光准直等先进技术，能够实现对道岔和线路的捣固作业，具有操作简便、性能良好、作业高效的特点。

（二）动力稳定车

动力稳定车是模拟列车对轨道的动力作用原理而设计的。稳定车作业时，由柴油机带动的液压马达同时驱动两套稳定装置的两个激振器，由于稳定器的走行轮和火钳轮紧紧地扣住了钢轨，使得激振器和轨道产生强烈的同步水平振动；与此同时，稳定装置的垂直液压缸分别给予两侧钢轨施加向下的静液压力，在水平振动力和静液压力的共同作用下，道砟重新排列密实。线路均匀下沉，线路因而达到稳定。

WD-320 型动力稳定车，目前已成为全国铁路线路大维修、提速线路改造和新线建设作业机组中的重要配套设备之一。

WD-320 型动力稳定车在封锁线路的条件下，模拟列车运行时对轨道产生的压力和振动等综合作用，对疏松的道床进行密实，以迅速提高线路的横向阻力和道床的整体稳定性，降低线路维修作业后列车限速运行的限定条件。在作业过程中，动力稳定车采用连续走行的作业方式，通过其稳定装置产生的强烈水平振动及施加于钢轨的垂直压力，使道砟重新排列达到密实，并使轨道有控制地均匀下沉。

（三）DWL-48 连续走行捣固稳定车

DWL-48 连续走行捣固稳定车能够实现连续式三枕捣固作业，并同时对线路进行动力稳定，其作业效率比连续式双枕捣固车提高将近 30%～40%；由于增加了复合控制的动力稳定小车，作业后的线路即可获得很高的精度，又能获得足够的稳定性能，线路开通后，就能够高速满负荷运行。

（四）配砟整形车

配砟整形车可完成的主要作业功能有：

1. 根据捣固作业的要求将卸在线路两侧的道砟通过侧犁分配到钢轨外侧。

2. 通过侧犁构成的门字形运输通道，可将道床边坡上的多余道砟做近距离的搬移。

3. 通过侧犁和中犁的配合使用，可将道砟按需要进行搬移。

4. 通过中犁将线路中心的道砟移运到线路两侧或往前推移。

5. 通过中犁将轨枕端部的道砟移运到轨枕内侧。

6. 位于机器后部的滚刷和横向运输带装置，可将残留在轨枕和扣件上的道砟收集并提升送到输送带上，由输送带送到线路的左右边坡上。

7. 通过适当调整侧犁的转角，使道床形成符合工务维修规则要求的断面。

SPZ-200 型双向道床配砟整形车（以下简称 SPZ-200 型配砟车），目前已成为全国铁路线路大维修、提速线路改造和新线建设作业机组中的重要配套设备之一。

SPZ-200 型配砟车在封锁线路的条件下,可以进行正、反两个方向的作业,通过中犁的不同组配和适当调整侧犁的转角,完成道床的配砟、整形,使道床布砟均匀,道床断面按技术要求的规定成形,其清扫装置可将作业过程中残留于轨枕及扣件上的道砟清扫干净,并收集后通过输送带移向道床边坡,达到线路外观整齐、美观的效果。

(五)清筛机

SRM80 型清筛机是一种结构复杂的自行式线路机械,集机、电、液、气于一体,具有操作简便、性能良好、作业高效的特点。

SRM80 型清筛机在封锁线路条件下,通过穿入轨排下的挖掘链运动,实现全断面道砟的挖掘,经筛分装置筛分后,清洁道砟回填至道床,污土抛至规定区域。对线路翻浆冒泥地段的污染道砟可进行全抛作业。此清筛机为全液压传动,区间运行和作业走行均为液控无级调速。

(六)钢轨打磨车

1. PGM-48 型钢轨打磨车

PGM-48 型钢轨打磨列车由控制车、生活车和动力车三节车组成。PGM-48 型钢轨打磨列车由转向架、车架、牵引装置、打磨装置、防火装置、检测系统、液压系统、电气系统、气动系统、动力传动系统及制动系统等构成。

PGM-48 型钢轨打磨列车是一种结构复杂、控制先进的线路机械,集机、电、液、气及计算机技术于一体,主要用于消除波磨、擦伤和剥离等钢轨损伤,及新线钢轨的预防性打磨。它可以通过廓形和波磨测量系统获得钢轨的磨损状况,或设定打磨参数,并将测量结果或设定参数提供到计算机控制系统,控制打磨小车上磨头的偏转、横移和加压完成钢轨的打磨作业。

2. CMC-20 型道岔打磨车(原 RGH10C 型道岔打磨车)

CMC-20 型道岔打磨车型道岔打磨车主要组成部分有车体、司机室、发动机、动力传动系统、走行系统、打磨系统、控制系统、液压系统、空气制动系统、气动系统、水喷射系统及集尘系统等。工作装置的运动,如打磨头的升降、旋转、摆动、横移等均采用液压传动。

道岔打磨车采用全液压传动是为了更好地适应道岔区,如岔尖、岔心和护轮轨等处特殊打磨作业需要和精度要求,使打磨头布置更加紧凑,更有利于解决打磨集尘和系统散热问题。每个打磨装置均有一个独立的液压控制回路,通过计算机控制完成整个道岔区的打磨作业;由液压马达驱动的高速小直径砂轮能有效地提高打磨作业的效率和精度,满足道岔区作业要求。

十三、大型养路机械作业配合

(一)捣固作业

1. 工务段捣固施工作业前的准备工作

(1)成立以段长为组长,安全、技术等有关科室人员为成员的施工领导小组,制定大机施工安全组织措施,细化高温季节作业防胀安全组织措施,安全组织措施必须经集团公司工务部审批,安全组织措施必须记名式传达到所有参加施工人员。

(2)推行“人机网”结合的机捣方式,立足恢复和优化线路平纵断面,正线必须提前做好捣固前的线路测量工作,所有正线必须进行纵断面测量,按测量数据优化设计后,按数据开展机捣作业,方向不良地段要进行中线测量、打桩,确定拨道量和拨道方向。曲线超高不合理的应重新计算，并确定超高和单股抬道量。

(3)施工前向工务机械段提供翔实的“线路综合图”“配线图”“曲线要素表”（包括全长、缓长、超高、圆曲长、半径、偏角，直缓、缓圆、圆缓、缓直或直圆、圆直点准确里程以及曲线超高调整表）和“无缝线路锁定轨温”等有关技术资料，提供“起、拨道量作业表”。

(4)根据现场和计划起道量情况确定补充道砟数量，大型养路机械施工前必须补充完毕。

(5)清筛枕盒不洁道床和边坡土垄，处理道床翻浆冒泥，根据情况适时安排边坡清筛。

(6)更换、方正和修理轨枕。

(7)修理钢轨病害，打磨低塌焊缝，综合整治接头病害。高温季节标准轨地段大型养路机械（简称大机）作业前，应消灭“连三瞎缝”处所。

(8)为确保曲线切线方向准确，工务段要先测量曲线两端 150 m 范围内切线方向，对切线方向不良的要安排人员提前拨好准确的切线方向。

(9)完成对曲线要素点、重捣处所、起拨道量等各项控制指标在线上的标记工作，曲线直缓、缓圆、圆缓、缓直或直圆、圆直点用红油漆标示在相应轨枕内侧；重捣处所应在轨枕上做好标记；拨道地段轨枕内侧用箭头标明方向及拨道量，各种标记做到位置正确、清晰规范。不能拆除的障碍物也应在线路上做好醒目标记。

2. 工务段的作业内容及分工

线路和道岔起道、拨道、捣固作业：

(1)大型养路机械作业之前撤除线路上的调高垫板，对垫板较厚地段要通过捣固做好临时处理，确保行车安全。

(2)对高抬道区段和道床不足地段要预卸足够的道砟。

(3)清筛严重板结道床和翻浆冒泥处所。

(4)拆除和恢复道口铺面。

(5)全面调整轨距和轨距变化率。

(6)更换失效的零配件。

(7)更换失效轨枕和方正轨枕。

(8)整理大型养路机械作业后的道床，整修路基、排水设备，完成其他必要的线路修理工作。

(9)向大型养路机械作业单位提供准确可靠的技术资料，其中包括：线路综合图、车站配线图、曲线要素表、抬道表、曲线超高调查表，并根据大型养路机械作业要求在轨枕上做出清晰的标记。需要结合作业进行曲线超高调整和延长缓和曲线的地段，还需把相关技术资料一并提交大型养路机械作业单位。

(10)指派验收人员做好随机作业质量监督和验收。

(11)配合电务、供电和车辆等部门完成妨碍施工作业处所的处理工作。

(12)设置、撤除施工防护。

(13)做好无缝线路应力放散和应力调整。

(14)拆除、恢复有砟桥护轨。

(15)编制并提报施工计划，并与有关单位签订施工安全配合协议书（包括车务、电务、铁通、供电、车辆等），协助工务机械段联系生活用水、用电等。

(二)大型钢轨打磨车作业

1. 作业前工务段应仔细调查钢轨轨面状态，确定不良状况的类型，掌握各区段的主要病害，确定相应的打磨方案，剔除极个别病害特别严重的部位，减少打磨遍数，降低金属切削量。

2. 工务机械段打磨队根据工务段所提供资料，确定打磨方式，并与工务段共同确认。

3. 钢轨打磨列车作业对工务段的要求：

(1)在钢轨打磨作业前1周，由工务段对打磨地段钢轨波磨深度、肥边厚度等情况进行检查测量，每股钢轨每公里测点不少于10个，测点要均匀分布，并作好标记。测量数据提供给打磨队。

(2)在钢轨打磨作业前1周内，工务段不得对钢轨进行涂油作业。

(3)负责防火工作。工务段配合人员要携带必备的灭火工具同时对施工线路进行检查，清除施工障碍和线路两侧5 m范围内的易燃物品。当作业中发现线路旁易燃物燃起时，要及时通知打磨队暂时停止作业，并组织人员进行灭火。

(4)指派验收人员做好随机作业质量监督和验收。

(5)配合电务、供电和车辆等部门完成妨碍施工作业处所的处理工作。

(6)提报施工计划，并与有关单位签订施工安全配合协议书(包括车务、电务、供电、车辆、铁通等)，协助联系生活用水、用电。

(三)大机维修作业的相关配合

1. 施工前由车务部门组织召开施工协调会议，统一安排施工配合、行车组织、施工安全和后勤保障等具体事宜。

2. 各有关单位必须积极配合大型养路机械作业，并不得提出配合费的要求。

3. 运输部门应为大型养路机械施工提供良好的作业条件，京哈线秦沈段“天窗”不少于240 min，其他线“天窗”原则上不少于180 min。

4. 大型养路机械的停留车站与作业区间的距离不宜过长，一般不应超过2个区间。

5. 大型养路机械施工期间的水、电供应由工务段负责联系，供水、供电部门负责办理。

6. 工务段应指派专人负责施工中作业质量验收和相关事宜。

7. 安设在钢轨上的电务、供电和车辆等部门妨碍线路施工作业的设备凡能拆除的，在施工前应进行拆卸，以免影响大机施工质量和施工进度。

8. 工务段、沈阳工务机械段在施工前1日要建立技术交底会议制度，且要做到：

(1)工务段必须明确次日施工地段、大机在区间停留位置、次日作业地段的具体病害。

(2)工务机械段要根据大机的作业能力和设备特点对工务段提出的方案进行确认，对不合理的地方要进行协商和调整，在保证安全的前提下要避免大机效率的浪费。

第二节 工程测量知识

一、水准测量

(一)水准测量的原理

水准测量原理(图3-8)：利用水准仪所提供的水平视线，对竖立于两观测点上的水准尺进行读数，来测定两点间的高差，然后根据已知点的高程推算出未知点的高程。

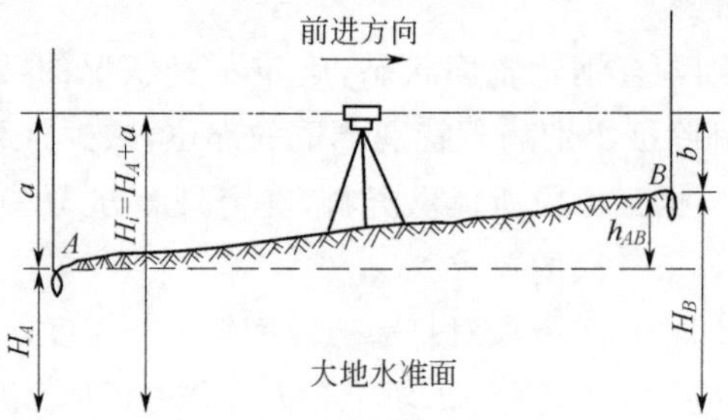

图 3-8　水准测量原理

如图 3-8 所示，在地面上有 A、B 两点，已知 A 点的高程为 H_A，为获得 B 点的高程 H_B，需先测定 A、B 两点间的高差 h_{AB}。在 A、B 两点上各竖立一根水准尺，在其间安置一架水准仪，用水准仪的水平视线分别读取 A 尺、B 尺上的读数 a、b，则 A 点至 B 点的高差为

$$h_{AB}=a-b \tag{3-1}$$

B 点的高程为

$$H_B=H_A+h_{AB} \tag{3-2}$$

如果水准测量的前进方向是由 A 点向 B 点，则规定 A 点为后视点，其水准尺读数 a 为后视读数；B 点为前视点，其水准尺读数 b 为前视读数。由此可见，两点间的高差等于后视读数减去前视读数。

高差本身有正有负，当 $a>b$ 时，h_{AB} 值为正，说明 B 点高于 A 点；当 $a<b$ 时，h_{AB} 值为负，说明 B 点低于 A 点。为避免计算高差时发生错误，在书写高差 h_{AB} 时，必须注意 h 下标的写法。例如 h_{AB} 表示 A 点至 B 点的高差，而 h_{BA} 则表示 B 点至 A 点的高差，$h_{AB}=-h_{BA}$。

从图 3-8 中还可以看出，B 点的高程也可以通过仪器的视线高程 H_i 求得，即

$$H_i=H_A+a \tag{3-3}$$

$$H_B=H_i-b \tag{3-4}$$

由式(3-1)和式(3-2)根据高差推算高程，称为高差法；由式(3-3)和式(3-4)利用视线高程推算高程，称为视线高程法。当需要安置一次仪器根据一个后视点确定多个前视点高程时，采用视线高程法比较方便。

如果 A、B 两点相距较远或高差较大，安置一次仪器无法测得其高差时，就需要在两点间加设若干个临时的立尺点，作为传递高程的过渡点(称为转点)，并依次连续地测出各相邻点间的高差 h_{A1}，h_{12}，h_{23}，…，$h_{n-1,B}$，才能求得 A、B 两点间的高差 h_{AB}，如图 3-9 所示，ZD_1，ZD_2，ZD_3，…，ZD_{n-1} 点为转点，各个测站的高差为

$$\begin{aligned} h_{A1} &= a_1-b_1 \\ h_{12} &= a_2-b_2 \\ h_{23} &= a_3-b_3 \\ &\vdots \\ h_{n-1,B} &= a_n-b_n \end{aligned}$$

将以上各站高差相加，则得 A、B 两点间的高差：

$$h_{AB}=h_{A1}+h_{12}+h_{23}+\cdots+h_{n-1,B}=\sum h=\sum a-\sum b \tag{3-5}$$

式(3-5)表明,起点到终点的高差,等于中间各段高差的代数和,也等于各测站后视读数总和减去前视读数总和。在实际作业中,可先算出各测站的高差,然后取它们的总和得到 h_{AB},再用后视读数之和减去前视读数之和计算出高差 h_{AB},据此检核计算是否正确。

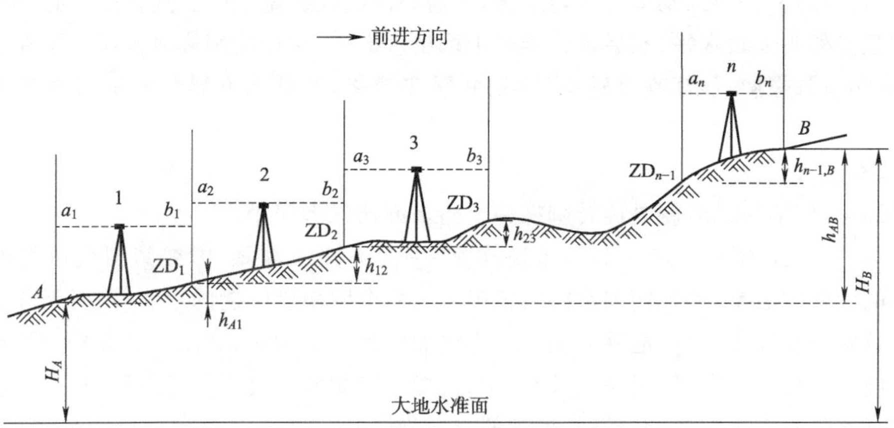

图 3-9　水准测量

(二)水准测量的仪器与工具

水准测量所使用的仪器为水准仪,工具有水准尺和尺垫。

1. DS_3 型微倾式水准仪

水准仪是提供一条水平视线来测定两点间高差的仪器。水准仪按仪器精度可分为 DS_{05}、DS_1、DS_3 等型号。DS_3 型微倾式水准仪主要由望远镜、水准器和基座三部分组成,其外形和各部件名称如图 3-10 所示。

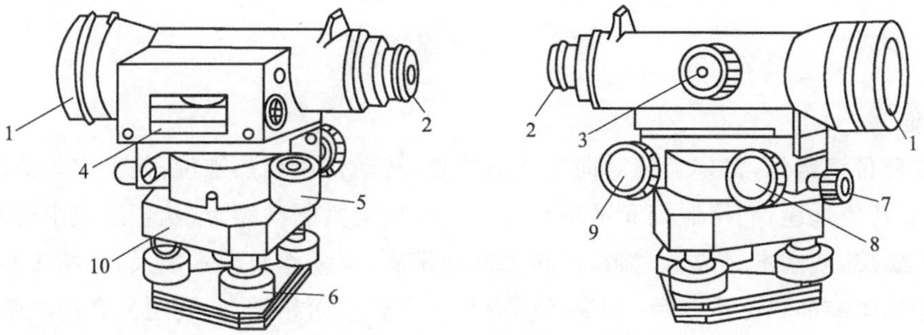

图 3-10　DS_3 微倾式水准仪

1—物镜;2—目镜;3—物镜调焦螺旋;4—管水准器;5—圆水准器;6—脚螺旋;7—制动螺旋;8—微动螺旋;9—微倾螺旋;10—基座

2. 水准尺

水准尺简称标尺,供仪器读数用。常见的形式有直尺和塔尺两种。塔尺由三段尺套插而成,携带方便,但接合处易损坏,造成尺长不准,而影响测量精度。

3. 尺垫

尺垫用于转点处放置水准尺。尺垫是由生铁铸成的三角形板座,上方有一突起的半球体,用于放置水准尺,下方有三个尖脚,可以踏入土中稳固防动。

(三)水准仪的使用

使用水准仪的基本操作主要包括:安置仪器、粗平、瞄准、精平、读数。

1. 安置水准仪

首先,在测站上松开三架脚的固定螺旋,按需要的高度调整架腿长度,拧紧固定螺旋,再张开三脚架且使架头大致水平,然后从仪器箱中取出水准仪,用连接螺旋将仪器固定在三脚架头上。检查、调节脚螺旋,使其高度适中;移动并踩实架腿,使圆水准器气泡不紧靠圆水准器的内壁。

2. 粗平

粗平即粗略整平仪器,就是旋转脚螺旋使圆水准器气泡居中。

如图 3-11 所示,图中 1、2、3 为三个脚螺旋,中间为圆水准器,虚线圆圈表示气泡所在位置。粗平的操作方法是:首先使圆水准器置于 1、2 两个脚螺旋一侧的中间,用两手分别以相对方向转动这两个脚螺旋,使气泡移动到 1、2 连线的中垂线上为止,如图 3-11(a)所示;然后转动脚螺旋 3 使气泡移动居中,如图 3-11(b)所示;此操作步骤应反复进行,直至气泡完全居中。圆气泡的移动方向与左手大拇指转动脚螺旋的方向相同。

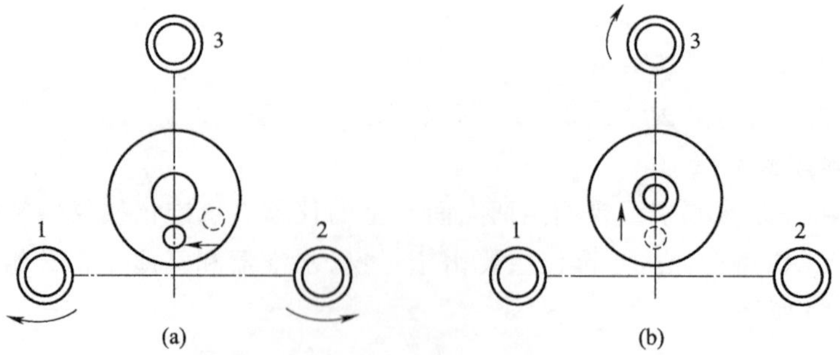

图 3-11 圆水准器整平

3. 瞄准

首先进行目镜调焦,将望远镜对向明亮的背景,转动目镜调焦螺旋,使十字丝清晰;再松开制动螺旋,旋转望远镜,利用照门和准星对准水准尺后旋紧制动螺旋;从望远镜中观察目标,转动物镜调焦螺旋,使水准尺成像清晰,再转动微动螺旋,使纵丝对准水准尺,如图 3-12 所示。

使用望远镜瞄准目标水准尺,如果目标像与十字丝平面相重合,则观测者的眼睛在目镜端上下微微移动时,不会发觉目标像与十字丝有相对移动;如果目标像与十字丝平面没有完全重合,则观测者的眼睛在目镜端上下微微移动时,就会发觉目标像与十字丝之间有相对移动,这种现象称为视差,如图 3-13 所示。视差会影响读数的正确性,读数之前必须消除视差。消除视差的方法是:先转动目镜调焦螺旋,使十字丝十分清晰,然后转动物镜调焦螺旋,使目标像十分清晰。

4. 精平

精平即精确整平,就是旋转微倾螺旋使水准管气泡居中。

精平的操作方法是:眼睛观察气泡观察窗内的管水准气泡影像,右手转动微倾螺旋,使气泡两端的影像完全吻合。两侧气泡影像的移动方向与微倾螺旋的转动方向的关系,如图 3-14 所示。

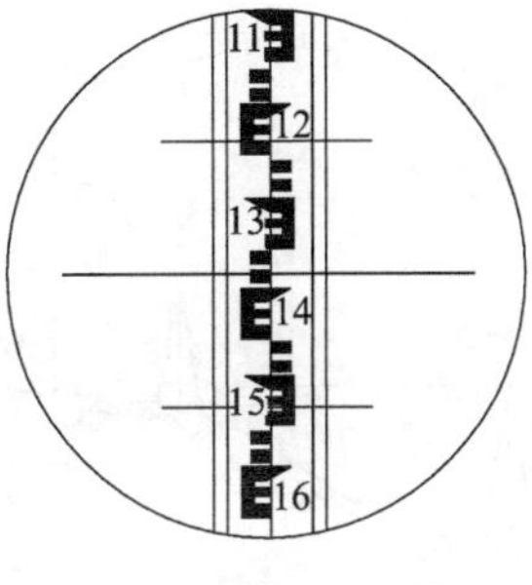

图 3-12 瞄准与读数

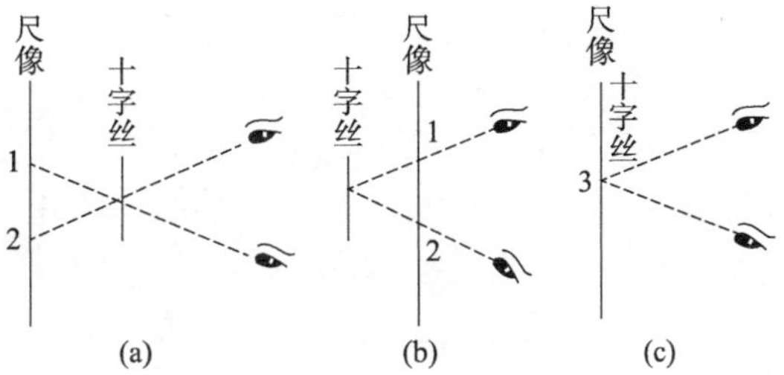

图 3-13 视差

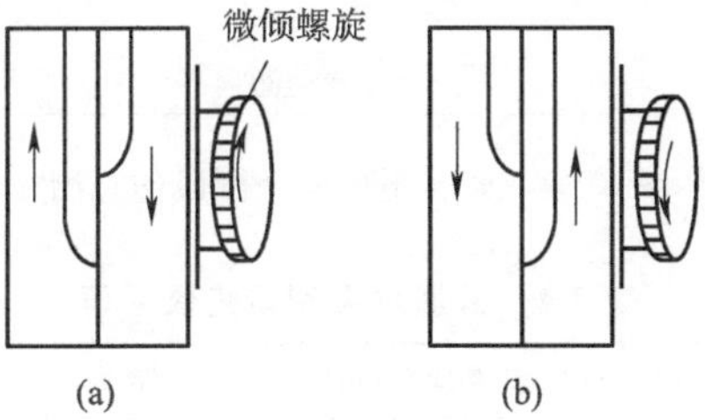

图 3-14 精平

5. 读数

仪器精平后，眼睛移至目镜，立即读取水准尺上的中丝读数，读取米、分米、厘米、毫米共四位数。读数前要认清水准尺的注记形式。读数时按由小到大的方向，米位和分米位根据尺子注记的数字直接读取，厘米位则要数分划数，毫米位需要估读。图 3-12 中所示的中丝读数为 1.381 m。读数后应再检查管水准气泡是否居中，若不居中，应再次精平，重新读数。

(四)水准测量的观测与记录

1. 外业观测程序

将水准尺立于已知水准点上作为后视，在施测路线前进方向上的适合位置，放尺垫作为转点，在尺垫上竖立水准尺作为前视，将水准仪安置在与后视、前视尺距离大致相等的地方，前、后视线长度最长不应超过 100 m。

观测员将仪器粗平后，瞄准后视尺，精平，用中丝读后视读数(读至毫米)，记录员复诵并记入手簿；转动望远镜瞄准前视尺，精平后读取中丝读数，记录并立即计算出该站高差。此为第一测站的全部工作。

第一测站结束后，后视标尺员向前转移设转点，观测员将仪器迁至第二测站。此时，第一测站的前视点成为第二测站的后视点，用与第一测站相同的方法进行第二测站的工作。

依次沿水准路线方向施测，至全部路线观测完为止。

2. 观测记录与计算

由 BM_A 至 BM_B 测段的水准测量外业观测如图 3-15 所示，BM_A 为已知水准点，其高程为 132.715 m，BM_B 为待测水准点，观测的记录和计算见表 3-1。

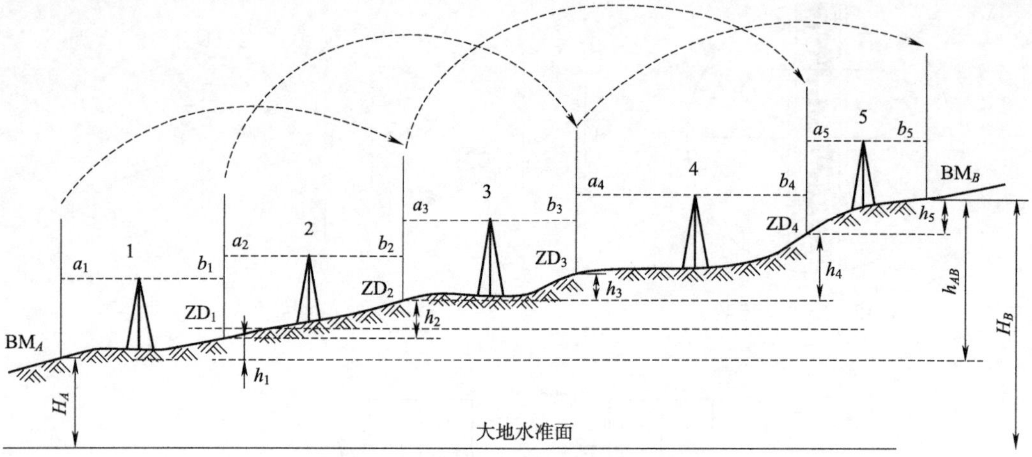

图 3-15 水准测量一个测段的观测

表 3-1 普通水准测量记录手簿

测站	点号	后视读数(m)	前视读数(m)	高差(m)	高程(m)	备注
1	BM_A	1.946		0.964	132.715	BM_A为已知水准点
2	ZD_1	2.034	0.982	0.821		
3	ZD_2	2.201	1.213	0.325		
4	ZD_3	1.998	1.876	−0.326		
5	ZD_4	1.372	2.324	−1.279		
	BM_B		2.651		133.220	
计算校核	$\sum$	9.551	9.046	0.505	0.505	
		0.505				

二、角度测量

角度测量是测量的基本工作之一。常用的测角仪器是经纬仪，它既可以测量水平角，又可以测量竖直角。

(一)水平角测量原理

地面上一点到两目标方向线垂直投影在水平面上的夹角称为水平角，一般用"β"表示，如图 3-16 所示，A、B、O 为地面上任意点，通过 OA 和 OB 两直线各作一垂直面，构成两面角，它被水平面 P 所截时，其交线 o_1a_1 和 o_1b_1 的夹角$\angle a_1o_1b_1$，就是 OA、OB 两方向线所夹的水平角 β。若在角顶点 O 上安置一个水平刻度盘，其圆心 O' 在通过 O 点的铅垂线上，设 OA 和 OB 两条方向线在刻度盘上的投影读数分别为 a 和 b，则水平角 β 为

$$\beta = b - a \tag{3-6}$$

(二)竖直角测量原理

在同一竖直面内，观测方向线与水平线之间所夹的锐角，称为竖直角，用"δ"表示。观测方

向线在水平线之上称为仰角，符号为正；观测方向线在水平线以下称为俯角，符号为负，如图 3-17 所示，若在测站上竖直设一个刻度盘，其圆心通过角顶点的水平线，则竖直角可通过水平视线读数与照准目标时视线读数之差求得。

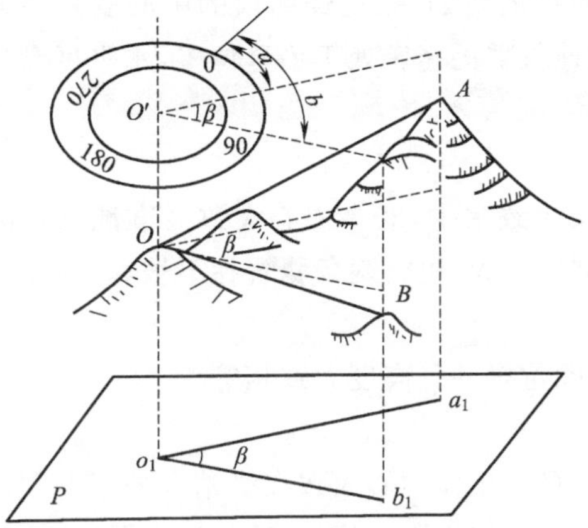

图 3-16 水平角测量原理

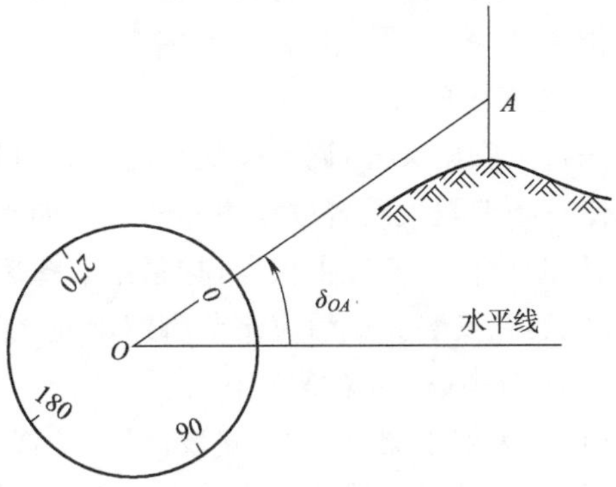

图 3-17 竖直角测量原理

（三）光学经纬仪的构造

光学经纬仪类型较多，其中最常用的是 DJ_2 和 DJ_6 两种类型。D、J 分别是大地测量、经纬仪的汉语拼音的第一个字母，“6”“2”表示该仪器水平角测量中一测回方向中误差不超过±6″、±2″。光学经纬仪主要由基座、照准部、水平度盘三部分组成，DJ_2 光学经纬仪如图 3-18 所示。

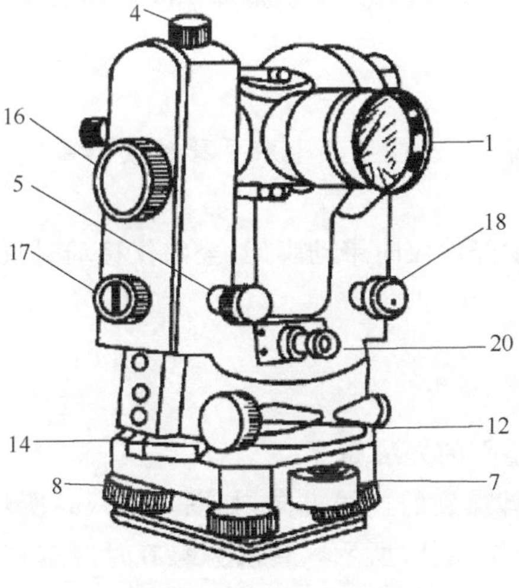

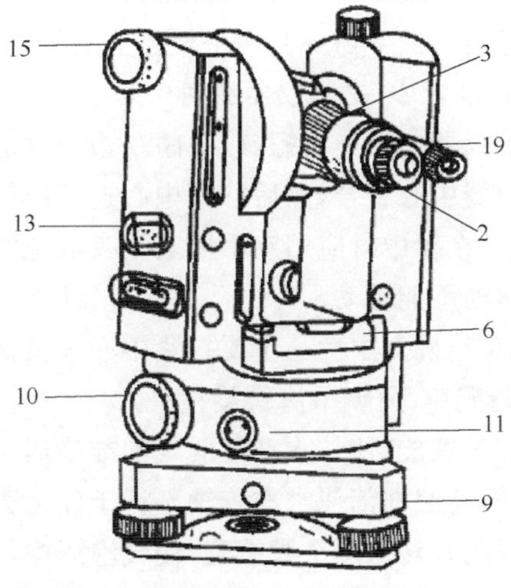

图 3-18 DJ_2 光学经纬仪

1—物镜；2—目镜调焦螺旋；3—物镜调焦螺旋；4—望远镜制动螺旋；5—望远镜微动螺旋；6—照准部水准管；7—圆水准器；8—脚螺旋；9—基座；10—水平度盘采光盘；11—水平制动螺旋；12—水平微动螺旋；13—附合水准器；14—水平度盘变换手轮；15—竖直度盘采光镜；16—测微轮；17—度盘光路转换螺旋；18—竖盘指标水准管微动螺旋；19—读数目镜；20—光学对中器

(四)经纬仪的安置

根据角度测量原理,在测角时应将经纬仪安置在角的顶点上(该点称为测站 A),使仪器中心与角顶点在同一铅垂线上,并使水平度盘水平。上述两项工作,前者叫对中,后者叫整平。

对中和整平的操作工作称为经纬仪的安置。对中的目的,是把经纬仪的中心安置在通过角的顶点(即测站 A)的铅垂线上。整平的目的,是使仪器的竖轴处于铅垂位置,水平度盘处于水平位置。

1. 经纬仪的安装

先将三脚架叉开,调节架腿高度适宜,目估架头大致水平,架头中心大致对准测站点的标志。使三条架腿大致置成等边三角形。如果地面坡度较大,可将两条腿置在下坡,一条腿置在上坡,以防倾倒。安装上仪器,拧紧中心螺旋。

注意:在安装完成后应调节脚螺旋使之处于中间位置并且高度大致相等。

2. 粗对中(移动架腿对中)

(1)置脚架于测站点上,安装仪器,并移动脚架,目估仪器中心大致在测站点的正上方。

(2)先转动对中器的目镜对光螺旋,使对中器中的分划板影像清晰,拉伸对中器,使地面测站点成像清晰。

(3)将一个架脚踩入土中固定,双手握住身体两侧架腿,轻轻提起,眼睛一边观察测站点一边慢慢移动这两条架腿,当测站点进入对中器分划板中心时,就轻轻收拢并放下架腿,同时注意架头大致水平,然后将这两个架腿踏实。

3. 粗整平(伸缩架腿整平)

一手卡住架腿,一手松开脚架的蝶形螺旋,调节架腿高度,使圆水准器的气泡居中,然后拧紧蝶形螺旋。通常需要在两个架腿上反复调整。

4. 精确对中(平移仪器头对中)

松动仪器中心连接螺旋,眼睛一边观察对中器,一边在架头上双手移动仪器基座,使测站点和对中器中心重合,然后拧紧中心连接螺旋。

注意:在对中时应用双手压紧架头以免在移动经纬仪时带动脚架,经纬仪移动时只能前后和左右移动不能转动。

切记:精确对中后一定要拧紧中心连接螺旋。

5. 精确整平(调节脚螺旋整平)

调节脚螺旋,使长水准器的气泡准确居中。整平的方法如下:

(1)转动照准部使水准管轴平行于任意两个脚螺旋的连线方向,如图 3-19(a)所示,两手以相向方向旋转这两个脚螺旋,使气泡居中,如图 3-19(b)所示。转动脚螺旋时应掌握左手大拇指转动的方向与气泡移动的方向一致这一原则。

(2)转动照准部 90°,使水准管轴的方向与原来两个脚螺旋的连线方向垂直,再旋转另一脚螺旋,使气泡居中,如图 3-19(c)所示。

(3)这样反复几次,直到照准部旋转到任何位置气泡都居中为止。

因为对中与整平是相互影响的,所以要重复进行精确对中、精确整平,直到照准部旋转到任何位置对中和整平都满足要求为止。

注意:对中容许偏差为 1 mm,整平容许偏差为 1/4 格。

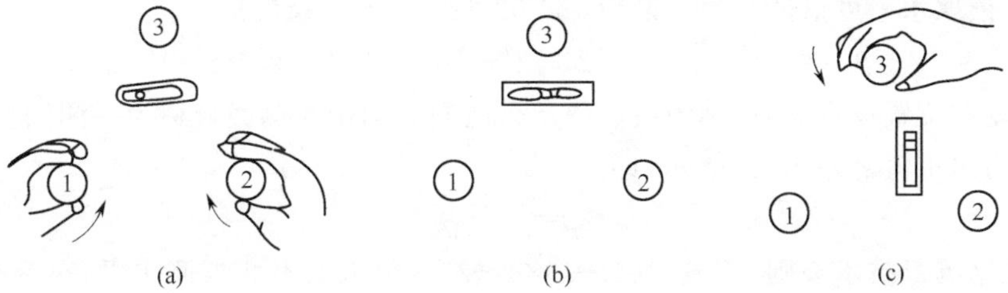

图 3-19 精确整平

（五）测回法观测水平角

测回法是观测水平角的一种基本方法，通常用以观测两个方向间所夹的水平角。

如图 3-20 所示，为了测出$\angle AOB$的角值，先安置经纬仪于角顶点 O 上，进行对中、整平，并在 A、B 两点树立标杆或测钎，或用简易的小竹架吊挂垂球，作为照准标志，然后即可进行测角，其观测步骤如下：

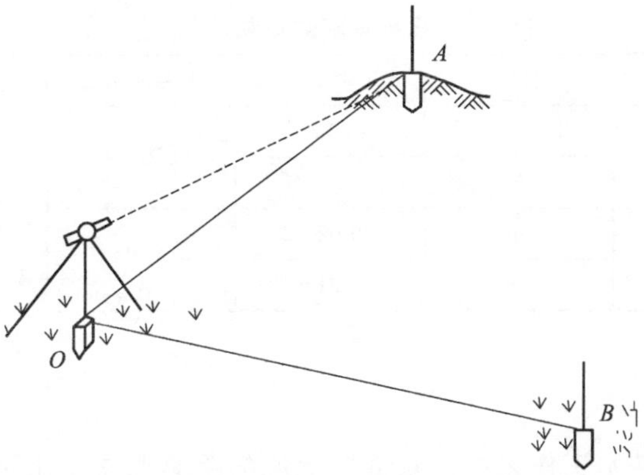

图 3-20 测回法观测水平角

1. 盘左位置

松开照准部制动螺旋，顺时针旋转照准部，使望远镜瞄准左侧观测点 A，固定制动螺旋，旋转照准部微动螺旋和望远镜微动螺旋，使十字丝交点精确瞄点，读取水平度盘读数 $a_{左}$，设为 0°02′30″，记入记录表格中，见表 3-2。

松开照准部制动螺旋，按顺时针方向转动照准部，瞄到右侧观测点 B，固定制动螺旋，旋转微动螺旋，精确瞄准 B 点，读取水平度盘读数 $b_{左}$，设为 95°20′48″，记入记录表格中。

水平角等于右观测点读数减左观测点读数，即

$$\beta_{左}=b_{左}-a_{左}=95°18'18''$$

以上用盘左位置进行观测，称为前（上）半个测回。

为了消除仪器误差和提高测角精度，再用盘右（竖盘位于望远镜的右侧，也称倒镜）观测后（下）半个测回。

2. 盘右位置

先瞄准右观测点 B，读取水平度盘读数 $b_{右}$，设为 275°21′12″，记入记录表格中。再瞄准左

侧观测点 A，读取水平度盘读数 $a_{右}$，设为 180°02′42″，记入记录表格中。

水平角 $\beta_{右}=b_{右}-a_{右}=275°21'12''-180°02'42''=95°18'30''$

以上用盘右位置进行观测，称为后(下)半个测回。两个半测回合称为一测回。

两个半测回角值之差用 $\Delta\beta$ 表示，即

$$\Delta\beta=\beta_{左}-\beta_{右} \tag{3-7}$$

《既有铁路测量技术规则》(TBJ 105—1988)规定：用 J_6 级经纬仪测水平角，两个半测回角值之差不应超过±30″；用 J_2 级经纬仪观测水平角，两个半测回角值之差不应超过±20″。若两个半测回角值之差在规定范围内，则取其平均值作为 β 角的观测结果，即

$$\beta=(\beta_{左}+\beta_{右})/2 \tag{3-8}$$

本例 $\Delta\beta=-12''$，精度合格。

$$\beta=(95°18'18''+95°18'30'')/2=95°18'24''$$

若两个半测回角值之差超过规定限值时，则精度不合格，需要重新测量。

在计算角 β 值时，若被减数小于减数时，应先在被减数上加 360°，然后再减。

表 3-2　水平角观测记录(测回法)

测站	盘位	目标	水平度盘读熟	半测回角值	一测回角值	备注
O	左	A	0°02′30″	95°18′18″	95°18′24″	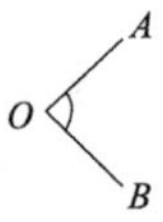
		B	95°20′48″			
	右	A	180°02′42″	95°18′30″		
		B	275°21′12″			

三、距离测量

距离测量是测量的基本工作之一。测量上所说的距离通常指水平距离，即地面上两点的连线在某基准面(参考椭球面或水平面)上的投影长度，如图 3-21 所示。

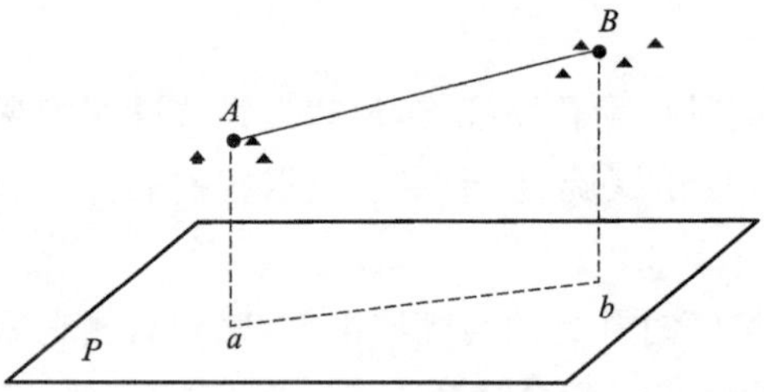

图 3-21　水平距离

(一)钢尺量距的工具

主要量距工具为钢尺，还有测钎、垂球等辅助工具，如图 3-22 所示。

1. 钢尺

钢尺又称钢卷尺，为了保护钢尺及便于携带，钢尺都是卷放在圆盒内或是绕在架子上，如图 3-22(a)、图 3-22(b)所示。钢尺是用薄钢带制成，尺宽 1～1.5 cm，长度有 20 m、30 m、50 m 等几种。有的钢尺全长刻有厘米分划，只在尺端一分米内刻有毫米分划；有的钢尺全尺刻有毫

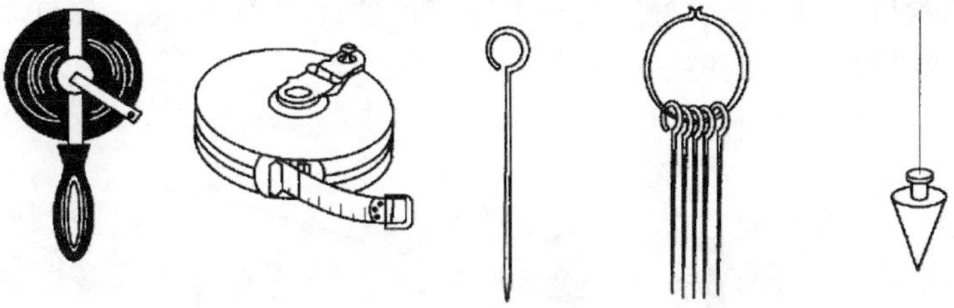

图 3-22　钢尺量距的工具

米分划。钢尺在每分米及米的分划处均注有数字。由于钢尺的零点位置不同，又分为刻线式与端点式，如图 3-23 所示。

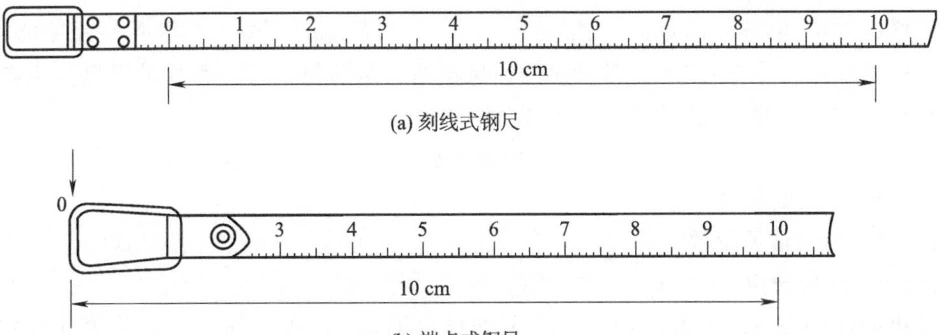

图 3-23　钢尺

刻线式钢尺如图 3-23(a)所示，在尺的起始端刻有一细线作为尺的零点。端点式钢尺如图 3-23(b)所示，是以钢尺的外端点为零点。使用钢尺前应先看清分划注记，确认零点位置后再使用。

2. 测钎

用长 30～40 cm 的粗铁丝制成，如图 3-22(c)所示。在丈量距离时，用它固定尺段端点位置和计算钢尺丈量的段数。此外，可以用它作照准用的标志。

3. 标杆

又称花杆，多为木料制成，全长 2～4 m，杆上涂以 20 cm 间隔的红白油漆，花杆下端装有铁尖脚，以便插在土中，作为测量标志。

4. 垂球

用金属制成，如图 3-22(d)所示。在斜坡上量水平距离时，用于投射点位或在测站上对中时应用。

(三)钢尺量距的一般方法

要丈量平坦地面上 A、B 两点间的距离，其做法是：先在标定好的 A、B 两点立标杆，进行直线定线，如图 3-24(a)所示，然后进行丈量。丈量时后尺手拿尺的零端，前尺手拿尺的末端，两尺手蹲下，后尺手把零点对准 A 点，喊“预备”，前尺手把尺通过定线时做的记号，两人同时拉紧尺子，当尺拉紧后，后尺手喊“好”，前尺手对准尺的终点刻画，将一测钎垂插在地面上，如图 3-24(b)所示，这样就量完了第一尺段。

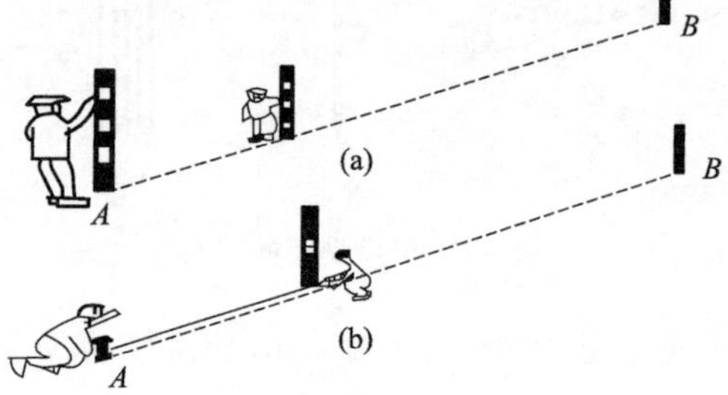

图 3-24　钢尺量距

用同样的方法，继续向前量第二、第三、…、第 N 尺段。量完每一尺段时，后尺手必须将插在地面上的测钎拔出收好，用来计算量过的整尺段数。最后量不足一整尺的零尺段距离 Δl。

上述过程称为往测，往测的长度用下式计算：

$$D=nl+\Delta l \tag{3-9}$$

式中　l——整尺段的长度；

n——丈量的整尺段数；

Δl——零尺段长度。

接着再调转尺头用以上方法，从 B 至 A 进行返测，直至 A 点为止。然后再依据式(3-9)计算出返测的长度。

一般往返各丈量一次为一测回，在复合精度要求时，取往返距离的平均值作为丈量的测回值。记录计算见表 3-3。

表 3-3　距离丈量记录

尺　段　数	测线	
	$A-B$	
	往　　测	返　　测
1	30	30
2	30	30
3	30	30
4	30	30
5	30	30
6	30	30
$\sum$	$D_{往}=166.75$	$D_{返}=166.71$
较差	$\Delta D=0.04$	
精度	$K=\frac{0.04}{166.73}=\frac{1}{166.73/0.04}=\frac{1}{4\,168}\leqslant\frac{1}{2\,000}$(合格)	
平均	$D_{平均}=166.73$	

四、测量误差基本知识

(一)测量误差

1. 测量误差来源

测量误差即真误差,真误差=观测值-真值。

测量工作是在一定条件下进行的,外界环境、观测者的技术水平和仪器本身构造的不完善等原因,都可能导致测量误差的产生。

通常把测量仪器、观测者的技术水平和外界环境三个方面综合起来,称为观测条件。

观测条件不理想和不断变化,是产生测量误差的根本原因。

通常把观测条件相同的各次观测,称为等精度观测;观测条件不同的各次观测,称为不等精度观测。

外界条件:主要指观测环境中气温、气压、空气湿度和清晰度、风力以及大气折光等因素的不断变化,导致测量结果中带有误差。

仪器条件:仪器在加工和装配等工艺过程中,不能保证仪器的结构能满足各种几何关系,这样的仪器必然会给测量带来误差。

观测者的自身条件:由于观测者感官鉴别能力所限以及技术熟练程度不同,也会在仪器对中、整平和瞄准等方面产生误差。

2. 测量误差的分类

(1)系统误差

在相同的观测条件下,对某量进行了 n 次观测,如果误差出现的大小和符号均相同或按一定的规律变化,这种误差称为系统误差。

系统误差一般具有累积性。

系统误差产生的原因:仪器工具上的某些缺陷;观测者的某些习惯的影响;外界环境的影响。

系统误差处理:进行计算改正、选择适当的观测方法、仪器检校。

(2)偶然误差

偶然误差特性如下:

①在一定的观测条件下,偶然误差的绝对值不会超过一定的限值(有界性);

②绝对值小的误差比绝对值大的误差出现的机会多(趋向性);

③绝对值相等的正误差和负误差出现的机会相等(对称性);

④当观测次数无限增加时,偶然误差的算术平均值趋近于零(抵偿性)。

误差理论研究的主要对象即为偶然误差。

(3)粗差

在观测结果中,有时还会出现错误,称之为粗差。

粗差在观测结果中是不允许存在的,为了杜绝粗差,除认真仔细作业外,还必须采取必要的检核措施。

发现错误的方法:进行必要的重复观测,通过多余观测条件,进行检核验算;严格按照国家有关部门制定的各种测量规范进行作业等。

在测量的成果中,错误可以发现并剔除,系统误差能够加以改正,偶然误差是不可避免的,它在测量成果中占主导地位，测量误差理论主要是处理偶然误差的影响。

（二）评定精度的指标

准确度即测量成果与真值的差异；精度指观测值之间的离散程度。

在测量工作中，常采用以下几种标准评定测量成果的精度。

（1）中误差（真误差平方的平均值的平方根）：设在相同的观测条件下，对某量进行 n 次重复观测，其观测值为 11，12，…，1n，相应的真误差为 Δ1，Δ2，…，Δn。则观测值的中误差 m 为

$$m=\pm\sqrt{\frac{[\Delta\Delta]}{n}} \tag{3-10}$$

式中　$[\Delta\Delta]$——真误差的平方和，$[\Delta\Delta]=\Delta_1^2+\Delta_2^2+\cdots+\Delta_n^2$。

（2）相对误差（相对中误差）：相对中误差是误差绝对值与观测量之比，并化为分子为 1 的分数。

（3）容许误差（极限误差）：在一定观测条件下，偶然误差的绝对值不应超过的限值，称为极限误差，也称限差或容许误差。

五、铁路线路横断面的测绘

横断面测量是测量垂直于线路方向的地面起伏形状的工作。根据测得的资料，可绘制出表示中线两侧地形起伏变化情况的线路横断面图，作为进行路基边坡设计、计算土石方数量，以及桥涵、挡土墙、站场等设计的依据。

（一）横断面施测的密度及宽度

横断面施测的密度，应根据地形、地质情况和需要而定。在曲线控制桩、公里桩、百米桩和加桩处，均应测绘横断面。在大、中桥头，隧道洞口，高路堤，深路堑，挡土墙以及地质不良地段，应适当增加横断面施测的密度。

横断面的测绘宽度，应根据横断面的用途和设计需要而定。如作为路基设计的横断面，应根据路基中心填挖高、设计边坡和该地段的地面横坡来决定，以满足路基设计及取土、弃土、排水沟设计的要求。

（二）横断面方向的测定

在直线地段，横断面的方向是与线路中线垂直的，如图 3-25 中 A 点处的Ⅰ-Ⅰ方向。在曲线地段，横断面的方向是与施测点的切线垂直的，如图 3-25 中 B 点处的Ⅱ-Ⅱ方向。

测定横断面的方向可用方向架（图 3-26）或经纬仪。

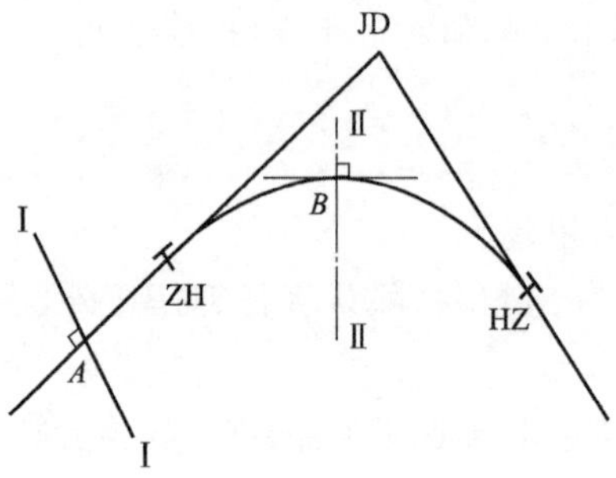

图 3-25　测定横断面的方向

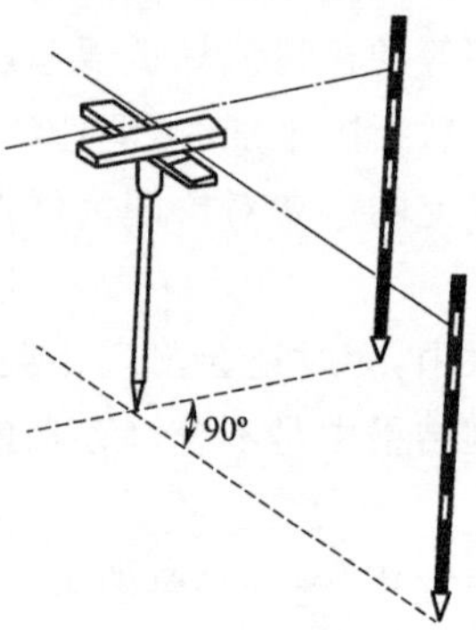

图 3-26　方向架

1. 方向架定向

方向架的形状和使用，如图 3-26 所示。直线地段横断面的定向，可用方向架直接定出。

曲线地段用方向架定向的方法如图 3-27 所示。要定出曲线上 B 点的横断面方向，应先找出 B 点前后的两个曲线桩 A 和 C，$\overset{\frown}{AB}=\overset{\frown}{BC}$，安置方向架于 B 点，用方向架的一个方向对准 A 点，按方向架的另一个方向定出 AB 弦的垂直方向 $B1$，用方向架对准 C 点，定出 BC 弦的垂直方向 $B2$，使 $B1=B2$，取 1 点和 2 点的中点 D，则 BD 即是 B 点处的横断面方向。

2. 经纬仪定向

如图 3-28 所示，欲定 B 点处的横断面，则先根据 AB 或 BC 的弧长和半径查出偏角 δ。然后，置镜于 B 点，以 $0000'00''$后视 A 点，拨 $90°+\delta$ 角（若前视 C 点，则拨 $90°-\delta$ 角），则 BD 方向即为 B 点处横断面的方向。

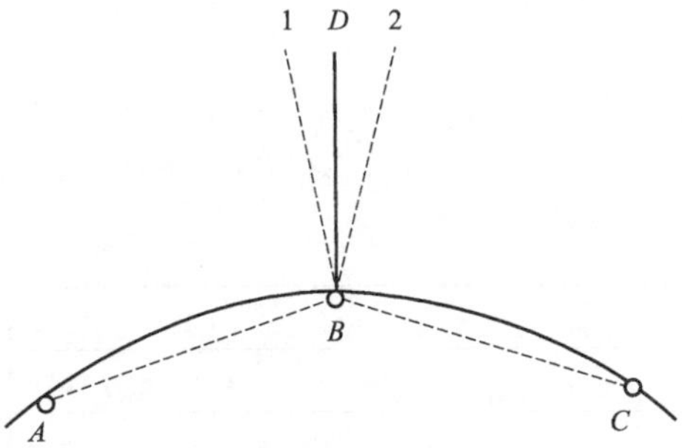

图 3-27　方向架定向

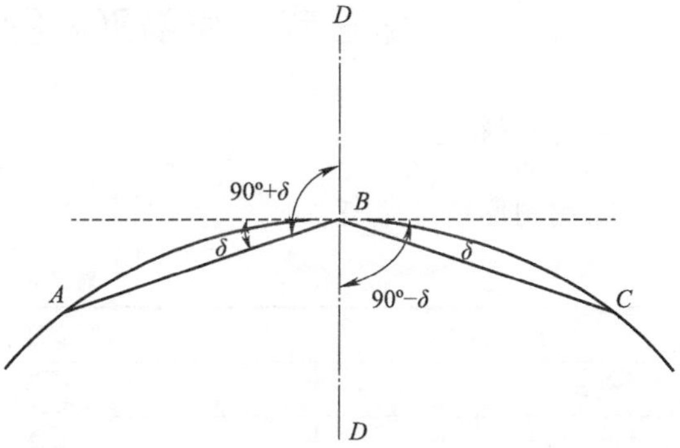

图 3-28　经纬仪定向

（三）横断面测量方法

横断面测量方法有多种，现介绍下面几种常用的方法：

1. 经纬仪视距法

将经纬仪安置在中桩上，定出横断面方向后，用视距法测出各地形特征点至中桩的水平距离及高差。此法适用于地形起伏较大、不便于丈量距离的地段。

2. 水准仪法

水准仪法是用方向架定方向，用皮尺量距，用水准仪测高差，此法适用于地形较平坦地段；只安置一次仪器，可以测多个断面。

（四）横断面的测量精度要求

按照《工程测量标准》(GB 50026—2020)的要求，横断面测量的误差在检查时不应超过下列限值：

高程误差
$$\pm\left(\frac{h}{100}+\frac{l}{200}+0.1\right)(\mathrm{m}) \tag{3-11}$$

明显地物点距离限差
$$\pm\left(\frac{l}{100}+0.1\right)(\mathrm{m}) \tag{3-12}$$

式中　h——检查点至线路中桩的高差(m)；

l——检查点至线路中桩的水平距离(m)。

(五)横断面图的绘制

横断面图是根据各测点至中桩的距离(或测点间的距离)和测点的高程来绘制的。它是绘在毫米方格纸上,水平方向表示距离,竖直方向表示高程,绘制比例尺一般采用 1∶200,其绘制方法如下:

在毫米方格纸上,根据中桩高程和填挖高度定出中桩位置。为了便于绘图,毫米方格纸粗线的高程最好为整米数。

根据左、右两侧的测点距中桩的距离和相应点的高程,点绘出地形变化点,依次连接各点,即为横断面图的地面线,如图 3-29 所示。相邻断面间应留有一定的空隙,以便绘出路基断面。

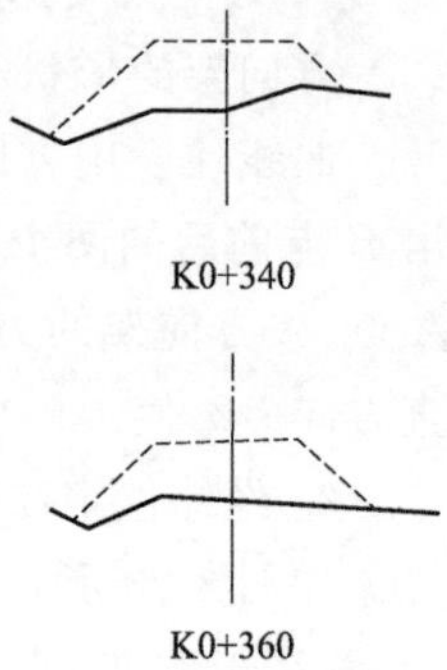

图 3-29　横断面图

第三节　线路平面图、纵断面图及横断面图

一、图形符号

常用图形符号见表 3-4。

表 3-4　图形符号

名　　称	图形符号		说　　明
导线点			
铁路水准点			
特大桥、大桥、中桥(设计)	用于纵断面图	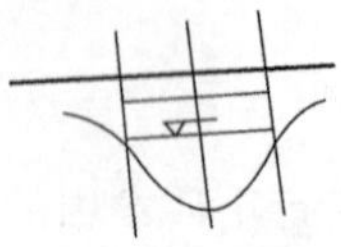	注桥名、类型孔跨、式样及中心里程
	用于平面图		
隧道(设计)	用于纵断面图	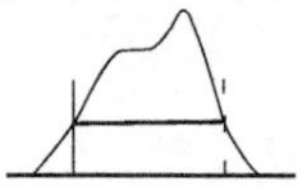	注隧道名称、长度及进出口里程
	用于平面图		
平面曲线	有缓和曲线	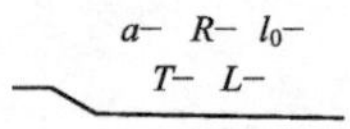	1. 曲线凸凹方向按实际情况绘制; 2. 可行性方案采用下图,且只注 α 及 R
	无缓和曲线	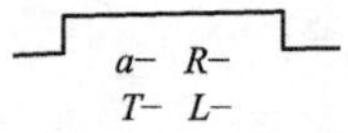	
新建铁路有商务作业的中间站			1. 站名注在符号上方居正中; 2. 站中心里程注在竖线左侧; 3. 符号涂黑部分,表示站房所在线路一侧

二、线路平面图

铁路线路在空间的位置是用它的线路中心线表示。线路中心线在水平面上的投影，叫作铁路线路平面图。用一定的比例尺，把线路中心线以及它两侧的地面情况投影到水平面上，就得到线路平面图。

某段线路的平面图如图 3-30 所示，图中表明以下内容：

1. 地形部分

根据图 3-30 中等高线的形态和标注的高度数字，可以看出，该段线路经行地区的地形为：K11＋110 前为山坡，地形较为平坦，适宜修建车站。K11＋300 处为山沟，为了防止路堤堵截水道，该处设有一座涵洞以将路堤上侧的雨水排至下侧。K11＋500～K12＋000 为山，为了避免开挖路堑，设置曲线绕行。从 K12＋100 开始，过大清河桥后一路上坡，至 K13＋700 处达最高点，为避免深路堑工程，开挖了一座长 400 m 的隧道。

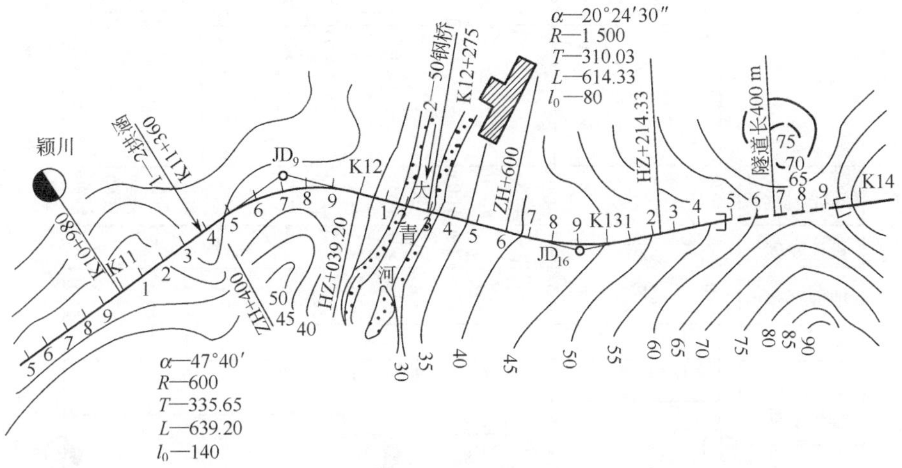

图 3-30 线路平面图

2. 线路部分

(1)线路中心：图中的粗实线为路线中心，该段线路包含两个转向点(JD_9、JD_{10})，两段曲线、三段直线。虚线地段为隧道。

(2)线路里程：自线路起点至终点，在每一千米处设置千米标，注明千米数；在千米标之间的每百米处设百米标，注明百米标数，如 K12＋073.30 表示该处距线路起点的距离为 12 km 73.3 m(K 代表千米，“＋”号前为千米数，后为米数)。

(3)曲线要素及起、终点里程：在各曲线的内侧注有曲线要素，分别为曲线半径(R)、转向角(α)、切线长度(T)、曲线外矢距(E)、曲线长度(L)和缓和曲线长度(l_0)，以及直缓点(ZH)、缓圆点(HY)、曲中点(QZ)、圆缓点(YH)、缓直点(HZ)和交点(JD)。

(4)地物和主要建筑物：图中用规定的图例注明铁路沿线的河流、道路、村镇、车站及桥隧建筑物等。

三、线路纵面图

用一定的比例尺，把线路中心线展直后投影到铅垂面上，并标明线路平面和纵断面的各项有关资料的图纸，叫作线路纵断面图。它将线路中线经过之处的地形起伏、地质等自然条件以及设计资料以图示表示出来，如图 3-31 所示。

图 3-31 中横向表示线路长度，竖向表示高度。该图由两部分组成，上半部为线路纵剖面，其中粗实线表示地面线，细实线表示设计线。还用符号和数字注明主要建筑物的位置、类型和大小。设计线上方为挖方，下方为填方，单位为 m。纵断面图的下半部为资料表，注明有关资料和数据。

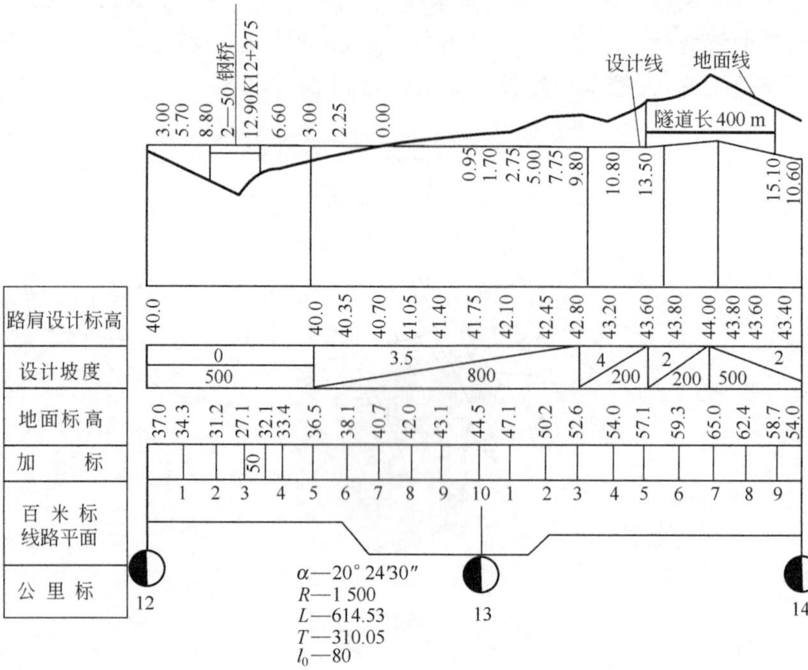

图 3-31　线路纵断面

1. 线路公里标

一般以线路起点车站的旅客站房中心处为零公里算起。在整公里处注明里程。

2. 线路平面

将线路平面用示意的方法表示出来，上凸、下凹的部分表示曲线，上凸表示该线为右转向角，下凹表示该曲线为左转向角，上凸、下凹的转折处依次为直缓点、缓圆点、圆缓点和缓直点，两相邻曲线间的水平线表示直线段。

在纵断面图上用示意图注明线路的直线和曲线位置，可以表明坡道与曲线的重叠情况。比如，列车行驶于 K12＋600～K13＋214.33 地段时，将会遇到两种阻力，即坡道和曲线附加阻力。

3. 百米标

在整百米标处注上百米数。在百米标之间地形变化点，应设置加标（如 K12＋350），以使绘出的地面线更符合实际情况，加标处的数字为距离百米标的距离。

4. 地面标高

在各百米标和加标处注明地面标高。

5. 设计坡度

坡度栏中竖线为变坡点的位置，两竖线间向上或向下的斜线分别表示上坡或下坡，平线表示平坡。线上所注数字为坡度值，单位为‰；线下数字为坡段长度，单位为米(m)。

6. 路肩设计标高

在各变坡点，百米标和加标处注明路肩设计标高，单位为米(m)。

7. 路基的填挖高度

在设计线路的上方或下方注明路基的填挖高度，路基填挖高度等于地面标高与路肩设计标高之差，地面标高大于路肩设计标高时为路堑；地面标高小于路肩设计标高时为路堤。K12＋700处为不填不挖路基，该点前为路堤，该点后为路堑。

图3-30和图3-31分别为同一段线路的平面图和纵断面图(纵断面仅画出K12＋000～K14＋000)，因而两图中的有关数据都是互相吻合的。

四、线路横断面图

横断面图，也就是垂直于线路中线的横剖面图。它是根据横断面方向上各侧点至中桩的距离和测点的高程等资料绘制，水平方向表示距离、竖直方向表示高程。图3-32为图3-30中K13＋000处的路基横断面图。图中用细实线画出与线路中线垂直的地面线，图下的数字表明地形变化点的标高和各点之间的水平距离。由线路纵断面图(图3-31)可知，该点的挖方深度为5.0 m，根据路基顶面宽度、侧沟及边坡等有关规定尺寸，用粗实线可绘出路基设计断面的形状。路基横断面图是计算土石方开挖数量和建筑施工的资料。

线路平面图、线路纵断面图和线路横断面图，统称为线路工程图，用以上三个侧面表示线路的空间位置。

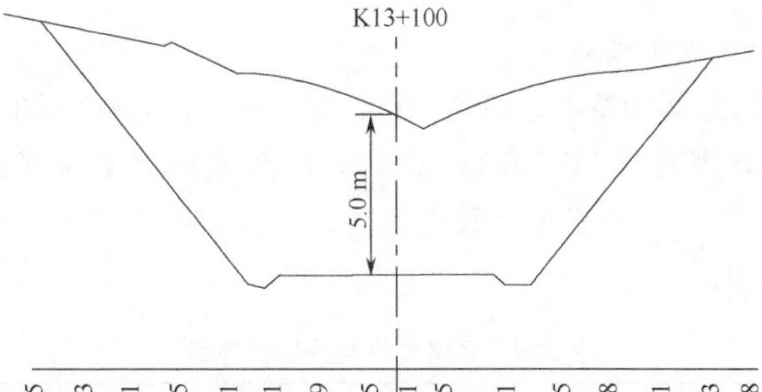

49.5	49.3	49.1	48.5	48.1	48.1	47.9	47.5	47.1	47.5	47.1	47.5	47.8	43.1	48.3	49.8
2.0	1.1	1.1	0.9	1.5	1.3	1.2	0.6	1.0	1.6	1.0	1.0	2.0	2.0	2.0	

图3-32　线路横断面

五、车站平面图

车站平面图一般应绘有线路、信号、站台、道口等设备。图3-33是某车站站场平面图。

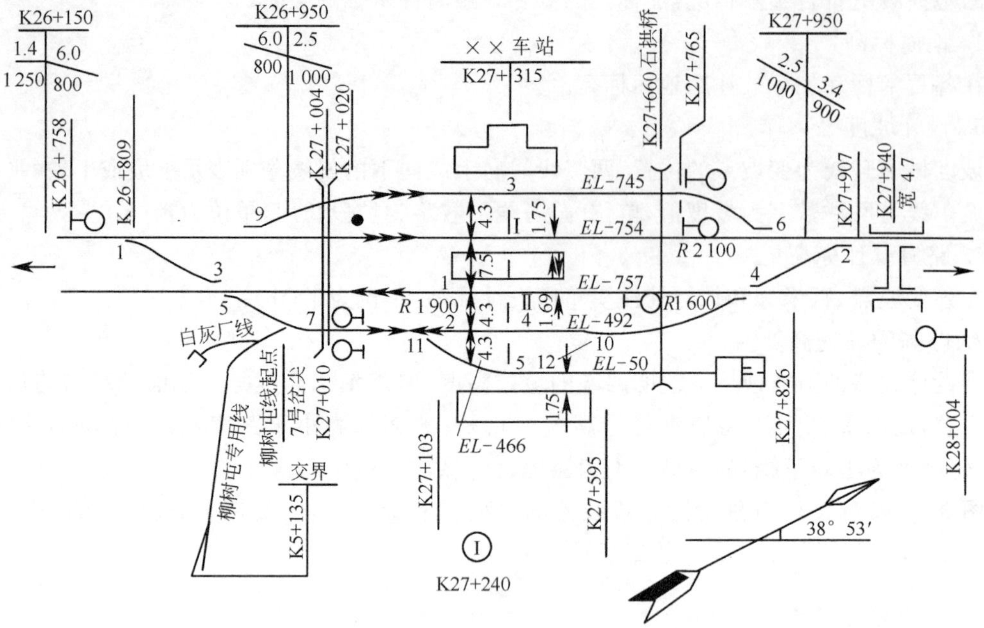

图 3-33　车站平面示意图

图 3-33 中，从线路设备状况图上可以看出，该站场工区的管辖范围为 K26＋150～K28＋004；在 K27＋004 处有一个钢筋混凝土圬工梁；在 K27＋660 处，有一个石拱涵；在 K27＋940 处有一个宽 4.7 m 的道口，以及站线道岔 12 组及专用线等设备情况。

第四节　铁道相关知识

一、铁路线路

(一)铁路线路的组成及等级划分

铁路线路是由轨道、路基和桥隧建筑物(桥梁、隧道和涵洞)等组成的总称。

我国《铁路线路设计规范》(TB 10098—2017)规定，铁路等级应根据其在铁路网中的作用、性质、设计速度和客货运量来确定。我国客货共线铁路线路共分为四个等级，即Ⅰ级、Ⅱ级、Ⅲ级和Ⅳ级，见表 3-5。

表 3-5　我国客货共线铁路等级

等　　级	铁路在路网中的含义	近期年客货运量(Mt)
Ⅰ级铁路	在铁路网中起骨干作用的铁路	≥20
Ⅱ级铁路	在铁路网中起联络、辅助作用的铁路	10(含 10)～20
Ⅲ级铁路	为某一地区或企业服务的铁路	5(含 10)～10
Ⅳ级铁路	为某一地区或企业服务的铁路	<5

注：①近期指交付运营后第 10 年；

②年客货运量为重车方向的货运量与客车对数折算的货运量之和，每天 1 对旅客列车按 1.0 Mt 货运量折算。

(二)铁路线路的分类

铁路线路按其用途可分为正线、站线、段管线、岔线及特别用途线。

正线是指连接车站并贯穿或直股伸入车站的线路。

站线是指到发线、调车线、牵出线、货物线及站内指定用途的其他线路。

到发线是为办理列车到达或出发的线路。

调车线是为进行列车解体与编组作业的线路。

牵出线设在调车场的一端，并与到发线相连接，专供列车解体、编组及转线等作为牵出车辆的线路。

货物线为进行货物装车和卸车的线路。

站内指定用途的其他线路是指站内救援列车停留线、机车走行线、机待线、机车整备线、禁止溜放车辆停留线、轨道衡线、加水线、倒装货物线、车辆洗刷线、驼峰迂回线及车辆站修线等线路。

段管线是指机务、车辆、工务、电务、供电等段专用并由其管理的线路。

岔线是指在区间或站内接轨并通向路内外单位的专用线路。

特别用途线是指安全线和避难线。

二、路基和桥隧建筑物

(一)路基的组成与技术标准

1. 路基的横断面形式如图 3-34 所示。

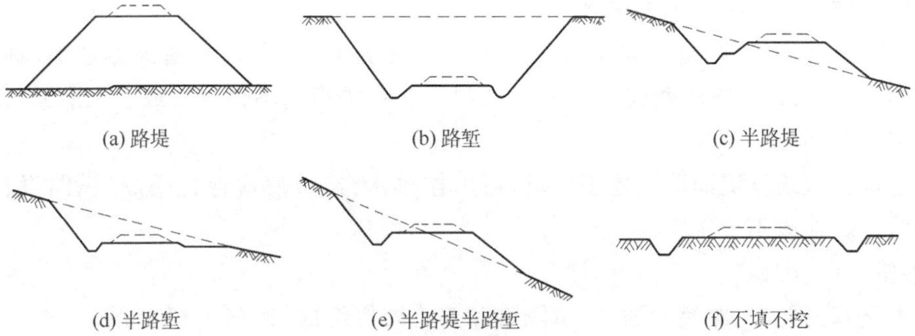

图 3-34　路基横断面形式

2. 路基的组成

路基由路基本体(如路堤、路堑)、路基排水设备、防护和加固设备三部分组成。

(1)路堤

路堤由路基面、路堤边坡、天然护道和取土坑等组成，如图 3-35 所示。

①路基面

路基面是指路基顶面，包括铺设轨道的部分。从路基面边缘向中间拱起的部分称为路拱。路拱大部分或全部被道砟覆盖。非渗水土路基均需设路拱，以利横向排水。单线路基采用梯形拱，拱高为 0.15 m，顶宽为 2.1 m，底宽等于路基面宽。双线路基采用三角形拱，拱高为 0.2 m。渗水土路基一般不设路拱。

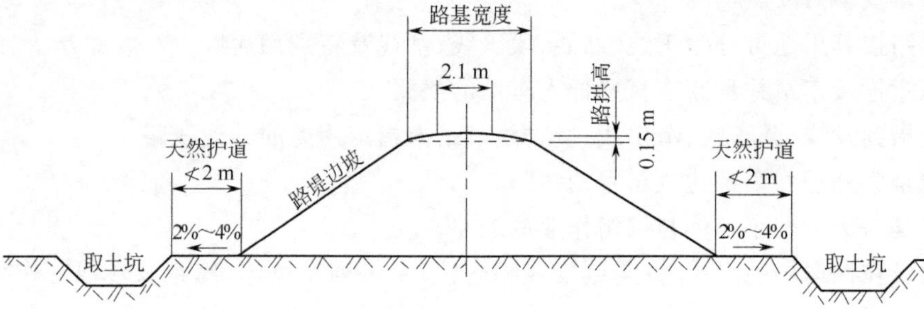

图 3-35　路堤组成示意图

②路基面宽度是指路基面两侧边缘间的距离。路基面宽度按铁路等级、轨道类型及土质情况等确定。曲线地段路基外侧应按要求加宽，加宽值要在缓和曲线范围内递减。

③路基面两侧未被道砟覆盖的部分为路肩。路肩宽度：线路设计速度为 200 km/h 路段的路堤、路堑两侧均不应小于 1.0 m；线路设计速度为 160 km/h 及以下的铁路路堤不应小于 0.8 m，路堑不应小于 0.6 m。牵出线的中心线至路肩边缘的宽度不得小于 3.5 m。

路肩的标高不低于设计洪水位加波浪侵袭高(或斜水流局部冲高)加壅水高再加 0.5 m。

路肩的作用是防止土体在荷载作用下向两侧挤动，并加强路基的稳固性；防止道砟散落于路基下，保持道床的完整；供铁路员工行走、避车；存放线路上部材料、作业机具，便于进行养护维修作用；还可在路肩上设置必要的线路标志和信号标志。

④路堤边坡坡度是指路肩边缘至路堤坡脚的垂直高度与路肩边缘至路堤坡脚的水平距离之比。路堤边坡坡度应按有关要求设置。

⑤为确保路堤稳定，在路堤坡脚和取土坑(或排水沟)之间留出一道天然地面，称为护道。护道宽度不少于 2 m，并向外做成 2%～4%的斜坡。在护道内不许开垦或引水灌溉，以保持路堤边坡稳定。

⑥取土坑为填筑路堤而取土挖出的坑，可用作排水沟，坑底应保持平顺，纵向设置不少于 2‰的坡度，困难地段不少于 1‰。

(2)路堑

路堑由路基面侧沟、路堑边坡、路堑隔带和弃土堆等组成，如图 3-36 所示。

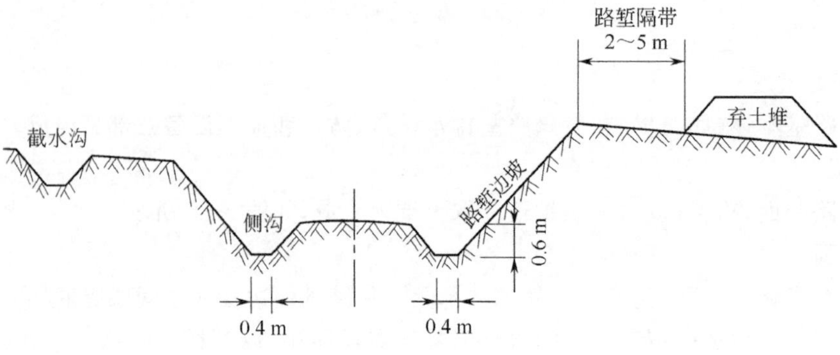

图 3-36　路堑组成示意图

由于路堑的路基面技术标准均与路堤相同，不再叙述。其余要求如下：

①侧沟为路基面两侧的排水沟，用以排除路堑边坡和路基面上的地表水。侧沟的深度和宽度均不应小于 0.4 m；土质边坡高度为 1∶1～1∶1.5，沟底纵向坡度应不小于 2‰，困难地段应不小于 1‰。

在侧沟与路堑坡脚间留出的带状地面为侧沟平台。平台宽度一般为 0.5～1.0 m，并向侧沟方向做成 2%～4%的斜坡。当路堑边坡比较稳定时，也可不设侧沟平台。

②路堑边坡坡度应根据路堑深度和地层构层等综合因素确定。

③路堑隔带。在堑顶与弃土堆之间留出的带状地面为路堑隔带，其宽度一般为 2～5 m。

④弃土堆为挖掘路堑堆放在隔带外的弃土。在路堑上坡方向的弃土堆要连续堆放，使之起到拦水作用；在路堑下坡方向的弃土堆要分段堆放，适当地留出缺口，以利排水。

(二)路基设备及养护

1. 路基排水设备及养护

路基排水设备是为了排除路基本体及其附近的地面水和地下水，是为了保证路基经常处于干燥状态，避免因排水不良而造成路基沉陷、边坡滑坍、翻浆冒泥和寒冷地区的路基冻害等病害的产生。

路基排水设备分为地面排水设备和地下排水设备两种。

(1)地面排水设备

常用的地面排水设备有排水沟、侧沟、天沟、截水沟、矩形水槽、跌水沟和急流槽等。

①侧沟：设置于路堑的路肩外侧，用以汇集、排除路堑边坡面及路基面范围内的地表水，在线路不挖不填地段亦需设置侧沟。侧沟的纵坡一般与铁路纵坡相同，但在线路坡度小于 2‰的平坦地带，侧沟与截水沟、天沟的出水标高又不受控制时，纵坡用 2‰，出水口受标高度控制时，可不小于 1‰。

②天沟：位于堑顶边缘以上适当距离处，用以截排堑顶上方流向路堑的地表水。堑顶上方有弃土堆时，天沟应改在弃土堆坡脚以外不少于 1～5 m，无弃土堆时，离堑顶边缘不少于 5 m。

截水沟设在天沟的上方，设置一道或几道。

③排水沟：位于路堤护道外侧，用以排除路堤范围内的地面水及截排自田野流向路堤的地面水。一般当地面横坡明显时设置于路堤上方一侧，地面横坡不十分明显时，设置于路堤的两侧。

排水沟纵坡的特点基本上与天沟相同。

④矩形水槽：当水沟所在地段的地质不良、易变形，不能保持水沟的稳定时，就可以采用浆砌片石或混凝土修筑的矩形水槽，这样既可保持稳定，又可防渗漏，其断面形式如图 3-37 所示。

⑤跌水沟与急流槽：在地形较陡地段的排水沟，当其地层易受水冲刷，而不能采用较陡的纵坡时，就需要建成一段一段分开的缓坡段，而以不高的跌水连接。

(2)地下排水设备

处理地下水的常用措施有拦截排除、引出排除(包括降低地下水位和疏干土体)、封闭隔水三种类型。主要设备有明沟与槽沟、渗沟、渗水渗洞和渗井等。

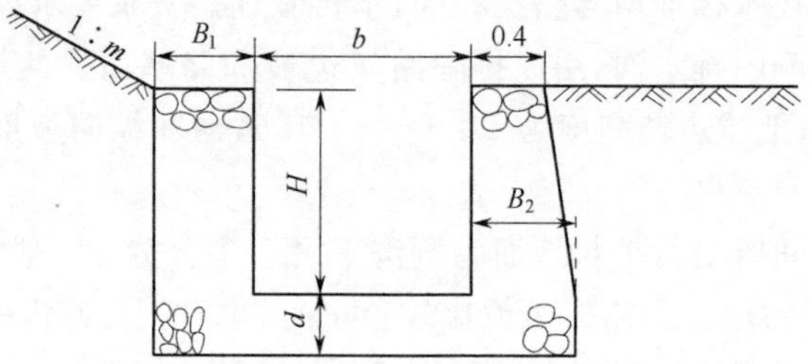

图 3-37　浆砌片石矩形水槽(单位:m)

①明沟与槽沟:是敞开的地下排水设备,用于拦截、引排埋藏不深的地下水,并可兼排地面水。明沟断面常用梯形,槽沟断面常采用矩形。

②边坡渗沟:适用于不陡于 1∶1 的土质路堑边坡,也用于加固潮湿容易发生表土坍滑的土质路堤边坡。

③支撑渗沟:为了用来支撑可能滑动的不稳定土体或山坡,并排除在滑动面附近的地下水和疏干潮湿土体。

④渗水隧洞:用于截断或引出深层地下水,渗水隧洞与立式渗井(或渗管)配合使用,接受并排出立式设备等集引的地下水。

⑤立式集水渗井与渗管:用于集引多层含水层和潮湿土体中的地下水,一般成群布置,与地下水流方向垂直,并与渗水隧洞配合使用。

2. 坡面防护设备及养护

路基坡面防护的方法很多,这里仅介绍铺草皮、单层干砌片石护坡、浆砌片石护坡和浆砌片石护墙等四种常用的防护方法。

(1)铺草皮

铺草皮就是用草皮覆盖边坡表面的局部或全部,防止地表水冲刷,防止坡面风化剥落,以达到固结土壤、稳定边坡的目的。常用于坡度不陡于 1∶1 或局部不陡于 1∶0.75 的各种土质边坡和严重风化的岩石及软质岩石边坡的防护。

铺草皮常用的形式有以下三种:平铺草皮、叠砌草皮、铺方格式草皮。

(2)单层干砌片石护坡

它适用于坡度不陡于 1∶1.25 的土质或土夹石的边坡防护,在土质路堑边坡的下部也可用作嵌补,为了防止冲蚀和保持坡面平整,需要在片石的下面铺设不小于 0.1 m 厚的碎石或砂垫层。

(3)浆砌片石护坡

在路基边坡高度缓于 1∶1 的各种岩石和土质边坡的坡面,因风化剥落或被地表水流冲刷冲沟、塌滑等病害,而且当地石料又多,宜采用浆砌片石护坡,以增强其路基的稳定性。

浆砌石片石护坡的厚度一般为 0.3～0.4 m,常用等截面,若边坡较高,应设浆砌片石护坡的分级平台,其宽度不少于 1 m,每级高度不超过 20 m。

(4)浆砌片石骨架护坡

在易受冲刷的土质边坡或风化极严重的岩石路堑边坡上(坡度不陡于 1∶0.5),当其坡面潮湿、容易坍塌或边坡较高,防护范围较大,为了节约圬工,可采用浆砌片石骨架护坡的加固措施，其骨架形式可用方格型、人字形或拱形三种。

(5)浆砌片石护墙

为防止土质边坡和易风化剥落较破碎的岩石边坡，以及防治较严重的边坡变形或路堑坡顶上部的危石支顶等，宜采用浆砌片石护墙。护墙一般用于路堑边坡坡度在 1∶1～1∶0.3 之间的土质或破碎岩石边坡。

护墙可分为实体护墙、孔窗式护墙和拱式护墙三种。

3. 路基冲刷防护

路基冲刷防护措施主要有草皮护坡、干砌片石护坡、浆砌片石护坡、抛石护坡及柔性混凝土板等防护措施。

(1)草皮护坡

草皮护坡多用于周期性浸水路堤的边坡防护，适用于洪水容许流速小于 1.8 m/s，波浪高小于 0.4 m 的地段，草皮护坡一般采用叠砌式铺设。

(2)抛石护坡

抛石防护可解决水下施工的困难，还可以防止水下边坡遭受水流冲刷和水浪的侵袭破坏与掏空坡脚的作用。抛石宜在枯水季节进行，采用大小不同的石块掺杂投抛，以保证抛石的密实度，如图 3-38 所示。

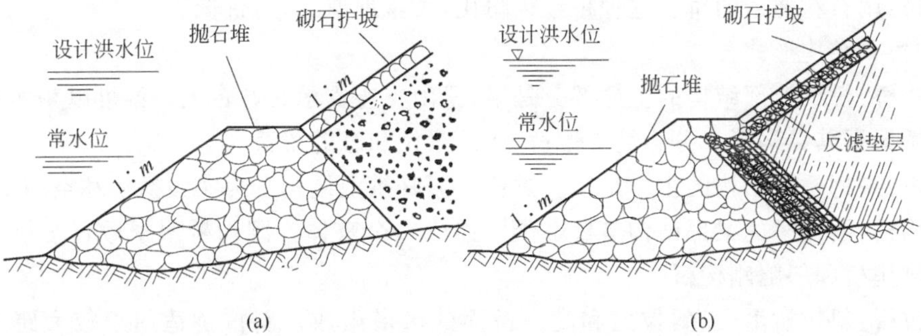

图 3-38 抛石防护

(3)干砌片石护坡

干砌片石护坡适用于水流较平顺，既不遭受主流冲刷，也不遭受波浪冲刷的地段。

护坡的厚度在 30 cm 及以下时采用单层片石；当厚度在 35 cm 及以上时可采用双层干砌，如图 3-39 所示。

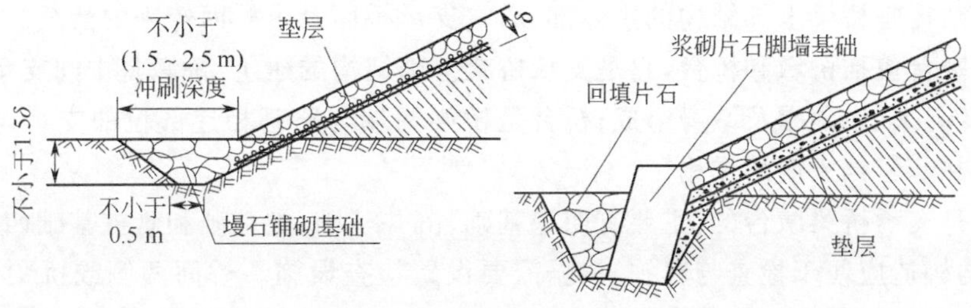

图 3-39 干砌片石护坡及基础

(4)浆砌片石护坡

浆砌片石护坡适用于经常浸水并受主流冲刷或受波浪强烈侵袭作用的路基边坡。浆砌片石厚度一般不小于 35 cm,并采用双层砌筑,护层下面要放厚度为 0.1～0.5 m 的碎石垫层。常用浆砌片石护坡如图 3-40 所示。

(三)桥梁

1. 桥梁分类

(1)按桥梁的长度分类

①特大桥:桥梁长度在 500 m 以上;

②大桥:桥梁长度在 100 m 以上至 500 m;

③中桥:桥梁长度在 20 m 以上至 100 m;

④小桥:桥梁长度在 20 m 及以下。

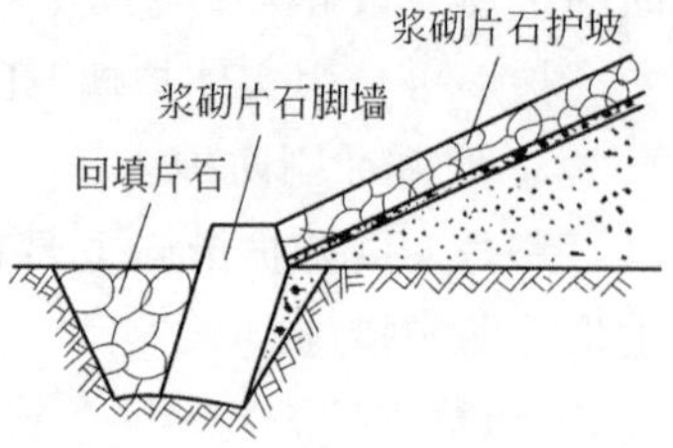

图 3-40　浆砌片石护坡

(2)按桥跨结构所用建筑材料分类

①钢桥:钢桥桥跨结构的主体是钢梁。钢桥的钢梁由型钢拼接而成,常见的有钢桁梁及钢板梁两种。钢桥的质量轻、强度大、安装方便,多用于跨度较大的桥梁。

②混凝土桥:用钢筋混凝土或预应力混凝土制造梁部结构或刚构结构的桥。这种桥梁经济实用、易于维修养护、使用广泛。

③石桥:用石料建造的桥。这种桥经久耐用,可就地取材,造价低。

(3)按桥梁结构形式分类

①梁式桥:桥梁上部结构的主体部分是梁,梁由支座支承在墩台上。梁可以是实腹梁或桁梁。梁式桥根据其结构形式分为简支梁桥、连续梁桥和悬臂梁桥。

②拱桥:拱桥桥跨结构的主体是拱。拱桥根据其拱上结构分为实腹拱桥和空腹拱桥。

③刚构桥:刚构桥的梁部结构与桥墩(台)连成一个整体。刚构桥根据墩台与桥跨的形式分为门式刚构桥和斜腿刚构桥。

④斜拉桥:斜拉桥由梁、斜拉索和高出桥面的墩塔组成。斜拉桥适用于较大跨度的连续梁桥。

⑤悬索桥:用柔性缆索或链作为主要承载杆件的桥。悬索桥的桥面用吊索或链、吊杆挂在缆索上,设有特殊的加劲桁架或加劲梁,以增强其刚度,链式缆索在垂直荷载下承受拉力。

2. 桥梁构造

铁路桥梁主要由桥面、桥跨结构、墩台及基础等组成。

(1)桥面是桥梁上部铺设的通过机车车辆的轨道和供人行走部分。

(2)桥跨结构是桥梁上部结构的主体部分,它支承桥面及由桥面传来的活载。

(3)桥梁墩台包括桥墩和桥台,它是支承桥梁上部结构的建筑:桥墩是中间支承,它将相邻两孔桥跨连通起来,由顶帽及墩身组成;桥台是桥梁两端与路基相连部位的支承,它使桥梁与路堤相连接,并起着挡土墙的作用。

(4)基础是支承桥梁墩台的,主要有明挖基础、沉井基础、桩基础和管桩基础四种。

桥涵结构构造应便于检查与养护,根据需要设置检查设施。桥面两侧或桥梁一侧地面设置维修作业通道。线路设计速度为 300～350 km/h 的客运专线路段,桥长超过 3 km 时,每隔 3 km(单侧6 km)左右应在线路两侧交替设置 1 处可上下桥的救援疏散通道。

（四）隧道

隧道是埋置于地层内的一种地下建筑物。隧道可分为山岭隧道、水底隧道和地下铁道等。

1. 隧道的组成

隧道的构造包括主体建筑物和附属设备两部分。主体建筑物由洞身和洞门组成，附属设备包括避车洞和防排水设施，长大隧道还有专门的通风和照明设备。

高速铁路隧道内不设置供养护维修人员待避的洞室，但应考虑设置存放维修工具和其他业务部门需要的专用洞室。

高速铁路隧道内应设置安全空间和贯通的救援通道。安全空间应设在距线路中心处 3.0 m 以外，单线隧道在救援通道一侧设置，多线隧道在双侧设置。安全空间的高度不应小于 2.2 m，宽度不应小于 0.8 m。救援通道设置在安全空间一侧，距线路中心不应小于 2.3 m。救援通道的宽度不宜小于 1.5 m，高度不应小于 2.2 m。

高速铁路长度大于 50 m 的隧道，应在洞内设置余长电缆腔，并应与专用洞室结合设置。余长电缆腔沿隧道两侧交错布置，每侧间距宜为 500 m。长度 500～1 000 m 的隧道，可只在其中部设置一处。长度 500 m 以上的隧道应设置作业照明设置，长度 5 km 及以上的隧道还应设置应急照明。

高速铁路长隧道及特长隧道应结合辅助坑道情况设置紧急出口，紧急出口上方应设标示牌和紧急照明设施。紧急出口通道的设置应符合相关规定。

2. 隧道分类（按长度）

(1)特长隧道：全长 10 000 m 以上；

(2)长隧道：全长 3 000 m 以上至 10 000 m；

(3)中隧道：全长 500 m 以上至 3 000 m；

(4)短隧道：全长 500 m 及以下。

（五）涵洞

为铁路线路通过小溪、渠道、干沟、人行小路修建的完全埋在路基下面的建筑物称为涵洞。

(1)涵洞的构造：涵洞一般由出入洞口、基础和洞身等组成，其中洞口由端墙、翼墙、横墙和帽石等部分组成。

(2)涵洞的类型：涵洞按其结构形式分为圆涵、箱涵和拱涵；按其建造所用建筑材料分为石涵、混凝土涵和钢筋混凝土涵。

三、机车车辆

（一）铁路机车

机车是铁路运输的牵引动力。由于铁路车辆大都不具备动力装置，需要把客车或货车连挂成车列，由机车牵引在钢轨上运行；在车站上，车辆的转线以及取送货物车辆等各项作业，也都要机车完成。

1. 机车分类

(1)按所用动力分为内燃机车和电力机车两大类。

内燃机车是由柴油机、燃气轮机通过传动装置驱动的机车，为自带能源式机车。目前国产内燃机车的主型车为东风系列(DF)。电力机车是由车顶上装的受电弓从外界获得电能，由电动机通过传动装置驱动的机车，为非自给式机车。它的代表机型是韶山系列(SS)。

(2)按机车用途分为货运机车、客运机车、调车机车、客货通用机车、工矿机车五类。

(3)按动力配置分为动力集中型和动力分散型两类。动力集中型是将动力设备集中在机车上，像东风、韶山系列等机车均采用动力集中式；动力分散型是将部分动力设备安装在不带动力的车辆上。大多数高速客运列车(动车组)采用动力分散方式。

2. 内燃机车的基本组成

内燃机车是以内燃机作为原动力，通过传动装置驱动车轮的机车。内燃机车有机械传动、液力传动和电力传动三种传动方式。我国内燃机车目前以电力传动为主，代表车型是东风型电力传动内燃机车。尽管内燃机车的类型很多，但其主要组成和工作原理基本相同。基本结构都是由柴油机、传动装置、车体走行部、车钩缓冲装置、制动装置、辅助装置和控制设备等组成。

3. 电力机车的基本组成

电力机车是利用电能由电动机驱动运行的机车或动车。电力机车按照传动方式分为直流传动电力机车和交流传动电力机车。直流传动电力机车又分为直流供电和交流供电两种。我国主要采用交流供电直流传动电力机车，典型机型是韶山系列电力机车。电力机车由机械部分、空气管路系统和电气部分组成。机械部分主要由车体、走行部、车底架、车钩缓冲装置和制动装置组成。空气管路系统除了供给空气制动外，受电弓、主断路器等电气设备的操作也要用压缩空气。电气部分包括受电弓、牵引变压器、牵引电机、整流柜机组、接触器、继电器和转换开关等。

(二)铁路车辆

1. 车辆种类

铁路车辆按其用途分为客车、货车及特种用途车三类。

(1)客车可分为运送旅客、为旅客服务和特殊用途三种。运送旅客的车辆有软座车、硬座车、软卧车、硬卧车、双层客车、简易客车等；为旅客服务的车辆有餐车、行李车等；特殊用途的车辆有邮政车、空调发电车、公务车、医疗车等。

(2)货车是供运送货物的车辆，原则上编组在货物列车中使用，按用途可分为通用货车、专用货车和特种货车。通用货车主要有敞车、棚车和平车；专用货车主要有罐车、冷藏车、煤车、矿石车、水泥车等；特种用途车主要有试验车、除雪车、救援车、维修车和检衡车等。

2. 车辆标记

为便于对客、货车辆的运用和管理，在车辆指定部位涂打用于标明车辆配属、车型、用途、编号等的文(数)字和代号。车辆标记分为共同标记和特殊标记。

(1)共同标记有路徽、制造厂名及日期标牌、车号(车种、车型、号码)、自重、载重、容积、换长、配属标记和检修标记。如 C 80B 4375210：C 为基本型号，代表车种；80B 为辅助型号，代表装载重量；4375210 为号码。又如 YZ 25G 40322：YZ 为基本型号，代表车种；25G 为辅助型号，代表长和结构；40322 为号码。

(2)特殊标记如下：

㊅——具有车窗和车顶烟囱的棚车；

㊇——货车活动墙板及其他活动部分翻下超过车辆限界者，必须关好后才准运行；

㊕——可以装运坦克及特殊货物的车辆。

3. 车辆构造

铁路车辆种类繁多,但其构造一般由车体、车内设备、走行装置、车钩缓冲装置和制动装置五部分组成。

(三)铁路动车组

1. 动车组的基本概念

动车组是由动力车和拖车或全部由动力车长期固定地连挂在一起组成的车组。动车组中带有动力的车辆称为动车,不带有动力的车辆称为拖车。列车两端都带有司机室,可在线路上往复运行。

2. 动车组的分类

动车组按动力源可分为内燃动车组和电力动车组;按动力配置可分为动力集中式和动力分散式。动力分散配置有两种模式:一种是完全分散式,即高速列车编组中的车辆全部为动力车;另一种是相对分散模式,即高速列车编组中大部分是动力车,小部分为无动力的拖车。动力分散动车组具有牵引功率大、最大轴重小、启动加速性能好、可靠性高、列车利用率高、编组灵活、运用成本低等诸多优点。

3. 动车组的特点

相对于传统的机车车辆模式,动车组在旅客运输方面有很多突出的优点。由于列车在运行中固定编组,车站折返或换向时无须摘挂机车,节约停站时间,提高列车使用效率,减少车站咽喉压力,在保证安全的前提下可明显提高行车密度,提高整个铁路网的运输能力。

四、车　　站

车站是铁路运输生产的基地。旅客乘降、货物承运、列车到发及解编、机车和乘务组的整备和换乘、列检和货装检查,都在车站办理,车站集中了与行车有关的技术设备。

(一)车站的分类

根据车站所担负的任务和在国家政治上、经济上的地位,车站分为六个等级:特等站、一等站、二等站、三等站、四等站和五等站。

车站按其技术作业的不同分为中间站、区段站和编组站。

车站按其业务性质的不同分为客运站、货运站和客货运站。

(二)股道、道岔编号及股道有效长

1. 站界

车站与其两端所衔接区间的界限为站界。站界范围内与行车有关的各项技术设备属车站管辖。

在单线铁路上,车站的范围以两端进站信号机柱的中心线为界。在双线铁路上,站界是按上、下行正线分别确定的。一端以进站信号机柱中心线,另外一端以站界标的中心线为界。

2. 股道、道岔编号

为了作业和维修管理方便,站内线路和道岔都进行统一编号。

(1)股道编号

站内正线用罗马数字(Ⅰ,Ⅱ,…)编号,站线用阿拉伯数字(1,2,3,…)编号。

①单线区段内的车站，从靠近站舍的线路起，向远离站舍方向顺序编号，如图 3-41 所示。

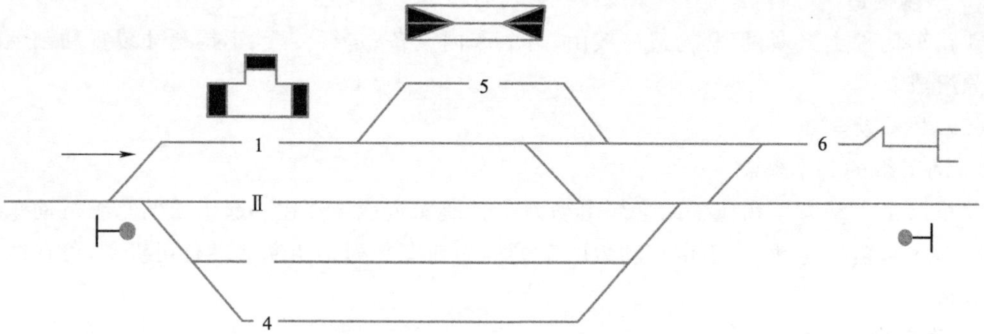

图 3-41　单线铁路车站股道编号

②双线区段内的车站，从正线起顺序编号，上行为双号、下行为单号，如图 3-42 所示。

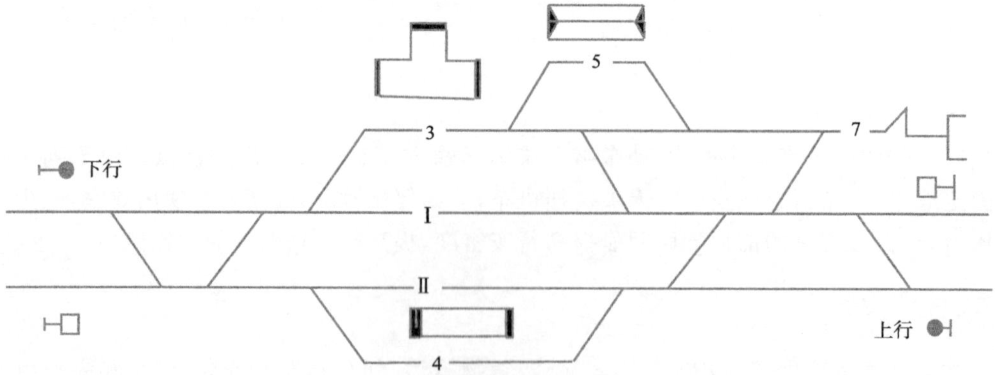

图 3-42　双线铁路车站股道编号

③尽头式车站，向终点方向由左侧开始编号。如站舍位于线路一侧时，从靠近站舍的线路起，向远离站舍方向顺序编号。

(2)道岔编号

①从列车到达方向起顺序编号，上行为双号、下行为单号。一般以车站站舍中心线作为划分单号、双号的分界。

②对于渡线、交分道岔等联动道岔，应编为连续的单号或双号。

③车站划分车场时，每个车场的道岔单独编号。一个车站不准有相同的编号。

3. 股道有效长

(1)股道全长

股道全长是指股道的实际长度，即从股道一端的道岔基本轨接头至另一端的道岔基本轨接头沿线路中心线的长度(尽头线为至车挡的长度)。

(2)股道有效长

股道有效长是指在股道全长范围内可以停留机车车辆而不影响邻线行车的一段长度。股道有效长的起止范围根据警冲标、道岔的尖轨尖端、出站信号机、轨道绝缘节和车挡的位置分别确定。

我国铁路采用的到发线有效长度为 1 250 m、1 050 m、850 m、750 m、650 m 及 550 m。

(三)线间距

区间及站内两相邻线路中心线间的距离为线间距。线间距是根据有关限界、相邻线路间设置的与行车有关的技术设备和办理不同性质作业而确定的。铁路线间距包括客货共线铁路线间距和客运专线铁路线间距,其大小应符合《铁路技术管理规程》(以下简称《技规》)的有关规定。

(四)限界

为了确保机车车辆在铁路线路上运行的安全,防止机车车辆撞击邻近线路的建筑物和设备,而对机车车辆和接近线路的建筑物、设备所规定的不允许超越的轮廓尺寸线,称为限界。铁路基本限界可分为建筑限界和机车车辆限界两种。

1. 建筑限界

为了保证列车运行安全,要求靠近铁路线路修建的建筑物及设备,不得侵入规定的与线路中心线垂直断面的轮廓尺寸线,称为建筑限界。

《技规》规定:一切建筑物、设备,在任何情况下均不得侵入铁路的建筑限界。与机车、车辆有直接互相作用的设备,在使用中不得超过规定的侵入范围。

建筑限界包括:

(1)客货共线铁路建筑限界($v \leqslant 160$ km/h),如图 3-43 所示;

(2)客货共线铁路建筑限界(160 km/h$<v<$200 km/h);

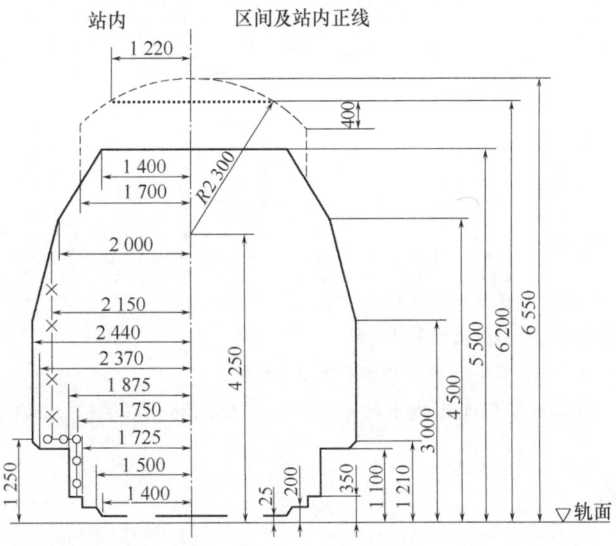

—×—×—×— 信号机、高架候车室结构柱和接触网、跨线桥、天桥、电力照明、雨棚等杆柱的建筑限界(正线不适用)。

—○—○—○— 站台建筑限界(正线不适用)。

———————— 各种建(构)筑物的基本限界。

- - - - - - - 适用于电力牵引区段的跨线桥、天桥及雨棚等建(构)筑物。

·············· 电力牵引区段的跨线桥在困难条件下的最小高度。

图 3-43 客货共线铁路建筑限界($v \leqslant 160$ km/h)(单位:mm)

(3)双层集装箱运输装载限界及双层集装箱运输铁路建筑限界；

(4)客运专线铁路建筑限界($v \geqslant 200$ km/h)。

建筑限界的基本尺寸，必须符合《技规》的有关规定。

2. 机车车辆限界

为了确保行车安全，要求机车、车辆本身及其装载的货物，不得超过规定的轮廓尺寸线，称为机车车辆限界。

《技规》规定：机车、车辆无论空重状态，均不得超出机车车辆限界。机车车辆限界包括：

(1)机车车辆限界($v<200$ km/h)，上部限界如图 3-44 所示；

(2)机车车辆限界($v \geqslant 200$ km/h)。

机车车辆限界的基本尺寸，必须符合《技规》的有关规定。

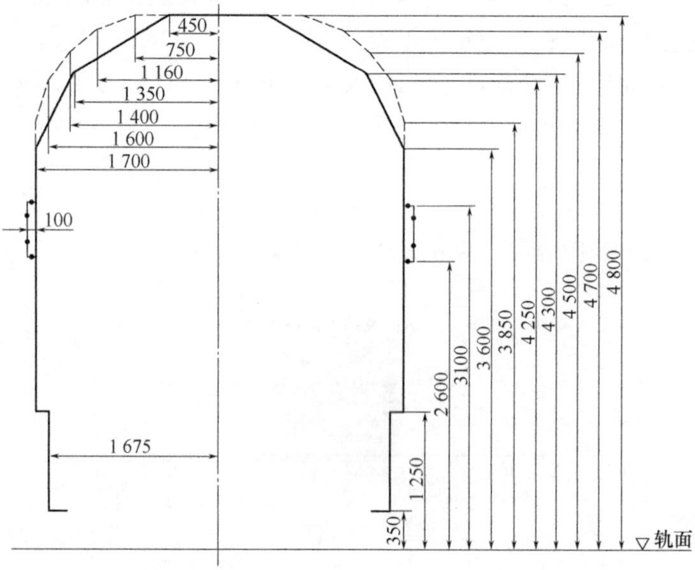

——————— 机车车辆限界基本轮廓。

·················· 电力机车限界轮廓。

—●—●—●— 列车信号、后视镜装置限界轮廓。

图 3-44　机车车辆上部限界图($v<200$ km/h)(单位：mm)

五、行车工作组织

铁路行车组织是铁路运输工作组织的重要组成部分，必须贯彻安全生产的方针，坚持高度集中、统一领导的原则，发扬协作精神，综合运用铁路各种技术设备，高质量、高效率地完成客货运输任务。

(一)列车的定义、分类及车次

铁路车辆按规定重量、长度及编挂条件编成车列，挂上机车和规定的列车标志并指定有列车车次时，称为列车。发往区间的单机、动车组及重型轨道车也按列车办理。

列车按运输性质和用途分为旅客列车、货物列车、行包快运专列以及单机和路用列车(如救援列车、试运转列车等)。为判明列车的性质和等级,便于列车运行组织和管理,每类列车都给予一定的编号,称为车次。原则上规定开往首都或由支线开往干线的列车为上行列车,编为双号车次,反之为下行列车,编为单号车次。

(二)列车运行图的性质与作用

列车运行图实质上是列车运行的图解,它以横轴表示时间,并用垂直线等分横轴代表一昼夜的小时和分钟;以纵轴表示距离,并按列车在各区间运行时分的比例画水平线,代表各车站中心线的位置。图上的斜线称为列车运行线,其与车站中心线的交点就是该列车在区段内有关车站的到发或通过时刻。在十分格运行图上,到发时刻只填写十分钟以下的数值,并规定在列车运行线与车站中心线相交的钝角内填记(通过时刻按出发时刻记)。为了区别每一列车的不同性质和用途,在运行图中用不同颜色和符号的运行线来表示不同种类的列车,同时对每条运行线冠以相应的车次,标在区段的首末两端区间相应列车运行线的上方。上行列车车次为双数,下行列车车次为单数。

列车运行图上列车运行线的表示方法见表 3-5。

表 3-5 列车运行线表示方法

列车种类	列车运行线	说明
旅客列车	————	红单线
临时旅客列车、旅游列车	——‖——‖——	红单线加红双线
行包快运专列	——○——○——	蓝单线加红圈
货物“五定班列”	——○——○——	蓝单线加蓝圈
快运货物列车、直达列车、重载货物列车	————	蓝单线
直通货物列车、区段货物列车、小运转列车	————	黑单线
摘挂列车	——+——|——	黑单线加“+”“|”
路用列车	——○——○——	黑单线加蓝圈
单机	——△——△——	黑单线加黑三角
货物列车附挂补机	=-=-=-=-=-=-	黑单细线和细间隔线
回送客车车底列车	——□——□——	红单线加红方块

此外,在列车运行图上还应标明区段名称、各站站名、区间公里、延长公里、闭塞方式、机车类型、列车重量和换长等必要的资料。

铁路是一个庞大复杂的多部门、多工种组成的运输企业,在实现运输过程中要利用多种技术设备,各个环节各个部门必须相互配合、紧密联系、协同动作,才能保证行车安全、提高运输效率。列车运行图在这方面起着极其重要的作用。这是因为,列车运行图规定了各次列车占用区间的次序,列车在每个车站的到发或通过时刻,列车在区间内的运行时间和在车站上的停站时间,列车的重量和长度标准等。与运输有关的各业务部门都应根据列车运行图所规定的要求来安排工作。例如,车站要按照运行图规定的各次列车到发时刻来安排列车的接发、编解工作和客货运业务;机务部门要根据运行图来安排机车交路、机车整备作业和机车乘务组的工作;列检所要根据运行图规定的列车到发时刻安排列车中车辆的技术检查工作;列车段、客运段要根据运行图的要求及时派出车长和列车乘务组值乘;工务、电务、供电等部门同样也要根据运行图来安排线路、桥隧、信联闭及接触网等设备的检修施工时间等。这样,通过列车运行图就可以把整个铁路网的活动联系成为一个统一的整体,把所有与行车有关的各单位组织起来,严格按照一定的程序有条不紊地进行工作。因此可以说,列车运行图是铁路运输工作的一个综合性的计划,是铁路行车组织工作的基础。同时,列车运行图又是铁路运输企业向社会提供的运输服务能力的目录,是铁路运输生产联结厂矿企业生产和社会生活的纽带。

列车运行图不仅是日常指挥列车运行的重要依据,而且也是保证行车安全、改善铁路技术设备运用、加速机车车辆周转、提高铁路通过能力和运营工作水平的强有力的工具。因此,正确编制与严格执行列车运行图直接关系着整个铁路运输工作的质量,具有极其重要的意义。

(三)列车运行图的编制

列车运行图的编制工作是一个复杂的过程。我国铁路一般每两年在全路定期编制一次运行图,在执行中允许根据需要进行局部调整。同时,为适应季节性旅客运输需要,如春节运输和暑期旅客运输旺季等,尚需编制增加临时客车和旅游列车的运行图。

列车运行图的编制,必须贯彻国家在这一时期的方针政策和中国国家铁路集团有限公司(简称国铁集团)的有关指示,并符合下列要求:

(1)列车运行的安全。

(2)运输市场需求,迅速、便利地运输旅客和货物。

(3)利用运输能力,经济合理地运用机车车辆和安排施工时间。

(4)列车运行线与车流的结合。

(5)各区段间运输工作的协调和均衡。

(6)安排乘务人员作息时间。

为了保证客货列车按运行图运行和经济合理地运用机车,应在编制列车运行图的同时绘制机车周转图。机车周转图是根据该区段所采用的机车运转制和乘务制度,以及列车运行方案编制的机车运用工作计划。

列车运行图在很大程度上反映着整个铁路行车组织工作的水平,提高运行图编制质量,就可以在改善对旅客的服务、加速货物送达,扩大铁路在运输市场竞争中的优势,以及改进机车车辆运用和更好地利用区段通过能力等方面获得显著的技术经济效果。

六、供电系统

电力机车的牵引动力是电能,但机车本身没有原动力,而是依靠外部供电系统供应电力,并通过机车顶部升起的受电弓从接触网上获取电能并转换成机械能牵引列车运行的。

电力机车的优点是平均热效率比内燃机车高,牵引力大、速度快、爬坡能力强,无煤烟、废气,环境污染少,因此,它在提高铁路运输能力、合理利用资源、保护生态环境方面具有优势,是铁路最理想的牵引动力。

(一)概述

采用电力牵引的铁路称为电气化铁道。电气化铁道由牵引供电系统和电力机车两部分组成。

将电能从电力系统传送到电力机车的电力设备总称为电气化铁道的牵引供电系统，如图 3-45 所示。

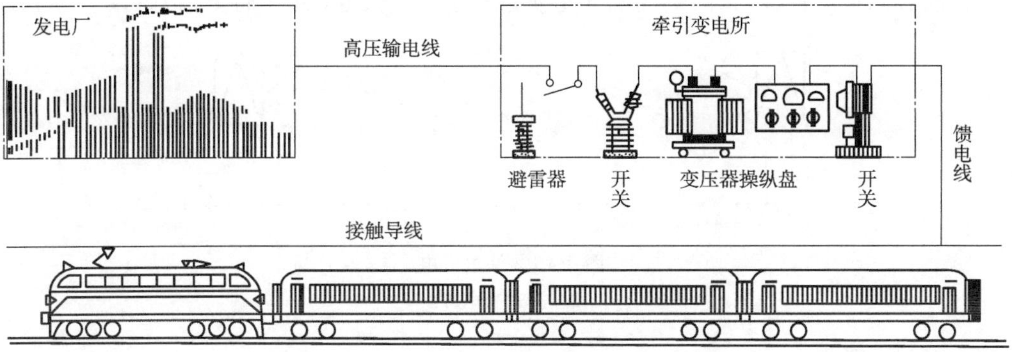

图 3-45　供电系统示意图

牵引供电系统主要包括发电厂、牵引变电所和接触网等。发电厂发出的电能，需先在升压变压站进行升压，变成 110 kV 或 220 kV 高压电能后，再通过高压输电线送到铁路沿线的牵引变电所。在牵引变电所里把高压的三相交流电变换成所要求的电流或电压后，再转送到邻近区间和站场线路的接触网上供电力机车使用。

(二)牵引供电系统

在铁路牵引供电系统中，主要是牵引变电所和接触网两部分。

1. 牵引变电所

由于电力机车本身不带有能源装置，需要由外界供给电能，因而必须在电气化铁道沿线设置一套完善的、不间断地向电力机车供电的设备，这就是牵引变电所。

(1)牵引变电所的作用

牵引变电所是电气化铁路牵引供电系统的心脏。它的主要任务是将电力系统高压输电线输送来的 110 kV(或 220 kV)的三相交流电，降为不低于 25 kV 的工频单相交流电，然后送到邻近区间和所在站场线路的接触网上，作为电力机车的牵引电源，保证可靠而又不间断地供给机车使用。

(2)牵引变电所的设备

牵引变电所内的主要设备有主变压器、电压互感器、电流互感器、高压断路器、各种高压隔离开关、避雷器以及信号显示等设备。为使牵引变电所内各种电气设备正常运行，确保安全可靠供电，牵引变电所内还装有各种控制、测量、监视仪表和继电保护装置等。

(3)牵引变电所对牵引网的供电方式

牵引变电所是沿着电气化铁道区段分布的，每一个牵引变电所有一定的供电范围。而牵引变电所向牵引网的供电方式，主要是根据牵引变电所的分布情况、供电长度、线路情况以及供电的可靠性而定。通常牵引变电所向牵引网供电方式主要有单边供电、上下行并联供电方式。

①单边供电

接触网在相邻两个牵引变电所的中间断开，中间设有分区亭，将两个牵引变电所之间的接触网分成两个供电分区，每一个供电分区只能从一端的牵引变电所获得电能的方式，称之为单边供电。单边供电时当某一供电分区接触网发生故障时，只影响本供电分区，而不影响其他供电分区的正常供电，从而缩小故障范围，而且单边供电方式的牵引变电所馈电线保护装置也较简单。目前各国采用较多，我国单线电气化铁路采用单边供电，如图 3-46 所示。

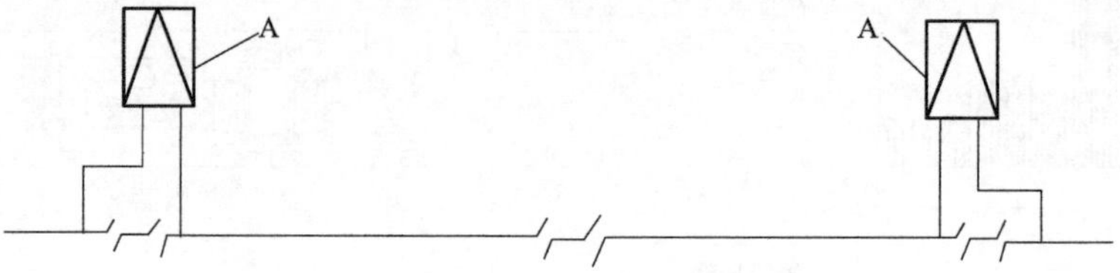

图 3-46 单边供电

A—牵引变电所

②上下行并联供电

在双线电气化区段的供电臂末端设有分区所，将上下行接触网通过断路器实行并联供电，如图 3-47 所示。这种供电方式的优点是能均衡上下行供电臂的电流，降低接触网损耗，提高电压水平。在有轻重车方向和线路有较大坡道情况下，效果更为显著。我国双线电气化铁路大多采用这种供电方式。

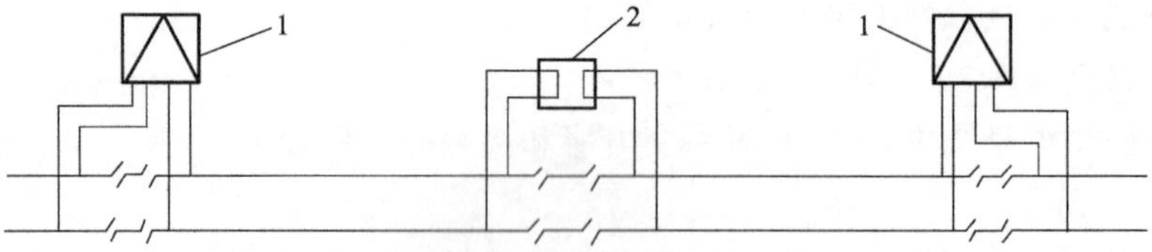

图 3-47 上下行并联供电

1—牵引变电所；2—分区所

2. 接触网

接触网是电气化铁路牵引供电系统中的主要供电设备，它的功能是向走行在铁路线上的电力机车不间断地供应电能。

(1)接触网的组成

接触网主要由接触悬挂部分、支持装置和支柱与基础几个部分组成，如图 3-48 所示。

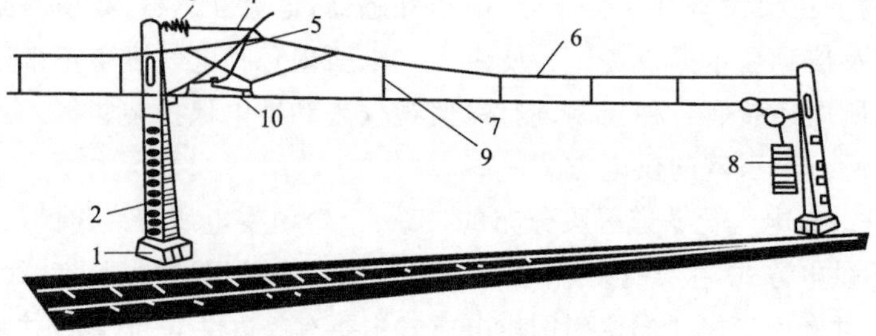

图 3-48 链形悬挂接触网

1—基础；2—支柱；3—绝缘子；4—拉杆；5—腕臂；6—承力索；

7—接触导线；8—坠砣；9—吊弦；10—定位器

(2)接触网的供电方式

铁路牵引供电系统主要的供电方式有 3 种:直接供电方式、带回流线的直接供电方式和 AT(自耦变压器)供电方式。

①直接供电方式

直接供电方式是在牵引网中不加特殊防护措施的一种供电方式,如图 3-49 所示。由于对沿线的通信线路产生感应,有干扰影响,因此不适用于平原地区或城市附近的电气化铁路系统,这是直接供电的主要缺点。

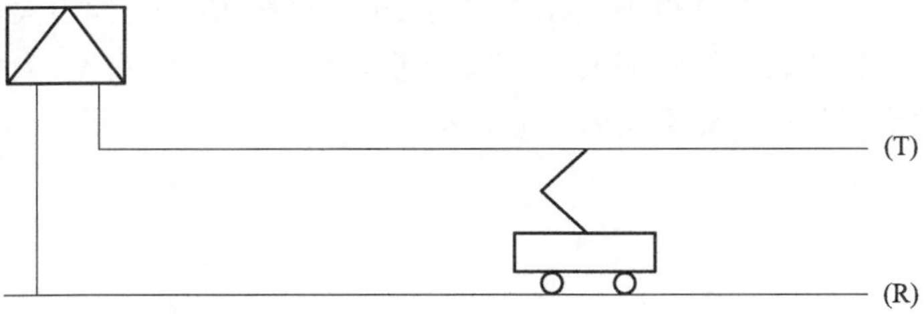

图 3-49 直接供电方式

②带回流线的直接供电方式

带回流线的直接供电方式是在接触网支柱上架设一条与钢轨并联的回流线(NF),如图 3-50 所示。利用接触网与回流线之间的互感作用,使钢轨中的电流尽可能地由回流线流回牵引变电所,因而能部分抵消接触网对邻近通信线路的干扰。

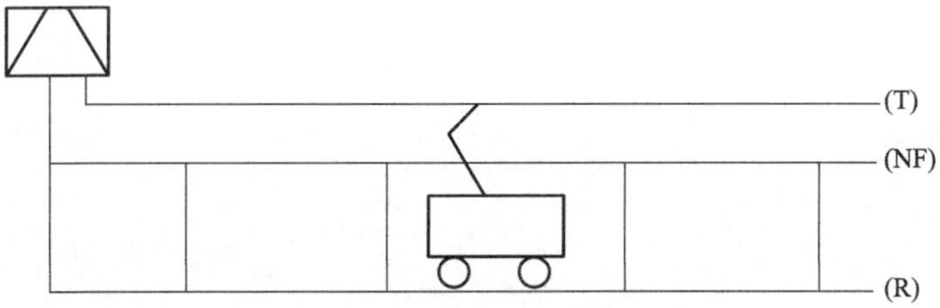

图 3-50 带回流线的直接供电方式

由于在电气化铁道接触网的周围空间产生磁场,因此对邻近通信线路、广播设备等产生干扰和影响,使通信质量下降,甚至危及设备及人员的安全。为了解决这一问题,接触网采用 AT 供电方式。

③自耦变压器供电方式

自耦变压器供电方式又称 AT 供电方式,它将自耦变压器以每隔 10 km 左右的距离并联接入接触网(T)、钢轨(R)与馈电线(F)之间的供电方式,如图 3-51 所示。其中点抽头与钢轨相接,形成两条牵引电流回路。因此使接触网与钢轨、馈电线与钢轨间的自耦变压器两半线圈上电压相等,在理想情况下,接触网与馈电线中流过的电流大小相等、方向相反,因此,在通信线中产生的感应影响相互抵消,有效地减弱对通信线的电磁影响。

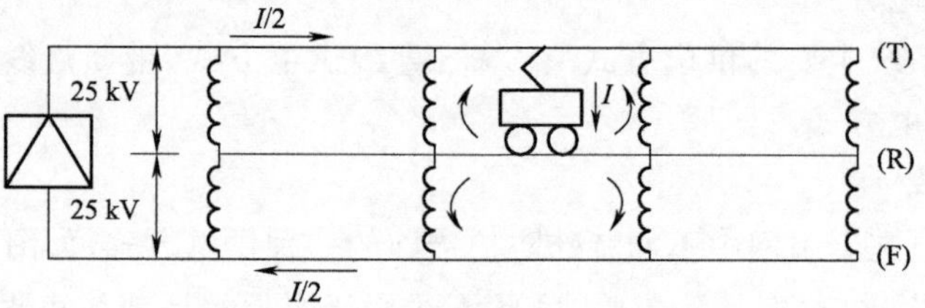

图 3-51　自耦变压器供电方式

这种供电方式的牵引网阻抗很小,电压损失小、电能损耗低、供电能力大,牵引变电所间隔也可增大。自耦变压器并联于接触网上,不需要增设电分段,能适应高速、大功率机车的运行,现已成为高速铁路牵引供电优先采用的供电方式。

第四章　轨道结构

轨道是铁路的主要技术装备之一，是行车的基础。轨道的作用是引导机车车辆运行，直接承受列车荷载作用，并把荷载分布传递给路基或桥隧建筑物。轨道结构应该保证机车车辆在规定的最大载重和最高速度运行时，具有足够的强度、稳定性、平顺性和合理的维修周期。

第一节　轨道组成

轨道结构由钢轨、轨枕、道床、道岔、联结零件及轨道加强设备组成。

一、钢　　轨

(一)钢轨的作用、类型及长度

1. 钢轨的作用

钢轨是轨道的主要组成部件。钢轨的功用在于引导机车车辆的车轮前进，直接承受来自车轮和其他方面的各种力，且传递给轨下基础，并为车轮的滚动提供连续平顺和阻力最小的表面。在电气化铁路或自动闭塞区段，钢轨还可兼供轨道电路之用。

2. 钢轨的类型

钢轨类型习惯上用每米大致质量的 kg 整数(kg/m)表示。我国铁路标准钢轨有 75 kg/m、60 kg/m、50 kg/m、43 kg/m、38 kg/m 等。

在借鉴国外经验并长期跟踪我国铁路钢轨轨头廓形随线路通过总重变化规律的基础上，以 60 钢轨为原形，按照尽量少改动原形钢轨几何尺寸的原则，以直线线路上轮轨接触光带居中、在曲线线路上车轮轮缘贴靠钢轨运行时形成轮轨共形接触的预期目标，以减少轮轨接触应力、改善车辆动力学性能为目的，中国铁道科学研究院集团有限公司研究设计出了具有新轨头廓形的 60N 与 75N 钢轨。铁路正线线路宜采用 60N、75N 廓形钢轨，上道后应及时打磨为目标廓形，钢轨大修铺设无缝线路地段应采用长定尺钢轨，在小半径曲线地段应铺设在线热处理钢轨。

按钢轨含有的化学成分，钢轨可以分为普通碳素轨(俗称素轨)、合金轨两大类。最常见的碳素轨就是目前我国至今使用时间最长强度等级为 880 MPa 的 U71Mn 钢轨；合金轨有强度等级为 980 MPa 的 U75V 钢轨，强度等级为 980 MPa 的 U77MnCr 钢轨，强度等级为 1 080 MPa 的高强耐磨轨 U78CrV 钢轨等。曲线区段还会选用强度等级更高的热处理钢轨或高强度耐磨轨。

3. 钢轨长度

(1)钢轨的标准定尺长度如下。

43 kg/m 钢轨：12.5 m、25 m；

50 kg/m、60 kg/m 钢轨：12.5 m、25 m、100 m；

75 kg/m 钢轨：25 m、75 m、100 m。

(2)曲线缩短轨长度如下。

12.5 m 钢轨：12.46 m、12.42 m、12.38 m；

25 m 钢轨：24.96 m、24.92 m、24.84 m。

(3)钢轨生产中会产生短尺轨，为避免浪费，允许搭配一定数量的短尺轨，但不应大于一批订货总重量的 10%，短尺轨长度如下。

12.5 m 钢轨：9 m、9.5 m、11 m、11.5 m、12 m；

25 m 钢轨：21 m、22 m、23 m、24 m、24.5 m；

75 m 钢轨：71 m、72 m、73 m、74 m；

100 m 钢轨：95 m、96 m、97 m、99 m。

由于长定尺钢轨具有无探伤盲区、端头平直度好、焊接接头少等优点，百米定尺钢轨近年来得到了广泛的推广使用。

(二)钢轨断面形状和尺寸

在直线地段上钢轨的受力主要是竖直力，其结果是使钢轨挠曲。由于钢轨被视为支承在连续弹性基础上的无限长梁，而梁抵抗挠曲的最佳断面形式为工字形。因此，钢轨采用工字形断面，由轨头、轨腰和轨底三部分组成。

钢轨的头部顶面宽(b)、轨腰厚(t)、轨身高(H)及轨底宽(B)是钢轨的四个主要参数，它们的面积分配应根据各方面条件综合考虑，选择一个最适当的比例。目前的几种主要钢轨标准断面和轨端侧面尺寸见表 4-1。

表 4-1　钢轨截面各部尺寸

项　目	钢轨类型(kg/m)					
	43	50	60N	60	75N	75
每米质量 M(kg)	44.75	51.65	60.49	60.8	74.23	74.6
钢轨高度 H(mm)	140	152	176	176	192	192
轨头宽度 b(mm)	70	70	73	73	75	75
轨底宽度 B(mm)	114	132	150	150	150	150
轨腹厚度 t(mm)	14.5	15.5	16.5	16.5	20	20
螺栓孔直径 ϕ(mm)	29	31	31	31	31	31
轨端至 1 孔中心距 L_1(mm)	56	66	76	76	96	96
1 孔至 2 孔中心距 L_2(mm)	110	150	140	140	220	220
2 孔至 3 孔中心距 L_3(mm)	160	140	140	140	130	130
截面积(cm^2)	57	65.8	77.05	77.45	94.56	95.04

60 kg/m 钢轨断面尺寸如图 4-1、图 4-2 所示。

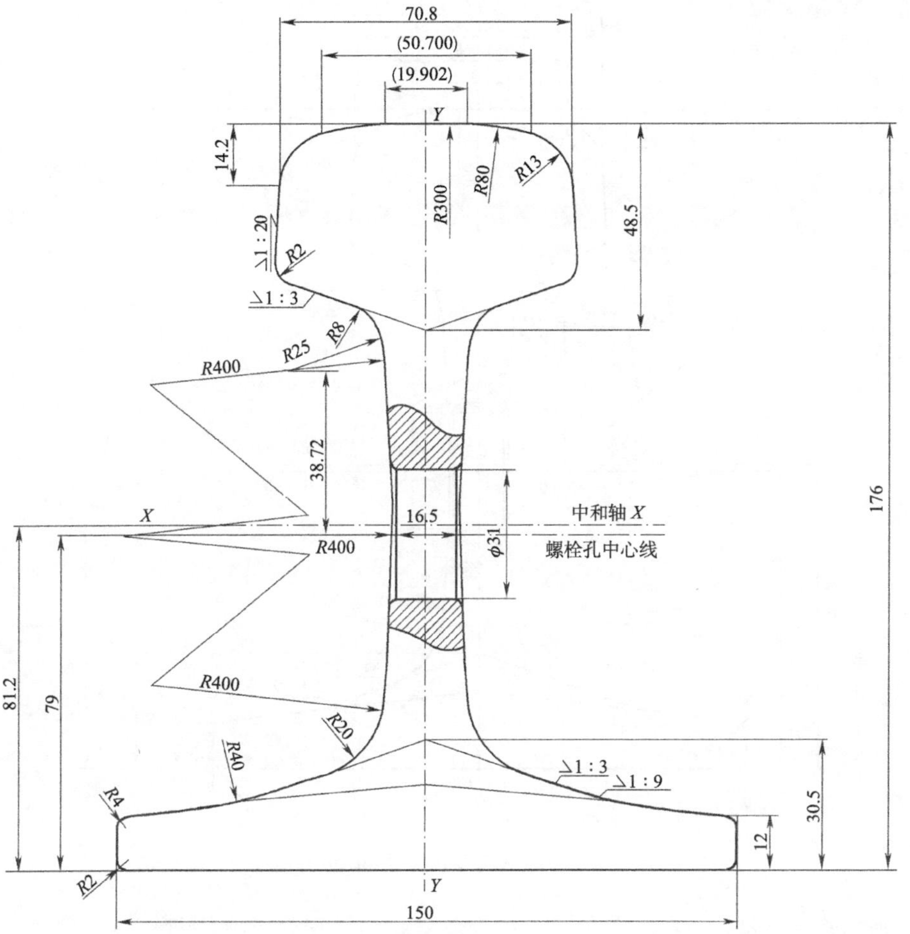

(a) 60 kg/m钢轨横断面图

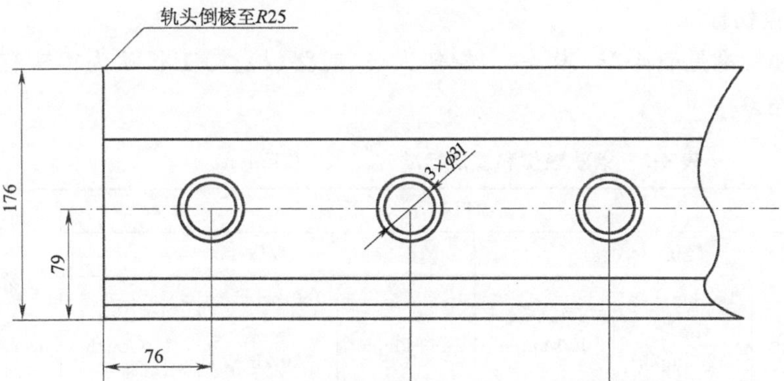

(b) 60 kg/m钢轨螺栓孔布置图

图 4-1　60 kg/m 钢轨型式尺寸(单位:mm)

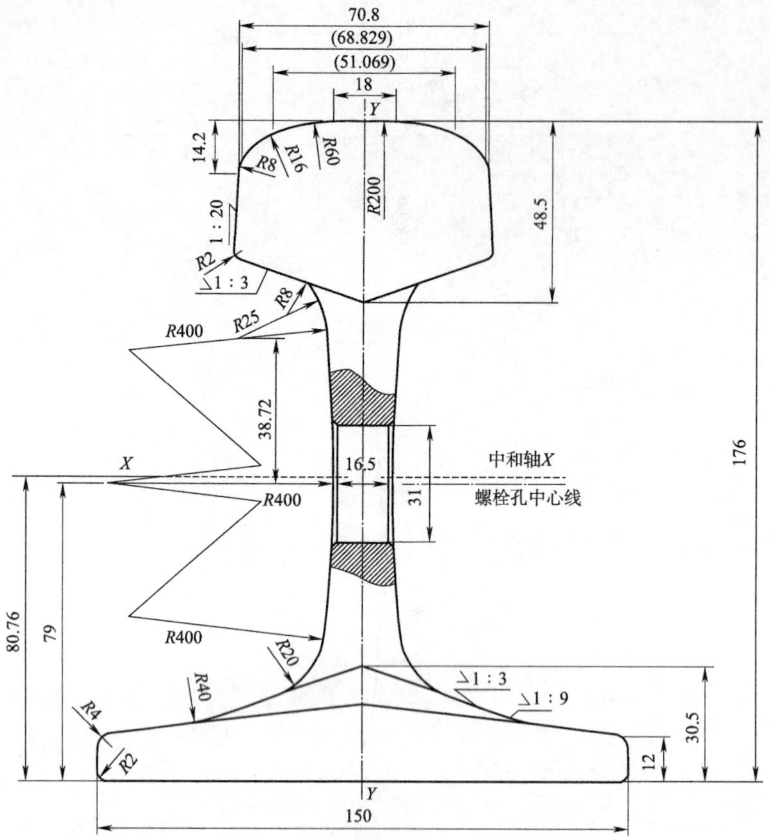

图 4-2　60N 钢轨型式尺寸(单位:mm)

（三）钢轨伤损标准

钢轨伤损是指钢轨在使用过程中发生钢轨折断、钢轨裂纹以及其他影响和限制钢轨使用性能的伤损。钢轨伤损分为轻伤、重伤和折断三类。

1. 钢轨轻伤和重伤标准

钢轨轻伤和重伤标准见表 4-2～表 4-4。探伤人员、线路(检查)工长认为钢轨有伤损时，也可判为轻伤或重伤。

表 4-2　钢轨轻伤和重伤标准(v_{max}<200 km/h)

伤损项目	伤损程度						备注
	轻伤			重伤			
	v_{max}>160 km/h	160 km/h≥v_{max}>120 km/h	v_{max}≤120 km/h	v_{max}>160 km/h	160 km/h≥v_{max}>120 km/h	v_{max}≤120 km/h	
钢轨头部磨耗	磨耗量超过表 4-3 所列限度之一者			磨耗量超过表 4-4 所列限度之一者			
轨端或轨顶面剥落掉块	长度超过 15 mm 且深度超过 3 mm	长度超过 15 mm 且深度超过 3 mm	长度超过 15 mm 且深度超过 4 mm	长度超过 25 mm 且深度超过 3 mm	长度超过 25 mm 且深度超过 3 mm	长度超过 30 mm 且深度超过 8 mm	

续上表

伤损项目	伤损程度						备注
	轻伤			重伤			
	$v_{max}>$ 160 km/h	160 km/h≥ $v_{max}>$ 120 km/h	$v_{max}\leq$ 120 km/h	$v_{max}>$ 160 km/h	160 km/h≥ $v_{max}>$ 120 km/h	$v_{max}\leq$ 120 km/h	
钢轨顶面擦伤	深度超过0.5 mm	深度超过0.5 mm	深度超过1 mm	深度超过1 mm	深度超过1 mm	深度超过2 mm	
钢轨低头	超过1 mm	超过1.5 mm	超过3 mm	超过1.5 mm	超过2.5 mm	超过3.5 mm	用1 m直尺测量最低处矢度，包括轨端轨顶面压伤和磨耗在内
波浪形磨耗	谷深超过0.3 mm	谷深超过0.3 mm	谷深超过0.5 mm	—	—	—	
钢轨表面裂纹	—	—	—	有	有	有	包括螺孔裂纹、轨头下颚水平裂纹(透锈)、轨腰水平裂纹、轨头纵向裂纹、轨底裂纹等(不含轮轨接触疲劳引起轨顶面表面或近表面的鱼鳞裂纹)
钢轨内部裂纹	—	—	—	有	有	有	包括核伤(黑核、白核)、钢轨纵向裂纹等
钢轨变形	—	—	—	有	有	有	轨头扩大、轨腰扭曲或鼓包等，经判断确认内部有暗裂
钢轨锈蚀	—	—	—	经除锈后，轨底厚度不足8 mm或轨腰厚度不足14 mm		经除锈后，轨底厚度不足5 mm或轨腰厚度不足8 mm	

表 4-3 钢轨头部磨耗轻伤标准

钢轨(kg/m)	总磨耗(mm)				垂直磨耗(mm)				侧面磨耗(mm)			
	$v_{max}>$ 160 km/h 正线	160 km/h≥ $v_{max}>$ 120 km/h 正线	$v_{max}\leq$ 120 km/h 正线及到发线	其他站线	$v_{max}>$ 160 km/h 正线	160 km/h≥ $v_{max}>$ 120 km/h 正线	$v_{max}\leq$ 120 km/h 正线及到发线	其他站线	$v_{max}>$ 160 km/h 正线	160 km/h≥ $v_{max}>$ 120 km/h 正线	$v_{max}\leq$ 120 km/h 正线及到发线	其他站线
75	9	12	16	18	8	9	10	11	10	12	16	18
75以下～60	9	12	14	16	8	9	9	10	10	12	14	16
60以下～50	—	—	12	14	—	—	8	9	—	—	12	14
50以下～43	—	—	10	12	—	—	7	8	—	—	10	12
43以下	—	—	9	10	—	—	7	7	—	—	9	11

注：①总磨耗＝垂直磨耗＋1/2侧面磨耗。

②垂直磨耗在钢轨顶面宽1/3处(距标准工作边)测量。

③侧面磨耗在钢轨踏面(按标准断面)下16 mm处测量。

表 4-4　钢轨头部磨耗重伤标准

钢轨(kg/m)	垂直磨耗(mm)			侧面磨耗(mm)		
	$v_{max}>$ 160 km/h 正线	160 km/h≥ $v_{max}>$ 120 km/h 正线	$v_{max}\leqslant$120 km/h 正线、到发线及其他站线	$v_{max}>$ 160 km/h 正线	160 km/h≥ $v_{max}>$ 120 km/h 正线	$v_{max}\leqslant$120 km/h 正线、到发线及其他站线
75	10	11	12	12	16	21
75 以下～60	10	11	11	12	16	19
60 以下～50	—	—	10	—	—	17
50 以下～43	—	—	9	—	—	15
43 以下	—	—	8	—	—	13

2. 钢轨折断标准

钢轨折断是指发生下列情况之一者，如图 4-3 所示：

(1)钢轨全截面断裂；

(2)裂纹贯通整个轨头截面；

(3)裂纹贯通整个轨底截面；

(4)允许速度不大于 160 km/h 区段钢轨顶面上有长度大于 50 mm 且深大于 10 mm 的掉块，允许速度大于 160 km/h 区段钢轨顶面上有长度大于 30 mm 且深度大于 5 mm 的掉块。

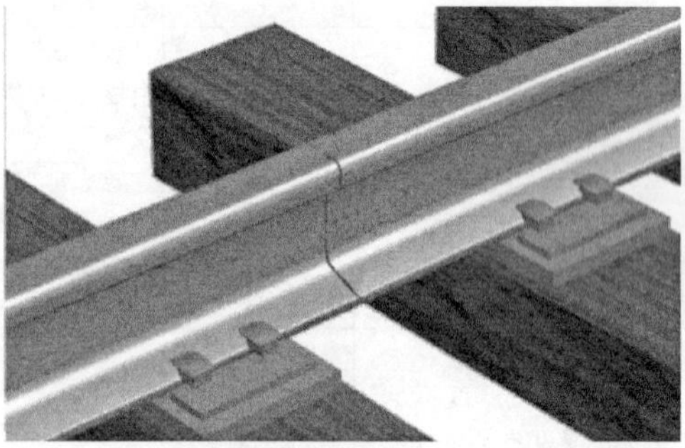

(a) 全截面断裂

(b) 裂纹贯通整个轨头截面

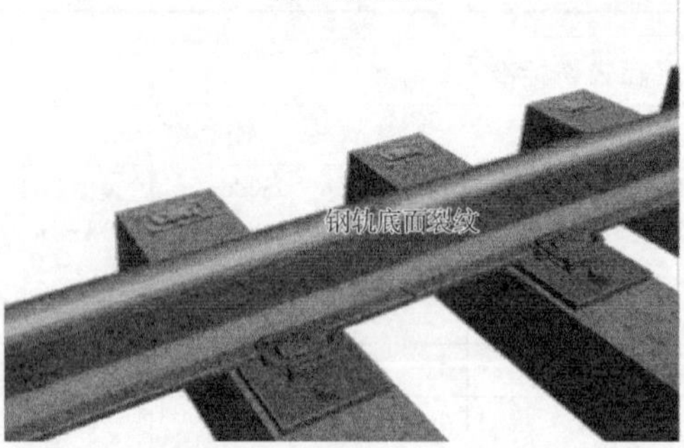

(c) 裂纹贯通整个轨底截面

(d) 严重掉块

图 4-3　钢轨折断

普通线路和无缝线路缓冲区的重伤和折断钢轨应及时更换。换下的重伤和折断钢轨应有明显的标记，防止再用。无缝线路钢轨重伤和折断，应按规定处理。在桥上或隧道内的轻伤钢轨，应及时进行更换或处理。

二、钢轨接头及其联结零件

(一)钢轨接头类型

钢轨接头是线路三大薄弱环节之一。接头处轨面不连续，增加行车阻力达25%之多，造成多种接头病害，加大了线路维修费用的投资。

1. 按轨枕支承形式分

(1)悬空式：即钢轨接头悬于两根轨枕之间。目前我国铁路上均采用这种接头形式。它受力条件好、结构简单、便于维修，如图4-4所示。

(2)承垫式：即钢轨接头放在轨枕之上。这种形式接头刚度大、捣固困难，只在特殊情况下使用，如图4-5所示。

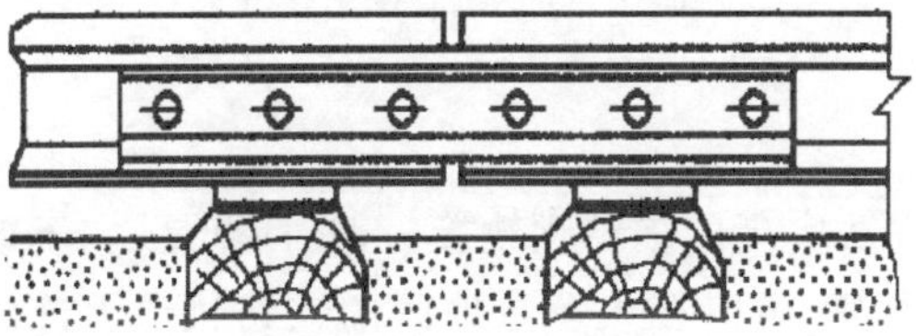
图4-4　悬空式接头示意

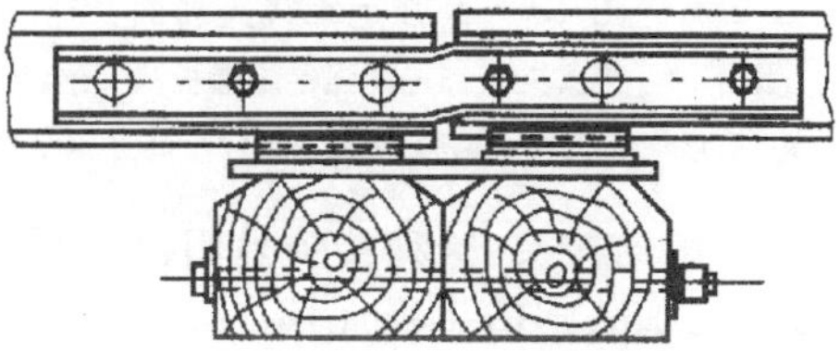
图4-5　承垫式接头示意

2. 按两股钢轨接头相互位置分

(1)相对式：即两股钢轨的接头左右相对。它的优点是列车运行比较平稳，两股钢轨受力均匀。我国铁路广泛采用悬空相对式钢轨接头。

(2)相错式：即两股钢轨接头左、右错开，但相错不能小于3 m。这种形式使列车冲击次数增加一倍，而且冲击偏心，增大列车摇摆，易造成三角坑等病害。

3. 按钢轨接头性能分

(1)普通接头：即标准钢轨或非标准钢轨铺设时两根钢轨的联结接头，使用夹板和螺栓进行联结。

(2)异形接头：即不同类型钢轨相互联结的接头。为使不同钢轨顶面及头部内侧相吻合，使用相应的异形夹板和异形垫板，也可采用变截面的异形轨。正线钢轨异形接头必须使用异形钢轨。

(3)导电接头：供传导轨道电流或作为牵引电流回路之用的接头，用于自动闭塞区段及电力牵引地段。

(4)绝缘接头：在自动闭塞区段上，相邻闭塞分区两端钢轨接头处设绝缘接头，以保证轨道电路不能从一个闭塞分区传到另一闭塞分区。一般绝缘接头是用尼龙轨头片、尼龙夹板和尼龙螺栓套把钢轨、夹板和螺栓隔开，阻止电流通过，起到绝缘作用，如图4-6所示。

为了提高无缝线路的整体性和稳定性，增强钢轨接头阻力，改善钢轨的绝缘性能，目前，国内推广使用了钢轨胶接绝缘接头，如图4-7所示。它是由胶接绝缘夹板、轨端绝缘板、高强度螺栓、防松螺母和高强度平垫圈组成，在现场安装时，需在胶接绝缘夹板与钢轨腹部之间涂抹高强度胶粘剂，使其成为胶接绝缘接头。

(5)焊接接头：用闪光焊、气压焊或铝热焊的方法将钢轨焊接形成的接头，多用于无缝线路。

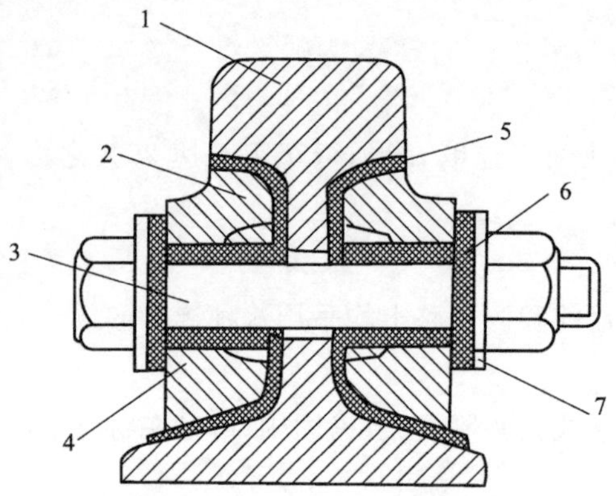

图 4-6　高强绝缘接头断面

1—钢轨；2—接头夹板；3—高强绝缘螺栓；4—绝缘套管；5—槽形绝缘板；6—高强绝缘垫圈；7—高强钢平垫圈

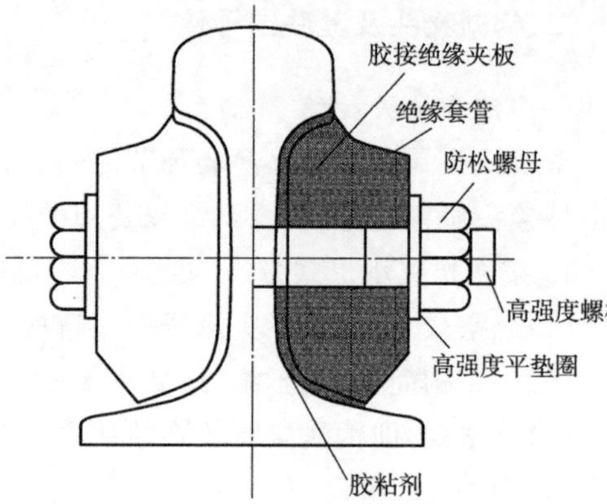

图 4-7　钢轨胶接绝缘接头

(6)冻结接头：这种接头是用提高摩擦阻力的方法实现的冻结钢轨接头，其特点是，它不改变现行接头的结构，不使用附加机械零件，接头阻力高，足以在大多数地区的铁路轨道上冻结钢轨接头。

(7)尖轨接头(即钢轨伸缩调节器)：用于连接轨端伸缩量很大的普通轨道或温度跨度大于 100 m 的明桥面活动端轨道的钢轨接头。由基本轨、尖轨、扣件系统、轨枕等组成，通过基本轨与尖轨纵向相对位移，大幅减少桥梁与无缝线路纵向相互作用力的轨道设备，主要有单向调节器和双向调节器。

(8)减振接头：减振接头，又称承越式接头，是指在钢轨接头处线路外侧夹板中间部分加高至钢轨头部持平，当车轮通过轨缝时，减振夹板的顶面与钢轨顶面同时接触车轮，减振夹板的刚度大，可减小车轮通过轨缝的折角和台阶，减缓车轮的冲击振动，使车轮能平顺过渡，达到减振的效果。

(二)钢轨接头位置的要求

1. 钢轨接头相错

线路两股钢轨接头，一般应采用相对式。曲线地段外股应使用标准长度钢轨，内股应使用厂制缩短轨调整钢轨接头位置。剩余少量相错量，应利用钢轨长度误差量在曲线内调整，有困难时可在直线上调整。直线地段应按钢轨长度误差量配对使用。在每节轨上，相差量不应大于 3 mm，并应前后、左右抵消，在两股钢轨上累计相差量最大不得大于 15 mm。

铺设非标准长度钢轨或再用轨，无厂制缩短轨时，钢轨接头可采用相错式，其相错量不得小于 3 m。采用相错式的两曲线之间直线长度短于 300 m 时，该直线段亦可采用相错式。采用相错式时个别插入的短轨，宜铺设在曲线两端的直线上，在困难条件下，可铺设在曲线内股。

2. 线路上插入个别短轨规定

线路上个别插入短轨，在正线上不得短于 6 m，在站线上不得短于 4.5 m，并不得连续插入 2 根及以上。个别插入短轨线路的允许速度不得大于 160 km/h。

3. 不得有钢轨接头的位置

(1)桥长在 20 m 及以下的明桥面上；

(2)允许速度大于 120 km/h 区段的钢梁明桥面上；

(3)钢梁端、无砟无枕梁端、拱桥温度伸缩缝和拱顶处前后各 2 m 范围内，纵横梁连接处距横梁边缘 0.6 m 范围内；

(4)设有调节器的钢梁，在温度跨度(由一孔钢梁的固定支座至相邻梁固定支座或桥台挡砟墙的长度)范围内；

(5)平交道口铺面范围内。

以上位置不应有钢轨接头，否则应将其焊接、冻结或胶接。

(三)钢轨接头联结零件

接头联结零件包括夹板、螺栓、螺母、垫圈等。它的主要作用是保持两根钢轨的连续性，使钢轨接头前后与完整的钢轨一样，并传递和承受钢轨的挠曲力、横向力，同时满足钢轨热胀冷缩的要求。

1. 夹板

夹板的作用是夹紧钢轨，使钢轨轨端不能横向及上下单独移动。每个钢轨接头有左、右两块夹板，通过拧紧螺栓夹紧两端钢轨，要求它有足够的强度和抗冲击能力，并便于拆装和维修。

夹板的形式有很多，我国采用斜坡支承双头对称型夹板(简称双头式夹板)。60 kg/m 钢轨用双头夹板的形式及尺寸，如图 4-8 所示。表 4-5 为常用夹板及其尺寸。

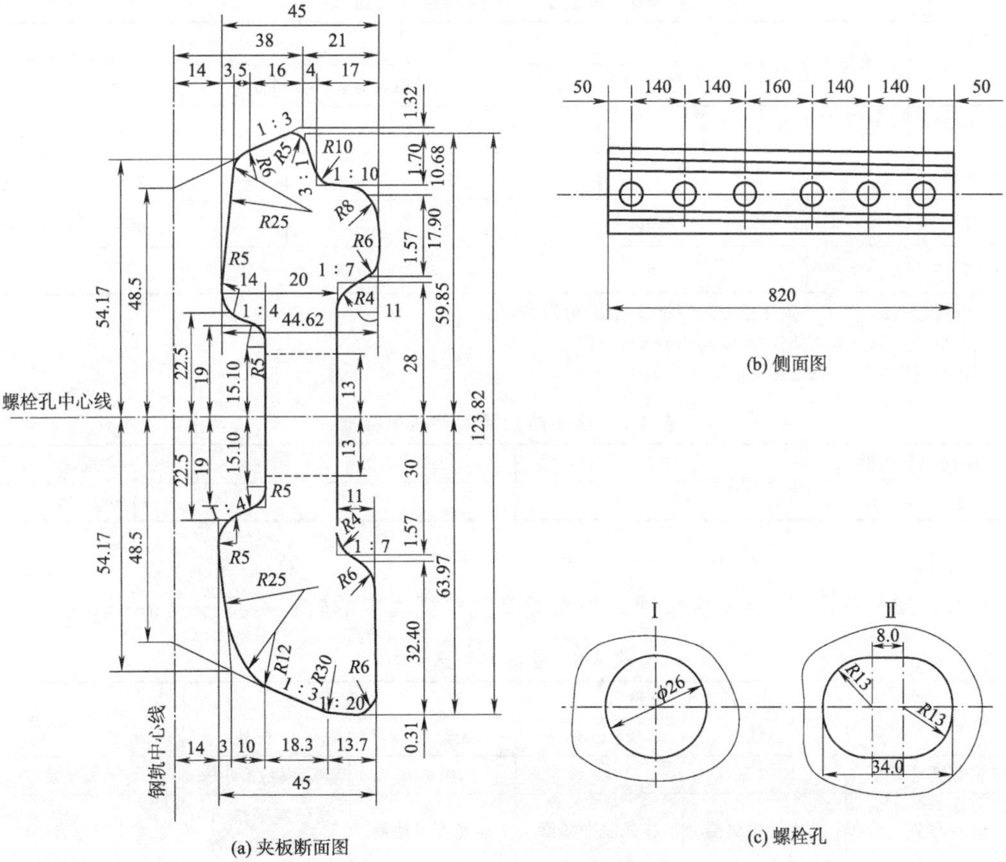

图 4-8　60 kg/m 钢轨用夹板图(单位：mm)

表 4-5 夹板尺寸(mm)

钢轨类型(kg/m)	全长	两中间孔距离	第一孔至第二孔距离	第二孔至第三孔距离	第三孔至端部距离	圆孔直径
75	1 000	220	220	130	40	26
60	820	160	140	140	50	26
50	820	140	150	140	50	26
43	790	120	110	160	65	24

2. 螺栓

夹板与钢轨用螺栓来夹紧。螺栓需要有一定的直径,直径越大、紧固力越大。高强度螺栓在螺帽上铸有“⊙”的标记,遵照国际标准按抗拉强度划分为 10.9 级和 8.8 级两种。10.9 级有纹部分直径为 24 mm,8.8 级有纹部分直径为 24 mm 和 22 mm 两种。螺母采用 10 级高强度螺母。

钢轨接头阻止钢轨端部自由伸缩的阻力称为接头阻力。接头阻力是由钢轨与夹板之间的摩擦力产生的。摩擦力越大,接头阻力越大。摩擦力取决于夹板的螺栓孔数、螺栓直径、强度及拧紧程度。一副六孔夹板,使用普通螺栓的接头阻力可达 235～265 kN,使用高强度螺栓时可达 292～588 kN。要达到这个要求,接头螺栓必须保持紧固状态。普通线路接头螺栓扭矩应达到表 4-6 的规定值。接头防松紧固件的扭矩标准可参照表 4-7。

表 4-6 普通线路接头螺栓扭矩标准

项目	单位	25 m 钢轨						12.5 m 钢轨	
		最高、最低轨温差大于 85 ℃			最高、最低轨温差小于等于 85 ℃				
钢轨	kg/m	60 及以上	50	43	60 及以上	50	43	50	43
螺栓等级	—	10.9	10.9	8.8	10.9	8.8	8.8	8.8	8.8
扭矩	N·m	700	600	600	500	400	400	400	400
C 值	mm	6			4			2	

注:① *C* 值为接头阻力及道床阻力限制钢轨自由伸缩的数值。
② 小于 43 kg/m 钢轨比照 43 kg/m 钢轨办理。
③ 高强度绝缘接头螺栓扭矩不小于 700 N·m。

表 4-7 接头防松紧固件扭矩标准

防松螺母类型	8 级	10 级	12 级
扭矩(N·m)	400～600	600～1 000	900～1 100

3. 垫圈

为防止螺栓松动,需要安装垫圈。垫圈类型应根据确定的轨道类型按表 4-8 选用。

表 4-8 垫圈类型选用表

轨道类型	特重型、重型		次重型		中型、轻型
	无缝线路	25 m 轨	无缝线路	25 m 轨	
接头螺栓等级	10.9 级	10.9 级	10.9 级	10.9 级/8.8 级	8.8 级
垫圈类型	高强度平垫圈	高强度平垫圈	高强度平垫圈	高强度平垫圈/单层弹簧垫圈	单层弹簧垫圈

(四)钢轨接头联结零件伤损标准

1. 接头夹板

接头夹板伤损达到下列标准,应及时更换:

(1)折断;

(2)中间两螺栓孔范围内裂纹:正线、到发线有裂纹;其他站线平直及异形夹板超过 5 mm,双头及鱼尾形夹板超过 15 mm;

(3)其他部位裂纹发展到螺栓孔;

(4)胶接绝缘夹板性能不良。

2. 接头螺栓及垫圈

接头螺栓及垫圈伤损达到下列标准,应及时更换:

(1)螺栓折断、变形,严重锈蚀,丝扣损坏或杆径磨耗超过 3 mm 不能保持规定的扭矩;

(2)垫圈折断或失去弹性。

接头螺栓应齐全、作用良好,缺损时应及时补充和更换。普通线路接头螺栓扭矩应达到规定值,并应保持均匀。扭矩不足时,不得低于规定值 100 N·m 以上。

三、轨　枕

在轨道结构中,轨枕的功用是承受来自钢轨的各种力,并传递至道床,同时轨枕还起着保持钢轨方向、轨距和位置等作用。

(一)混凝土枕特点及规格尺寸

1. 混凝土枕特点

混凝土枕材料来源较广,对轨道稳定性好,可满足干线铁路高速度、大运量的要求,不受气候、腐朽、虫蛀及失火影响,使用寿命长,但它容易因发生裂纹而失效,质量大、更换困难、弹性差。

2. 混凝土枕分类

(1)从制造工艺可分普通混凝土枕、预应力钢筋混凝土枕两类。

(2)按配筋直径大小可分钢弦(高强度钢丝,简称弦)和钢筋(高强度钢筋,简称筋)两种。

(3)我国现行混凝土枕分三类,分别与不同轨道类型配套使用。

①Ⅰ型混凝土轨枕

Ⅰ型混凝土轨枕的承载能力是按轴重 23 t、最高速度 85 km/h、铺设密度 1 840 根/km 设计的,适用于中型、轻型轨道。随着国民经济和铁路运输发展,机车车辆轴重不断提高,年通过总重也不断增长,Ⅰ型混凝土轨枕的承载能力已不能适应这些条件的变化,破损加剧,寿命缩短。因此,在我国线路上正逐步被淘汰下道。

②Ⅱ型混凝土轨枕

Ⅱ型混凝土轨枕的设计是根据重载线路承受荷载大、重复次数多的特点,采用疲劳可靠性进行设计的,设计标准是按年运量 60 Mt,轴重机车 25 t、货车 23 t,最高行车速度 120 km/h,铺设 60 kg/m 钢轨,适用于重型、次重型轨道。与Ⅰ型轨枕相比,轨下截面正弯矩的计算承载能力提高 13%～25%,中间截面正弯矩提高 8.8%,中间截面负弯矩提高 14%～41%。J-2 型轨枕是采用 4 根直径 10 mm 的高强度钢筋,C58 级混凝土,如图 4-9 所示。

③Ⅲ型混凝土轨枕

由于Ⅱ型轨枕在重型、次重型轨道上使用时，某些区段出现轨枕中顶面横向裂缝、沿螺栓孔纵向裂缝、枕端龟裂、侧面纵向水平裂缝、挡肩斜裂等病害，轨枕年失效下道率平均 1.2%，难以适应重型和特重型轨道的承载条件，为了适应强轨道结构的要求，又研制了Ⅲ型轨枕。Ⅲ型混凝土轨枕是从 1988 年开始研制，分为有挡肩和无挡肩两种形式。长度有 2.6 m 和 2.5 m 两种，目前使用的主要是 2.6 m，如图 4-10 所示。

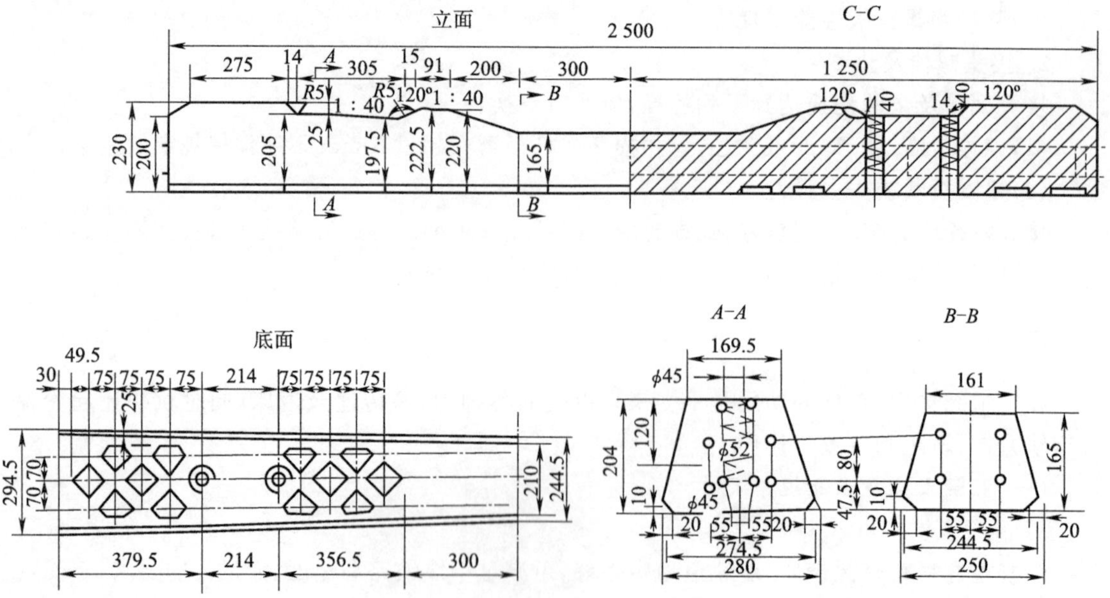

图 4-9　J-2 型混凝土枕（单位：mm）

3. 混凝土枕规格尺寸

混凝土枕规格尺寸，见表 4-9。

表 4-9　混凝土枕尺寸

轨枕类型	名称	长度(mm)	轨下截面厚度(mm)	外螺旋道钉孔处(mm)			中间部分(mm)			质量(kg)
				厚度	顶宽	底宽	厚度	顶宽	底宽	
Ⅰ型	69 型	2 500	200	203	170	280	155	166	250	235
	79 型	2 500	200	204	169.5	280	165	161	250	250
Ⅱ型	81 型	2 500	200	204	169.5	280	165	161	250	250
	XⅡ型	2 500	205	207.5	168.5	287	175	190	246.5	300
Ⅲ型	ⅢA 型	2 600	230	233	170	300	185	206	280	390
	ⅢB 型	2 600	230	233	170	300	185	206	280	390

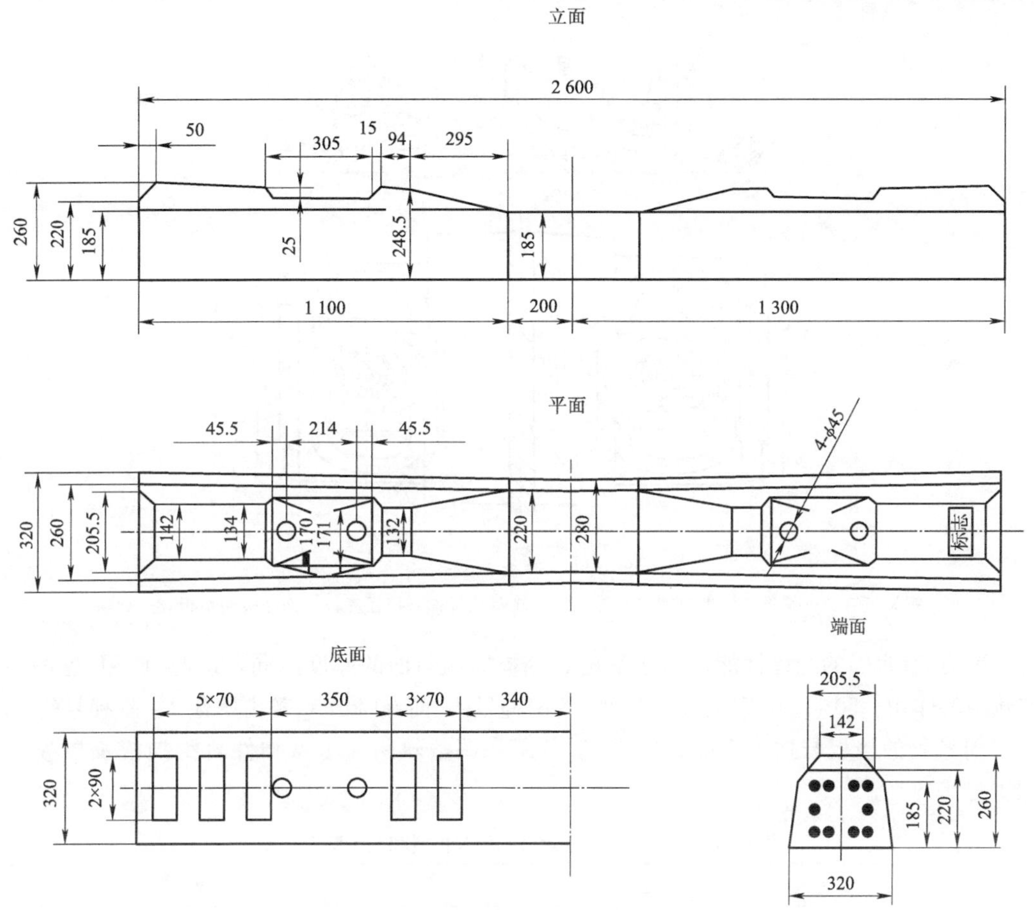

图 4-10　Ⅲ型有挡肩混凝土枕(单位:mm)

(二)混凝土枕扣件及其伤损标准

1. 混凝土枕扣件

(1)弹条Ⅰ型扣件

弹条Ⅰ型扣件适用于客货共线铁路直线及半径不小于 295 m 曲线线路混凝土枕有砟轨道 50 kg/m 钢轨,最大调高量为 10 mm。

①弹条Ⅰ型扣件主要由 ω 形弹条、螺旋道钉、轨距挡板、挡板座及弹性橡胶垫板等组成。Ⅰ型弹条扣件的联结形式如图 4-11 所示。

②弹条Ⅰ型扣件的配置

弹条用于弹性扣压钢轨,要求保持一定的扣压力及足够的强度。弹条直径为 13 mm,该扣件的弹条分 A、B 两种型号,其中 A 型弹条较长。对于 50 kg/m 钢轨除 14 号接头轨距挡板安装 B 型弹条外,其余均安装 A 型弹条。60 kg/m 钢轨则一律安装 B 型弹条。

轨距挡板的作用是调整轨距,传递钢轨的横向水平推力。轨距挡板中间有长圆孔,其大小是一定的,但孔中心位置有两种,相应就有两个号码。50 kg/m、60 kg/m 钢轨各有两个号码,分别为 20、14 和 10、6 号。

挡板座是为支撑挡板用,后背斜面支承在轨枕挡肩上,要求挡板座有一定强度来承受和传递

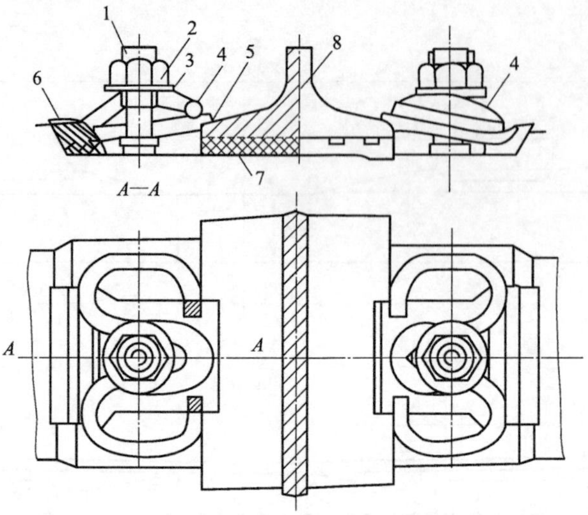

图 4-11　弹条Ⅰ型扣件

1—螺旋道钉；2—螺母；3—平垫圈；4—弹条；5—轨距挡板；6—挡板座；7—绝缘缓冲垫板；8—钢轨

横向水平力，有足够的绝缘性能以防止漏电。挡板座两斜面的厚度不同，可调换使用，也可起到调整轨距的作用。50 kg/m 钢轨有 2-4 和 0-6 两种号码，而 60 kg/m 钢轨只有 2-4 一种号码。

不同号码的挡板与挡板座配合使用，就可用来调整轨距。Ⅰ型扣件轨距挡板及挡板座号码配置见表 4-10。

表 4-10(a)　**轨距调整配置**(配 XⅡ型和Ⅲa 型轨枕)

轨型(kg/m)	轨距调整量(mm)	左股钢轨				右股钢轨			
		外侧		内侧		内侧		外侧	
		挡板座号码	轨距挡板号码	轨距挡板号码	挡板座号码	挡板座号码	轨距挡板号码	轨距挡板号码	挡板座号码
50	−12	6	20	14	0	0	14	20	6
	−10	4	20	14	2	0	14	20	6
	−8	4	20	14	2	2	14	20	4
	−6	2	20	14	4	2	14	20	4
	−4	2	20	14	4	4	14	20	2
	−2	4	14	20	2	2	14	20	4
	0	4	14	20	2	4	14	20	2
	+2	2	14	20	4	4	14	20	2
	+4	4	14	20	2	2	20	14	4
	+6	2	14	20	4	2	20	14	4
	+8	2	14	20	4	4	20	14	2
	+10	0	14	20	6	4	20	14	2
	+12	0	14	20	6	6	20	14	0

表 4-10(b)　**轨距调整配置**(配既有Ⅰ型和Ⅱ型轨枕)

轨型(kg/m)	轨距调整量(mm)	左股钢轨				右股钢轨			
		外侧		内侧		内侧		外侧	
		挡板座号码	轨距挡板号码	轨距挡板号码	挡板座号码	挡板座号码	轨距挡板号码	轨距挡板号码	挡板座号码
50	−8	6	20	14	0	0	14	20	6
	−6	4	20	14	2	0	14	20	6
	−4	4	20	14	2	2	14	20	4
	−2	2	20	14	4	2	14	20	4
	0	2	20	14	4	4	14	20	2
	+2	4	14	20	2	2	14	20	4
	+4	4	14	20	2	4	14	20	2
	+6	2	14	20	4	4	14	20	2
	+8	4	14	20	2	2	20	14	4
	+10	2	14	20	4	2	20	14	4
	+12	2	14	20	4	4	20	14	2
	+14	0	14	20	6	4	20	14	2
	+16	0	14	20	6	6	20	14	0

(2)弹条Ⅱ型扣件

弹条Ⅱ型扣件由弹条、轨距挡板、挡板座、轨下垫板、螺母、平垫圈和螺旋道钉组成,还可包括轨下调高垫板。

弹条Ⅱ型扣件除弹条采用新材料重新设计外,其余部件与弹条Ⅰ型扣件通用,仍为带挡肩、有螺栓扣件。在原使用弹条Ⅰ型扣件地段,可用弹条Ⅱ型扣件弹条更换原Ⅰ型扣件弹条。

轨距的调整仍用轨距挡板和挡板座的不同号码相互调配。调整轨距见表 4-11、表 4-12。

表 4-11(a)　**轨距调整配置**(配ⅩⅡ型和Ⅲa 型轨枕)

轨型(kg/m)	轨距调整量(mm)	左股钢轨				右股钢轨			
		外侧		内侧		内侧		外侧	
		挡板座号码	轨距挡板号码	轨距挡板号码	挡板座号码	挡板座号码	轨距挡板号码	轨距挡板号码	挡板座号码
60	−12	6	10	6	0	0	6	10	6
	−10	6	10	6	0	2	6	10	4
	−8	4	10	6	2	2	6	10	4
	−6	4	10	6	2	4	6	10	2
	−4	2	10	6	4	4	6	10	2
	−2	2	10	6	4	2	10	6	4
	0	4	6	10	2	2	10	6	4
	+2	2	6	10	4	2	10	6	4
	+4	2	6	10	4	4	10	6	2
	+6	0	6	10	6	4	10	6	2
	+8	0	6	10	6	6	10	6	0

注:75 kg/m 钢轨参照 60 kg/m 执行。

表 4-11(b)　轨距调整配置(配既有Ⅰ型和Ⅱ型轨枕)

轨型(kg/m)	轨距调整量(mm)	左股钢轨				右股钢轨			
		外侧		内侧		内侧		外侧	
		挡板座号码	轨距挡板号码	轨距挡板号码	挡板座号码	挡板座号码	轨距挡板号码	轨距挡板号码	挡板座号码
60	−8	6	10	6	0	0	6	10	6
	−6	6	10	6	0	2	6	10	4
	−4	4	10	6	2	2	6	10	4
	−2	4	10	6	2	4	6	10	2
	0	2	10	6	4	4	6	10	2
	+2	4	6	10	2	4	6	10	2
	+4	4	6	10	2	2	10	6	4
	+6	2	6	10	4	2	10	6	4
	+8	2	6	10	4	4	10	6	2
	+10	0	6	10	6	4	10	6	2
	+12	0	6	10	6	6	10	6	0

注:75 kg/m 钢轨参照 60 kg/m 执行。

表 4-12　Ⅱ型扣件道岔不同轨距值使用的轨距块号码

轨距误差		0	−2	−4	−6	−8	−10	−12	+2	+4	+6	+8
一股	非作用边	11	13	13	15	15	17	17	9	9	7	7
	作用边	13	11	11	9	9	7	7	15	15	17	17
另一股	作用边	13	13	11	11	9	9	7	13	15	15	17
	非作用边	11	11	13	13	15	15	17	11	9	9	7

注:11-13 号轨距块为常用标准块,另需加工 9-15、5-17 号轨距块和 2 mm 厚调整片,2 mm 厚调整片与 5 号轨距块组合可成 7 号轨距块,2 mm 厚调整片与 17 号轨距块组合可成 19 号轨距块。使用Ⅲ型扣件道岔可调整最大负轨距 12 mm,使用Ⅱ型扣件道岔可调整最大负轨距 16 mm。

(3)弹条Ⅲ型扣件

①弹条Ⅲ型扣件的联结形式如图 4-12 所示。

②弹条Ⅲ型扣件的配置

弹条Ⅲ型扣件是一种无螺栓无挡肩的弹条扣件,弹条Ⅲ型扣件利用预埋铁座的挡肩承受横向力,保持轨距,以弹条扣压钢轨,以尼龙挡块作为绝缘部件及调整轨距;其扣压力大、弹性好、养护工作量少;由于取消了混凝土挡肩,消除了轨底在横向力作用下发生横移导致轨距扩大的可能,因此保持轨距的能力很强。

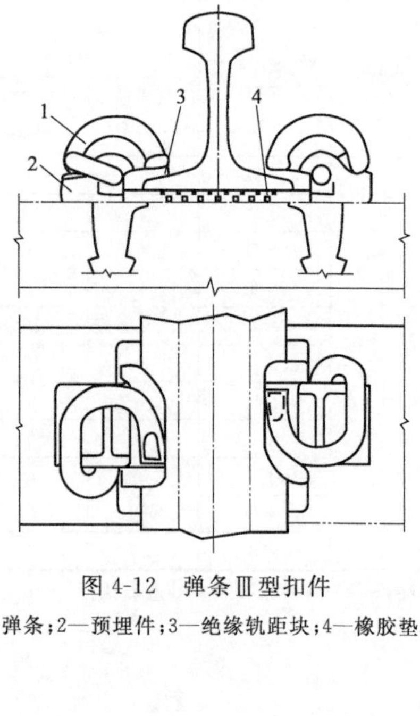

图 4-12　弹条Ⅲ型扣件

1—弹条;2—预埋件;3—绝缘轨距块;4—橡胶垫板

弹条Ⅲ型扣件适用于标准轨距直线及半径 $R \geqslant$ 350 m 曲线上铺设 60 kg/m 钢轨和Ⅲ型轨枕的无缝线路轨道。每个弹条初始扣压力大于等于 11 kN,弹程为13 mm，这两个指标均高于弹条Ⅱ型扣件。弹条Ⅲ型扣件轨距调整为＋4～－8 mm，轨面调高量为零。因为预埋件的技术标准较高，使生产难度加大。每根轨枕使用扣件零件数量见表 4-13，不同轨距绝缘轨距号码配置见表 4-14、表 4-15。

表 4-13　单根轨枕用扣件数量

序号	名称	单位	数量	材料	质量或体积	备注
1	弹条	个	4	60Si2Mn	3.3 kg	
2	预埋件	件	4	KTH350-10	6.04 kg	
3	绝缘轨距块	块	4	玻纤增强聚酰胺 6 或聚酰胺 66	219.92 cm^3	9 号、11 号各 2 块
4	橡胶垫板	块	2	橡胶	496 cm^3	

表 4-14　弹条Ⅲ型扣件不同轨距时绝缘轨距块号码配置

轨距(mm)	轨距调整量(mm)	左股钢轨		右股钢轨	
		外侧	内侧	内侧	外侧
1 435	－8	13	7	7	13
	－6	13	7	9	11
	－4	11	9	9	11
	－2	11	9	11	9
	0	9	11	11	9
	＋2	7	13	11	9
	＋4	7	13	13	7

表 4-15　使用Ⅲ型扣件，道岔不同轨距值使用的轨距块号码

轨距误差(mm)		0	－2	－4	－6	－8	－10	－12	＋2	＋4	＋6	＋8
一股	非作用边	9	11	11	13	13	15	15	7	7	5	5
	作用边	11	9	9	7	7	5	5	13	13	15	15
另一股	作用边	11	11	9	9	7	7	5	11	13	13	15
	非作用边	9	9	11	11	13	13	15	9	7	7	5

2. 混凝土枕扣件使用规定

(1)扣件类型应与钢轨、轨枕类型相匹配。60 kg/m 钢轨地段，混凝土枕扣件采用弹条Ⅱ型或弹条Ⅲ型扣件，Ⅰ型弹条应逐步更换为Ⅱ型弹条。70 型扣板式及 67 型弹片式扣件应更换为弹条扣件。

使用扣板扣件时，正线半径 800 m 及以下和站线半径 450 m 及以下的曲线地段，钢轨外侧应使用加宽铁座。

(2)大、中桥明桥面应采用分开式扣件；允许速度大于 120 km/h 的木枕线路应采用分开式弹性扣件。

(3)扣件应保持齐全、位置正确，按标准要求进行铺设和养护维修，确保作用良好。Ⅰ型、Ⅱ型弹条中部前端下颚与轨距挡板离缝作业后不应大于 1 mm、日常保持不宜大于 2 mm。Ⅲ型弹条小圆弧内侧与预埋铁座端部相距 8～10 mm。小阻力扣件弹条中部前端下颚与钢轨离缝作业后不应大于 1 mm、日常保持不宜大于 2 mm。分开式弹性扣件与木枕联结应紧密，当钢轨受车轮横向力作用时不得产生相对位移和扭转离缝。扣板、轨距挡板应靠贴轨底边，扣板（弹片）扣件扭矩应保持 80～140 N・m。

3. 混凝土枕扣件伤损标准

当扣件伤损达到下列标准，应有计划地修理或更换：

（1）螺旋道钉折断、浮起，螺帽或螺杆丝扣损坏，严重锈蚀。

（2）垫圈损坏或作用不良。

（3）弹条、扣板（弹片）损坏或不能保持应有的扣压力。

（4）扣板、轨距挡板严重磨损，扣板、轨距挡板前后离缝超过 2 mm。

（5）挡板座、铁座损坏或作用不良。

（6）预埋套管损坏。

钢轨接头两端各两根轨枕应铺设高弹性橡胶垫板。橡胶垫板压溃或变形（两侧压宽合计：厚度为 7 mm 的橡胶垫板超过 15 mm，厚度为 10 mm 的橡胶垫板超过 20 mm）丧失作用，橡胶垫片损坏时，应进行更换。小阻力扣件使用的复合垫板，橡胶与不锈钢片分离时应及时更换。

（三）混凝土轨枕使用要求及失效标准

1. 混凝土枕使用要求

（1）铺设混凝土枕地段，钢轨有接头病害时必须整治（焊补、打磨等）；路基有翻浆、不均匀下沉及超过 15 mm 的冻害时必须整治。

（2）承轨槽坡度不一致的轨枕应分别成段铺设，不宜交杂混铺，伤损轨枕应修理后才能铺设。

（3）螺纹道钉应用硫磺水泥砂浆锚固。

（4）混凝土枕质量大，在搬运、装卸和铺设时要使用适当工具，尽量避免砸、摔、撞、碰。

（5）混凝土枕截面为梯形，不便安装防爬器，要注意拧紧扣件，增加钢轨与轨枕的联结强度，防止钢轨爬行。

（6）线路上的轨枕类型及配置根数，应根据运量、线路允许速度及线路设备条件等确定。允许速度大于 120 km/h 正线铺设Ⅲ型混凝土枕，允许速度不大于 120 km/h 正线宜铺设Ⅲ型混凝土枕，大修时除应将失效的轨枕和严重伤损的混凝土枕更换外，还应根据运输发展的需要，按表 4-16 和表 4-17 所列标准，更换为与运营条件相适应的轨枕，并补足配置根数。个别地段如需更换新木枕，轨枕配置根数不低于原标准。

（7）符合下列条件之一的正线铺设新Ⅱ型混凝土枕或木枕地段，线路设备大修时应增加轨枕配置数量：

表 4-16　正线轨枕类型和配置根数标准

项目		单位	Ⅰ级铁路				Ⅱ级铁路	
运营条件	旅客列车设计行车速度	km/h	200	160	120		≤120	
	货物列车设计行车速度	km/h	≤120	≤120	≤80		≤80	
混凝土枕	型号	—	Ⅲ	Ⅲ	Ⅲ	新Ⅱ	Ⅲ	新Ⅱ
	铺枕根数	根/km	1 667	1 667	1 667	1 760	1 667	1 760

表 4-17 站线轨枕类型和配置根数标准

项目		单位	到发线				其他站线
			无缝线路		普通线路		
混凝土枕	型号	—	Ⅲ	新Ⅱ	Ⅲ	新Ⅱ	新Ⅱ
	铺枕根数	根/km	1 667	1 760	1 600	1 600～1 760	1 600

①半径 800 m 及以下的曲线地段(含两端缓和曲线)。

②坡度大于 12‰的地段。

上述条件重叠时,铺设数量只增加一次;轨枕加强地段每千米增加的轨枕数量和最多铺设根数见表 4-18 的规定。

表 4-18 每千米增加的轨枕数量和最多铺设根数

轨枕类型	新Ⅱ型混凝土枕	木枕
增加的轨枕数量(根/km)	80	160
最多铺设根数(根/km)	1 840	1 920

(8)下列地段不宜铺设混凝土枕:

①铺设木岔枕的普通道岔两端各 5 根轨枕。

②明桥面和铺设木枕的有砟桥的桥台挡砟墙范围内及其两端各不少于 15 根轨枕(有护轨时应延至梭头外不少于 5 根轨枕)。

(9)轨枕应按设计技术条件规定的标准铺设,非同类型轨枕不得混铺(道岔内专用钢枕除外)。

①混凝土枕与木枕、混凝土枕与混凝土宽枕的分界处,距钢轨接头不得少于 5 根轨枕。木枕与混凝土宽枕之间,应用混凝土枕过渡,其长度不得少于 25 m。

②铺设混凝土岔枕,应用Ⅲ型混凝土枕过渡。

a. 道岔直向过渡枕

v_{max}≤120 km/h 时,道岔直向两端过渡枕均不得少于 50 根;v_{max}>120 km/h 时,道岔直向两端过渡枕均不得少于 75 根。

b. 道岔侧向过渡枕(含岔后长岔枕)

18 号道岔侧向过渡枕不得少于 38 根;30 号及以上道岔侧向过渡枕不得少于 65 根。

③同一岔区道岔与道岔之间应铺设与过渡枕同规格的轨枕。

2. 混凝土轨枕伤损标准

应保持正线及到发线接头轨枕无失效,其他处所无连续失效(含岔枕)。轨枕失效及混凝土枕严重伤损标准如下:

(1)混凝土枕失效标准(含混凝土宽枕、混凝土岔枕及短轨枕)

①明显折断。

②纵向通裂:

a. 挡肩顶角处缝宽大于 1.5 mm。

b. 纵向水平裂缝基本贯通(缝宽大于 0.5 mm)。

③横裂(或斜裂)接近环状裂纹(残余裂缝宽度大于 0.5 mm 或长度超过 2/3 枕高)。

④挡肩破损，接近失去支承能力(破损长度超过挡肩长度的 1/2)。

⑤严重掉块，影响钢轨或扣件正常安装及使用，或影响轨枕其他正常使用功能。

(2)混凝土枕严重伤损标准

①横裂裂缝长度为枕高的 1/2～2/3。

②纵向通裂：

a. 两螺栓孔间纵裂(挡肩顶角处缝宽不大于 1.5 mm)；

b. 纵向水平裂缝基本贯通(缝宽不大于 0.5 mm)。

③挡肩破损长度为挡肩长度的 1/3～1/2。

④严重网状龟裂和掉块。

⑤承轨槽压溃，深度超过 2 mm。

⑥钢筋(或钢丝)外露(钢筋未锈蚀，长度超过 100 mm)。

⑦斜裂长度为枕高的 1/2～2/3。

四、轨道加强设备

列车运行时，车轮作用于钢轨，不仅产生竖向力和横向力，还由于车轮的阻力及制动力等原因而产生纵向力。这些作用力由钢轨基础的抵抗力来克服，如果抵抗力小于作用力，钢轨就会纵向移动，扣件阻力大于道床阻力的条件下，还会带动轨枕一起移动，这种移动叫轨道爬行。作用于钢轨上的纵向水平力称为爬行力。

铁路线路容易发生爬行的地方是单线线路的重车方向、双线线路的区间正线、长大坡道的下坡道，线路爬行最为严重的地段是进站时的制动距离范围内。

(一)线路爬行

1. 线路爬行原因

(1)钢轨在动荷载作用下的波浪形挠曲：钢轨因受机车车辆动荷作用而发生挠曲时，钢轨断面发生转动，轨顶被缩短、轨底被拉长。

当钢轨与轨枕的联结不牢，在受到车辆轴重，钢轨挠曲时，车轮前钢轨断面的转动引起轨底在垫板上顺着行车方向而滑动，这就造成爬行。

(2)列车制动：机车车辆的制动，也在运行的方向上产生爬行力。列车减速、限速或停车、制动往往会产生一些车轮沿钢轨滑行现象，引起与列车运行方向一致的爬行。

(3)列车运行阻力：列车运行时，机车要克服许多阻力，如车轮滚动和滑动摩阻力、曲线运行附加阻力等，速度高、轴重大的地段，容易产生爬行。

(4)钢轨温度变化：钢轨在温度应力作用下，钢轨伸缩也能造成线路爬行。

(5)轨道几何状态不良：列车通过时会引起轨道弹跳，降低道床阻力，增加轮对阻力，产生爬行。

2. 线路爬行的危害

爬行是轨道被破坏的重要原因之一，它能引起轨枕位置歪斜、间距不正和轨缝不匀等现象，对线路的破坏性很大。钢轨爬行不仅带动接头枕木产生接头病害，而且其他枕木的位移也使线路几何尺寸发生变化。为防止线路爬行而采取的轨道辅助设备，通称为轨道加强设备。

(二)轨道加强设备

1. 轨道防爬设备

防止线路爬行的措施是加强轨道的中间扣件的扣压力和接头夹板的夹紧力,同时采用以防爬器和防爬支撑组成的防爬设备来共同抵抗钢轨爬行,还可以安装轨距杆或轨撑。

(1)防爬器

我国目前广泛使用的是穿销式防爬器。这种防爬器每个可以承受 30 kN 的爬行力。防爬器是由带挡板的轨卡和穿销组成,如图 4-13 所示。

穿销式防爬器与轨枕之间设置木制承力板。承力板的面积应不小于防爬器挡板的面积,厚度为 50 mm,允许误差为±10 mm;混凝土枕地段承力板呈楔形,窄面厚度为 50 mm,允许误差为±10 mm。防爬器可以和防爬支撑同时使用。

(2)防爬支撑

为了充分发挥防爬器的作用,在线路上使用时,在 3～5 根轨枕之间安装防爬支撑,形成一个整体,组成一组防爬设备,共同抵抗线路爬行力,如图 4-14 所示。

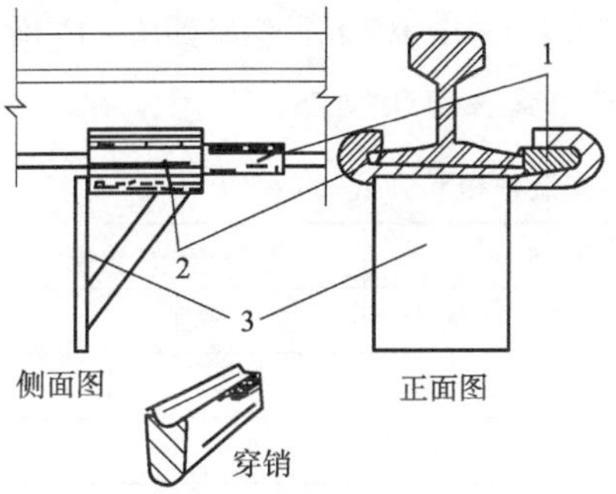

图 4-13 穿销式防爬器

1—穿销;2—轨卡;3—挡板

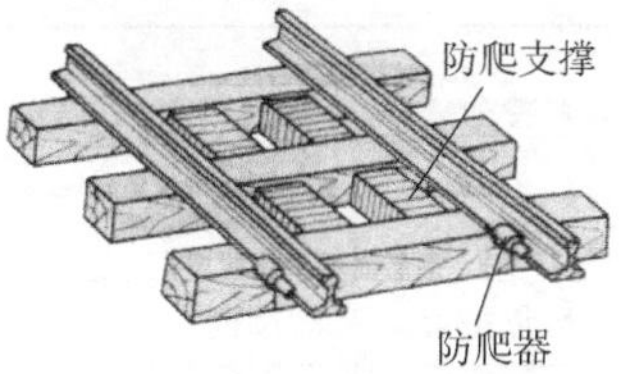

图 4-14 防爬设备安装图

防爬支撑可用木质、石料或钢筋混凝土等制造。防爬支撑断面一般不小于 120 cm^2,安装时防爬器与轨枕之间应设承力板。混凝土枕地段安装防爬支撑时,如用混凝土或石料支撑,应在两端加楔形垫木,垫木斜面与混凝土枕坡面一致;如用木料支撑,应按轨枕间距与其斜坡面锯制。

(3)轨距杆

曲线地段受列车横向力作用,钢轨会发生横移式向外倾斜,导致轨距扩大。为保证曲线轨道稳定,可以安装一定数量的轨距杆和轨撑。

除采用上述防爬措施外,现场有时也采用地锚拉杆的方法来加强线路防爬。

2. 防爬设备安装规定及防爬措施

(1)安装规定

曲线地段应按下列条件安装轨距杆或轨撑:

①铺设木枕线路,正线半径 800 m 及以下和站线半径 450 m 及以下的曲线,按表 4-19 的规定安装轨距杆或轨撑。半径 350 m 及以下的曲线和道岔导曲线,可根据需要同时安装轨距杆和轨撑。

表 4-19 轨距杆或轨撑安装数量

曲线半径(m)	轨距杆(根)		轨撑(对)	
	25 m 钢轨	12.5 m 钢轨	25 m 钢轨	12.5 m 钢轨
$R\leqslant 350$	10	5	14	7
$350<R\leqslant 450$	10	5	10	5
$450<R\leqslant 600$	6～10	3～5	6～10	3～5
$600<R\leqslant 800$	根据需要安装			

②铺设混凝土枕线路，采用弹条扣件时，不安装轨距杆或轨撑；采用其他扣件时，行驶电力机车区段半径 600 m 及以下的曲线、其他区段半径 350 m 及以下的曲线，可根据需要比照表 4-21 安装。

③设有轨道电路的线路，安装轨距杆时，应使用绝缘轨距杆。

(2)铺设木枕的线路、道岔，采用分开式扣件时，如无爬行，可不安装防爬设备；采用道钉联结时，正线、到发线上的线路和道岔应安装防爬设备，防爬器安装数量和方式见表 4-20 和表 4-21；正线、到发线上的道岔、绝缘接头、桥梁前后各 75 m 地段及驼峰线路，应增加防爬设备数量；其他站线的线路、道岔，应根据爬行情况，适当安装防爬设备。

表 4-20 正线线路防爬器安装数量和方式

线路及运营特征	安装方向	非制动地段(对)		制动地段(对)	
		25 m 钢轨	12.5 m 钢轨	25 m 钢轨	12.5 m 钢轨
复线单方向运行线路	顺向/逆向	6/2	3/1	8/2	4/1
单线两方向运量接近	顺向/逆向	4/4	2/2	6/4	3/2
单线两方向运量显著不同	运量大/运量小	6/2	3/1	8/2	4/1
	运量小/运量大	—	—	4/6	2/3

注：①表中分子表示制动方向安装对数，分母表示另一方向安装对数；

②到发线比照正线处理；

③非标准长度钢轨，可比照本表安装。

表 4-21 正线道岔防爬器安装数量和方式

安装位置	安装方向	9 号道岔(对)		12 号道岔(对)		18 号道岔(对)	
		单线	双线	单线	双线	单线	双线
尖轨跟后	正方向/反方向	4/4	4/4	6/6	8/4	6/6	6/6
中间部分	正方向/反方向	—	—	—	—	4/4	6/2
辙叉趾前	正方向/反方向	4/4	6/2	4/4	6/2	6/6	8/4

注：①到发线道岔比照正线道岔办理；

②其他型号道岔，可比照本表安装。

(3)铺设混凝土枕的线路、道岔，采用弹条扣件时，可不安装防爬设备；采用其他扣件时，对线路坡度大于 6‰地段、制动地段、驼峰线路和正线及到发线上的道岔、绝缘接头、桥梁(明桥面)前后各 75 m 地段，可按具体情况适当安装防爬设备。

(4)在碎石道床地段，每组防爬设备的组成：单方向锁定为 1 对防爬器和 3 对支撑；双方向锁定为 2 对防爬器和 3 对支撑。

防爬设备应安装在钢轨中部,接头附近 2 根轨枕不宜安装。防爬支撑宜安装在钢轨底下,也可安装在与轨底边净距不小于 350 mm 的道心内。

防爬器与轨枕之间应设承力板,防爬支撑断面不应小于 120 cm^2,防爬支撑应与轨枕密贴。

3. 轨道加强设备的伤损标准

轨道加强设备应保持数量齐全、作用良好,缺少时应有计划地补充。防爬设备的安装数量和方式与线路锁定要求不相适应时,应及时调整。线路爬行量大于 20 mm 时应及时整正。

轨道加强设备伤损达到下列标准,应有计划地修理或更换:

(1)轨距杆折断或丝扣损坏,螺帽、垫圈、铁卡损坏或作用不良。

(2)轨撑损坏或作用不良。

(3)防爬器折损,穿销不紧或作用不良。

(4)防爬支撑断面小于 110 cm^2,损坏、腐朽或作用不良。

五、有砟道床

(一)道床的功用

(1)道床是轨道的重要组成部分,它承受轨枕传来的压力,并把这个力均匀传布于较大的路基面上。

(2)清洁的道床可排除线路上的雨水和地表水,以保持轨枕及路基面的干燥,防止路基松软、翻浆而引起轨道下沉。

(3)道床具有一定弹性,可缓和列车对线路的冲击,并可减缓水平、方向的变化,以保持轨道的稳定性。

(4)饱满密实的道床,可防止轨道横向移动和线路爬行。

(5)道床是捣固整治水平的材料,也是拨正方向、阻止回弹的材料。

(二)道床的材料及规格

道床材料以质地坚韧、不易风化的碎石为宜。目前我国多采用碎石、砂子为主要道床材料,干线上主要采用优质碎石一级道砟,允许速度 200 km/h 的线路应采用一级碎石道砟,允许速度大于 200 km/h 的线路应采用特级碎石道砟,高速铁路有砟道床应采用特级碎石道砟,其材质应符合相关标准要求,并应经水洗。道床材料要求质地坚固、吸水度低、排水性能强、不易风化。

一般土质筑成的路基面上道床可分为两层:①砂垫层;②普通道砟。砂垫层采用粗砂和中砂,厚度为 20 cm。它可使道砟不至于压入路基面,有利于排水,并可阻止路基翻浆冒泥。

道砟必须有“碎石道砟产品合格证”,作为竣工验收和评定道床质量的依据。大修、维修补充的道砟应采用一级道砟,其粒径级配见表 4-22。

表 4-22 道砟粒径级配表($v_{max}<200$ km/h)

方孔筛孔边长(mm)	25	35.5	45	56	63
过筛质量百分率(%)	0~5	25~40	55~75	92~97	97~100

《既有线提速 200～250 km/h 线桥设备维修规则》规定：对碎石道砟粒径级配要求见表 4-23、表 4-24。

表 4-23　道砟粒径级配（v_{max}=200 km/h）

方孔筛*边长(mm)	25	35.5	45	56	63
过筛质量百分率(%)	0～5	25～40	55～75	92～97	97～100

注：* 指金属丝编织的标准方孔筛。

表 4-24　碎石道砟粒径级配（200 km/h<v_{max}≤250 km/h）

粒径	筛分机底筛孔边长 31.5～50					
级配	方孔筛孔边长(mm)	22.4	31.5	40	50	63
	过筛质量百分率(%)	0～3	1～25	30～65	70～99	100
颗粒分布	方孔筛*孔边长(mm)	31.5～50				
	颗粒质量百分率(%)	≥50				

注：* 指金属丝编织的标准方孔筛。

允许速度 200～300 km/h 高速铁路有砟轨道线路区段对碎石道砟粒径级配要求见表 4-24。

（三）道床横断面

道床横断面包括道床厚度、顶面宽度及道床边坡坡度，如图 4-15 所示。

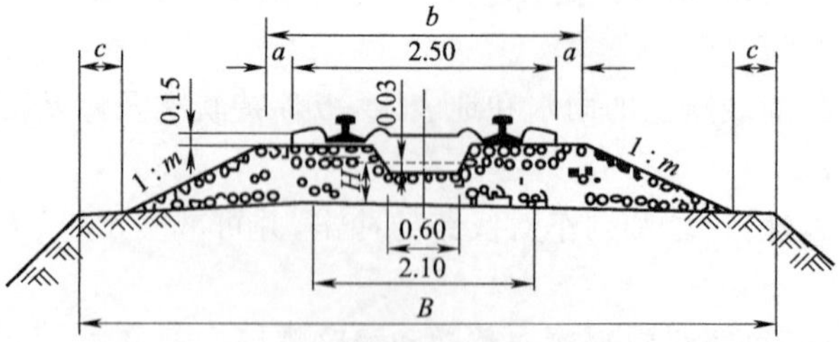

图 4-15　直线地段道床横断面(单位：m)

1. 道床厚度

道床厚度是指直线地段钢轨中心处轨枕底面至路基面的高度值或曲线地段内轨中心处轨枕底面至路基面的高度值。

道床厚度应以保证路基顶面不发生永久变形为原则。它是根据运量、轴重等运营条件和道砟质量、路基强度及轨枕间距等轨道条件而定。

线路大、中修时，必须清筛道床、补充道砟，并对基床翻浆冒泥地段进行整治。枕下道床厚度应符合表 4-25 的规定。

表 4-25　道床厚度标准(mm)

五年内年计划通过总质量(Mt)		$W_{年}$≥50	50>$W_{年}$≥25	25>$W_{年}$≥15	$W_{年}$<15
无垫层的碎石道床	一般路基	450	450	400	350
	不易风化的岩石、碎石路基	350	350	300	300
有垫层的碎石道床(碎石/垫层)		300/200	300/200	250/200	250/200
有砟桥面上的碎石道床	v_{max}≤120 km/h	250			
	v_{max}>120 km/h	300			

道床大修后，无垫层的碎石道床，枕下清砟厚度不得小于 300 mm；特殊困难条件下道床厚度不足 300 mm 时，应清筛至路基面，并做好排水坡。

运量小、允许速度低的线路或在隧道内、桥梁上和车站内受建筑物限制时，可酌情降低道床厚度。但正线木枕地段碎石道床厚度不得小于 200 mm，混凝土枕地段不得小于 250 mm，站线不得小于 200 mm。

《既有线提速 200～250 km/h 线桥设备维修规则》规定：道床厚度应符合表 4-26 的规定。

表 4-26 道床厚度标准(mm)

速度			$v_{max}=200$ km/h	200 km/h$<v_{max}\leqslant$250 km/h
道床厚度(mm)	无垫层的碎石道床	一般路基	450	450
		不易风化的岩石、碎石路基	350	350
	有垫层的碎石道床(碎石/垫层)		300/200	350/200
桥上及隧道内道床厚度(mm)			350	350

注：①既有线提速 200～250 km/h 地段，有垫层的碎石道床的碎石厚度和桥上及隧道内道床厚度可暂时保留为 300 mm，并应结合更改或大修进行改造；200 km/h 地段桥上道床厚度困难条件下不得小于 250 mm；由于条件限制道床厚度不能满足要求时，可采取铺设弹性轨枕等措施；

②既有线提速 250 km/h 地段的桥梁上及隧道内，应结合更改或大修采取弹性过渡措施。

2. 道床顶面宽度

道床顶面宽度决定于线路种类。不同种类的线路，其道床顶面宽度也不同。道床在轨枕两端的伸出部分称为道床肩宽，道床顶面宽度等于轨枕长度与两端道床肩宽之和。为了保证道床有足够的横向阻力和防止道砟从轨枕端部下面被挤出，我国铁路规定：道床肩宽为 20～30 cm，在曲线上，还应在曲线外侧适当加宽道床，见表 4-27。

表 4-27 道床顶面宽度及边坡坡度

线路类别			顶面宽度(m)	曲线外侧加宽(m)		砟肩堆高(m)	边坡坡度
				半径	加宽		
正线	无缝线路	$v_{max}>$ 160 km/h	3.5	—	—	0.15	1∶1.75
		$v_{max}\leqslant$160 km/h	3.4	≤800	0.10	0.15	1∶1.75
	普通线路	100 $<v_{max}\leqslant$120 km/h	3.1	≤600	0.10	—	1∶1.75
		$v_{max}\leqslant$100 km/h	3.0	≤600	0.10	—	1∶1.75
站线	无缝线路	Ⅲ型混凝土枕	3.4	≤600	0.10	0.15	1∶1.75
		其他轨枕	3.3				
	普通线路	Ⅲ型混凝土枕	3.0	—		—	1∶1.5
		其他轨枕	2.9				

轨底处道床顶面应低于轨枕顶面 20～30 mm。Ⅰ型混凝土枕中部道床应掏空，其顶面低于枕底不得小于 20 mm，长度应为 200～400 mm；Ⅱ型和Ⅲ型混凝土枕中部道床应填平，并不高于轨枕顶面。

有砟桥上应设挡砟墙(块)，无缝线路地段应满足砟肩堆高的要求。

《既有线提速 200～250 km/h 线桥设备维修规则》规定：道床顶面宽度及边坡坡度应符合表 4-28 规定。

表 4-28　道床顶面宽度及边坡度

线路类别	顶面宽度(m)	砟肩堆高(m)	边坡坡度
v_{max} = 200 km/h	3.5	0.15	1∶1.75
200 km/h < v_{max} ≤ 250 km/h	3.6	0.15	1∶1.75

Ⅲ型轨枕中部道床顶面与轨枕顶面平齐。允许速度为 200 km/h 时，轨底处道床顶面应低于轨枕承轨面 20～30 mm；允许速度大于 200 km/h 时，轨底处道床顶面应低于轨枕承轨面 30～40 mm。

《高速铁路有砟轨道线路维修规则(试行)》规定：正线有砟道床尺寸应符合表 4-29 规定。

表 4-29　道床断面尺寸

速度等级 km/h	砟肩宽度(m)	厚度(mm)	边坡	砟肩堆高(mm)	道床顶面位置(mm)		
					轨枕中部	轨底处	道岔区
200～250(不含)	不小于 0.5	350	1∶1.75	150	与轨枕顶面平齐	轨枕承轨面以下 30～40	岔枕顶面以下 30～40
250～300				100		轨枕承轨面以下 40～50	岔枕顶面以下 40～50

3. 道床边坡坡度

道床边坡坡度与行车速度有关。边坡太陡，在列车动力作用下，道砟普遍坍落，会引起方向和水平发生变化，因此道床边坡坡度应按规定设置。

4. 混凝土宽枕线路道床

混凝土宽枕线路的道床，由面砟带和底层组成，均应采用一级道砟。有垫层时道床厚度不得小于 250 mm，无垫层时不得小于 350 mm；在岩石、渗水土路基上，隧道内及有砟桥面上，不得小于 200 mm。面砟带道砟粒径级配见表 4-30，厚度为 50 mm，每股轨下两侧宽度应各为 450～500 mm，底层为普通碎石道砟。道床顶面宽度不得小于 2.9 m，允许速度大于 120 km/h 的线路，道床顶面应与宽枕顶面平齐，其他线路枕端埋入道床深度不得小于 80 mm。

表 4-30　面砟粒径级配

方孔筛孔边长(mm)	10	16	20	25	30	35.5
过筛质量百分率(%)	0～5	5～15	25～40	55～75	95～100	100

垫砟起道用的道砟，采用火成岩材料，粒径为 8～20 mm。

道床应保持饱满、均匀和整齐，并应根据道床不洁程度有计划地进行清筛，保持道床弹性和排水良好。道床应按规定保持密实，防止轨枕空吊、道床翻浆。

(四)道床病害及整治

1. 道床病害的成因

(1)道砟的材质不良

未采用优质道砟，道砟强度低，耐磨性和抗冲击性、抗压碎性能差，而且磨损后呈粉末状，容易出现翻浆、板结等病害，对行车安全威胁极大。道砟在列车动载的反复作用下，颗粒间相互挤压、磨损，道砟棱角磨圆，丧失弹性。

(2)道砟级配原因

道砟的片状和针状都会减小道床颗粒间的咬合力，从而减小道床的弹性和道床阻力。

(3)路基基床翻浆病害引发道床病害

路基基床翻浆发生在非渗水性或弱渗水性填料填筑的路基地段，通常情况下，造成基床翻浆的原因有两种：

①路基基床密实度不足。在列车长期动载作用下，道砟颗粒嵌入基床形成道砟囊，致使地表水无法排出，形成翻浆、积水等路基基床病害。由于道砟囊分布比较复杂，其深度和范围随着形成时间的延长而不断加深和扩大。

②维修作业不当。日常维修作业或中修清筛道床作业中，将路基基面的平顺度破坏或将原有的路拱破坏，导致路基表面抗洼不平或反坡，路基表面排水不畅。

③外物脏污影响。刮风下雨将空气中的沙尘流入道床，货物列车粉状物散落在道床肩部与边坡上，客车的垃圾及粪便落入道床，这些物质严重污染道床，减小道床的渗水性和弹性，形成板结、翻浆等道床病害。

2. 道床病害的防治

(1)改善道床质量

①坚持正线道砟使用一级花岗岩或石英岩道砟，严格控制片状和针状含量，最大限度降低含污量，使道砟的材质和级配符合标准。

②适时安排中修，清筛不洁道床。

③结合维修，对边坡污染严重区段进行边坡清筛，改善道床的渗水性，预防积水、翻浆病害的发生。

(2)整治基床病害，恢复基床的密实度和排水顺畅

①对基床病害的现状进行调查、分析，然后采取相应措施进行整治。

②对基床填料不良或基床密实度不足引起的翻浆病害应采取基床土换填，改善基床填料的土质条件，彻底恢复路拱，设足横向排水坡，确保基面排水顺畅，有条件的话，可以用氯丁橡胶、橡胶排水板、土工布等新型材料封闭路基面，隔绝地表水对路基面的浸泡，避免因基床土含水量大而导致路基基床承载力不足引发的基床病害。

③对因路拱破坏而引起的基床排水不畅、翻浆、积水等病害，应采取在路基一侧或两侧设横向的渗沟，用卵石和粗砂作反滤层，在路堑地段还应加深侧沟，以保证横向渗沟流水能顺利排走。

④对道砟囊引起的道床病害应根据道砟囊的深度和路堤或路堑等条件采取不同措施。

⑤对道砟囊较浅的路堤地段或侧沟有条件加深的路堑地段，应采取设横向渗沟的办法，此方法对行车干扰小、成本低、难度小，便于实施。

(3)加强标准化作业，避免在中修和维修作业中对原有路基的破坏

在线路中修中，尤其是在人工清筛中，一定要避免对原有路拱造成破坏。在维修作业边坡清筛和整理道床作业时，要注意保持路基面的平顺，确保路基面不积水，排水顺畅。

(4)综合整治接头病害，避免引发道床病害，形成恶性循环

对伤损钢轨接头、低接头进行焊补打磨，严重的进行更换，采用高弹性的胶垫，对失效轨枕

进行更换，对坍砟接头、翻浆进行清筛及路基综合整治措施，保持接头线路的平顺和轨枕、道床状态良好。

(5)改善外部条件，减小对道床的污染

绿色长廊，减小砂、尘污染；加强粉状货物列车管理，避免粉状货物散落入道床；严格客车垃圾回收和到站统一清理，杜绝粪便直接流入道床，从而改善工务工作的环境，减小对道床的污染。

六、无砟道床

无砟轨道是以混凝土或沥青混合料等取代散粒道砟道床而组成的轨道结构形式。我国高速铁路的轨道结构从总体上分为两类：一类为传统的有砟轨道；另一类为无砟轨道。实践表明，两种轨道结构均可保证高速列车的安全运营。但由于两类轨道结构在技术经济方面的差异，各国均根据国情、铁路的特点合理选用，以取得最佳的技术经济效益。普速铁路目前也有部分区段采用无砟道床，无砟道床分为双块式、轨枕埋入式和弹性支承块式无砟道床等。

(一)双块式和轨枕埋入式无砟道床结构及主要技术要求

(1)路基地段道床结构由双块式轨枕(或长枕)、道床板、支承层或底座等部分组成。道床板为纵向连续式或分块式钢筋混凝土结构，纵向连续式道床板在支承层上构筑，分块式道床板在钢筋混凝土底座上构筑。曲线超高在路基基床表层上设置。

(2)桥梁地段道床结构由双块式轨枕(或长枕)、道床板、隔离层、底座及凹槽周围弹性垫层等部分组成。道床板、底座沿线路纵向分块构筑。道床板与底座间设置隔离层，底座设置限位凹槽，凹槽侧立面设弹性垫层。底座通过梁体预埋套筒植筋或预埋钢筋与桥梁连接。曲线超高在底座上设置。

(3)隧道地段道床结构由双块式轨枕(或长枕)、道床板等部分组成，道床板为纵向连续式或分块式钢筋混凝土结构。道床板在隧道仰拱回填层(有仰拱隧道)或底板(无仰拱隧道)上构筑。曲线超高在道床板上设置。

(4)双块式轨枕、长枕不得有裂缝，道床板混凝土不得有横向或竖向贯通裂缝。

(5)底座不得有横向或竖向贯通裂缝。

(6)路基地段支承层不得有竖向贯通裂缝，支承层与道床板、路基基床表层间应密贴。

(7)排水通道应保持通畅，道床板表面不得积水。

(二)弹性支承块式无砟道床结构及主要技术要求

(1)道床结构由混凝土支承块、橡胶套靴、块下垫板、道床板等部分组成。道床板为纵向连续式或分块式钢筋混凝土结构，在隧道仰拱回填层(有仰拱隧道)或底板(无仰拱隧道)上构筑。曲线超高在道床板上设置。

(2)支承块不得有裂缝，道床板混凝土不得有横向或竖向贯通裂缝。

(3)排水通道应保持通畅，道床板表面不得积水。

(三)无砟道床伤损等级

无砟道床伤损等级分为Ⅰ级、Ⅱ级、Ⅲ级。对Ⅰ级伤损应做好记录，对Ⅱ级伤损应列入维修计划并适时进行修补，对Ⅲ级伤损应及时修补。

(1)双块式无砟道床伤损形式及伤损等级判定标准见表4-31。

(2)轨枕埋入式无砟道床伤损形式及伤损等级判定标准见表4-32。

(3)弹性支承块式无砟道床伤损形式及伤损等级判定标准见表4-33。

表4-31　双块式无砟轨道道床伤损形式及伤损等级判定标准

伤损部位	伤损形式	判定项目	评定等级			备　注
			Ⅰ	Ⅱ	Ⅲ	
双块式轨枕	裂缝	宽度(mm)	0.1	0.2	0.3	掉块、缺损应适时修补
道床板	裂缝	宽度(mm)	0.2	0.3	0.5	
	轨枕界面裂缝	宽度(mm)	0.2	0.3	0.5	
支承层	裂缝	宽度(mm)	0.3	0.5	1.0	
底座	裂缝	宽度(mm)	0.2	0.3	0.5	

表4-32　轨枕埋入式无砟道床伤损形式及伤损等级判定标准

伤损部位	伤损形式	判定项目	评定等级			备　注
			Ⅰ	Ⅱ	Ⅲ	
长枕	裂缝	宽度(mm)	0.1	0.2	0.3	掉块、缺损应适时修补
道床板	裂缝	宽度(mm)	0.2	0.3	0.5	
	轨枕界面裂缝	宽度(mm)	0.2	0.3	0.5	
底座	裂缝	宽度(mm)	0.2	0.3	0.5	

表4-33　弹性支承块式无砟道床伤损形式及伤损等级判定标准

伤损部位	伤损形式	判定项目	评定等级			备　注
			Ⅰ	Ⅱ	Ⅲ	
支承块	裂缝	宽度(mm)	0.1	0.2	0.3	掉块、缺损应适时修补
道床板	裂缝	宽度(mm)	0.2	0.3	0.5	

第二节　轨道几何尺寸

一、轨　　距

轨距指钢轨踏面下16 mm范围内两股钢轨工作边之间的最小距离。

轨距分为三种：标准轨距、宽轨距和窄轨距。《技规》规定，线路直线地段的标准轨距为1 435 mm，曲线地段按不同半径给予加宽。轨距的容许误差应符合《普速铁路线路修理规则》(以下简称《普速修规》)规定。

轨距变化应和缓平顺，轨距变化率(不含规定的递减率)允许速度大于120 km/h正线不得大于1‰，允许速度不大于120 km/h正线及到发线不得大于2‰，其他站线不得大于3‰。

二、水平、三角坑

水平指的是轨道上左右两股钢轨顶面的高差，其必须满足均匀承受车辆传来的力量和车辆运行平稳的要求。

线路上实际存在两种形式的钢轨水平误差：一种是水平差，就是在较长的距离内，一股钢轨顶面始终高于另一股。另一种是三角坑(扭曲)，就是在一段不太长的距离内，钢轨顶面连续出现两个正负不同的水平差，检查三角坑时基长为 6.25 m，但在延长 18 m 的距离内无超过《普速修规》规定的三角坑。

通常水平差即使超过允许误差标准，也只是引起车辆的摇晃和两股钢轨的不均匀受力及磨耗。但如果在 18 m 的距离内，有超过允许偏差的三角坑管理值(尽管水平都不超限)，就有可能使车辆的四个车轮只有三个正常压紧钢轨，另一个悬空。如果此时再有一个巨大的横向力作用，悬空的车轮就有可能爬上钢轨顶面，造成脱轨事故。因此，线路上如发现超限三角坑，需及时消除。

为了使两股钢轨均匀承受荷载，保证车辆平稳运行，线路两股钢轨顶面，在直线地段，应保持同一水平，曲线地段按规定设置超高。水平、三角坑容许误差应符合《普速修规》规定。

三、轨　向

轨向是指钢轨头部内侧面沿钢轨方向的横向凹凸不平顺，即直线上轨道是否直，曲线上轨道是否圆顺。直线上以 10 m 弦在轨头内侧顶面下 16 mm 处量取最大矢度。轨道的中心线位置，应与它的设计位置一致。直线不直，必然会引起列车的蛇行运动。相对轨距来说，轨道方向往往是控制性的。只要方向偏差保持在容许范围内，轨距变化对车辆的影响就不会很大。所以，轨道方向对行车平稳有着特别重要的意义。线路轨向容许偏差应符合《普速修规》规定。

四、高　低

高低是指钢轨顶面沿钢轨方向的竖向凹凸不平顺，在钢轨顶面中间以 10 m 弦量取最大矢度。

轨道高低不平顺，主要是路基沉陷、捣固不良、扣件松动、枕木腐朽和钢轨磨耗等因素造成。有些地段，表面上看轨面是平顺的，但实际上轨底与铁垫板或轨枕之间存在间隙(间隙超过 2 mm 时称为吊板)或轨枕与道砟之间存在空隙(空隙超过 2 mm 时称为空板或暗坑)，当列车通过时，这些地段的轨道下沉较大，也会产生不平顺。

轨道高低不平顺，危害甚大。列车通过这些地方时，冲击力增加，使道床变形加速，从而又进一步扩大不平顺，使机车车辆对轨道的破坏力增大。所以，对轨道来说，这是一个恶性循环过程。线路高低容许偏差应符合《普速修规》规定。

五、轨 底 坡

因车轮踏面设计成锥形，踏面上有两个坡度。经常与钢轨顶面接触的车轮踏面是 1∶20 坡度的圆锥面，1∶10 的坡度只在小半径曲线上才与钢轨接触。所以在直线上，钢轨不应该竖直铺设，而在轨底设置一个坡度，人为地使得两股钢轨顶面向线路中心线倾斜。钢轨中心线与垂直线之间的倾斜度称为轨底坡。在木枕地段，轨底坡是通过楔形垫板设置的；混凝土轨枕槽事先就按轨底坡的规定做成斜面，不需另设垫板。

我国铁路线路上直线轨底坡采用 1∶40，曲线轨底坡根据需要调整。

轨底坡是否正确，可以从钢轨顶面上的光带位置判定。如果光带偏向内侧，说明轨底坡不足;如果光带偏向外侧,则说明轨底坡过大;如果光带居中,则说明轨底坡合适。线路养护维修工作时,可根据光带位置对轨底坡进行调整。

第三节 曲线知识

铁道线路在平面上由一个方向转向另一个方向时,中间必须用曲线来连接,这种曲线称为平面曲线。只有一个半径的曲线称为单曲线。由两个或两个以上不同半径组成的曲线称为复心曲线。线路上设置曲线时,应尽量采用单曲线,仅在困难条件下才设置复心曲线。

铁道线路在纵断面上由一个坡度转向另一个坡度,或由平坡与坡道连接时,当其代数差大于某一定值时,中间也必须用曲线连接,这种曲线称为竖曲线。竖曲线有圆曲线形和抛物线形两种。

一、曲线要素与技术条件

(一)曲线的基本要素

如图 4-16 所示,曲线的基本要素如下:

(1)曲线的转向角 α(转向角和线路中心角相等)。

(2)曲线半径 R(即圆曲线半径)。

(3)曲线切线长 T。

(4)曲线外矢距 E。

(5)曲线全长 L。

(6)缓和曲线长 l_0。

图中虚线为无缓和曲线的情况,实线为有缓和曲线的情况。

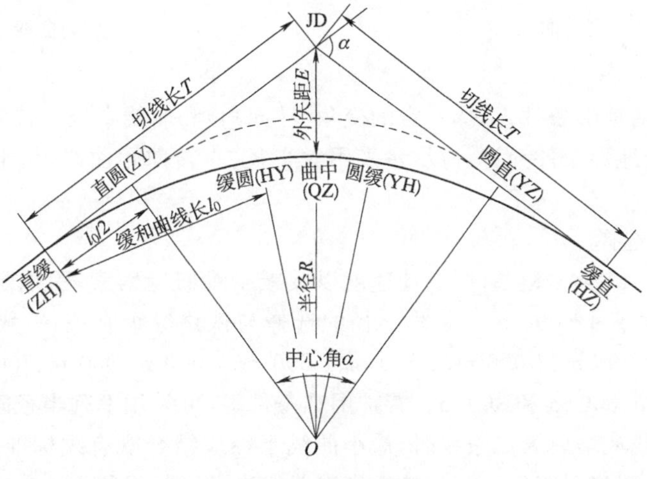

图 4-16 曲线各要素

ZY—单圆曲线始点(直圆点);YZ—单圆曲线终点(圆直点);ZH—缓和曲线始点(直缓点);
HZ—缓和曲线终点(缓直点);HY—缓和曲线接圆曲线之交点(缓圆点);
YH—圆曲线接缓和曲线之交点(圆缓点);QZ—整个曲线的中央点(曲中)

（二）曲线种类

铁道线路在平面上由一个方向转向另一个方向时，中间必须用曲线来连接，这种曲线称为平面曲线。

（1）单曲线：只有一个半径的曲线称单曲线，如图 4-17 所示。

（2）复曲线：由两个或两个以上不同半径组成的曲线称复曲线，如图 4-18 所示。

（3）同向曲线：两相邻曲线转向角方向相同的曲线称同向曲线，如图 4-19 所示。

（4）反向曲线：两相邻曲线转向角方向相反的曲线称反向曲线，如图 4-20 所示。

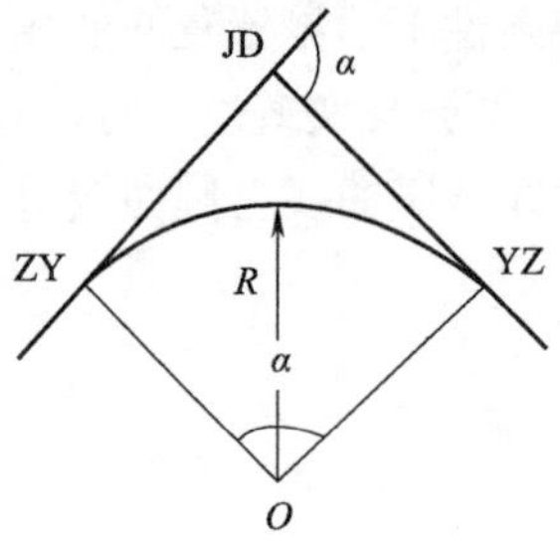

图 4-17　单曲线

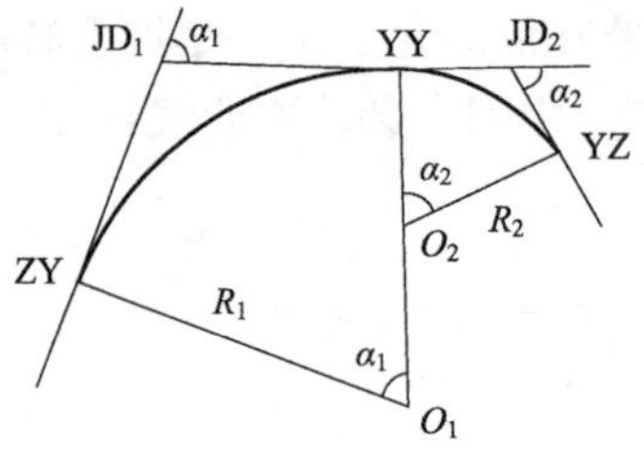

图 4-18　复曲线

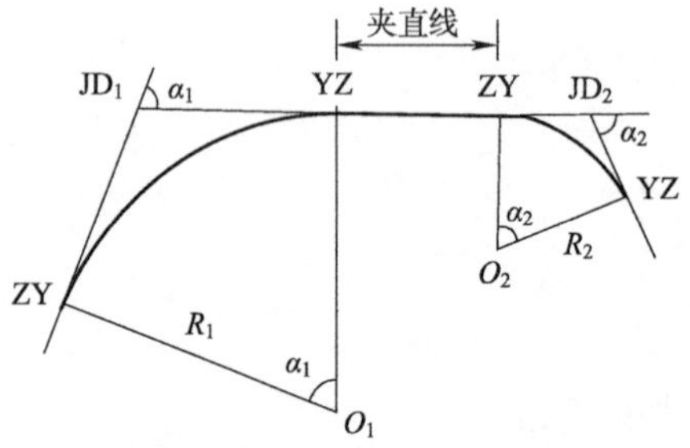

图 4-19　同向曲线

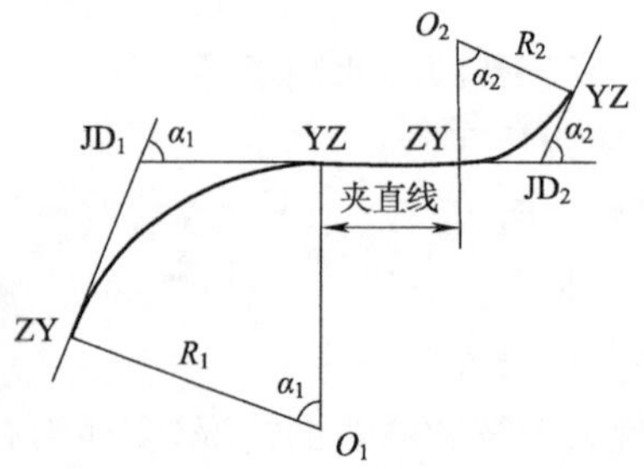

图 4-20　反向曲线

（三）曲线半径

线路根据不同的地形条件，选择一定的交角（转向角）和曲线半径。转向角愈小，列车运行条件愈好。因此，若地形条件允许，应尽量采用大半径、小转向角曲线，但半径太大，又难以保持正确的位置。

1. 曲线半径的选择

正线曲线半径应结合工程条件、设计速度以及减少维修等因素，因地制宜，由大到小合理选用，最大值不应大于 12 000 m。曲线半径的选择与铁路等级有关，一般宜采用下列数值：4 000 m、3 000 m、2 500 m、2 000 m、1 500 m、1 200 m、1 000 m、800 m、700 m、600 m、550 m、500 m、450 m、400 m、350 m 和 300 m。特殊困难条件下，可采用上列半径间 10 m 整数倍的曲线半径。改建既有线或增建第二条线时，最小曲线半径应结合既有线标准比选确定。困难条件下，按上述标准改建将引起巨大工程的个别小曲线半径可予保留。

2. 最小曲线半径

曲线半径也不能太小，否则影响行车速度，因此《铁路线路设计规范》（TB 10098—2017）规定不同等级的铁路，有不同的最小曲线半径。

客货共线铁路线路最小曲线半径不应小于表 4-34 规定的数值。

表 4-34 客货共线平面最小曲线半径(m)

路段设计行车速度(km/h)		200	160	120	100	80
工程条件	一般	3 500	2 000	1 200	1 200	600
	困难	2 800	1 600	800	800	500

注:车站两端减、加速地段,最小曲线半径应结合客车升行方案和工程条件,根据客、货列车行车速度和速差计算确定。

城际铁路线路正线平面最小曲线半径应符合表 4-35 的规定。

表 4-35 城际铁路线路平面最小曲线半径(m)

路段设计行车速度(km/h)		200	160	120
工程条件	一般	2 200	1 500	900
	困难	2 000	1 300	800

高速铁路线路区间与设计速度匹配的平面最小曲线半径见表 4-36。

表 4-36 高速铁路线路平面最小曲线半径(m)

设计速度(km/h)			350	300	250
工程条件	有砟轨道	一般	7 000	5 000	3 500
		困难	6 000	4 500	3 000
	无砟轨道	一般	7 000	5 000	3 200
		困难	5 500	4 000	2 800

车站正线的平面设计标准应符合下列规定:

区段站的正线应设计为直线。特殊困难条件下,如有充分技术经济依据,可设计为曲线,但其曲线半径不应小于表 4-37 规定的数值。中间站、越行站、会让站的正线宜设计为直线。困难条件下需设计为曲线时,其曲线半径不应小于表 4-37 规定的数值。

表 4-37 车站平面最小曲线半径(m)

<table>
<tr><td colspan="4">设计速度(km/h)</td><td>200</td><td>160</td><td>120</td><td>100</td><td>80</td></tr>
<tr><td rowspan="3">最小曲线半径</td><td colspan="3">区段站</td><td>2 000</td><td>1 600</td><td colspan="3">800</td></tr>
<tr><td rowspan="2">中间站、会让站、越行站</td><td rowspan="2">工程条件</td><td>一般</td><td>3 500</td><td>2 000</td><td>1 200</td><td>800</td><td rowspan="2">600</td></tr>
<tr><td>困难</td><td>2 800</td><td>1 600</td><td>800</td><td>600</td></tr>
</table>

(四)缓和曲线

为了使列车从直线进入圆曲线时不致因离心加速度和垂直加速度突然发生而使旅客产生不适,同时也不致因曲线外轨超高突然增加而使列车产生颠覆,要求直线与圆曲线间有一个曲率渐变的过程。直线与圆曲线间应采用缓和曲线连接。

1. 缓和曲线的作用

(1)为使列车从直线驶入曲线或从曲线驶入直线时,离心力不致突然产生或消失,就需要在圆曲线和直线之间增加一段相当长的曲线,其曲率从 0 逐渐增大到与圆曲线相同的曲率 $1/R$,或从圆曲线的曲率 $1/R$ 逐渐减小到 0。

(2)为平衡离心力,曲线外轨需要设置超高。为了使超高逐渐增加或减小,也需要有一段相当长的曲线(缓和曲线)来完成。

(3)对于半径小于350 m的曲线,轨距需要加宽,其加宽值也需要逐渐增加,因此也需要一段曲线来实现。

(4)缓和机车车辆对钢轨的冲击。

(5)使机车车辆在曲线上行驶平稳,保障旅客乘坐的舒适度。

2. 缓和曲线的线形

缓和曲线的线形有螺旋线、三次抛物线和更多级的抛物线线形等。我国铁路目前一般主要考虑平面形状的要求,采用三次抛物线形缓和曲线,而立面形状采用直线形外轨超高顺坡,如图4-21所示。

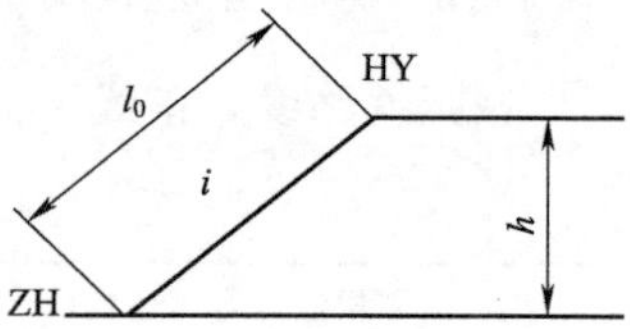

图4-21 缓和曲线超高顺坡

h—外轨超高;l_0—缓和曲线长;i—超高坡度

二、曲线轨道外轨超高

(一)设置曲线外轨超高的目的

列车由直线进入曲线时,所产生的离心力的大小,是决定于列车前进的速度和曲线半径。速度越高半径越小,则离心力就越大,作用在外轨的力也越大,外轨磨耗加剧,钢轨外挤。为了克服离心力对车辆的影响,应该有一个与离心力相反、大小相等向心力。这就需要将曲线外轨抬高(即设置超高),使车体内倾产生一个向心力,为平衡这个离心力。

设置曲线外轨超高能达到下列三个目的:

(1)减少曲线外股钢轨所受的垂直力和水平力,使两股钢轨受力均匀、垂直磨耗均匀等;

(2)保证轨道稳定,防止车辆倾覆;

(3)将离心力限制在一定范围内,保证旅客的舒适度。

(二)曲线外轨超高计算公式

1. 运营线上设置超高计算公式

列车在曲线上运行时产生的离心力以F表示;为防止车辆向外倾倒,在外轨设置超高度,使列车产生向心力P,如图4-22所示。

在线路直线地段,两股钢轨顶面应位于同一水平。在线路曲线地段,应根据曲线半径和实测行车速度,在外股钢轨合理设置超高(允许速度大于120 km/h的线路宜按旅客的舒适条件进行检算和调整超高值)。超高按公式(4-1)计算:

$$\begin{cases} H = 11.8\dfrac{v_j^2}{R} \\ v_j = \sqrt{\dfrac{\sum N_i Q_i v_i^2}{\sum N_i Q_i}} \end{cases} \tag{4-1}$$

式中 H——超高(mm);

v_j——平均速度(km/h);

R——曲线半径(m);

N_i——一昼夜各类列车次数(列);

Q_i——各类列车质量(t);

v_i——实测各类列车速度(km/h)。

实测各类列车速度宜在列车按运行图比较正常运行条件下进行。为使测得的列车速度具有普遍性，如一昼夜的车次很少，可实测几个昼夜的车速。每类列车重量为牵引质量加上机车质量，可由各类区段的统计资料中查得，或按列车运行图牵引质量及机车质量计算确定。

计算曲线外轨超高值采用 5 mm 的整倍数。

2. 新线上设置超高计算公式

在新线上设置超高时，无法用测速方法计算平均速度，一般采用最高速度（容许速度）的 80% 作为平均速度进行计算，即

$$h=\frac{11.8\ (0.8v_{\max})^2}{R}\approx\frac{7.6v_{\max}^2}{R}$$

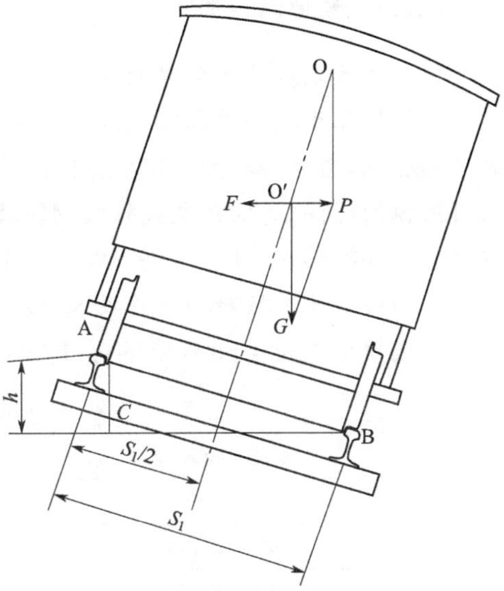

图 4-22　外轨超高

（三）曲线最大超高度的规定

外轨超高的数值应以保证行车安全为前提，超高不能太小，要保证列车以较高速度通过时不致因离心力发生脱轨和倾覆事故；外轨超高也不能太大，要保证低速列车通过曲线时产生的向心力，即使有侧向大风也不致发生向内侧倾覆的危险。《普速修规》规定：有砟轨道实设最大超高，在单线上不得大于 125 mm，在双线上不得大于 150 mm。无砟轨道实设最大超高不得大于 150 mm。如行车条件有较大变化，或曲线发生木枕压切、混凝土枕挡肩破损、钢轨不正常磨耗等情况，应根据实测行车速度和实际牵引质量，重新计算和调整超高。两线路中心距离在 5 m 以下的曲线地段，内侧曲线超高不得小于外侧曲线超高的一半，否则，必须根据计算加宽两线的中心距离。

（四）被平衡欠超高和未被平衡过超高

由于各次列车通过曲线时的速度不可能完全相同，且与计算超高时的平均速度也不相同，因此，外轨超高不可能与行车速度完全适应，必定会产生未被平衡的离心力或向心力，为了保证旅客舒适，要限制这些力的大小，一般是把这些力换算成未被平衡的超高加以限制。超高不足部分称为欠超高，超高剩余部分称为过超高。欠超高和过超高统称为未被平衡超高。

《普速修规》规定：未被平衡欠超高不应大于 75 mm，困难情况下不应大于 90 mm，但允许速度大于 120 km/h 线路个别特殊情况下已设置的 90（不含）～110 mm 的欠超高可暂时保留，但应逐步改造；未被平衡过超高不应大于 30 mm，困难情况下不应大于50 mm，允许速度大于 160 km/h 线路的个别特殊情况下不应大于 70 mm。

实设超高在满足上述条件下，货物列车较多时，宜减小 H_g，旅客列车较多时宜减小 H_c。

《既有线提速 200～250 km/h 线桥设备维修规则》规定：客货分线的客运线路未被平衡欠超高不应大于 40 mm，困难情况下不应大于 80 mm；未被平衡过超高不应大于 40 mm，困难情况下不应大于 80 mm。实设最大超高不得大于 180 mm。

三、曲线轨道轨距加宽

(一)曲线轨道轨距加宽的目的

为使机车车辆平稳和安全地通过曲线，避免卡住并尽可能地减少轮轨磨耗及机车车辆对轨道的破坏，在半径小到一定数值的曲线上，必须将轨距适当加宽。因为机车车辆主要是由曲线外股钢轨导向，为保持曲线外股钢轨圆顺，故规定曲线轨距加宽值加在里股，即将里股钢轨向曲线内侧横移，使其与线路中线的距离等于 S_0 的一半加上轨距加宽值。

(二)曲线轨道轨距加宽的技术标准

曲线轨距按表 4-38 规定的标准加宽。

表 4-38　曲线轨距加宽标准

曲线半径 R(m)	加宽值(mm)
$R \geqslant 295$	0
$295 > R \geqslant 245$	5
$245 > R \geqslant 195$	10
$R < 195$	15

注：曲线轨距加宽值不符合上述规定时，应有计划地进行改造，道岔内的轨距加宽按设计图保留。

(三)曲线轨道轨距加宽递减

曲线轨道轨距加宽递减要求如下：

(1)曲线轨距加宽应在整个缓和曲线内递减。如无缓和曲线，则在直线上递减，递减率不得大于 1‰。

(2)复曲线应在正矢递减范围内，从较大轨距加宽向较小轨距加宽均匀递减。

(3)两曲线轨距加宽按 1‰递减，其终点间的直线长度不应短于 10 m。不足 10 m 时，如直线部分的两轨距加宽相等，则直线部分保留相等的加宽，如不相等，则直线部分从较大轨距加宽向较小轨距加宽均匀递减。

在困难条件下，站线上的轨距加宽可按 2‰递减。

(4)特殊条件下轨距加宽递减，铁路局集团公司可根据具体情况规定，但不得大于 2‰。

第五章　道　　岔

第一节　道岔的作用与分类

一、道岔的作用

道岔是指轨道在平面上的出岔、连接和交叉等设备，在我国铁路上习惯地把这些设备统称为道岔。道岔是铁路轨道的一个重要组成部分。它的作用是引导机车车辆由一条线路转向或跨越过另一条线路。道岔构造复杂，是线路的薄弱环节之一。

二、道岔分类

道岔的基本形式为轨道的连接，轨道的交叉以及轨道连接与交叉的组合。

根据道岔的构造特点、用途和平面的形状，标准道岔主要有：

1. 普通单开道岔

单开道岔是指主线为直线，侧线向主线左侧或右侧分支的道岔。站在道岔前端，面向尖轨，侧线向右分支的道岔称为右开道岔，如图 5-1 所示；侧线向左侧岔出的，称为左向单开道岔，简称“左开道岔”，如图 5-2 所示。

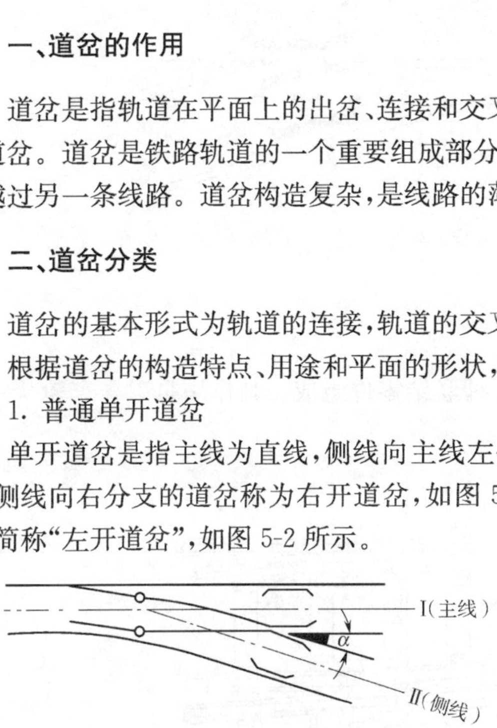

图 5-1　右开道岔

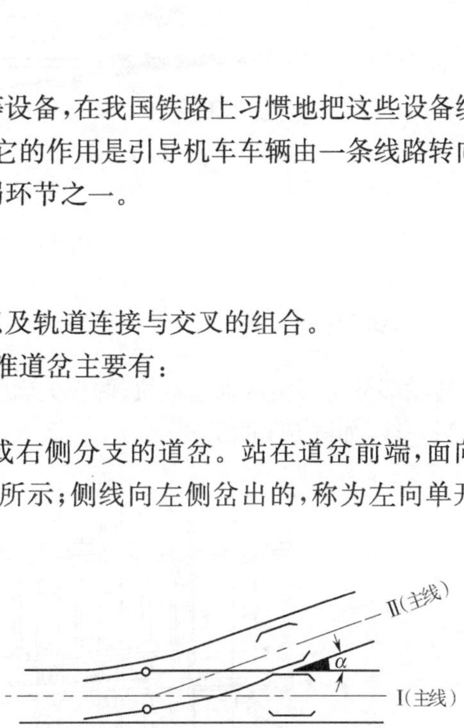

图 5-2　左开道岔

在各种类型道岔中，普通单开道岔使用最广泛，大约占总数的 90%以上。

2. 单式对称道岔(又称双开道岔)

指自主线向左右两侧对称岔出两条线路的道岔，两辙叉角相等。

3. 复式对称道岔(又称三开道岔)

指主线为直线，用同一部位的两组转辙器，将线路分为三条，两侧对称分支的道岔。

4. 交分道岔

指两条线路相互交叉，列车不仅能够沿着直线方向运行，而且能够由一直线转入另一直线的道岔。

5. 交叉渡线

指在两条相邻线路上互相交叉过渡的道岔设备。交叉渡线由四组单开道岔、一组菱形交叉及连接轨道组成。

各种道岔均以钢轨类型和辙叉号数区分其规格及标准类型，如 60 kg/m 钢轨 12 号单开道岔。

第二节　普通单开道岔构造

普通单开道岔(简称单开道岔)，由转辙器、连接部分、辙叉及护轨组成，如图 5-3 所示。

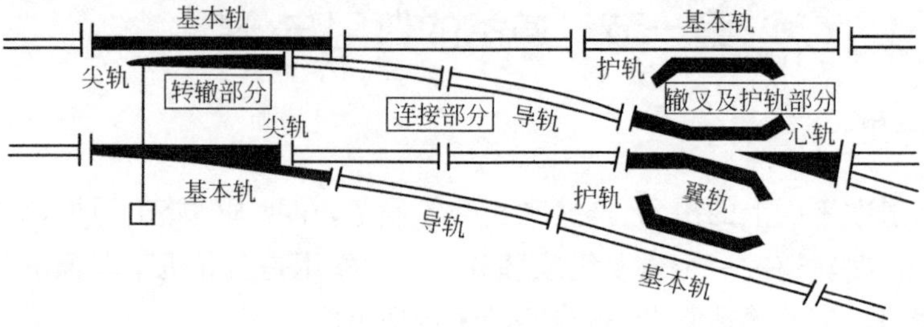

图 5-3　单开道岔的组成

一、转辙部分

转辙部分主要由两根基本轨、两根尖轨及各种联结零件组成。其作用是引导车轮从一线进入另一线，如图 5-4 所示。

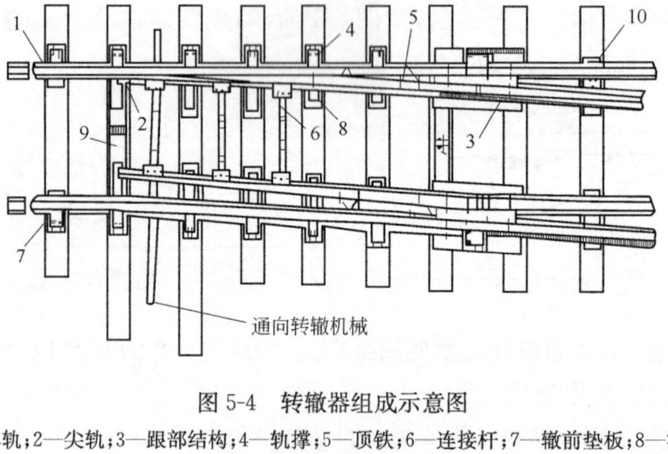

图 5-4　转辙器组成示意图

1—基本轨；2—尖轨；3—跟部结构；4—轨撑；5—顶铁；6—连接杆；7—辙前垫板；8—滑床板；9—通长垫板；10—辙后顺坡垫板

1. 基本轨

(1)转辙器基本轨由标准断面钢轨制成，一侧为直基本轨，另一侧为曲基本轨。“75”型及以前各型道岔尖轨采用贴尖式，基本轨轨头不加工；“92”型道岔和提速道岔尖轨采用藏尖式，基本轨轨头工作边侧面需要机加工。“92”型道岔加工斜度为 1 ∶ 3，提速道岔加工斜度，带轨底坡时为 1 ∶ 4.47，不带轨底坡时为 1 ∶ 4。

基本轨除承受车轮的垂直压力外，还与尖轨共同承受车轮的横向水平推力，并保持尖轨位置的稳定。

(2)直基本轨不进行弯折。曲基本轨应按支距进行弯折,以保持转辙器轨距、方向的正确,以及尖轨和基本轨的密贴,各弯折段长度按下列方法确定。

①直线尖轨道岔的曲基本轨

弯折基线长度。从尖轨尖端到尖轨跟端范围基本轨为一直线段,作为弯折基线。为避免因弯折圆弧造成尖轨尖端不密贴,应在尖轨尖端前 100 mm 左右进行弯折,并将弯折基线延至间隔铁后 50 mm 左右。

基本轨前部弯折段长度。当尖轨尖端处有轨距加宽时,为避免弯折接头夹板,接头夹板后基本轨应设一弯折点。

②曲线尖轨道岔的曲基本轨

以尖轨尖端到直尖轨轨头刨切起点这一直线段作为弯折基线,当尖轨尖端处轨距加宽时,需向前延长 100 mm 左右,使该处轨距为 1 435 mm。当尖轨尖端处轨距不加宽时,弯折基线不必向前延长,基本轨前部接头夹板也无须弯折。

(3)基本轨螺栓孔的设置。基本轨轨腰上应设有用于联结轨撑和辙跟设备(辙跟间隔铁或限位器等)、转换设备的螺栓孔,"92"型和提速道岔还设有联结顶铁的螺栓孔。螺栓孔的数量和间距一般采取直、曲基本轨相同的设计。由于直、曲基本轨螺栓孔距相同,所以铺设后左右两尖轨的跟端和尖端相错几毫米。

(4)基本轨有下列伤损或病害,应及时修理或更换:

①曲轨基本轨的弯折点位置或弯折尺寸不符合要求,造成轨距不符合规定。

②基本轨垂直磨耗:50 kg/m 及以下钢轨,在正线上超过 6 mm,在到发线上超过 8 mm,在其他站线上超过 10 mm;60 kg/m 及以上钢轨,在允许速度大于 120 km/h 的正线上超过 6 mm,其他正线上超过 8 mm,到发线上超过 10 mm,其他站线上超过 11 mm(33 kg/m 及其以下钢轨由铁路局集团公司规定)。

③其他伤损达到钢轨轻伤标准时。

2. 尖轨

尖轨是转辙器的主要组成部件之一,列车依靠尖轨开通方向不同进入道岔直股侧股线路。采用与基本轨同类型标准钢轨或特种断面钢轨刨切制成。尖轨的长度根据道岔号数来确定。

(1)尖轨种类

①按平面形式分为直线型和曲线型。

直线型指的是尖轨工作边为直线,这种尖轨制造简单,左右开道岔尖轨可以通用,普通单开道岔广泛采用;曲线型指的是尖轨工作边为曲线,制造麻烦,左右开道岔尖轨不能通用,但冲击角小,侧向通过速度高。

②按断面形式分为普通断面钢轨、高型特种断面钢轨和矮型特种断面钢轨等三种尖轨。

普通钢轨断面尖轨又分为不补强尖轨、补强尖轨及特殊补强尖轨,如图 5-5 所示。

高型特种断面尖轨是用与基本轨等高的特种断面钢轨制作的尖轨,矮型特种断面尖轨是指较低于基本轨的特种断面钢轨制作的尖轨,如图 5-6 所示。

(2)尖轨的制作和处理

尖轨是用普通钢轨将轨底刨切一部分,叠盖在基本轨的轨底上,称为爬坡式尖轨,如图 5-7 所示。

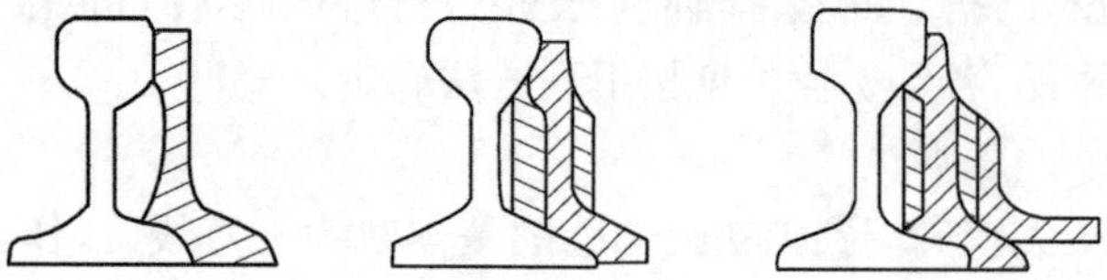
(a) 不补强　(b) 补强　(c) 特殊补强

图 5-5　尖轨

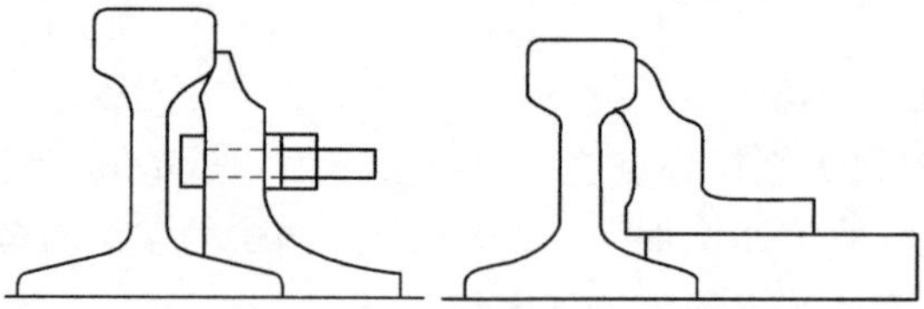
(a) 高型　(b) 矮型

图 5-6　特种断面尖轨

AT 型道岔尖轨尖端降低值(专线 4249)如图 5-8 所示,是在尖轨跟端和尖轨顶面宽 50 mm 一段长度内,尖轨与基本轨等高,完全承受车轮压力,尖轨顶宽 20～50 mm 范围内,是车轮荷载转移的过渡段,均匀顺坡式,使车轮逐渐转移到基本轨上。AT 型尖轨取消了普通型钢轨尖轨 6 mm 抬高量。尖轨跟端加工成普通钢轨断面,用标准夹板和间隔铁联结。

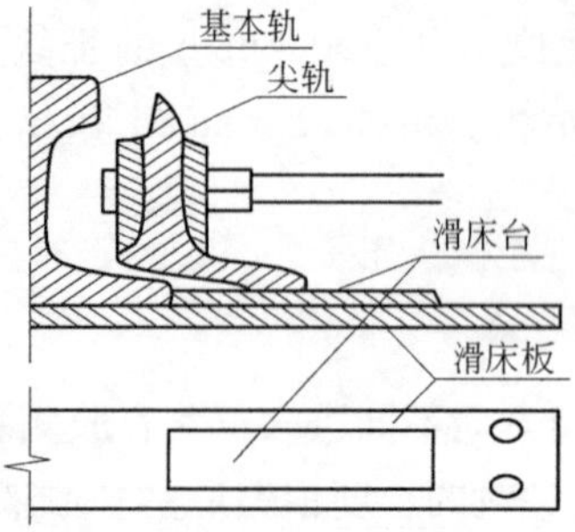

图 5-7　爬坡式尖轨

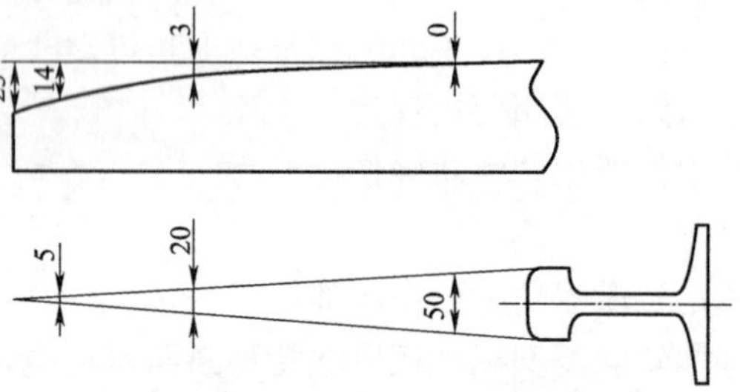

图 5-8　AT 型道岔尖轨尖端降低值(单位:mm)

(3)尖轨、可动心轨注意事项

尖轨、可动心轨有下列伤损或病害,应及时修理或更换:

①尖轨尖端与基本轨或可动心轨尖端与翼轨间隙大于 1 mm,短心轨与叉跟尖轨尖端间隙大于 1.5 mm。

②尖轨、可动心轨侧弯造成轨距不符合规定。

③尖轨、可动心轨顶面宽 50 mm 及以上断面处,尖轨顶面低于基本轨顶面、可动心轨顶面低于翼轨顶面 2 mm 及以上。

④尖轨、可动心轨顶面宽 50 mm 及以下断面处,尖轨顶面高于基本轨顶面、可动心轨顶面高于翼轨顶面 2 mm 及以上。

⑤尖轨、可动心轨工作面伤损,继续发展,轮缘有爬上尖轨、可动心轨的可能。

⑥内锁闭道岔两尖轨相互脱离时，分动外锁闭道岔两尖轨与连接装置相互分离或外锁闭装置失效时。

⑦其他伤损达到钢轨轻伤标准时。

3. 尖轨跟端的结构

我国铁路主要采用间隔铁式和弹性可弯式两种结构。间隔铁式尖轨跟端通常由间隔铁、辙跟夹板、轨撑、双头异径螺栓或双头螺栓和联结螺栓及跟端大垫板等组成。为使尖轨能够左右扳动，夹板与间隔铁之间必须保持一定的距离。

弹性可弯式尖轨跟端结构，在尖轨跟端前 2～3 根岔枕处，把尖轨两侧轨底切掉一部分，使轨底与轨头同宽，形成弹性可弯段，实现尖轨的扳动。弹性可弯式尖轨跟端结构按传力方式可分为间隔铁式、限位器式和不设传力机构三种。

4. 转辙部分的主要零件

(1)尖轨顶铁

顶铁有多种形式，有半圆形、锥体螺栓形、等腰梯形，如图 5-9 所示。

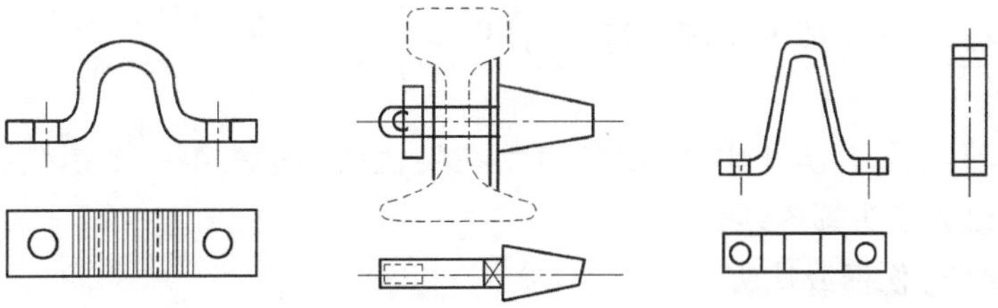

(a) 圆形顶铁　(b) 锥形顶铁　(c) 75 型顶铁

图 5-9　尖轨顶铁

尖轨在其头部刨切长度内，当尖轨与基本轨靠紧密贴时，直接受基本轨的支撑，而在其余部分，尖轨与基本轨分开。为了固定这一部分的距离，在尖轨外侧腹部安装顶铁，使尖轨的横向力通过顶铁传给基本轨。“92”型道岔顶铁由方钢锻打而成。

(2)道岔拉杆、连接杆

道岔拉杆是指转辙器中与转辙设备相连接的杆件。其主要作用是连接两尖轨，并与转辙设备相连，以实现尖轨的摆动。

道岔连接杆是指转辙器连接两根尖轨的杆件。其作用主要是增强尖轨间的框架，保持两尖轨同步动作，提高尖轨稳定性。

(3)轨撑

转辙部分的轨撑是防止基本轨的倾覆、扭转和纵向移动的支撑件，安装在基本轨外侧。轨撑大致分为固定轨撑、弹性轨撑和可调轨撑等几类。

(4)滑床板

滑床板有分开式和不分开式两种。不分开式用道钉将轨撑、滑床板直接与岔枕联结。分开式是轨撑由垂直螺栓先与滑床板联结，再用道钉或螺纹道钉将垫板与岔枕联结。

(5)辙跟间隔铁

间隔铁又称铁砖，是保持尖轨跟端轮缘槽尺寸和连接尖轨与导轨的设备，如图 5-10 所示。

间隔铁为整块铸铁或铸钢，其长度决定于辙跟螺栓的数量，常用的有 4 孔和 5 孔，其构造形式有左右之分。

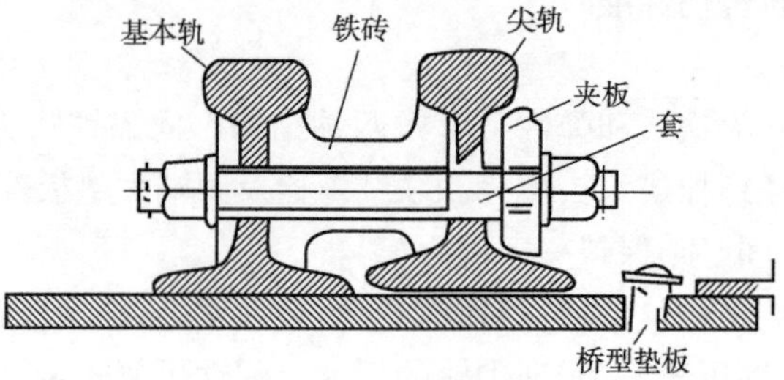

图 5-10　间隔铁

(6)辙跟夹板

辙跟夹板是尖轨跟端的联结零件。它与辙跟间隔铁共同配合，将尖轨、基本轨和连接部分的钢轨连成一体。辙跟夹板前半部分略向线路中心弯折，最前端离开钢轨腹部约 8 mm。为防止车轮冲击夹板，对弯折段的顶部进行了刨切。

(7)双头螺栓

为使尖轨扳动灵活，并防止串动，旧型道岔在尖轨跟端接头第一个螺栓孔内安设螺栓套管。"75"型道岔改为双头螺栓。

5. 道岔各种零件伤损或病害

道岔各种零件应齐全，作用良好，缺少时应及时补充。有下列伤损或病害，应有计划地进行修理或更换：

(1)各种螺栓、连杆、顶铁和间隔铁损坏、变形或作用不良，顶铁和轨腰离缝大于 2 mm。

(2)滑床板损坏、变形或滑床台磨耗大于 3 mm。

(3)轨撑损坏、松动，轨撑与轨头下颚或轨撑与垫板挡肩离缝大于 2 mm。

(4)护轨垫板折损。

(5)钢枕和钢枕垫板下胶垫及防切垫片损坏、失效。

(6)弹片、销钉、挡板损坏。弹片与滑床板挡肩离缝、挡板前后离缝大于 2 mm，销钉帽内侧距滑床板边缘大于 5 mm。

(7)其他各种零件损坏、变形或作用不良。

6. 尖轨动程

尖轨在道岔拉杆中心位置上扳动距离，即尖轨非作用边到基本轨作用边间的距离，称为尖轨动程(或称为摆度)。尖轨动程应保证在尖轨扳开后车轮对尖轨非工作边不发生挤压。尖轨动程规定在第一拉杆中心处测量。

尖轨在第一拉杆中心处的设计动程：直尖轨为 142 mm，曲尖轨为 152 mm，AT 型弹性可弯尖轨 12 号普通道岔为 160 mm 或 180 mm，12 号提速道岔为 160 mm；18 号道岔允许速度大于 160 km/h 时为 160 mm，允许速度不大于 160 km/h 时为 160 mm 或 180 mm(具体按标准图或设计图规定办理)；其他型号道岔按标准图或设计图办理。

可动心轨第一拉杆中心处的动程按标准图或设计图办理。

二、连接部分

道岔的连接部分是用不同长度的钢轨，将前端转辙器与后端辙叉及护轨部分连接起来，以组成整组道岔。在单开道岔中，主线为直线，侧线为曲股(曲股称导曲线)。导曲线常见的有圆曲线、复曲线和圆曲线＋缓和曲线等线型。

道岔导曲线支距是指道岔直股钢轨工作边按垂直方向量到导曲线上股钢轨工作边之间的距离。设置道岔导曲线和检查导曲线圆顺时，以直股基本轨为基准方向，用支距法来进行。

《普速修规》规定：导曲线可根据需要设置 6 mm 的超高，并在导曲线范围内按不大于 2‰ 顺坡。

三、辙叉及护轨

辙叉由心轨和翼轨组成，是使车轮由一股钢轨越过另一股钢轨的设备。

1. 辙叉类型

辙叉分为钢轨组合式、整体铸造式和可动心轨式三种。

(1)钢轨组合式辙叉

钢轨组合式(拼装式)辙叉的叉心由长心轨和短心轨组成，翼轨用普通钢轨经弯折、刨切而成。在翼轨和心轨间，用不同尺寸的间隔铁和螺栓连成一体，并在辙叉咽喉至心轨顶面宽 50 mm 断面间的轨底下设大垫板，前后接头处设桥型垫板。

新型合金钢组合辙叉(贝尔辙叉)的心轨采用奥—贝氏体钢新材料，并经锻造加工制造，心轨和叉跟轨用 V 形的结构联结。

(2)整体铸造式辙叉

整铸式辙叉是用含锰 10%～14%的高锰钢把心轨和翼轨铸造成整体的辙叉。这种辙叉坚固耐用，稳定性好，强度高，维修工作量少，零件少，安装方便。

(3)可动心轨式辙叉

可动心轨型辙叉的心轨在翼轨框架范围内通过转换装置转换，保持两个方向转线连续，消除固定辙叉转线中断的有害空间，提高了列车运行的平顺性及道岔容许速度，辙叉养护维修工作量少，使用寿命长，但结构较复杂，零件多，其长度一般长于固定型辙叉。目前铺设的有钢轨组合型可动心轨辙叉和锰钢型可动心轨辙叉两种，主要用于高速旅客列车运行的线路正线、渡线道岔和速度较高客货运量较大线路上的道岔。

2. 辙叉构造

辙叉的前端称为趾端，后端称为跟端。心轨两作用边之间的夹角称为辙叉角。辙叉角的交点称为辙叉理论尖端。由于制造工艺的关系，不能把理论尖端制造出来，实际上的尖端有 6～10 mm 宽，称为辙叉实际尖端。两翼轨作用边间的最窄距离称为辙叉咽喉(我国定型道岔咽喉宽度为 68 mm)。从咽喉到心轨的实际尖端的这段距离，轮缘失去钢轨引导，所以称为有害空间，如图 5-11 所示。从辙叉趾端到辙叉理论尖端的距离称为辙叉前长；从辙叉跟端到辙叉理论尖端的距离称为辙叉后长。从辙叉趾端到辙叉理论尖端的距离，称为辙叉趾距；从辙叉跟端到辙叉理论尖端的距离称为辙叉跟距。为了防止车轮进入异线或撞击叉尖，在另一股钢轨与辙叉相对应位置设置护轨，以引导车轮顺利通过辙叉。

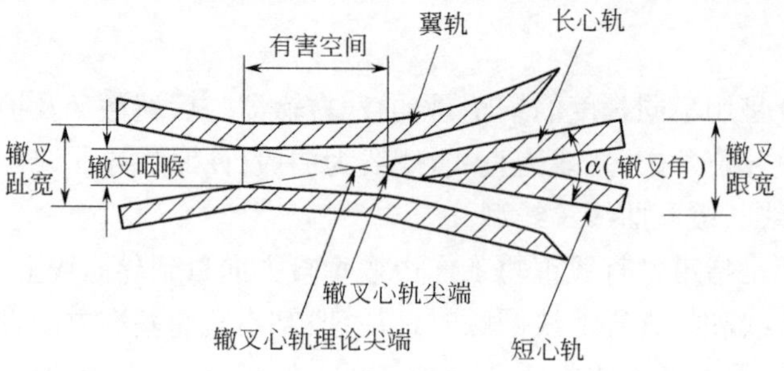

图 5-11　辙叉

辙叉护轨的主要作用是制约车轮的走行方向，使之安全通过“有害空间”，避免车轮走向异侧或碰撞心轨。常见的有间隔铁式、H 形和槽形护轨。

3. 道岔号码

我国道岔号码数是以辙叉号数 N 来表示的。辙叉的号数是以辙叉角的大小来衡量的(式(5-1))，如图 5-12 所示。

$$N=\frac{AE}{CE}=\cot\alpha \tag{5-1}$$

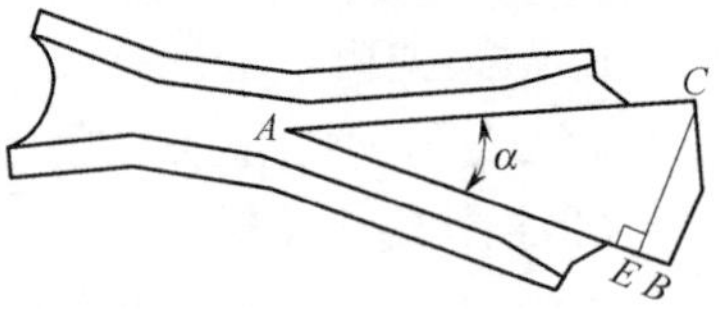

图 5-12　道岔号码表示图

式中　N——辙叉号码(道岔号码)；

α——辙叉角；

CE——叉心工作边上任一点至另一工作边的垂直距离；

AE——由辙叉尖端沿工作边至垂足点的长度。

4. 查照间隔和护背距离

(1)查照间隔指辙叉心作用面至护轨头部外侧的距离，如图 5-13 所示。这段距离应保证车轮轮对在最不利情况下，护轨能够制约一侧轮对，使另一侧车轮不冲击辙叉心。通过计算，查照间隔在有客车运行的线路上不得小于 1 391 mm，在仅运行货车的线路上不得小于 1 388 mm，测量位置按设计图纸规定。

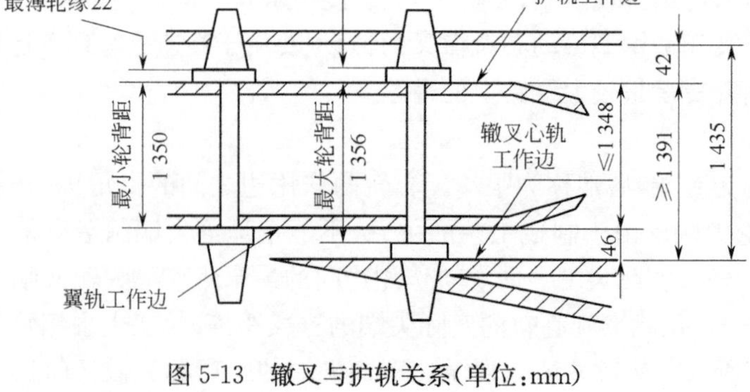

图 5-13　辙叉与护轨关系(单位：mm)

(2)护背距离指辙叉翼作用面至护轨头部外侧的距离，如图 5-13 所示。这段距离应保证车轮轮对在最不利的情况下不被翼轨与护轨卡住。通过计算，护背距离应不得大于 1 348 mm，测量位置按设计图纸规定。

5. 道岔轮缘槽宽度

(1)护轨平直段轮缘槽标准宽度为 42 mm，如侧向轨距加宽时，侧向轮缘槽宽度等量加宽，容许误差为$^{+3}_{-1}$ mm；缓冲段末端轮缘槽宽度不小于 65 mm。侧向轨距加宽时，侧向缓冲段末端轮缘槽宽度等量加宽。

(2)辙叉心轮缘槽标准宽度(测量位置按标准图或设计图规定)为 46 mm(采用心轨加宽技术的辙叉应符合设计要求)，容许误差为$^{+3}_{-1}$ mm。

轮缘槽宽度的量取位置与轨距量取位置相同。

(3)斥离尖轨非工作边与基本轨工作边的最小距离为 65 mm 与轨距加宽值之和。

6. 辙叉伤损轻伤和重伤标准

(1)高锰钢整铸辙叉轻伤标准(含可动心轨辙叉中高锰钢整铸翼轨、叉跟座)：

①辙叉心宽 40 mm 断面处，辙叉心垂直磨耗(不含翼轨加高部分)，50 kg/m 及以下钢轨，在正线上超过 4 mm，到发线上超过 6 mm，其他站线上超过 8 mm；60 kg/m 及以上钢轨，在允许速度大于 120 km/h 的正线上超过 4 mm，其他正线上超过 6 mm，到发线上超过 8 mm，其他站线上超过 10 mm；可动心轨宽 40 mm 断面及可动心轨宽 20 mm 断面对应的翼轨垂直磨耗(不含翼轨加高部分)超过 4 mm。

②辙叉顶面和侧面的任何部位有裂纹。

③辙叉心、辙叉翼轨面剥落掉块，在允许速度大于 120 km/h 的线路上长度超过 15 mm，深度超过 1.5 mm；在其他线路上长度超过 15 mm，深度超过 3 mm。

④钢轨探伤人员或线路(检查)工长认为有伤损的辙叉。

(2)高锰钢整铸辙叉重伤标准(含可动心轨辙叉中高锰钢整铸翼轨、叉跟座)：

①辙叉心宽 40 mm 断面处，辙叉心垂直磨耗(不含翼轨加高部分)，50 kg/m 及以下钢轨，在正线上超过 6 mm，到发线上超过 8 mm，其他站线上超过 10 mm；60 kg/m 及以上钢轨，在允许速度大于 120 km/h 的正线上超过 6 mm，其他正线上超过 8 mm，到发线上超过 10 mm，其他站线上超过 11 mm；可动心轨宽 40 mm 断面及可动心轨宽 20 mm 断面对应的翼轨垂直磨耗(不含翼轨加高部分)超过 6 mm(33 kg/m 及以下钢轨由铁路局规定)。

②垂直裂纹长度(含轨面部分裂纹长度)超过表 5-1 所列限度者。

表 5-1 垂直裂纹(mm)

项 目	辙叉心		辙叉翼
	宽 0～50	宽 50 以后	
一条裂纹长度	50	50	40
两条裂纹长度	60	80	60

③纵向水平裂纹长度超过表 5-2 所列限度者。

④叉趾、叉跟轨头及下颚部位裂纹超过 30 mm。

⑤叉趾、叉跟浇注断面变化部位斜向或水平裂纹长度超过 120 mm，或虽未超过 120 mm，但裂纹垂直高度超过 40 mm。

⑥底板裂纹向内裂至轨腰，并超过轨腰与圆弧的连接点。

表 5-2　纵向水平裂纹(mm)

项　　目	辙叉心	辙叉翼	轮缘槽
一侧裂纹长度	100	80	200
一侧裂纹发展至轨面(含轨面部分裂纹长度)	60	60	—
两侧裂纹贯通(指贯通长度)	50	—	—
两侧裂纹相对部分长度	—	—	100

⑦螺栓孔裂纹延伸至轨端、轨头下颚或轨底,两相邻螺栓孔裂通。

⑧辙叉心、辙叉翼轨面剥落掉块长度超过 30 mm,且深度超过 6 mm。

⑨钢轨探伤人员或线路(检查)工长认为有影响行车安全的其他缺陷。

(3)合金钢组合辙叉的垂直磨耗比照高锰钢整铸辙叉办理,其他伤损比照钢轨轻重伤标准办理。

辙叉有轻伤时,应加强检查观测,达到重伤标准时应及时更换。

四、岔枕

岔枕主要有木岔枕和钢筋混凝土岔枕两大类。

木岔枕规格:《木枕》(GB 154—2013)规定,木岔枕长度为 2.6~5.0 m,级差为 0.15 m 或 0.2 m,断面为 22 cm×16 cm、24 cm×16 cm 或 26 cm×16 cm。其中,92 型道岔枕木已按照新标准设计,75 型道岔按旧标准设计。

钢筋混凝土岔枕的数量及长度参见设计(铺设)说明书。

第三节　普通单开道岔各部尺寸

一、普通单开道岔各部尺寸

普通单开道岔中,如图 5-14 所示,直线线路中心线与侧线线路中心线的交点,称为道岔中心。从道岔中心至基本轨前端轨缝中心的距离,称为道岔前长。从道岔中心至辙叉尾端轨缝中心的距离,称为道岔后长。从基本轨前端轨缝中心到辙叉尾端轨缝中心的距离,称为道岔全长。道岔全长包括道岔前长和道岔后长。

二、道岔各部分的轨距及其递减

道岔轨型应与线路钢轨轨型相同,轨型不同时应用异型轨过渡。

1. 单开道岔轨距

(1)尖轨尖端轨距见表 5-3。

(2)尖轨跟端轨距见表 5-4。

(3)导曲线中部轨距按标准图设置。

(4)辙叉部分轨距,直、侧向均为 1 435 mm。

2. 道岔上各部分轨距加宽递减

(1)尖轨尖端轨距加宽,允许速度不大于 120 km/h 道岔按不大于 6‰的递减率递减至基本轨接头。

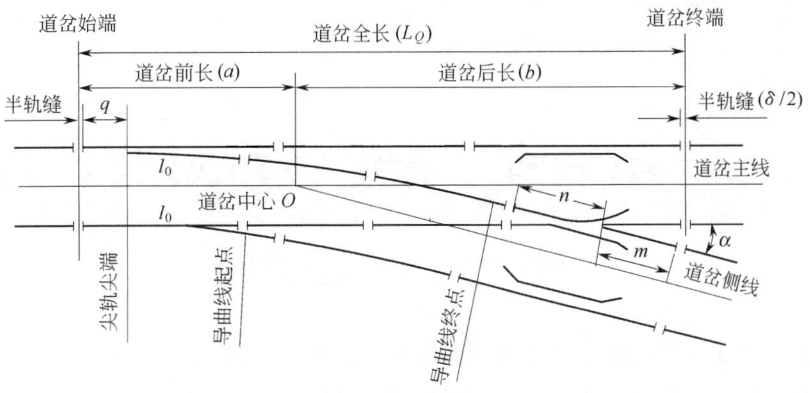

图 5-14 单开道岔主要尺寸和名词术语

表 5-3 尖轨尖端轨距(mm)

尖轨种类	尖轨长度	轨 距	附 注
直线型尖轨	6 250 以下	1 453	—
	6 250～7 700 以下	1 450	
	7 700	1 445	
12 号道岔 AT 弹性可弯尖轨	—	1 437	道岔允许提速大于 120 km/h 时为 1 435
其他曲线型尖轨	—	按标准图办理	无标准图时按设计图办理

表 5-4 尖轨跟端轨距(mm)

尖轨种类	直 向	侧 向	附 注
直线型尖轨	1 439	1 439	—
12 号道岔 AT 弹性可弯尖轨	1 435	1 435	尖轨轨头刨切范围内曲股轨距构造加宽除外
其他曲线型尖轨	1 435	按标准图办理	无标准图时按设计图办理

(2)尖轨尖端与尖轨跟端轨距的差数,直尖轨应在尖轨全长范围内均匀递减,曲尖轨按标准图或设计图办理。

(3)尖轨跟端直向轨距加宽向辙叉方向递减,距离为 1.5 m。

(4)导曲线中部轨距加宽,直尖轨时向两端递减至尖轨跟端为 3 m 处,距辙叉前端为 4 m 处;曲尖轨时按标准图或设计图办理。

(5)对口道岔尖轨尖端轨距递减:两尖轨尖端距离小于 6 m,两尖端处轨距相等时不作递减,不相等时则从较大轨距向较小轨距均匀递减;两尖轨尖端距离大于 6 m,允许速度不大于 120 km/h 的道岔应按不大于 6‰的递减率递减,但中间应有不短于 6 m 的相等轨距段。

(6)道岔前端与另一道岔后端相连时,允许速度不大于 120 km/h 的线路,尖轨尖端轨距递减率应不大于 6‰。如不能按 6‰递减时,可将前面道岔的辙叉轨距加大为 1 441 mm;仍不能解决时,旧有道岔可保留大于 6‰的递减率。

第六章　无缝线路知识

第一节　无缝线路分类

无缝线路是由许多根标准长度的钢轨焊接成的长钢轨线路。

与普通线路相比较，无缝线路在相当长一段线路上消灭了钢轨接头，因而具有行车平稳，提高旅客舒适度，减少材料消耗，降低维修费用，延长线路设备、机车车辆使用寿命及维修周期，改善行车条件，适应高速行车要求等优点。是铁路轨道的发展方向。

无缝线路采用 50 kg/m 及以上的钢轨。焊轨厂根据生产条件，焊成 125～500 m 的长钢轨，利用长轨列车运往工地，按设计长度焊接后铺设。

无缝线路分为温度应力式和放散温度应力式两种类型。

一、温度应力式无缝线路

温度应力式无缝线路每股是由一根长钢轨及两端 2～4 节标准轨组成（含厂制缩短轨）。包括固定区、伸缩区和缓冲区三部分，如图 6-1 所示。

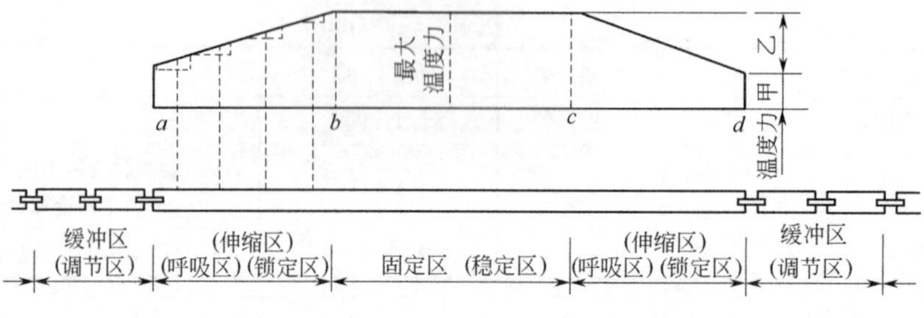

图 6-1　温度应力式无缝线路

1. 固定区

长钢轨中间不能伸缩的部分称为固定区，其长度根据线路及施工条件确定，最短不得短于 50 m。

2. 伸缩区

长钢轨两端能随轨温变化，进行一定程度的伸缩，其伸缩量可以控制在构造轨缝允许范围内，称为伸缩区。伸缩区长度应根据年轨温差幅值、道床纵向阻力、钢轨接头阻力等参数计算确定，一般为 50～100 m。

3. 缓冲区

2～4 节标准轨或厂制缩短轨地段，作为与下一根长钢轨或道岔等联结的过渡段，称为缓冲区。

缓冲区和伸缩区不应设置在道口或不作单独设计的桥上。有砟桥跨度不大于16 m时，伸缩区可设置在桥上，但轨条接头必须设在护轨范围以外。

温度应力式无缝线路结构简单，铺设维修方便，是一种较好的无缝线路结构形式，我国绝大部分已铺无缝线路是温度应力式。

二、放散温度应力式无缝线路

放散温度应力式无缝线路分自动放散式和定期放散式两种。

在温差较大的地区和特大桥梁上，为了消除和减少钢轨温度力对钢梁伸缩的影响，采用自动放散温度应力式无缝线路。自动放散温度应力式无缝线路是在焊接长钢轨内设置桥用钢轨伸缩调节器，用以释放温度力。

定期放散温度应力式无缝线路的结构形式与温度应力式相同。根据当地轨温条件把钢轨内部的温度应力每年调整1～2次。定期放散温度应力式无缝线路适用于温差较大的寒冷地区。

第二节　无缝线路的基本原理

一、温度应力和温度力

1. 温度应力

如果钢轨完全被固定，不能随轨温变化而自由伸缩，则在钢轨内部产生应力，这种由于轨温变化而在钢轨内部产生的应力，称为温度应力。根据胡克定律温度应力为

$$\delta_t = E \cdot \alpha \cdot \Delta t \qquad (6\text{-}1)$$

式中　δ_t——温度应力(N/cm^2)；

E——钢轨钢的弹性模量，$E = 2.1 \times 10^7\ N/cm^2$；

α——钢轨钢的线膨胀系数，$\alpha = 0.000\ 011\ 8/℃$；

Δt——钢轨温度变化值(℃)。

将已知E、α值代入式(6-1)得

$$\delta_t = 2.1 \times 10^7 \times 0.000\ 011\ 8 \Delta t \approx 250 \Delta t (N/cm^2)$$

2. 温度力

当轨温变化时，整个钢轨断面所承受的力(拉力或压力)，称为温度力，其计算式为

$$P_t = \delta_t \cdot F = 250 \Delta t \cdot F \qquad (6\text{-}2)$$

式中　P_t——温度力(N)；

F——钢轨断面积(cm^2)。

【例题】一根长1 500 m的60 kg/m钢轨，当轨温变化10 ℃时，钢轨内产生多大的温度力？

【解】$P_t = 250 \Delta t \cdot F = 250 \times 10 \times 77.45 = 193\ 625 (N)$

由以上可知，长钢轨内部温度应力和轨温变化幅度Δt成直线比例关系，而和钢轨长度L无关，这就是无缝线路得以铺设的主要理论依据。所以在一定轨温变化条件下，只要轨道稳定能够得到保证，钢轨长度可以不受任何限制。

普通无缝线路轨条长度应考虑线路平纵断面条件及道岔、道口、桥梁、隧道所处的位置。总长度不足 1 km 的桥梁、隧道，轨条应连续布置。但在小半径曲线，列车制动、停车、起动、钢轨顶面擦伤严重等地段，应单独布置轨条。跨区间或区间无缝线路轨条长度应根据线路条件、工点情况、施工工艺及养护维修等因素综合研究确定。单元轨节长度宜为 1 000～2 000 m，不应短于 200 m。

二、无缝线路的轨温

1. 钢轨温度

钢轨温度是指钢轨的实际温度。影响轨温的因素比较复杂，它不但受气温、风力、日照程度的影响，而且还与地形、线路方向、测量部位和测量条件有关。根据长期进行测定的规律，最高轨温可高于同一时间最高气温约 20 ℃，一般最高轨温都出现在每日的 12 点～15 点。最低轨温与同一时间最低气温接近。

2. 设计锁定轨温

设计锁定轨温是根据气象资料和无缝线路允许温升、允许温降计算确定的无缝线路钢轨温度应力为零时的轨温设计值。

无缝线路必须有足够的强度和稳定性。铺设无缝线路应采用标准轨道结构，根据各地轨温幅度、允许温升$[\Delta t_u]$和允许温降$[\Delta t_d]$计算设计锁定轨温。特殊情况需加强轨道结构时，应根据行车条件和线路平纵断面情况进行强度、稳定性及缓冲区轨缝检算。

有砟轨道设计锁定轨温按式(6-3)计算。

$$T_e = \frac{T_{max} + T_{min}}{2} + \frac{[\Delta t_d] - [\Delta t_u]}{2} \pm \Delta T_k \tag{6-3}$$

无砟轨道设计锁定轨温，按式(6-4)计算。

$$T_e = \frac{T_{max} + T_{min}}{2} \pm \Delta T_k \tag{6-4}$$

式中 T_e——设计锁定轨温(℃)；

$[\Delta t_d]$——允许温降(℃)；

$[\Delta t_u]$——允许温升(℃)；

T_{max}——最高轨温(℃)，取当地历年最高气温值加 20 ℃；

T_{min}——最低轨温(℃)，取当地历年最低气温值；

ΔT_k——设计锁定轨温修正值(℃)，一般为 0～5 ℃。

3. 施工锁定轨温

铺设无缝线路时确定的锁定轨温，即长轨条铺入承轨槽时始端和终端轨温的平均值。

第三节 无缝线路的养护维修

一、无缝线路养护维修作业安排

在安排维修计划时，应考虑以下几点：

1. 无缝线路地段应根据季节特点、锁定轨温和线路状态，合理安排全年维修计划。在气温较低的季节，应安排锁定轨温较低或薄弱地段进行维修；在气温较高的季节，应安排锁定轨温较高地段进行维修。

2. 高温时段不应安排影响线路稳定的作业。如必须进行维修作业时，应有计划地先放散后作业，并适时重新做好放散和锁定线路工作。临时补修，可采取调整作业时段的办法进行。

高温季节可安排矫直钢轨硬弯、钢轨打磨、焊补等作业。

在较低温度下，如需更换钢轨或夹板，可采用钢轨拉伸器进行。

3. 无缝线路维修计划，宜以单元轨节为单位安排作业。

4. 对于锁定轨温不明、不准、不匀、过低、过高等地段应有计划地进行应力放散或调整。

5. 每年春、秋季应在允许作业轨温范围内逐段整修扣件及接头螺栓，整修不良绝缘接头，对接头螺栓及扣件进行除垢涂油，并复紧至达到规定标准。使用长效油脂时，按油脂实际有效期安排除垢涂油工作。

6. 现场焊接不应设置在不同轨道结构过渡段、不同线下基础过渡段、道口、桥台、桥墩、钢桁梁桥的伸缩纵梁上及不作单独设计的桥上，且距桥台边墙和桥墩不应小于 2 m。位于中跨度桥上的现场焊接应布置在 1/4～1/2 桥跨处，并避开边跨。铝热焊缝距轨枕边缘，线路允许速度不大于 160 km/h 线路不应小于 40 mm，线路允许速度大于 160 km/h 线路不应小于 100 mm。单元轨节端头应方正，左右股轨端相错量，当单元轨节间采取焊接时不应大于 100 mm，不焊接时不应大于 40 mm。

二、无缝线路作业轨温条件

1. 混凝土枕（含混凝土宽枕）地段无缝线路维修作业轨温条件见表 6-1 和表 6-2。

2. 混凝土枕（含混凝土宽枕）地段无缝线路，当轨温在实际锁定轨温减 30 ℃以下时，禁止在伸缩区和缓冲区进行维修作业。

3. 木枕地段无缝线路作业轨温按表 6-1 和表 6-2 规定减 5 ℃，当轨温在实际锁定轨温减 20 ℃以下时，禁止在伸缩区和缓冲区进行维修作业。

4. 在跨区间无缝线路上的无缝道岔尖轨及其前方 25 m 范围内进行影响线路稳定的作业时，作业轨温范围为实际锁定轨温±10 ℃。

表 6-1　混凝土枕无缝线路维修作业轨温条件

线路条件	作业项目及作业量		
	连续扒开道床不超过 25 m，起道高度不超过 30 mm，拨道量不超过 10 mm	连续扒开道床不超过 50 m，起道高度不超过 40 mm，拨道量不超过 20 mm	扒道床、起道、拨道与普通线路相同
直线及 $R \geqslant 2\,000$ m	+20 ℃	+15 ℃ −20 ℃	±10 ℃
800 m $\leqslant R <$ 2 000 m	+15 ℃ −20 ℃	+10 ℃ −15 ℃	±5 ℃
400 m $\leqslant R <$ 800 m	+10 ℃ −15 ℃	+5 ℃ −10 ℃	—

注：作业轨温范围按实际锁定计算。

表 6-2 混凝土枕无缝线路维修作业轨温条件

序号	作业项目	按实际锁定轨温计算				
		−20 ℃以下	−20～−10 ℃	−10～+10 ℃以内	+10～+20 ℃	+20 ℃以上
1	改道	与普通线路同	与普通线路同	与普通线路同	与普通线路同	禁止
2	松动防爬设备	同时松动不超过 25 m	同时松动不超过 25 m	与普通线路同	同时松动不超过 12.5 m	禁止
3	更换扣件或涂油	隔二松一，流水作业	隔二松一，流水作业	隔二松一，流水作业	隔二松一，流水作业	禁止
4	方正轨枕	当日连续方正不超过 2 根	隔二方一，方正后捣固，恢复道床，逐根进行(配合起道除外)	与普通线路同	隔二方一，方正后捣固，恢复道床，逐根进行(配合起道除外)	禁止
5	更换轨枕	当日不连续更换	当日连续更换不超过 2 根(配合起道除外)	与普通线路同	当日连续更换不超过 2 根(配合起道除外)	禁止
6	更换接头螺栓或涂油	禁止	逐一进行	逐一进行	逐一进行	禁止
7	更换钢轨或夹板	禁止	禁止	与普通线路同	禁止	禁止
8	不破底清筛道床	逐孔倒筛夯实	逐孔倒筛夯实	逐孔倒筛夯实	逐孔倒筛夯实	禁止
9	处理翻浆冒泥(不超过 5 孔)	与普通线路同	与普通线路同	与普通线路同	禁止	禁止
10	矫直硬弯钢轨	禁止	禁止	禁止	与普通线路同	与普通线路同
11	更换胶接绝缘接头	禁止	禁止	拧紧两端各 50 m 范围扣件后，再进行更换	禁止	禁止

三、无缝线路维修作业要求

进行无缝线路作业时，必须掌握轨温，观测钢轨位移，分析锁定轨温变化，按实际锁定轨温，根据作业轨温条件进行作业，严格执行“作业前、作业中、作业后测量轨温”制度。

1. 作业前

(1)在维修地段按照需要备好石砟。

(2)测量钢轨位移，分析锁定轨温变化情况，并根据变化后的锁定轨温安排养护维修作业。

(3)拨直不良的轨向。

2. 作业中

(1)实施“三测、四不超、五不走”作业制度，确保无缝线路的稳定。

三测：作业前、作业中、作业后测量轨温。

四不超：作业不超温，扒砟不超长，起道不超高，拨道不超量。

五不走：扒开道床未回填不走，作业后道床未夯实不走，未组织回检不走，质量未达到作业标准不走，发生异状未处理不走。

(2)作业时应经常注意线路状态，如发现起道省力、线路方向不良、碎弯增多、高低水平不好、连续空吊板、一端轨枕石砟离缝等胀轨预兆，应立即停止作业，并及时采取防胀措施。

(3)在维修地段按需要备足道砟,起道前要先拨正线路方向;起、拨道机具不得安放在铝热焊缝处;扒开的道床,要及时回填饱满和夯实。

3. 作业后

要组织全面回检。在炎热天气或作业地段方向不良时,要留人看守,注意变化,发现异状及时采取措施。

四、爬行观测桩的布置

跨区间无缝线路、区间无缝线路按单元轨节等距离设置位移观测桩,且桩间距离不宜大于500 m。单元轨节位移观测桩可按图 6-2 设置,单元轨节长度不足 500 m 整倍数时,可适当调整桩间距离。

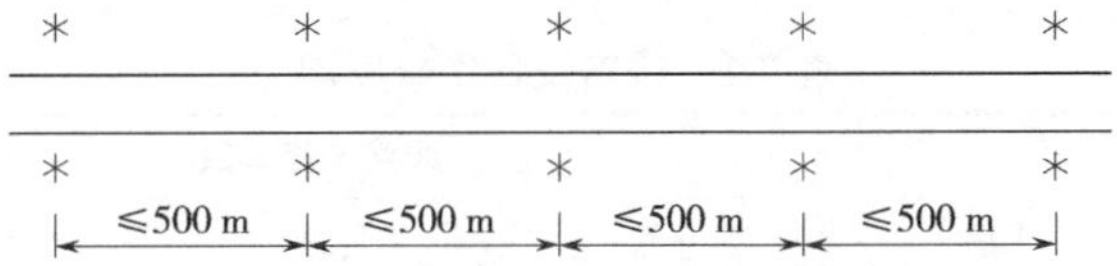

图 6-2 单元轨节位移观测桩布置

跨区间无缝线路、区间无缝线路在长轨条起、终点及距起、终点 100 m 处应分别设置一对位移观测桩。

普通无缝线路的长轨条长度不大于 1 200 m 时,可按图 6-3 设置 5 对位移观测桩;长轨条长度大于 1 200 m 时,应适当增设位移观测桩且桩间距离不宜大于 500 m。

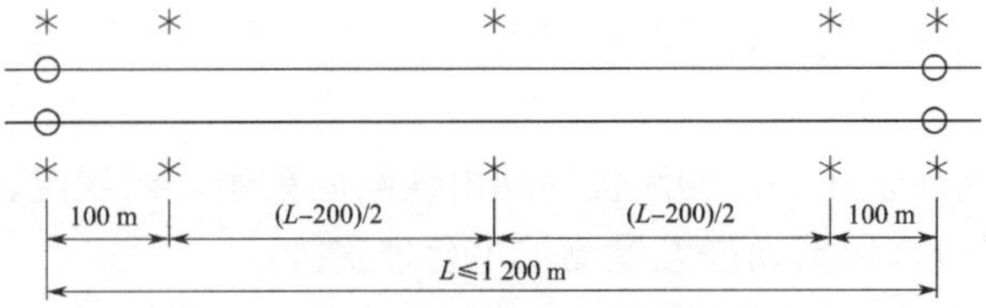

图 6-3 普通无缝线路观测桩设置

无缝道岔宜按图 6-4 分别在道岔始端和终端、尖轨跟端(或限位器处)分别设置一对钢轨位移观测桩,18 号及以上的道岔宜在心轨处加设一对位移观测桩。

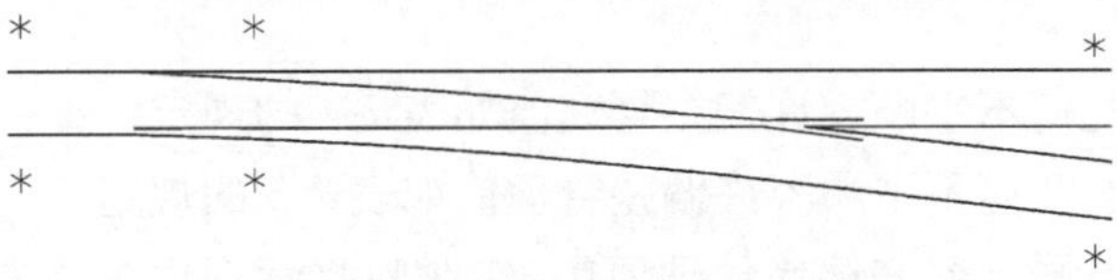

图 6-4 无缝道岔位移观测桩布置

位移观测桩必须预先埋设牢固,桥上位移观测桩应设置在固定端(调节器设置位移观测桩除外),内侧应距线路中心不小于 3.1 m。在轨条就位或轨条拉伸到位后,应立即进行标记。标记应明显、耐久、可靠。

固定区位移量超过 10 mm 时,应及时上报工务段查明原因,及时处理。

第七章　线路设备修理标准

第一节　线路设备维修周期

1. 正线线路设备维修周期，由各铁路局集团公司按照分级管理的原则参照表 7-1 规定，结合线路大修和实际设备状况、线路条件、运输条件、自然条件及单元评价结果等具体情况确定。

表 7-1　线路设备维修周期

项　　目	线路维修等级				
	Ⅰ级	Ⅱ级	Ⅲ级	Ⅳ级	Ⅴ级
大型养路机械捣固维修	1～2 年	1.5～3 年	3 年	根据线路状态合理安排	
钢轨预防性打磨	直线及半径大于 1 200 m 曲线地段，一般 100 Mt 通过总质量打磨一次(含多遍，达到设计廓形为止)。半径不大于 1 200 m 曲线地段，每 30～50 Mt 打磨一次，侧面磨耗、伤损严重地段可适当缩短打磨周期			根据钢轨状态合理安排	
扣件维修	2～3 年				

2. 道岔和站线的维修周期，由铁路局集团公司规定。其中正线、到发线道岔维修周期宜与正线线路同步。

3. 曲线上股钢轨侧面干式润滑的涂覆周期由铁路局集团公司规定。

4. 无砟轨道精调整理，根据动静态检测结果合理安排。

第二节　轨道静态几何不平顺容许偏差管理值

1. 线路轨道静态几何不平顺容许偏差管理值，混凝土枕地段如表 7-2 的规定，木枕地段如表 7-3 的规定。

2. 道岔轨道静态几何不平顺容许偏差管理值如表 7-4 的规定。

3. 调节器轨道静态几何不平顺容许偏差管理值如表 7-5 的规定。

4. 轨道静态几何不平顺容许偏差管理值中，作业验收管理值为线路设备大修、计划维修和临时补修作业的质量检查标准；计划维修管理值为安排轨道维修计划的质量管理标准；临时补修管理值为应及时进行轨道整修的质量控制标准；限速管理值为保证列车运行平稳性和舒适性，需立即限速并进行整修的质量控制标准；封锁管理值为保证列车运行平稳性，需立即封锁并进行整修的质量控制标准。

表 7-2　线路轨道静态几何不平顺容许偏差管理值(混凝土枕线路,mm)

项目		160 km/h $<v_{max}$正线				120 km/h$<v_{max}\leq$ 160 km/h 正线				80 km/h$<v_{max}\leq$ 120 km/h 正线				$v_{max}\leq$80 km/h 正线及到发线				其他站线			
		作业验收	计划维修	临时补修	限速(160 km/h)	作业验收	计划维修	临时补修	限速(120 km/h)	作业验收	计划维修	临时补修	限速(80 km/h)	作业验收	计划维修	临时补修	限速(45 km/h)	作业验收	计划维修	临时补修	封锁
轨距		+2 −2	+4 −3	+6 −4	+8 −6	+4 −2	+6 −4	+8 −6	+14 −7	+6 −2	+7 −4	+14 −7	+16 −8	+6 −2	+7 −4	+16 −8	+19 −9	+6 −2	+9 −4	+19 −9	+21 −10
水平		3	5	8	10	4	6	10	14	4	6	14	17	4	6	17	20	5	8	20	22
高低		3	5	8	11	4	6	11	15	4	6	15	19	4	6	19	22	5	8	22	24
轨向(直线)		3	4	7	9	4	6	9	12	4	6	12	15	4	6	15	18	5	8	18	20
三角坑	缓和曲线	3	4	5	6	4	5	6	7	4	5	7	8	4	6	8	9	5	7	9	10
三角坑	直线和圆曲线	3	4	6	8	4	6	8	11	4	6	11	13	4	6	13	15	5	8	15	16

注:①轨距偏差不含曲线上按规定设置的轨距加宽值,但最大轨距(含加宽值和偏差)不得超过 1 456 mm。
②轨向偏差和高低偏差为 10 m 弦测量的最大矢度值。
③三角坑偏差不含曲线超高顺坡造成的扭曲量;检查三角坑时基长,采用轨道检查仪时为 3 m,采用轨距尺时为 6.25 m,但在延长 18 m 的距离内无超过表列的三角坑。
④段管线、岔线按其他站线办理。

表 7-3　线路轨道静态几何不平顺容许偏差管理值(木枕线路,mm)

项目		120 km/h<v_{max}≤160 km/h 正线			80 km/h<v_{max}≤120 km/h 正线			v_{max}≤80 km/h 正线及到发线			其他站线		
		作业验收	计划维修	临时补修	作业验收	计划维修	临时补修	作业验收	计划维修	临时补修	作业验收	计划维修	临时补修
轨距		+4 −2	+6 −4	+8 −4	+6 −2	+7 −4	+8 −4	+6 −2	+8 −4	+9 −4	+6 −2	+9 −4	+10 −4
水平		4	6	8	4	6	9	4	6	10	5	8	11
高低		4	6	8	4	6	9	4	6	10	5	8	11
轨向(直线)		4	6	8	4	6	9	4	6	10	5	8	11
三角坑	缓和曲线	4	5	6	4	5	6	4	6	7	5	7	8
	直线和圆曲线	4	6	8	4	6	8	4	6	9	5	8	10

注:①轨距偏差不含曲线上按规定设置的轨距加宽值,但最大轨距(含加宽值和偏差)不得超过 1 456 mm。

②轨向偏差和高低偏差为 10 m 弦测量的最大矢度值。

③三角坑偏差不含曲线超高顺坡造成的扭曲量;检查三角坑时基长,采用轨道检查仪应为 3 m,采用轨距尺时为 6.25 m,但在延长 18 m 的距离内无超过表列的三角坑。

④段管线、岔线按其他站线办理。

表 7-4　道岔轨道静态几何不平顺容许偏差管理值(mm)

项目		160 km/h <v_{max} 正线			120 km/h<v_{max}≤160 km/h 正线			80 km/h<v_{max}≤120 km/h 正线			v_{max}≤80 km/h 正线及到发线			其他站线		
		作业验收	计划维修	临时补修	作业验收	计划维修	临时补修	作业验收	计划维修	临时补修	作业验收	计划维修	临时补修	作业验收	计划维修	临时补修
轨距		+2 −2	+4 −2	+5 −2	+3 −2	+4 −2	+6 −2	+3 −2	+5 −3	+6 −3	+3 −2	+5 −3	+6 −3	+3 −2	+5 −3	+6 −3
水平		3	5	7	4	5	8	4	6	8	4	6	9	6	8	10
高低		3	5	7	4	5	8	4	6	8	4	6	9	6	8	10
轨向	直线	3	4	6	4	5	8	4	6	8	4	6	9	6	8	10
	支距	2	3	4	2	3	4	2	3	4	2	3	4	2	3	4
三角坑		3	4	6	4	6	8	4	6	8	4	6	9	5	8	10

注:①支距偏差为现场支距与计算支距之差。

②导曲线下股高于上股的限值:作业验收为 0,计划维修为 2 mm,临时补修为 3 mm。

③三角坑偏差不含曲线超高顺坡造成的扭曲量;检查三角坑时基长,采用轨道检查仪时为 3 m,采用轨距尺时按规定位置检查,但在延长 18 m 的距离内无超过表列的三角坑。

④轨距偏差不含构造轨距加宽值,尖轨尖处轨距作业验收的容许偏差管理值为±1 mm。

⑤段管线、岔线道岔按其他站线道岔办理。

表 7-5　调节器轨道静态几何不平顺容许偏差管理值(mm)

项目	160 km/h ＜v_{max} 正线			120 km/h＜v_{max}≤160 km/h 正线			80 km/h＜v_{max}≤120 km/h 正线			v_{max}≤80 km/h 正线		
	作业验收	计划维修	临时补修	作业验收	计划维修	临时补修	作业验收	计划维修	临时补修	作业验收	计划维修	临时补修
轨距	+2 −2	+4 −2	+5 −2	+3 −2	+4 −2	+6 −2	+3 −2	+5 −3	+6 −3	+3 −2	+5 −3	+6 −3
水平	3	5	7	4	5	8	4	6	8	4	6	9
高低	3	5	7	4	5	8	4	6	8	4	6	9
轨向	3	4	6	4	5	8	4	6	8	4	6	9
三角坑	3	4	6	4	6	8	4	6	8	4	6	9

注:①轨距偏差不含构造轨距加宽值。
②检查三角坑时基长,采用轨道检查仪时为 3 m,采用轨距尺时按规定位置检查,但在延长 18 m 的距离内无超过表列的三角坑。

第三节　线路设备质量评定标准

一、线路设备状态评定

线路设备状态评定,是对正线线路设备质量基本状况的检查评定,是考核各级线路设备管理工作和线路设备状态改善情况的基本指标。线路设备状态评定是安排线路大、维修计划的主要依据。工务段应根据设备变化规律、季节特点以及结合设备日常检查对线路设备状态进行评定,具体办法由铁路局集团公司规定。

二、线路设备状态评定评分标准

线路设备状态评定应以千米为单位(评定标准见表 7-6),满分为 100 分,100～85 分为优良,85(不含)～60 分为合格,60 分以下为失格。

表 7-6　线路设备状态评定评分标准

序号	项目	扣分条件	计算单位	扣分(分)	说　明
1	慢行	线路设备不良(不含路基)	处	41	检查时现存慢行处所
2	道床	翻浆冒泥	每延长 10 m	4	—
		道床不洁率大于 25%(在枕盒底边向下 100 mm 处取样)	每延长 100 m	8	道床不洁率指通过边长 25 mm 筛孔的颗粒的质量比
3	轨枕	木枕失效率超过 8%	每增 1%	8	—
		混凝土枕失效率超过 4%	每增 1%	8	—
4	钢轨	一年内新生轻伤钢轨(不含曲线磨耗)	根	2	长轨中 2 个焊缝间为 1 根
		现存曲线磨耗轻伤钢轨	每延长 100 m	4	按单股计算
		一年内新生重伤钢轨(不含焊缝)	根	20	长轨中 2 个焊缝间为 1 根
		无缝线路现存重伤钢轨(不含焊缝)	根	20	长轨中 2 个焊缝间为 1 根
		无缝线路现存重伤焊缝	个	20	—

三、线路、道岔(调节器)日常保持状态评定

线路、道岔(调节器)日常保持状态评定,是考核线路、道岔(调节器)质量的基本指标,也是安排维修计划的主要依据之一。线路、道岔(调节器)的日常保持状态评定应由工务段组织,采取定期抽样的办法进行。具体评定标准、组织办法暂由铁路局集团公司规定试用。

第四节 线路设备计划维修质量评定标准

一、线路计划维修验收评分标准

线路计划维修验收评分标准见表 7-7。满分为 100 分,100～85 分为优良,85(不含)～60 分为合格,60 分以下为失格。失格线路整修复验后,在 60 分及以上者为合格。线路大型养路机械捣固维修按表 7-7 规定进行验收评分,其他单项维修由铁路局集团公司规定。

表 7-7 线路计划维修作业验收评分标准

项目	内容	编号	扣分条件		抽验数量	单位	扣分(分)	说明
			正线及到发线	其他站线				
轨道几何尺寸	轨距、水平、三角坑	1	超过作业验收标准容许偏差管理值	超过作业验收标准容许偏差管理值	连续检测 100 m	处	4	选择质量较差地段,有曲线时检测一个曲线的正矢,曲线正矢超过作业验收标准容许偏差每处扣 4 分,超过计划维修容许偏差每处扣 41 分
		2	超过计划维修容许偏差管理值	超过计划维修容许偏差管理值		处	41	
		3	轨距变化率(不含规定的递减率)允许速度大于 120 km/h 线路大于 1‰,其他线路大于 2‰	轨距变化率(不含规定的递减率)大于 3‰	全面查看,重点检测	处	2	
	轨向、高低	4	超过作业验收标准容许偏差管理值	超过作业验收标准容许偏差管理值		处	4	
		5	超过计划维修容许偏差管理值	超过计划维修容许偏差管理值		处	41	
钢轨	接头错牙	6	轨面及内侧错牙大于 1 mm	轨面及内侧错牙大于 2 mm	全面查看,重点检测	处	4	错牙大于 3 mm 时扣 41 分
	接头相对	7	直线偏差大于 40 mm,曲线偏差大于 40 mm 加缩短轨缩短量的一半	直线偏差大于 60 mm,曲线偏差大于 60 mm 加缩短轨缩短量的一半	全面查看,重点检测	处	4	轨缝在调整轨缝轨温限制范围以内检查
	轨缝	8	连续瞎缝或大于构造轨缝,普通绝缘接头轨缝小于 6 mm	连续瞎缝或大于构造轨缝,普通绝缘接头轨缝小于 6 mm	全面查看,重点检测	处	8	
		9	轨端肥边大于 2 mm	轨端肥边大于 2 mm	全面查看,重点检测	处	8	含胶接绝缘钢轨
	焊缝	10	新焊接的焊缝不符合《钢轨焊接》(TB/T 1632.1～TB/T 1632.4)的标准;原焊缝打磨后,不符合钢轨打磨作业验收标准	—	全面检测	处	8	—

续上表

项目	内容	编号	扣分条件		抽验数量	单位	扣分(分)	说明
			正线及到发线	其他站线				
轨枕	位置	11	位置、间距偏差或偏斜大于 50 mm	位置、间距偏差或偏斜大于 60 mm	全面查看,重点检测	处	1	枕上或枕下离缝大于 2 mm 者为吊板,枕下暗吊板不明显者,可拔起道钉或松开扣件查看
	失效	12	接头或焊缝处失效,其他处连续失效	接头或焊缝处失效,其他处连续失效	全面查看	处	8	
	修理	13	应修混凝土枕未修,木枕应削平及劈裂者未修	应修混凝土枕未修,木枕应削平及劈裂者未修	全面查看	根	1	
	空吊率	14	大于 8%	大于 12%	连续检测 50 头	每增 1%	2	
联结零件	接头螺栓	15	缺少/松动或扭矩不符合规定	缺少/松动或扭矩不符合规定	全面查看,抽测 4 个接头扭矩	个	16/2	—
	扣件、道钉	16	铁垫板、轨下垫板缺少	铁垫板、轨下垫板缺少	连续查 100 头	块	2	—
		17	轨下垫板、轨下调高垫板失效(含偏斜、窜出)超过 8%	轨下垫板、轨下调高垫板失效(含偏斜、窜出)超过 16%	连续查看,检测 100 头	每增 1%	1	—
		18	道钉、扣件缺少	道钉、扣件缺少	连续查看 100 头	个	2	单股同侧钢轨连 2 缺少扣 4 分,连 3 缺少扣 16 分,连 4 缺少扣 41 分;一组扣件的零件不全,按缺少一个计算
		19	道钉浮离或扣板(轨距挡板)前、后离缝大于 2 mm 者,超过 8%	道钉浮离或扣板(轨距挡板)前、后离缝大于 2 mm 者,超过 12%	连续检测 50 个	每增 2%	1	—
		20	扣件扭矩(扣压力)或弹条扣件中部前端下颚离缝、Ⅲ型弹条小圆弧内侧与预埋铁座端部相距不符合标准者,超过 8%	扣件扭矩(扣压力)或弹条扣件中部前端下颚离缝、Ⅲ型弹条小圆弧内侧与预埋铁座端部相距不符合标准者,超过 12%	连续检测 50 个	每增 1%	1	—
轨道加强设备	轨距杆、轨撑	21	缺损或松动	缺损或松动	全面查看,重点检测	根、个	2	区间正线无观测桩或观测桩不起作用按爬行超限计算;站内线路爬行检查道岔及绝缘接头前后
	防爬设备	22	防爬器缺损、松动或离缝大于 2 mm	防爬器缺损、松动或离缝大于 2 mm	连续查看,检测 50 个	个	2	
		23	支撑缺损、失效、尺寸不符合标准	支撑缺损、失效、尺寸不符合标	连续查看,检测 50 个	个	1	
	线路爬行	24	普通线路爬行量大于 20 mm,无缝线路位移观测无记录	普通线路爬行量大于 20 mm,无缝线路位移观测无记录	全面检测	km	41	

续上表

项目	内容	编号	扣分条件		抽验数量	单位	扣分(分)	说明
			正线及到发线	其他站线				
护轨	护轨与基本轨间距	25	护轨与基本轨间距离不符合规定	护轨与基本轨间距离不符合规定	全面查看，重点检测	处	2	—
	护轨与基本轨高差	26	顶面高出基本轨 5 mm，低于基本轨 25 mm	顶面高出基本轨 5 mm，低于基本轨 25 mm	全面查看，重点检测	处	4	—
	护轨轨底	27	轨底悬空大于 5 mm 处所超过 8%	轨底悬空大于 5 mm 处所超过 8%	连续查看，检测 50 头	处	1	—
	梭头	28	梭头各部联结松动，尖端底部悬出桥枕大于 5 mm	梭头各部联结松动，尖端底部悬出桥枕大于 5 mm	全面检测	处	4	—
	扣件、道钉	29	护轨垫板设置不符合规定，厚度大于 30 mm 处所超过 8%	护轨垫板设置不符合规定，厚度大于 30 mm 处所超过 8%	连续检测 50 块	块	1	—
		30	护轨道钉或扣件缺少、道钉浮离 2 mm 或扭矩不符合规定者超过 8%	护轨道钉或扣件缺少、道钉浮离 2 mm 或扭矩不符合规定者超过 8%	连续检测 50 个	个	1	—
道床	脏污	31	枕盒或边坡清筛深度不足，清筛不洁/翻浆冒泥	枕盒或边坡清筛深度不足，清筛不洁/翻浆冒泥	全面查看，重点扒开道床检查	每 10 m/孔	2/41	按工务段下达的计划验收
	尺寸	32	Ⅰ型混凝土枕中部道床凹下尺寸不符合规定	Ⅰ型混凝土枕中部道床凹下尺寸不符合规定	连续查看，检测 100 m	每 10 m	1	—
	外观	33	道床断面不符合标准、不均匀、不整齐、有杂草	道床断面不符合标准、不均匀、不整齐、有杂草	全面查看	每 10 m	1	—
路基	路肩	34	不平整、有大草	不平整	全面查看	每 20 m	1	单侧计算
	排水	35	有反坡、弃土未清理	有反坡、弃土未清理	全面查看	每 10 m	2	单侧计算
道口	铺面	36	不平整、松动	不平整、松动	查看检测	块	4	—
	轮缘槽	37	尺寸不符合规定	尺寸不符合规定	查看检测	处	16	—
	防护设施	38	缺损、歪斜	缺损、歪斜	全面查看	处	2	—
标志标记	标志	39	缺损、歪斜、错误、字迹不清	缺损、歪斜、错误、字迹不清	全面查看	个	2	—
	标记	40	钢轨上标记不全、位置不对、不清晰或错误	钢轨上标记不全、位置不对、不清晰或错误	全面查看	处	1	—

二、道岔计划维修验收评分标准

道岔计划维修验收评分标准见表 7-3。满分为 100 分，100～85 分为优良，85(不含)～

60分为合格,60分以下为失格。失格线路整修复验后,在60分及以上者为合格。道岔大型养路机械捣固维修按表7-8规定进行验收评分,其他单项维修由铁路局集团公司规定。

表7-8　道岔计划维修作业验收评分标准

项目	内　容	编号	扣分条件		抽验数量	单位	扣分(分)	说　明
			正线及到发线道岔	其他站线道岔				
轨道几何尺寸	轨距、水平、三角坑、支距	1	超过作业验收标准容许偏差管理值	超过作业验收标准容许偏差管理值	全面检测	处	4	同时检测两线间距小于5.2 m的连接曲线轨向,用10 m弦测量。连续正矢差超过2 mm,每处扣4分
		2	超过计划维修容许偏差管理值	超过计划维修容许偏差管理值		处	41	
		3	轨距变化率(不含构造轨距加宽顺坡)允许速度大于120 km/h线路大于1‰,其他线路大于2‰	轨距变化率(不含构造轨距加宽顺坡)大于3‰		处	2	
	轨向、高低	4	超过作业验收标准容许偏差管理值	超过作业验收标准容许偏差管理值	全面查看,重点检测	处	4	
		5	超过计划维修容许偏差管理值	超过计划维修容许偏差管理值		处	41	
	查照间隔	6	超过容许限度	超过容许限度	全面检测	处	41	尖趾距离指可动心轨辙叉长心轨尖端至叉趾的距离
	护背距离	7	超过容许限度	超过容许限度	全面检测	处	41	
	尖趾距离	8	超过容许限度	超过容许限度	全面检测	处	41	
钢轨	尖轨、可动心轨靠贴	9	尖轨尖端与基本轨、可动心轨尖端与翼轨不靠贴	尖轨尖端与基本轨、可动心轨尖端与翼轨不靠贴	全面检查	组	41	不靠贴指二者之间的缝隙大于1 mm
	接头错牙	10	轨顶面或内侧面错牙大于1 mm	轨顶面或内侧面错牙大于1 mm	全面查看,重点检测	处	4	错牙大于3 mm时扣41分
	轨缝	11	连续瞎缝或大于构造轨缝,普通绝缘接头轨缝小于6 mm	连续瞎缝或大于构造轨缝,普通绝缘接头轨缝小于6 mm	全面查看,重点检测	处	8	轨缝在调整轨缝轨温限制范围以内检查
		12	轨端肥边大于2 mm	轨端肥边大于2 mm	全面查看,重点检测	处	8	含胶接绝缘钢轨
岔枕	位置	13	位置或间距偏差大于40 mm(钢枕为20 mm)	位置或间距偏差大于50 mm	全面查看,重点检测	处	2	—
	失效	14	接头处失效,其他处连续失效	接头处失效,其他处连续失效	全面查看,重点检测	处	8	枕上或枕下离缝大于2 mm者为吊板,枕下暗吊板可根据道床与岔枕间状态判断,不明显者可扒开道床查看
	修理	15	应修混凝土岔枕未修,木岔枕未削平或劈裂未修	应修混凝土岔枕未修,木岔枕未削平或劈裂未修	全面查看	根	2	
	空吊率	16	大于8%(钢枕不得有空吊)	大于12%	连续检测50头	每增1%	2	

续上表

项目	内容	编号	扣分条件		抽验数量	单位	扣分(分)	说明
			正线及到发线道岔	其他站线道岔				
联结零件	滑床板	17	尖轨、可动心轨与滑床板缝隙大于 2 mm	尖轨、可动心轨与滑床板缝隙大于 2 mm	查看检测	块	2	—
		18	滑床板及护轨弹片上反或离缝大于 2 mm,销钉离缝大于 5 mm	滑床板及护轨弹片上反或离缝大于 2 mm,销钉离缝大于 5 mm	查看检测	块	2	
	螺栓	19	接头、连杆、顶铁、间隔铁螺栓缺少/顶铁离缝大于 2 mm	接头、连杆、顶铁、间隔铁螺栓缺少/顶铁离缝大于 2 mm	全面查看	个、块	16/8	—
		20	接头螺栓松动或扭矩不符合规定,连杆、顶铁、间隔铁及护轨螺栓松动	接头螺栓松动或扭矩不符合规定,连杆、顶铁、间隔铁及护轨螺栓松动	查看检测	个、块	2	—
		21	心轨凸缘或轨护螺栓缺少、松动	心轨凸缘或轨护螺栓缺少、松动	查看检测	个	41	
		22	长心轨与短心轨联结螺栓缺少、松动	长心轨与短心轨联结螺栓缺少、松动	查看检测	个	41	—
		23	其他各种螺栓或螺栓开口销缺少、松动	其他各种螺栓或螺栓开口销缺少、松动	查看检测	个	1	
	铁垫板	24	铁垫板、橡胶垫板、橡胶垫片缺少	铁垫板、橡胶垫板、橡胶垫片缺少	连续查看 50 块	块	2	—
	胶垫	25	橡胶垫板或橡胶垫片失效超过 8%	橡胶垫板或橡胶垫片失效超过 12%	连续查看,检测 50 块	每增 1%	1	—
	道钉、扣件	26	道钉、扣件缺少	道钉、扣件缺少	连续查看 50 个	个	2	一组扣件的零件不全,按缺少一个计算
		27	扣件扭矩(扣压力)或弹条扣件中部前端下颚离缝不符合标准者,超过 8%	扣件扭矩(扣压力)或弹条扣件中部前端下颚离缝不符合标准者,超过 12%	连续查看,检测 50 个	每增 1%	1	
	辊轮	28	辊轮缺失或失效	辊轮缺失或失效	全面查看	处	41	—
		29	在尖轨密贴状态下,辊轮与尖轨轨底的间隙超出 1～2 mm;在尖轨斥离状态下,滑床台上表面与尖轨轨底的间隙超出 1～3 mm	在尖轨密贴状态下,辊轮与尖轨轨底的间隙超出 1～2 mm;在尖轨斥离状态下,滑床台上表面与尖轨轨底的间隙超出 1～3 mm	全面查看,检测	处	8	—

续上表

项目	内容	编号	扣分条件		抽验数量	单位	扣分(分)	说明
			正线及到发线道岔	其他站线道岔				
轨道加强设备	轨撑、轨距杆	30	转辙或辙叉部位轨撑离缝大于 2 mm,其他部位轨撑或轨距杆缺损、松动	转辙或辙叉部位轨撑离缝大于 2 mm,其他部位轨撑或轨距杆缺损、松动	查看检查	个、根	2	轨撑离缝系指轨撑与轨头下颚或轨撑与垫板挡肩之间的间隙
	防爬设备	31	防爬器缺损、松动或离缝大于 2 mm,支撑缺损、失效、尺寸不符合标准	防爬器缺损、松动或离缝大于 2 mm,支撑缺损、失效、尺寸不符合标准	查看检查	个	2	—
	爬行	32	道岔两尖轨尖端相错量大于 20 mm、无缝道岔位移无观测记录	道岔两尖轨尖端相错量大于 20 mm、无缝道岔位移无观测记录	检测	组	41	—
道床	脏污	33	枕盒内或边坡道床不洁/翻浆冒泥	枕盒内或边坡道床不洁/翻浆冒泥	全面查看、重点扒开检查	组/空	6/41	—
	外观	34	道床断面不符合标准、不均匀、不整齐、有杂草	道床断面不符合标准、不均匀、不整齐、有杂草	全面查看	组	4	—
路基	路肩	35	不平整、有大草	不平整、有大草	全面查看	组	2	—
	排水	36	有反坡、弃土未清理	有反坡、弃土未清理	全面查看	组	4	—
标志标记	标志	37	警冲标损坏或不清晰	警冲标损坏或不清晰	查看检查	组	8	警冲标缺少或位置不对扣 41 分
	标记	38	钢轨上标记不全、位置不对、不清晰或错误	钢轨上标记不全、位置不对、不清晰或错误	全面查看	处	1	含钢轨编号、轨距、支距、钢轨伤损等标记

三、调节器计划维修验收评分标准

调节器计划维修验收评分标准见表 7-9。满分为 100 分,100～85 分为优良,85(不含)～60 分为合格,60 分以下为失格。失格线路整修复验后,在 60 分及以上者为合格。调节器大型养路机械捣固维修应按表 7-4 规定进行验收评分,其他单项维修由铁路局集团公司规定。

表 7-9 调节器计划维修作业验收评分标准

项目	编号	扣分条件	抽查数量	单位	扣分(分)	说明
轨道几何尺寸	1	轨距、水平、轨向、高低、三角坑超过作业验收标准容许偏差管理值,轨距变化率(不含构造轨距加宽顺坡)大于 2 mm/2 m	轨距、水平、三角坑全面检测,轨向、高低全面查看,重点检测	组	4	—
	2	轨距、水平、轨向、高低、三角坑超过计划维修容许偏差管理值		组	41	—

续上表

项目	编号	扣分条件		抽查数量	单位	扣分（分）	说明
伸缩	3	基本轨伸缩量超过设计伸缩量		重点检测	处	41	—
	4	焊缝边缘至扣件或轨撑铁垫板距离	5 mm<间距≤20 mm	重点检测	处	4	—
	5		间距≤5 mm	重点检测	处	41	
	6	尖轨伸缩量	0<伸缩量≤30 mm	全面检测	处	4	—
	7		伸缩量>30 mm	全面检测	处	41	
	8	位移观测桩缺少或位移观测无记录		全面检测	个	4	—
密贴	9	尖轨尖端至 5 mm 断面与基本轨密贴段密贴	0.5 mm<间隙≤1.0 mm	全面检测	处	4	—
	10		间隙>1.0 mm	全面检测	处	41	
	11	尖轨其余密贴段与基本轨密贴	间隙>1.0 mm	全面检测	处	16	—
	12	尖轨轨撑与轨腰密贴	0.2 mm<间隙≤0.5 mm	全面检测	个	4	—
	13		间隙>0.5 mm	全面检测	个	8	
	14	尖轨轨撑与轨底上表面密贴	0.5 mm<间隙≤1.0 mm	全面检测	个	4	—
	15		间隙>1.0 mm	全面检测	个	8	
	16	尖轨轨底与台板密贴	0.5 mm<间隙≤1.5 mm	全面检测	块	4	—
	17		间隙>1.5 mm	全面检测	块	8	
	18	基本轨轨撑与轨腰密贴	0.5 mm<间隙≤1.0 mm	全面检测	个	2	—
	19		1.0 mm<间隙≤2.0 mm	全面检测	个	4	
	20		间隙>2.0 mm	全面检测	个	8	
	21	基本轨轨撑与轨底上表面密贴	间隙>1.0 mm	全面检测	个	2	—
	22	在轨腰、轨底同时有间隙时	连续出现	全面检测	块	2	—
钢轨	23	尖轨轨头切削范围内轨顶降低值	15 mm 断面～零降低值断面偏差>±1 mm	全面检测	处	16	—
	24		其余范围>$^{+2}_{-1}$ mm	全面检测	处	4	—
	25	尖轨、基本轨轻伤		全面检测、查看	处	16	—
	26	钢轨肥边>1 mm		全面检测	处	4	—
	27	钢轨折断未及时进行永久处理		全面查看	处	41	“未及时”指轨温具备焊接条件未进行永久处理
	28	焊接质量不符合要求，现场焊接头位置符合第 3.10.10 条的规定		全面检测	处	8	—
联结零件	29	轨撑及铁垫板螺栓	缺少	全面查看	个	16	—
	30		松动	全面查看，重点检测	个	4	
	31		扭矩不符合规定	全面检测	个	2	

续上表

项目	编号	扣分条件		抽查数量	单位	扣分（分）	说明
联结零件	32	扣件	铁垫板缺少或折断	全面查看	块	41	—
	33		橡胶垫板缺少/窜出或失效	全面查看	块	8/4	
	34		扣件（含轨撑）失效、缺少/连续失效、缺少	全面查看	个	8/41	
	35		预埋套管失效	全面查看	个	8	
	36		弹条中肢前端间隙不符合规定	全面查看，重点检测	个	2	
	37		道钉浮离超过 8%	全面查看	个	2	—
护轨	38	护轨与尖轨（基本轨）间净距偏差超过 10 mm		全面查看，重点检测	处	2	—
	39	护轨高于尖轨（基本轨）5 mm 或低于尖轨（基本轨）25 mm		全面查看，重点检测	处	4	—
	40	轨底悬空大于 5 mm 处所超过 8%		全面查看	处	1	—
	41	护轨垫板设置不符合规定，厚度大于 30 mm 处所超过 8%		全面查看	块	1	—
	42	护轨道钉或扣件缺少、道钉浮离 2 mm 或扭矩不符合规定者超过 8%		全面查看	个	1	—
轨枕	43	位置或间距偏差大于 40 mm		全面查看，重点检测	处	2	—
	44	失效		全面查看，重点检测	根	41	
	45	吊板（枕上或枕下离缝大于 2 mm）		全面查看，重点检测	头	4	
道床	46	肩宽不足，不饱满，有杂物		全面查看，重点检测	处	2	—
	47	翻浆冒泥/严重不洁、影响排水		全面查看，重点检测	组	16/4	—
标记	48	缺少、错误、位置不对，字迹不清		全面查看	处	1	—

第八章　基本规章及相关规章

第一节　《普速铁路线路修理规则》相关内容

《普速铁路线路修理规则》简称《普速修规》。2006年原铁道部发布的《铁路线路修理规则》(铁运〔2006〕146号)在当年对指导线路修理,保证线路质量,确保铁路运输安全生产起到了重要作用。十多年来,铁路管理体制发生了较大的变化,工务"线桥结构现代化、施工作业机械化、企业管理科学化"取得了长足进步,工务维修体制改革收到了显著成效,2006版的《铁路线路修理规则》已不适应铁路改革和运输发展的要求。因此中国铁路总公司工电部组织对《铁路线路修理规则》进行了修订,并更名为《普速铁路线路修理规则》,自2019年4月1日起施行。

《普速铁路线路修理规则》制定目的,是为贯彻落实"强基达标、提质增效"工作主题,适应普速铁路运营要求,规范线路设备管理,提高线路设备修理和技术管理水平。《普速铁路线路修理规则》共包括十一章和八个附录,主要规定了线路设备修理工作内容及工作组织、线路设备标准和修理要求、线路设备修理主要作业要求、线路设备大修设计及预算、线路设备修理标准、线路质量评定、线路设备检查、道口看守、平面和高程控制网、附则等内容。

一、起道作业相关规定

(一)采用大型养路机械进行线路维修作业的规定

采用大型养路机械进行线路维修作业时,应拆除所有调高垫板,全面起道,全面捣固。采用小型养路机械时,可根据线路状态重点起道,全面捣固。

起道、捣固是线路维修的主要作业内容,起道的目的是恢复轨道弹性,调整线路大平,改善轨道平顺性。重点起道指的是以找平线路坑洼为重点,在线路局部地段进行的起道。在线路坑洼较多,累积下沉量也较大的情况下,进行维修时应采取全面起道的做法。

无论是全面起道还是重点起道,均要产生较大的捣固作业量,可根据作业要求和设备条件,确定是使用大型机械作业还是使用小型机械作业。一般来说,全面起道、全面捣固要采用大型机械作业,撤除全部调高垫板;重点起道、全面捣固可采用小型机械作业。

(二)混凝土宽枕线路起道作业规定

1. 应采用枕下垫砟和枕上垫板相结合的方法

混凝土宽枕线路出现坑洼时,无法采用起道捣固的方法进行整平,因此采用枕下垫砟和枕上垫板相结合的方法。常用的做法是:整治10 mm(使用调高扣件时为25 mm)以上的坑洼,以垫砟为主;整治10 mm(使用调高扣件时为25 mm)以下的坑洼,以垫板为主;垫砟与垫板要结合使用,保持枕上垫板的总厚度符合规定。松开扣件进行垫板作业时,要保证扣件螺栓的扭矩符合规定标准。

2. 垫砟起道应具备的条件

(1)混凝土宽枕线路。

(2)路基稳定,无翻浆。

(3)道床较稳定,局部下沉量较小。

(4)当轨下调高垫板厚度达到 10 mm,或连续 3 根及以上宽枕调高垫板厚度达到 8～10 mm,使用调高扣件时调高垫板厚度达到 20 mm。

(5)垫砟使用的道砟的规定。

①混凝土宽枕线路的道床,由面砟带和底层组成,均应采用一级道砟。有垫层时道床厚度不得小于 250 mm,无垫层时不得小于 350 mm;在岩石、渗水土路基上,隧道内及有砟桥面上,不得小于 200 mm。面砟带道砟厚度为 50 mm,面砟带的粒径比普通道砟小,对起道所垫 8～20 mm 的小砟起隔离作用,既能避免因所垫小砟漏入底层而加速底砟脏污,又能保持垫砟起道应有的效果。此外,混凝土枕刚度大,要求枕下道砟均匀支承,铺设面砟带还能起到较好的支承作用。每股轨下两侧宽度应各为 450～500 mm,底层为普通碎石道砟。道床顶面宽度不得小于 2.9 m,允许速度大于 120 km/h 线路,道床顶面应与宽枕顶面平齐,其他线路枕端埋入道床深度不得小于 80 mm。

②垫砟起道用的道砟,采用火成岩材料,粒径为 8～20 mm。

(6)为保证垫砟作业的质量和行车安全,对一次垫入的厚度和轨道抬起的高度作出了限制,垫砟起道时,一次垫入的厚度不得超过 20 mm,抬起高度不得超过 50 mm,两台起道机应同起同落。垫砟作业每撬长度不得超过 6 根枕,并随垫随填,夯实道床。

(三)起道作业收工时顺坡率应满足的要求

为了满足线路平顺性的要求,起道作业收工时,允许速度不大于 120 km/h 线路不应大于 2.0‰,允许速度为 120(不含)～160 km/h 线路不应大于 1.0‰,允许速度大于 160 km/h 线路不应大于 0.8‰。采用大型养路机械进行线路维修作业时,捣固车在结束作业,进行顺坡时,应在直线或是圆曲线地段进行顺坡,避免在竖曲线、缓和曲线地段顺坡。

(四)捣固车作业规定

捣固车一次最大起道量不得超过 50 mm,是根据捣固车机械性能、捣固质量、作业方式决定的。因此,规定起道量超过 50 mm 时,应分两次作业,每次作业后应进行道床动力稳定。

(五)可动心轨辙叉道岔起道作业时的规定

通过可动心轨辙叉道岔的列车速度一般都较高,故在维修作业中,必须注意保持道岔的整体稳定性和平顺性。因此,要求起道作业要用两台起道机同时操作,两机相距不大于 5 孔,两股道要同时起平,不得高起,以免一股起道影响他股,形成空吊板,影响道岔的整体平顺性。同时,要做好道岔前后及道岔曲股的顺坡。

二、拨道作业相关规定

(一)轨向不良时的拨道作业

用目测法拨正直线地段不良的线路轨向,目测法拨正完全能满足直线轨向偏差的容许标准。曲线的拨正,在日常养护维修中,一般采用绳正法。但该法虽适用于曲线圆度的整正,却不适于曲线要素的计算与整正。因此,如果需改变曲线头尾位置、缓和曲线长度、曲线半径时,应用仪器测量拨正。

绳正法的计算模式有多种，但其原理是一致的，计算方法也是科学的，只是曲线正矢取毫米的整倍数，且现场正矢拉绳测量难免产生误差，各测点的误差对整个计算结果影响较大，计算精度是比较低的，因此，它只适用于保持曲线圆顺的日常养护。

（二）用绳正法拨正曲线的基本要求

1. 曲线两端直线轨向不良，应事先拨正；两曲线间直线段较短时，可与两曲线同时拨正。

保持好曲线两端直线方向和位置，使曲线头尾的位置正确，使曲线变化范围得到控制，以利曲线的拨正。曲线两端的直线对曲线的位置起控制作用，其方向正确与否直接影响曲线起讫点的位置，因此曲线拨道前应事先拨正其两端的直线方向。两曲线之间的夹直线较短时，其直线方向难于控制，且不易拨正，因此为保证两曲线圆顺和衔接顺畅，较短的夹直线应与两曲线合并计算与拨正。

2. 在外股钢轨上用钢尺丈量，每 10 m 设置 1 个测点（曲线头尾是否在测点上不限）。

现场曲线的测设，缓和曲线长度多采用 10 m 的整倍数，而圆曲线长度一般不是 10 m 的整倍数，但在曲线整正时通常采用的测点距离为 10 m，因此两缓和曲线的头尾不可能都落在测点上，所以要按实设测点位置量取和计算正矢。实际上，可使一个缓和曲线的头或尾落在测点上，亦可使两个缓和曲线的头或尾都不落在测点上。总之，应因地制宜地按实际情况进行测量和计算。

3. 测量正矢的正确与否直接影响计算精度。为减少测量的误差，测量正矢时，要在风力较小条件下，拉绳测量每个测点的正矢，测量 3 次，取其平均值。

4. 按绳正法计算拨道量，计算时不宜为减少拨道量而大量调整计划正矢。

从理论上讲，曲线始终点的拨道量应为零，但实际上往往并不为零，需要经过调整才能使之为零。这主要是受正矢测量误差或曲线两端直线方向不良的影响。拨道量的大小主要与拨道之前曲线的圆顺程度有关。为使拨后曲线圆顺，不宜为减少拨道量而对计划正矢做大量的调整。

5. 设置拨道桩，按桩拨道。

设置拨道桩按桩拨道，既准确又方便，但桩的设置必须牢稳可靠，以确保位置正确无误。

（三）捣固车拨道作业的规定

一次最大拨道量不得超过 80 mm，是因为拨道量超过 80 mm 时，捣固车的拨道机构将失去拨量修正功能。曲线地段上挑、下压量应尽量接近，每次作业后应进行道床动力稳定。

三、捣固作业相关规定

（一）大型养路机械捣固作业要求

1. 捣固的目的是通过捣实枕下石砟，保持轨道起道以后的空间位置。混凝土枕地段，捣固前撤除所有调高垫板。

2. 为保证捣固作业质量，步进式捣固车的捣固频次不宜超过 18 次/min，连续式双枕捣固车的捣固频次不宜超过 22 次/min，连续式三枕捣固车的捣固频次不宜超过 20 次/min。对桥头、道口、钢轨接头四根轨枕等薄弱处所，应按照工务段标记增加捣固次数。

捣固频次是根据大型机械技术参数和现场多年实践确定的。桥头基础软硬交接处易沉落，道口平时无法捣固，接头四根轨枕容易累积变形。因此，对桥头、道口、钢轨接头四根轨枕等薄弱处所都需要按照工务段作出的标记增加捣固次数，以期保持较长时间。

3. 采用钢轨打磨列车打磨作业，如与大型养路机械维修捣固作业时间相近时，宜安排在捣固作业后进行。

（二）道岔维修作业要求

道岔维修要坚持使用机械进行捣固，对每根岔枕均应在其两侧通长捣实，尤应注意钢轨接头、辙叉和尖轨弹性可弯部分的捣实。要加强钢岔枕及其前后岔枕的捣固，可先用手镐串实再用电镐振动密实，确保做到钢岔枕基础稳固，以防钢岔枕发生变形，影响钢岔枕内各转换构件相关部位之间的相对间隙保持正常。

（三）混凝土枕线路冻害地段作业要求

混凝土枕线路冻害地段，在冻结前，应有计划地撤出调高垫板进行捣固。

四、改道作业相关规定

（一）木枕地段改道作业规定

1. 木枕地段改道时，应使铁垫板外肩靠贴轨底边；改道用的道钉孔木片规格应为长 110 mm、宽 15 mm、厚 5～10 mm，并应经过防腐处理。

我国现行标准铁垫板均为五孔双肩铁垫板。外侧道钉主要是抵抗水平力，阻止轨距扩大，所以靠轨底钉一个道钉，并应使铁垫板外肩靠贴轨底。内侧道钉主要是依靠其抗拔力，防止钢轨向外倾斜，并阻止轨距缩小。在半径较小的曲线上，行车时横向力较大，为防止钢轨向外倾斜，需增加道钉的抗拔力，所以内侧加钉一个道钉。铁垫板与木枕的联结道钉，主要作用是固定铁垫板位置，防止铁垫板移动和歪斜，并避免行车时因铁垫板跳动而加剧木枕机械磨耗。为保持铁垫板的稳定状态，联结道钉必须钉齐。为了起拔道钉作业方便，联结道钉可不打牢，但不宜冒起过高。

2. 螺纹道钉改道时，先用木塞填满原钉孔，再按改道的钉入位置钻孔后旋入螺钉，以使螺钉能保持应有的抗拔力。螺钉只能旋入而不能锤击，锤击将破坏螺钉周围的木纤维，使钉孔丧失握持能力。对木岔枕则严禁用改移螺纹道钉孔的方法改道。这种方法既损伤岔枕，又不易保持道岔稳定。

（二）混凝土枕地段改道作业规定

混凝土枕地段应调整不同号码扣板、轨距挡板、挡板座。改道作业不仅要改正轨距，还应在改道的同时修理和更换不良扣件，以避免以后重复作业。重复作业不仅浪费劳动力，还会导致轨道部件受损和线路质量下降，改道的质量也难以保持。

（三）改道的前后作业程序应紧密衔接

改道作业要严格执行《普速铁路工务安全规则》的有关规定。改道的前后作业程序要紧密衔接，应按改道量将钢轨拨正，严禁利用道钉或扣件挤动钢轨，以确保行车安全。

（四）道岔改道作业规定

1. 在道岔转辙部分改道时，应将曲股基本轨弯折尺寸和尖轨侧弯整修好。还要整治好基本轨、尖轨病害，合理地改正轨距。

2. 在辙叉部分改道时，应调整好护轨、翼轨轮缘槽宽度，同时应处理好查照间隔、护背距离和翼轨、护轨轮缘槽宽度之间的关系，应用打磨钢轨肥边和间隔铁加垫片等方法调整好轮缘槽宽度。

辙叉部分的轨距，既受查照间隔 S_C 和护背距离 S_H 的制约，又受护轨轮缘槽宽度 t_1 翼轨轮缘槽宽度 t_2 的控制，因此容许偏差的范围是很窄的。容许正误差＋1、负误差－2 与 S_C、S_H、t_1 和 t_2 的关系如下：

$$\varepsilon_1 = S_H + t_1 + t_2 - 1\,435 = 1\,348 + t_1 + t_2 - 1\,435 = t_1 + t_2 - 87$$

$$\varepsilon_2 = S_C + t_1 - 1\,435 = 1\,391 + t_1 - 1\,435 = t_1 - 44$$

由上式可以看出：

(1) $t_1 + t_2 > 87$ mm 时，才容许有正误差。

(2) $t_1 < 44$ mm 时，才容许有负误差。

(3) $t_1 = 43$ mm 及 $t_2 = 45$ mm 时，容许误差范围为±1 mm；$t_1 = 42$ mm 及 $t_2 = 47$ mm 时，容许误差范围为±2 mm；$t_1 = 41$ mm 及 $t_2 = 49$ mm 时，容许误差范围为±3 mm。

辙叉部分的轨距，由于查照间隔和护背距离的限定，设计采用的尺寸，制造时产生的误差等因素的制约，养护维修的活动余地是很小的。例如轮缘槽标准宽度 t_1 为 42 mm，t_2 为 46 mm，在轨距为 1 435 mm 时，与护背距离 1 348 mm 的差距仅有 1 mm；在轨距为 1 436 mm 时，护背距离就已达到 1 348 mm 的限度。因此，对辙叉部分的轨距，需要加强养护维修，处理好各尺寸之间的关系，在改道时不仅要符合标准，还要注意尺寸误差的情况，尽可能地留有一定余地，以利日常养护维修管理。

3. 可动心轨辙叉道岔的改道作业，应采用调整不同号码轨距挡块的方法进行。

为使改正后的轨距保持牢靠，对可动心轨辙叉道岔改道时，本条规定应调整不同号码的轨距块，调整量不足时可加垫片调整。改动轨距块时，不准用锤敲打，以防造成损坏。在转辙器及护轨部分改道时，应先退出销钉，待改道完毕，再将销钉打入。

五、垫板作业相关规定

（一）调高垫板作业规定

1. 调高垫板应垫在橡胶垫板与轨枕顶面之间，每处调高垫板不得超过 2 块，总厚度不得超过 10 mm。

为保证垫板作业的质量和行车安全，垫板的规格尺寸、使用要求应符合垫板使用规定。在养护维修作业中，应严格执行规定，严禁盲目超垫。盲目超垫不仅不能改善线路质量，反而会破坏线路质量。Ⅲ$_b$型混凝土枕一般不使用调高垫板，但采用可调高弹条时可使用调高垫板。

调高垫板垫在橡胶垫板与轨枕顶面之间有以下原因：一是调高垫板垫在轨底时，受列车对钢轨往复碾压的影响，垫板经常发生沿钢轨纵向窜动，尤其是聚乙烯材质垫板更易窜动，二是竹垫板、木垫板无排水槽，含水后不易排出，易使钢轨锈蚀，造成钢轨伤损。

轨下调高垫板按材质分为竹垫板、木垫板和聚乙烯垫板三种，目前主要以竹垫板和聚乙烯垫板为主。竹垫板和木垫板按厚度分为 2 mm、3 mm、4 mm、7 mm、10 mm 和 15 mm 六种，聚乙烯垫板按厚度分为 1 mm、2 mm、5 mm、8 mm 和 10 mm 五种，放置于橡胶垫板与轨枕顶面之间。

2. 使用调高扣件的混凝土枕、混凝土宽枕，每处调高垫板不得超过 3 块，总厚度不得超过 20 mm(大调高量扣件除外)。

(二)可动心轨道岔垫板作业规定

可动心轨辙叉道岔不宜采用垫板作业。

(三)冻害垫板作业规定

1. 顺坡规定。

有冻害的地区冬季道床冻结，轨道整平不能用起道捣固来实现，只能采用冻害垫板垫平。冻害垫板作业，就是在冻害地段的两股钢轨上，利用不同厚度的垫板将轨面整平的作业。

线路、道岔上垫入或撤出冻害垫板作业时，在正线、到发线上，顺坡长度应为：允许速度不大于 120 km/h 线路不应小于冻起高度的 600 倍，允许速度为 120(不含)～160 km/h 线路不应小于冻起高度的 1 200 倍，允许速度大于 160 km/h 线路不应小于冻起高度的 1 600 倍；在其他站线上，顺坡长度不应小于冻起高度的 400 倍。

冻起高度超过 20 mm 时，两端顺坡之间应有不短于 10 m 的过渡段，以利行车平稳。在平道或坡道地段，过渡段应与线路坡度一致。在变坡点处设置的过渡段应与线路变坡的状态一致。

道岔上冻害垫板应尽量做到平顺，辙叉及转辙部分应保持处在同一平面，不得有坡度变化，以确保行车安全与平稳。

2. 冻害垫板的类型和尺寸。

木枕地段的冻害垫板分顺垫板和横垫板两类。

(1)顺垫板——无铁垫板地段，长度为 200 mm，宽度与轨底相同，厚度分为 3 mm、6 mm、9 mm、12 mm、15 mm 等 5 种。有铁垫板地段冻起高度不超过 6 mm 时，可使用厚度为 3 mm、6 mm 的顺垫板在铁垫板上顺垫。

(2)横垫板——有铁垫板时，宽度为 150 mm；无铁垫板时，宽度为 200 mm。厚度和长度如下：

①小型垫板的厚度分为 6 mm、9 mm、12 mm、15 mm、18 mm、21 mm 等 6 种，长度与铁垫板相同。

②中型垫板的厚度分为 25 mm、30 mm、40 mm、50 mm 等 4 种，长度为 300 mm。

③大型垫板的厚度分为 40 mm、50 mm、60 mm、70 mm、80 mm、90 mm 等 6 种，长度为 400 mm。

④通长垫板的厚度分为 50 mm、60 mm、70 mm、80 mm、90 mm、100 mm、110 mm 等 7 种，长度为 2 300 mm。

(3)冻害垫板重叠使用规定。顺垫板重叠使用不得超过 2 块，总厚度不得超过 15 mm；横垫板重叠使用不得超过 3 块，较厚的垫板应放在下层。

3. 冻害地区铺设混凝土枕时，应采用调高扣件，用调高垫板整平线路。

(1)混凝土枕线路，冬季需要使用调高垫板整平线路的冻害地段，若在计划维修中已垫入一定厚度的调高垫板，线路冻结之后继续垫入调高垫板时，会因垫入厚度过大，受总厚度条件的限制，而无法使用。因此，冻结之前，应有计划地在冬季需要垫入调高垫板整平线路的冻害地段预先撤出调高垫板进行捣固整平，为冬季冻害整修准备条件。

(2)在冻结后，冻起高度不超过 15 mm 地段，可用调高垫板整修。线路上的冻害垫板在列车的动荷载作用下，容易松动串出。为保持冻害垫板工况稳定，重叠使用的块数不宜过多，垫入的垫板不宜过厚。因此每处调高垫板不得超过 2 块，总厚度不得超过 15 mm(丝扣不足的螺旋道钉除外)。丝扣不足的螺旋道钉除外是因为在混凝土枕地段的计划维修作业，一般采取捣垫结合的作业方式，允许垫入总厚度不超过 10 mm 的调高垫板。在冻害地段冻结之后，因无法实行捣垫结合，只能用调高垫板整修，故作出允许总厚度不超过 15 mm 的规定，但螺旋道钉的钉杆必须有足够的长度，保证螺母能够拧满并拧紧。

(3)混凝土枕地段发生 15 mm 以上冻害时，可采用调高扣件，每处调高垫板不得超过 3 块。超过 15 mm 冻害地段的维修方法和作业要求，铁路局集团公司可根据具体情况规定，但对冻害必须有计划地尽早进行整治。

4. 冻害回落时，应及时撤出或调整冻害(调高)垫板，做好顺坡，确保轨道几何不平顺在日常保持容许偏差限度以内。在线路冻害回落季节，要根据冻害回落情况，及时撤出与调整垫板，并把过渡段和两端顺坡整修好，不要等待回落量很大时才去整修。由于受气温变化的影响，冻起处的回落速度与回落量并不一致，因此应做到随落随撤，以保持轨道几何尺寸处在经常保养容许偏差限度以内。特别是冻害处所较多的地段，尤应注意做到随落随撤，以避免回落量较大时影响列车平稳运行，即所谓防止“春融滥道”。

木枕地段在冬季垫入的全部垫板和混凝土枕地段总厚度超过 10 mm 的垫板，应在线路解冻后及时撤出。对无冻害的木枕线路，如枕下道床条件较好，冬季依然采用捣固整修；如道床条件较差，因冬季道床冻结而不能进行捣固时，允许使用垫板整修。在线路解冻后，木枕线路不论是否有冻害，均应将冬季垫入的垫板全部及时撤出，使线路恢复到非冻结期应有的正常状态。

混凝土枕线路，可按计划维修的规定，保留总厚度不超过 10 mm 的调高垫板。

第二节 《普速铁路行车组织规则》相关内容

《普速铁路行车组织规则》简称《行规》。自 2018 年 4 月 1 日起施行。

《普速铁路行车组织规则》制定目的，为加强铁路技术管理，根据中国铁路总公司《技规(普速铁路部分)》规定，结合沈阳局集团公司普速铁路具体条件和运输生产实际制定。《普速铁路行车组织规则》共包括十四项主要内容：第一章　技术设备；第二章　行车组织基本要求；第三章　编组列车；第四章　调车工作；第五章　行车闭塞；第六章　接车与发车；第七章　列车运行；第八章　调度集中区段特殊行车组织办法；第九章　CTCS-2 级、CTCS-3 区段特殊行车组织办法；第十章　行车应急处置；第十一章　施工维修；第十二章　设备故障应急处置；第十三章　信号显示；第十四章　附则。

一、技术设备

(一)提供行车设备技术资料的规定

根据《技规》第 4、9、236 条补充规定：

1. 提供技术资料的时限及交接要求

因新建、改建工程等发生行车设备变化时，施工单位应在设备开通 30 天前向设备管理单位、使用单位、集团公司业务处、调度所提供相关技术资料。开通后 15 天内，设备管理单位须根据施工单位提供的竣工图纸等资料，及时审核、修改技术资料并提供给使用单位、调度所。提供的技术资料要加盖公章，签字交接。

2. 工务部门提供的技术资料

(1)车站平、纵断面图(含路产及代维修非路产岔线)。

车站平面图中应包括车站中心里程，各股道编号、线路用途(货场内线路除外)、线路有效长，线间距离，信号机(站界标)中心里程，道岔编号，道岔辙叉号，道岔侧向过岔速度，路产与非路产岔线、段管线分界点、曲线半径等。

车站纵断面图应包括站内正线、站线、岔线、段管线，有效长范围内标有起止点的实际逐段坡度，驼峰纵断坡度。

(2)股道表、道岔表(含路产及代维修非路产岔线)。

(3)进站信号机外制动距离内实际逐段坡度和曲线数据(有不同等级旅客列车运行的区段须按列车运行速度级差提交相应资料)。

(4)站线、岔线、段管线限制速度，限制机车类型及其地点资料。

(5)工务设备建筑限界，对侵限设备应注明具体侵限部位及侵限数据。

(二)行车设备管理界面的规定

根据《技规》第 14、16 条补充规定：

靠近铁路线路可能影响建筑限界的施工，施工单位应取得工务部门的同意；起(拨)道施工，应取得靠近铁路线路的设备管理单位同意，办理相关手续。施工结束后应对限界进行测量。各单位对其他设备检测后发现侵入建筑限界的，及时向车务站段和货运部、科技和信息化部提供资料。凡侵入建筑限界的设备，责任单位必须立即进行整治。

(三)铁路技术设备定期全面检查和专项检查的补充规定

根据《技规》第 21、22 条补充规定：

1. 集团公司以董事长为主任委员，有关部门和单位负责人为委员，组成委员会，每年春秋两季进行全面检查。

2. 集团公司主管业务处根据运输生产需要，结合设备特性和管理要求，组织对相关技术设备进行专项检查，并制定具体检查办法，明确检查周期。集团公司组织对安装加减速顶的线路每年复测一次。

3. 固定行车设备定期全面检查和专项检查发现的问题，除执行《技规》规定外，对危及行车安全的，设备管理单位按规定采取措施后，在《行车设备检查登记簿》内登记行车限制条件。

(四)利用到发线装卸货物的管理规定

根据《技规》第 37、297、351、356 条补充规定：

1. 准许装卸货物的到发线以及作业时的联系办法和安全措施，须在《站细》内规定。

需装卸散堆装货物(路料除外)的到发线，由货运部门组织车务、工务部门现场勘查、制定安全措施，报集团公司货运部批准。

2. 装卸散堆装货物的到发线由工务部门采取加固保护措施、制定线路检查办法，发现问题及时整治、采取安全措施。

(五)道岔加锁装置及道岔表示器管理的补充规定

根据《技规》第49、86条补充规定：

加锁装置、道岔(股道)表示器的配备、管理部门

1. 站内及段管线道岔闭止把和带柄标志由电务部门负责，道岔勾锁器由使用单位负责，锁板由工务部门负责。锁板由道岔使用单位向工务部门提报，工务部门负责安装及维修。使用单位发现锁板不良或丢失时，立即通知工务部门处理。

2. 站内及段管线道岔表示器由电务部门负责，使用单位(段管线为所属单位)负责灯罩清扫、灯泡更换；股道表示器由车务部门(段管线为所属单位)负责。电源均由供电部门负责。

(六)道岔紧固的规定

根据《技规》第49条补充规定：

1. 道岔应紧固密贴尖轨、斥离尖轨和可动心轨，道岔紧固由工务部门负责，施工期间由施工单位负责，工务部门确认。

2. 不同型号道岔紧固位置的规定：

(1)辙叉号为12号的分动外锁闭道岔以及2台转辙机牵引的辙叉号为9号的分动外锁闭道岔，密贴尖轨、斥离尖轨第一转辙机处。

(2)4台转辙机牵引的辙叉号为12号的分动外锁闭可动心道岔，密贴尖轨、斥离尖轨、可动心轨第二转辙机处。

(3)辙叉号为18号的分动外锁闭道岔以及5台转辙机牵引的辙叉号为12号的分动外锁闭可动心道岔，密贴尖轨、斥离尖轨第二、第三，可动心轨第二转辙机处。

3. 无联锁的道岔(岔线、段管线为车站调车作业使用的道岔)仅使用一个进路方向时，须对该道岔进行紧固(钉固)、加锁。由工务部门负责紧固(钉固)；车务部门使用勾锁器对密贴的尖轨与基本轨加锁。钉固方式为使用鱼尾板对密贴的尖轨进行牢靠钉固。

(七)道口管理的补充规定

根据《技规》第50、51、52条补充规定：

1. 道口栏杆(门)以对道路开放为定位，需要以对道路关闭为定位时，须经集团公司工务部批准。

2. 道口栏杆(门)以对道路关闭为定位时的安全措施：

(1)公路流量较少的道口可实行以对公路关闭为定位。

(2)对道路关闭为定位的道口，关闭时段栏杆(门)须锁闭，看守管理单位应在道口两侧按规定设置公告牌。

(3)看守管理单位应制定关闭时间内道路有机动车通行时开放栏杆(门)的办法。

(4)关闭时间内有旅客列车通过时，道口员应按规定立岗接车，具备双杆锁闭的道口间休时段内道口员可以不接车。

3. 在线路上设置施工专用通道由集团公司工务部审批。

4. 站内及通过站内信号设备提供报警条件(道口报警条件由电务部门向车务、工务、通信部门提供)的区间有人看守道口，应配备直通车站值班员室(信号楼)并具有语音记录装置的专线电话。

5. 对岔线、段管线上的道口，各车务站段要本着谁受益谁负责的原则，要求企业、段管线所属单位或其指定的主要使用单位派人防护，签订安全协议，明确责任。设有人行过道或平过道的专用线、专用铁路、段管线应在车站取送车前由使用单位派人监护。

6. 站内平过道管理补充规定：

(1)站内设置平过道，须由使用单位向工务部门提出申请，经相关单位会签，集团公司主管处、运输部、安监室签署意见，报工务部审批。

站内 50 m 之内只准设置 1 处平过道；四、五等站原则上只准设置 1 处平过道，特殊情况需设置 2 处及以上平过道时，须经安监室、运输部和工务部共同批准。

(2)站内平过道必须与车站外道路和人行道路断开；通行行李车、邮政车和售货车的平过道栏杆(链)或栅栏定位为关闭状态；因专运需要而设置的站内平过道，平时处于封闭状态，并严禁其他车辆通行。

(3)车站每日须对站内(不含货场)平过道进行检查，发现设备损坏、缺失等情况时要在《行车设备检查登记簿》内登记，通知设备维修单位采取措施加以解决。

(八)站内铺设及拆除道岔、线路的补充规定

根据《技规》第 53 条补充规定：

1. 站内铺设及拆除道岔、线路须经集团公司批准并纳入施工计划。

2. 道岔铺设后，集中联锁道岔表示须纳入联锁。

新建线路及道岔未经验交需取送工程用料车辆时，事前施工单位应向集团公司书面申请，写明线路对机型、运行速度等限制及注意事项，经集团公司批准后执行。取送车辆时，调车及安全工作由施工单位负责。

3. 新铺到发线邻靠站台时，应满足建筑限界要求，相关设备管理单位应对限界进行复测。

(九)道岔侧向通过速度及行车设备施工和抢修的规定

根据《技规》第 4、64、156、158、231、236、293、402、403 条补充规定：

1. 道岔侧向通过速度的规定

(1)正线、到发线及正线与到发线间道岔侧向过岔速度由工务部门公布。其他由工务部门维修(代维修)的道岔侧向过岔速度由工务部门向车务、机务等有关部门提供。其他非工务部门代维修的企业道岔，由产权单位提供，不能提供时限速 15 km/h。

(2)列车直进直出所经企业产权的道岔，由车务站段组织产权单位提供资料，工务部门确认。

2. 行车设备施工和抢修的规定

(1)固定设备故障需抢修时，有关作业人员必须在《行车设备检查登记簿》内登记。登记内容为抢修所需时间、作业内容、影响范围、注意事项并签认，未经签认不得进行作业。作业结束具备开通条件时，方可销记。影响正线、到发线使用的抢修作业，列车调度员须下达调度命令。

(2)除施工、维修作业外，站内利用自轮运转特种设备、路用列车装卸路料作业时，使用单位要取得车站值班员(或《站细》规定人员)准许，并在车站《行车设备施工登记簿》内登、销记。登记内容要注明作业地点(股道、道岔)、装卸方式、所需时间和作业后返回的股道等内容。

在影响正线、到发线使用的线路上装卸路料作业，车站值班员审核无误后报告列车调度员，列车调度员下达准许作业的调度命令；作业结束后具备开通条件时，由使用单位进行销记，

车站值班员审核无误后报告列车调度员，不再下达结束的调度命令。需要延长时间的，须重新登记请求调度命令。

(3)列车调度员对运送长轨、轨排的路用列车，要按计划规定的时间、区段组织开行；对回程的路用列车要及时放回基地，原则上保证在基地 6 h 整备作业时间。

二、行车组织基本要求

(一)道岔清扫分工的规定

根据《技规》第 25、237 条补充规定：

道岔除雪按站区除雪分工负责。每年入冬前各除雪单位对所负责的道岔扒掏道岔枕盒，次年春融时负责回填。道岔扒掏只限扒掏转辙部分尖轨尖端至最后拉杆内适当地点(含可动心轨)，深度为轨底向下 100 mm 左右，宽度不超过轨枕两端向内侧 100 mm。扒掏、回填要由工务部门(外锁闭道岔还应由电务部门)协助、监督、检查和验收。

(二)车站道岔、股道编号及线路有效长的补充规定

根据《技规》第 237、239 条补充规定：

1. 新建、改建项目和设备大修时，道岔、股道编号及线路有效长由项目管理机构组织设计单位以及工务、电务、车务部门共同确认，纳入各专业设计文件。

各专业设计文件中的道岔、股道编号及线路有效长须纳入审批内容；运输和设备管理部门确认后，方可组织施工。

2. 工务、电务、车务对既有道岔、股道编号及线路有效长不一致的处理办法：

(1)工务、电务的既有道岔及股道编号不一致时，由车务站段负责协调统一。意见不统一时，集中、非集中联锁的道岔及股道编号以电务为准，无联锁的道岔及股道编号以工务为准，统一修改技术资料。

(2)线路有效长具体起止点由车务(段管线为所属单位)、工务、电务部门根据设备具体情况共同确认，具体有效长以工务提供的技术资料为准。

(三)开行动车组的线路，轨道绝缘节至警冲标的距离小于 5 m 时的规定

根据《技规》第 236、290、351 条补充规定：

开行动车组的线路，轨道绝缘节至警冲标的距离小于 5 m 时，不得经过该绝缘(侵限绝缘除外)办理动车组接发和调车作业。在开行动车组前，电务、工务部门需对站内轨道绝缘节距警冲标的距离进行检查，不满足 5 m 时，要进行整治，开行前不能整治完毕或无法整治时，电务部门要将轨道绝缘节距警冲标不满足 5 m 的位置表加盖公章后，提供给车站，车站将不能接发和调动动车组的线路和咽喉相关进路纳入《站细》；电务、工务部门整治完毕的线路，电务部门应将变化后的资料加盖公章后提供给车站，车站对到发线有效长是否满足接发动车组列车条件进行确认。

三、列车运行

(一)汛期暴风雨行车的补充规定

根据《技规》第 24、339 条补充规定：

1. 每年防洪期间，集团公司要建立防洪指挥部，负责组织制定防洪预案，及时掌握降雨量

及洪水位，指挥防洪抢险工作。防洪指挥部在汛期前，应对管内线路、桥涵、隧道等技术设备进行重点检查，组织工务部门进行全面检查，并将重点处所通知有关单位。站、段建立防洪领导小组，负责做好防洪抢险的一切准备工作。

2. 工务、电务人员应对重点处所进行检查和看守。工务人员发现下列情况时，必须拦停列车：

(1)水漫钢轨情况不明时。

(2)道床冲空、路基边坡冲刷严重，危及行车安全时。

(3)山体滑坡落石及不易搬出的障碍物侵入限界时。

(4)路基严重松软下沉，线路几何尺寸发生较大变化时。

(5)桥梁墩台基础冲空、桥上轨向变化时。

(6)洪水水没桥梁梁底时。

(7)其他情况危及行车安全时。

(二)机车、车辆擦伤钢轨及运送轨排的路用列车相关规定

根据《技规》第 32、56、335～337、347、369、459 条补充规定：

1. 机车、车辆擦伤钢轨信息反馈及处理有关规定

工务部门现场检查确认后，应及时在车站《行车设备检查登记簿》内登记，如钢轨擦伤未达到重伤标准，应及时对轨面进行修理，如达到重伤标准应适当限速，并及时在天窗内处理，必要时可申请临时天窗处理。

2. 运送轨排的路用列车，运行速度不得超过 60 km/h，装载轨排达到 6 层时，运行速度不得超过 50 km/h。

四、行车应急处置

(一)列车碰撞异物有关处置要求

根据《技规》第 403 条补充规定：

工务、供电、电务部门应对上述碰撞异物地点前后各 2 km 范围内的设备进行重点检查。

(二)机动车辆、船舶碰撞桥梁的处置办法

1. 车站值班员(列车调度员)接到机动车辆、船舶碰撞桥梁(含桥墩)的报告后，须立即拦停开往碰撞地点的列车，通知工务(根据设备情况通知电务、供电)部门检查处理；车站值班员接到报告后，应报告列车调度员。

2. 列车调度员接到报告后，须立即下达封锁线路或区间的调度命令。

3. 工务(电务、供电)部门现场检查处理后，在车站《行车设备检查登记簿》内登记行车限制条件(注明不影响行车、影响行车时注明封锁或限制速度等)，车站值班员(列车调度员)按登记的行车限制条件组织行车，限速运行时，列车调度员须下达调度命令。

4. 线路开通前，由工务部门向车站值班员申请首列添乘，车站值班员报告列车调度员，由列车调度员安排。

5. 工务人员在添乘过程中，发现异常时，要立即采取措施，并报告车站值班员，车站值班员接到报告后，须根据报告内容组织后续列车。

（三）未设工务、电务值守人员的车站，遇设备故障时处理规定

设备管理单位应安排人员尽快到达事故现场，在设备管理单位人员未到达前，由各设备管理单位调度借助站内视频监控系统对问题进行初步辨认。车站应派人前往故障现场进行检查，如因自然灾害、人为破坏或其他外观可见的问题引发的故障时，应第一时间将问题通知设备管理单位调度，以便及时根据问题性质安排抢修。

五、施工维修

（一）向施工封锁区间开行路用列车的补充规定

根据《技规》第 382、383、388 条补充规定：

1. 由一端站连续进入两列及以上的路用列车（包括自轮运转特种设备）时，后续列车与前行列车应不小于 7 min 间隔。列车应按调度命令指定地点停车，列车停车地点相互距离不得小于 1 km，调度命令上应写明各列车车次。遇特殊情况前行列车在指定地点前停车时，司机须通知后续列车停车，并由随乘人员做好防护工作。

列车由两端站相对进入区间时，两列车停车后的相互距离不得小于 2 km。

停车后的作业按调车办理。调度命令上应记明两列车车次、停车地点等。

2. 按规定施工作业车跟踪前行列车进入区间时，当施工作业车由两端站进入同一条线路时，待前行列车到达接车站，跟踪前行列车的施工作业车到达指定地点停车后，对方站待发的作业车才准进入封锁区间。

3. 路用列车参加施工作业时，须指定路用列车现场指挥人，推进运行时还须指定领车人员。路用列车在封锁区域内运行时，司机不得凭信号机显示动车，必须按路用列车现场指挥人的指挥作业。在具备条件的情况下，车站应在施工开始前安排路用列车进入站内施工地点。

4. 区间与站内线路连同封锁时，施工路用列车进出施工封锁区域按调车方式办理，助理值班员不接发车；仅区间封锁助理值班员接发车。

5. 区间与站内线路连同封锁时，路用列车进出车站时，路用列车现场指挥人或驻站联络员须提前与车站值班员进行联系，经车站值班员同意，并确认具备条件后，通知司机，司机按路用列车现场指挥人指挥进出车站。具备开放进站信号条件进入车站时，应开放进站信号准备进路。

6. 站内线路封锁及区间与站内线路连同封锁时，路用列车现场指挥人或驻站联络员在确认具备条件后向车站值班员申请准备进路；路用列车所经封锁区域内能集中操纵的道岔，由车站值班员根据路用列车现场指挥人或驻站联络员的请求准备进路；车站不能集中操纵的道岔，经车站准许后由施工单位负责按有关规定准备进路并报告车站值班员。

路用列车进出封锁区域以及在封锁区域内运行，当开放调车、列车信号或使用进路光带准备进路时，必须对进路上封锁区域内的道岔同时单独锁闭。

站内线路封锁及区间与站内线路连同封锁，路用列车在封锁区域内移动及进出封锁区域时，有关人员均须按下列规定进行车机联控：

（1）当进路仅通过控制台（显示屏）准备时，车站值班员、司机、路用列车现场指挥人和推进运行的现场领车人员联控。

(2)当进路通过控制台(显示屏)和现场分别准备时,在双方进路均准备妥当后,车站值班员、司机、路用列车现场指挥人和推进运行的现场领车人员联控。现场进路准备妥当后报告车站值班员。

(3)仅现场准备进路时,现场准备进路人员、司机、路用列车现场指挥人和推进运行的现场领车人员联控。

(4)路用列车在封锁区段运行到达折返地点后,当折返位置的道岔通过控制台(显示屏)准备进路时,路用列车现场指挥人确认到达折返地点后,向车站值班员通报,车站值班员得到路用列车现场指挥人的通报后,方可准备进路。

(5)路用列车的进路必须全部准备妥当后,方可进行联控,严禁分段准备,分段联控。

(6)参与联控的人员其中一方未联控时,要在查明原因后路用列车现场指挥人方可指挥动车。

7. 路用列车参加作业的施工,在施工例会(协调会)时,必须明确进路准备方式、运行经路、作业人员之间的联系工具和办法、作业分工和联控办法等,并纳入相关单位的安全措施中。

8. 施工完后列车返回车站时,列车开行间隔按 7 min 办理。列车调度员得到车站值班员列车全部返回车站、施工已销记的报告,确认区间空闲后方可开通区间。

9. 封锁施工前调度电话中断时,不得开始施工;施工中调度电话中断,车站值班员接到施工负责人的请求,急需向施工地点送料开行路用列车时,车站值班员取得邻站同意后方可办理。列车凭车站值班员命令进入区间,此时应在命令中注明列车车次、停车地点、返回车站时间等有关事项,需限速运行时在命令中一并注明。如施工地点已有列车,并应写明施工地点的机车停止作业和停车地点。

10. 路用列车在开往施工地点前应倒调好附挂车辆的顺序,不得在施工地点关系站倒调;因施工使用的车辆直接托运至施工地点关系站时,使用机车倒调作业由车站负责;其他调车作业,由使用单位安排胜任人员负责。

(二)列车在区间装卸车时行车组织的补充规定

根据《技规》第 384 条补充规定:

1. 双线、两线或多线区间卸车时,不得影响邻线的列车运行安全。有危及邻线列车运行安全时,卸车负责人应立即采取拦停列车措施,并报告车站值班员(列车调度员)。车站值班员(列车调度员)接到影响邻线的报告后,立即通知邻线有关列车停车,在原因消除前,不得向邻线放行列车。车站值班员报告列车调度员。

2. 发往区间装卸作业的路用列车,由施工单位派调车指挥人(或经车站同意后由车站派调车指挥人)值乘。

3. 负责装卸作业单位,应提前组织人力,做好充分准备。单面卸车时,不准偏卸,并保证在规定时间内完成卸车任务。

4. 调车指挥人应指挥列车停于指定地点,并根据装卸车负责人要求,指挥机车移动。装卸完毕,装卸负责人应检查卸货距离,清好道沿,关好车门窗,调整好自动制动机空重车调整装置,通知调车指挥人。调车指挥人未得到装卸负责人的通知,不得指挥机车动车。

5. 在区间装卸时,不准摘开机车车辆。需要移动卸石砟、山皮土、炉灰、河砂等时,其运行速度不准超过 5 km/h,并制定安全措施;风动卸砟车按工务部门规定办理。现场指挥人应将限制速度和作业要求通知司机。区间装卸完毕，现场指挥人确认人员全部下道、路料机具设备等符合运行条件后，方可通知司机动车。

6. 严禁在道口、无砟桥以及影响道岔和信号地点装卸车。

(三)轻型车辆和小车使用的补充规定

根据《技规》第398～401条补充规定：

1. 站内使用轻型车辆的规定

(1)使用轻型车辆前，由使用负责人填写轻型车辆使用书(《技规》附件6)，复写一式两份，经车站值班员承认使用起讫时间、号码，并加盖站名印和签名后，一份交车站值班员，一份由使用负责人保管。

(2)使用轻型车辆时，车站值班员从承认使用时间起，应在控制台(显示屏)上揭挂轻型车辆运行的表示牌或加扣安全帽等，使用完毕及时撤除。

(3)轻型车辆在站内运行时，车站值班员根据驻站联络员的请求开放调车信号锁闭进路。在接发车进路及影响接发车进路的站内线路上使用时，驻站联络员应于列车到达或通过10 min(动车组为30 min)以前通知现场作业人员将轻型车辆搬出线路。

2. 轻型车辆按列车办理时的规定

(1)在昼间区间封锁施工作业时亦应按列车办理。

(2)车站接发轻型车辆时，除开放列车信号外还应将进路上的道岔单独锁闭，确认列车整列到达或出站后方可解锁。

(3)当轻型车辆进入隧道内，两端隧道看守员(未设时为轻型车辆使用单位派出的胜任人员)应按线路最大速度等级的列车紧急制动距离位置显示停车手信号。

3. 使用小车的规定

(1)单轨小车、吊轨小车、推运工机料具的小平车应在封锁线路的情况下使用。

(2)单轨小车只允许运送轨枕、辙叉等笨重料具。工区日常作业，禁止使用机具走行架及其他自制的推运工具在线路上推运工具、材料。

4. 利用列车间隔在区间使用轻型车辆及小车(单轨、吊轨小车，推运工机料具的小平车除外)时，使用单位应在《行车设备检查登记簿》内登记。轻型车辆和小车在站内运行办法，在《站细》内规定。

六、设备故障应急处理

(一)非列车占用红光带的处置规定

根据《技规》第403、406条补充规定：

1. 站内轨道电路异常显示红光带，车站值班员(列车调度员)立即停止经由故障轨道电路区段的接发列车及调车作业，车站值班员报告列车调度员。工务、电务人员在《行车设备检查登记簿》内登记行车限制条件后，方可根据登记的行车限制条件组织行车。

2. 车站值班员(列车调度员)发现及得到区间轨道电路异常显示红光带的信息时，立即通知已进入故障地点及尚未经过故障地点的列车及调车车列停车。车站值班员报告列车调度员。

工务人员在《行车设备检查登记簿》内登记行车限制条件后，方可根据登记的行车限制条件组织行车。在自动闭塞区间工务登记行车限制条件后，故障未修复前，对尚未进入区间的后续列车按站间组织行车。

3. 车站值班员(列车调度员)发现及得到CTC/TDCS终端车站或区间轨道电路红光带故障信息时，应立即按规定通知工务、电务等部门检查处理，车站值班员报告列车调度员。当电务部门确认故障处所信号联锁及区间设备正常，仅是CTC/TDCS终端显示错误时，应在车站(调度所)《行车设备检查登记簿》内登记"××轨道电路红光带CTC/TDCS终端显示错误，信号联锁及区间设备正常"。车站值班员(列车调度员)根据电务登记通知工务部门不再进行检查处理，恢复正常组织行车。电务部门故障处理完毕后，恢复CTC/TDCS设备正常使用。

(二)轨道电路分路不良区段办理行车的规定

根据《技规》第403、406条补充规定：

发现控制台(显示屏)有车占用而无占用表示时，须在《行车设备检查登记簿》内登记、签字。临时发生轨道电路分路不良时，原则上应由车站(机务)、电务、工务等有关人员共同确认。

七、信号显示

(一)影响信号显示的树木的处理办法

根据《技规》第410条补充规定：

1. 铁路沿线及站内的树木，不得影响信号显示距离、牵引供电和信号供电。集团公司主管部门于每年秋季进行一次检查；育林工长每半年添乘机车检查一次；责任区间林务人员应经常检查沿线林木状态。

2. 影响信号显示、瞭望道口、侵入接触网或铁路电力线安全距离的树木，由车务、工务、电务、机务、供电、车辆部门提出，林场应立即派人调查，报集团公司主管部门审批后，由林场负责修剪或采伐。在修剪或采伐时，有关部门派人参加。

(二)设置信号、线路标志的补充规定

根据《技规》第453、454、455条补充规定：

1. 车挡由工务部门负责维修；车挡表示器(包括柱、开关)由电务部门负责维修；表示器开关至电源由供电部门负责维修。

2. 各种线路标志及警冲标、预告标、机车鸣笛标、司机呼叫标由工务部门负责设置和保养维修。补机终止推进标、车站(乘降所)机车停车位置标由机务、车站、工务部门商定地点，由工务部门设置和保养维修。站界标、引导员接车地点标由车务提出，由工务部门设置和保养维修。

3. 办理动车组客运业务的车站，须设置动车组列车停车位置标，由车站会同机务、电务、房产、工务部门共同商定设置位置，工务部门负责制作、安装和管理。标志为表面采用反光材料的蓝底白字牌。动车组列车停车位置标设置应符合以下原则：

(1)有利于司机瞭望和操纵动车组列车停车。按列控车载设备方式行车的区段，受列控车载设备控制模式制动距离限制，原则上停车位置标距离出站(进路)信号机应不小于70 m，且应距应答器20 m以上，并符合限界要求。

(2)动车组(包括重联动车组)尾端门位于站台内方。

(3)减少旅客走行距离。

(4)站台间相邻两条线路应共用动车组列车停车位置标。

(5)动车组停车位置以动车组司机室(前)车窗中心线与动车组列车停车位置标对应为准。

(6)以区段内运行的各型长编组动车组或重联短编组动车组长度最大值作为设置动车组列车停车位置标时动车组的长度。

第九章　结合部知识

第一节　轨 道 电 路

轨道电路是利用钢轨线路和钢轨绝缘等器材构成的电路。它用来监督线路的占用情况，将列车运行与信号显示等联系起来，通过轨道电路向列车传递行车信息。

一、轨道电路组成及基本原理

采用直流电源的轨道电路称为直流轨道电路，如图 9-1 所示。在直线段上，直流轨道电路主要由钢轨、分界绝缘节、轨端接续线、轨道电源、限流电阻、轨道继电器等主要元件组成。概括而言，轨道电路由钢轨线路、送电端和受电端三个部分组成。当轨道电路区段空闲时，电流从轨道电路送电端电源正极经过钢轨线路进入受电端轨道继电器，再经另一股钢轨回到送电端电源负极。这时因轨道继电器衔铁吸起，使其后接点断开前接点闭合。信号机的电路就通过前接点闭合绿灯电路，使信号机点亮绿灯，如图 9-1(a)所示。

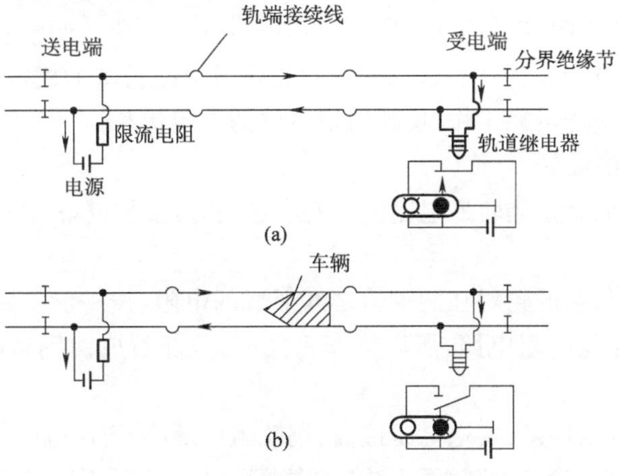

图 9-1　直流轨道电路示意图

当轨道电路区段有车占用时，由于轮对的电阻很低，轨道电路被短路，轨道继电器衔铁被释放，用它的后接点闭合信号机的红灯电路，信号机点亮红灯，表示轨道有车占用，如图 9-1(b)所示。钢轨折断时的情况与有车占用时相同。可以看出采用这种轨道电路，当轨道电路有车占用或任一部分发生故障时，均能导致轨道继电器失磁落下，使信号机点亮红灯，从而保证了安全。

二、轨道电路的作用

1. 检查和监督股道是否有车占用，防止错误地办理进路、开放信号，即防止向已被机车车辆占用的线路上接车。

2. 检查和监督道岔区段有无机车车辆通过，防止在机车车辆经过道岔时扳动道岔。

3. 检查和监督轨道上的钢轨是否完整，当某一轨道电路区段的钢轨折断时，防护这一段股道的信号机不能开放。

4. 传递行车信息，控制各信号机的显示，为列车运行提供行车命令。例如，移频自动闭塞利用轨道电路中传递不同的频率来反映前行列车的位置、运行前方信号机状态和线路条件等有关信息，以决定列车运行的目标速度，控制列车在当前运行速度下是否停车或减速等。

三、轨道电路的基本工作状态

轨道电路的基本工作状态分为调整状态、分路状态和断轨状态三种。轨道电路在各种工作状态下，要受到许多外界因素的影响，其中受道床电阻、钢轨阻抗和电源电压的影响最大。这三个参数的影响，对各种工作状态造成的影响又各不相同。

1. 轨道电路的调整状态

轨道电路的调整状态，就是轨道电路完整和空闲，接收设备（如轨道继电器）正常工作时的状态。

在调整状态，对轨道继电器来说，它从钢轨上接收到的电流越大，它的工作就越可靠。但这个电流值将随着道床电阻、钢轨阻抗、发送电压的变化而变化。调整状态的最不利条件是：发送电压最低、钢轨阻抗最大、道床电阻最小，同时轨道电路长度为极限长度。在最不利条件下，轨道电路接收设备应能可靠工作，反映轨道电路的空闲状态。

2. 轨道电路的分路状态

轨道电路分路状态，就是当轨道电路区段有车占用时，接收设备（如轨道继电器）应被分路而停止工作的状态。

当列车占用轨道时，它的轮对在两钢轨之间形成的电阻，按一般电路的分析，可看成是短路作用。但轨道电路是低电阻电路，所以列车占用时，只能看成两钢轨间跨接了一个分路电阻，故称为分路状态。

分路状态的最不利条件是：发送电压最高、钢轨阻抗最小、道床电阻最大、列车分路电阻也最大（车轻、轮对少、车轮与钢轨接触面不洁）。在分路状态的最不利条件下，轨道电路接收设备应能可靠地停止工作，反映轨道电路区段有车占用。

轨道电路的调整状态和分路状态是矛盾的两个方面，对调整状态最不利的条件，对分路状态最有利；对分路状态最不利的条件，对调整状态恰恰是最有利。因此在调整轨道电路时，应把它们统一起来。

3. 轨道电路的断轨状态

轨道电路的断轨状态，是指轨道电路的钢轨在某处折断时的情况，此时钢轨虽已折断，但轨道电路仍可通过大地构成回路，接收设备中还会有一定值的电流流过。为了确保安全，断轨时，接收设备不能工作。

断轨状态的最不利条件是，断轨时轨道电路的参数变化使轨道接收设备中获得最大电流。它除了与钢轨阻抗模值最小、发送电压最大有关外，断轨地点和道床电阻的大小也有一定的影响，使接收设备中电流最大的最不利数值称为临界断轨地点和临界道床电阻。

第二节　轨道电路区段作业配合

一、普通钢轨绝缘接头

钢轨绝缘包括槽型绝缘、轨端绝缘、绝缘管和绝缘垫圈等，如图 9-2 所示。槽形绝缘和轨端绝缘按钢轨类型选用。

图 9-2　普通绝缘接头

二、胶接绝缘接头

轨道电路中的绝缘接头，过去一直在接头夹板与钢轨槽间嵌入不同材质的槽形绝缘板来达到绝缘目的。由于夹入槽形绝缘层，使钢轨和接头夹板间产生了四条有害缝隙，加上绝缘层较软，在列车行至接头的瞬间，轨头产生较大的错牙，造成很大的冲击力。这样，不仅加速了绝缘层的损坏，也引起接头处线路坍砟、翻浆、损坏钢轨和轨枕，增加了维修工作量。特别是夏天，由于绝缘接头接头夹板螺栓垫有软的绝缘垫圈，接头阻力严重下降，钢轨膨胀后轨缝容易顶“死”，使轨端失去绝缘。

胶结绝缘接头，是利用特制高强度接头夹板、高强度螺栓和特殊的胶粘工艺，将钢轨接头与接头夹板粘接成钢轨胶接绝缘接头。图 9-3 为胶接接头组件。

1. 工务部门检查重点

(1)查看接头是否存在肥边、压溃或掉块。

(2)接头是否拉开或挤死，夹板与钢轨的粘接是否脱离，内层钢板和夹板是否分离或位移，夹板四周是否有缝隙。

(3)接头螺栓是否拉弯、松动(扭矩小于 1 100 N·m)。

(4)检查绝缘塞片是否碎裂掉块。

(5)检查接头处是否翻浆、板结、空吊，几何尺寸是否超限，零配件是否紧固有效。

(6)线路是否存在爬行现象、防爬器是否失效或数量不足，两端 300 m 范围内扣件扣压力

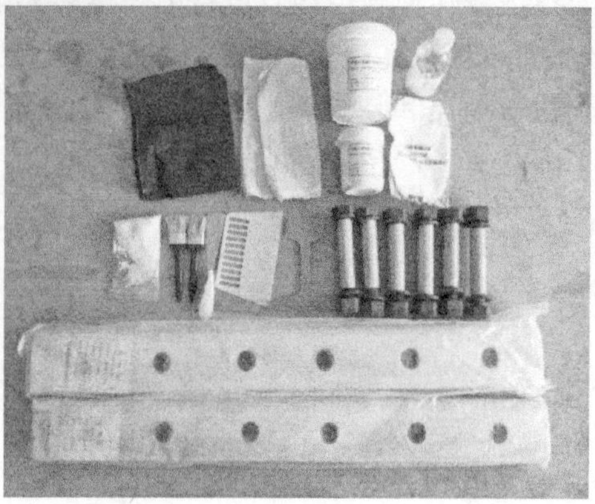

图 9-3 胶接接头组件

是否符合标准等。

2. 电务部门检查重点

(1)查看绝缘塞片状态是否正常。

(2)测试绝缘接头电气特性，检查是否有电流泄漏、绝缘性能下降现象。

(3)影响绝缘接头性能良好的其他因素等。

3. 工务与电务部门的配合

(1)电务段每年与工务段签订设备联合检查协议，明确检查、检测的时间、地点和工作量，落实检查的责任部门和责任人，在日常工作中双方加强联系，主动配合。

(2)为了确保设备正常使用，对检查、检测出有问题的胶接绝缘接头，要及时安排整治。

(3)发生红光带，由电务和工务部门的人员到现场共同确认，妥善处理；未经双方确认时，一方不得拆开胶接绝缘接头。

三、道岔转极绝缘

1. 道岔转极绝缘两端相当于轨道电路两个极性，绝缘破损就会造成该轨道电路区段红光带，如图 9-4 和图 9-5 所示。

图 9-4 道岔转极绝缘及跳线

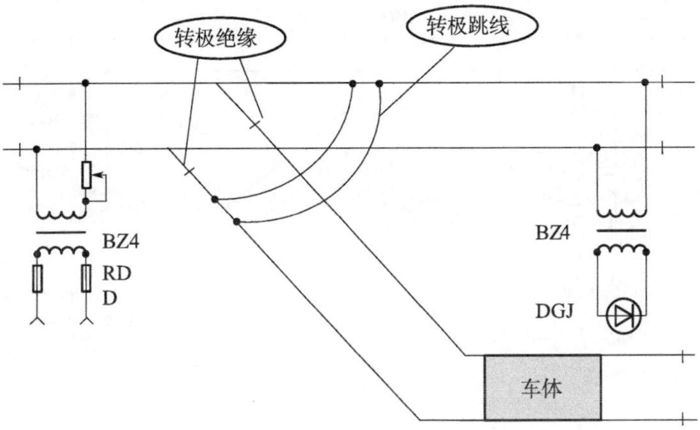

图 9-5　极性绝缘示意图

2. 弯股切割且曲股没有受电端时，轨道电流不检查跳线完好。当有车占用直股或侧线时轨道电路继电器均被分路而落下，能起到监督作用。当跳线双断时，如道岔分歧有车占用或钢轨断轨，轨道电路区段不出现红光带，这种情况是极其危险的，施工及养护作业时严禁折断岔后跳线。

四、轨道电路结合部常见故障

1. 轨道电路结合部常见故障

(1)连电造成的轨道电路红光带故障。主要包括分隔绝缘、岔后绝缘、杆类绝缘破损连电故障，工务部门要加强各类绝缘外观检查，提前防范绝缘破损故障。施工和日常作业“人为连电”也是造成轨道电路红光带故障不可控最主要原因。

(2)断轨造成的轨道电路红光带故障。主要包括工务部门作业引起的箱盒引接线、钢轨接续线、各类跳线折断、断轨(拉断)引起的红光带。

(3)轨道电路漏泄引起的轨道电路红光带故障。

2. 轨道电路红光带故障判断(特指线岔部分)

(1)控制台或显示器站场形状和站场是对应的，首先从控制台判断发生轨道电路红光带的区段。分界绝缘是相邻轨道电路分界点，站内轨道电路以××DG或××WG标识，例如1-3DG(其中包括1、3号道岔)、2G等；送电端以××DG⊙标识、受电端以××DG⊕标识。

(2)区间轨道电路以区间信号机为界，检查范围还要考虑前方调谐区小轨道电路。

(3)无岔(包括股道)轨道电路范围比较容易确定，只要轨道电路送、受端确定了，范围也就确定了。

(4)如图9-6所示，2DG轨道电路是一送二受区段，道岔区段轨道电路在确定送、受端基础上，检查范围包括直股、曲股。

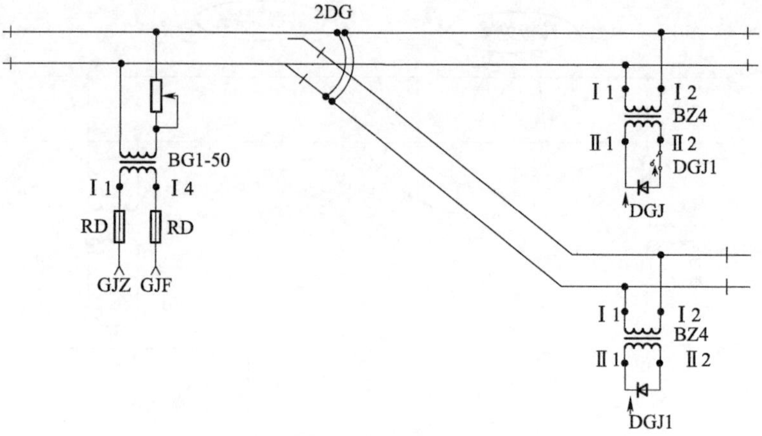

图 9-6　一送二受轨道电路

第三节　轨道电路区段作业要求及注意事项

一、一般轨道电路区段作业时的安全防护要求

(一)在两股钢轨间作业时

1. 使用工具时要注意握牢工具把,防止工具失手撞击轨面。

2. 对已经装设绝缘防护的工具,使用前要认真检查绝缘是否有效。

3. 使用撬棍起道钉,或用起拨道器起拨道时,撬棍和起拨道器把的尾端,不要接触另一股钢轨及钢轨配件。

4. 清筛道床用的筛子、铁锹等工具不要放置在轨距杆中部的绝缘处,防止连电。

(二)在轨道电路引接线处作业时

1. 在作业中不准随意抛扔工具,以免碰坏轨道电路的引接线而造成轨道红光带。

2. 使用捣镐或机械化捣固机进行捣固作业时,要保护好引接线,防止捣镐头或捣固机镐板打坏引接线。

3. 改道作业时,工具不能同时接触引接线和钢轨,更不能使引接线接触钢轨;不准在有引接线的轨枕盒内放置起拨道器。

4. 在有引接线的轨枕盒中作业时,要注意防止防爬器与轨距杆相接触、防爬器或轨距杆与引接线接触。一般情况下不得将防爬器、轨距杆、引接线安装在同一枕盒内。

5. 更换或方正轨枕时,两人不能同时用撬棍拨动有引接线的轨枕,防止两根撬棍同时碰上引接线和钢轨。

(三)在钢轨绝缘接头处作业时

1. 改道作业时不准在钢轨绝缘两侧同时起道钉。因为道钉下部与轨底接触,冒起后的道钉帽接触夹板,使钢轨绝缘失效。

2. 在绝缘接头处起道或拨道时,不准把起拨道器放置在钢轨绝缘下方。

3. 垫冻害垫板和拨道作业,不准把撬棍放在钢轨绝缘的下方。

二、轨道电路区段工务作业注意事项

掌握轨道电路基本原理和作用，是不断提高安全意识，预防轨道电路连电故障和杜绝轨道电路作业妨碍的基础。掌握轨道电路易连电处所，是工务系统安全生产的需要。

作业防连电措施如下：

1. 首先要做到熟悉管内线路状态的类型、范围，掌握容易造成连电的部位，制定出相应的防止连电的安全措施。

2. 日常加强对绝缘接头两端线路的防爬锁定，保持绝缘接头轨缝的良好稳定，一般保持在 6～15 mm。

3. 在不了解轨道电路状态时，不得在轨道电路区段施工。

4. 抬运钢轨、辙叉等金属物件横过线路时，不准担在两股钢轨上或绝缘接头处。

5. 进行影响轨道电路和信号的作业时，要有电务人员配合并在车站进行登记。

6. 在线路、桥梁上作业或在线路两侧挖沟取土时，要注意防止碰断、碰混线缆。

7. 根据管内轨道电路的情况，经常向参加施工的人员进行防止连电教育，对机具车辆的绝缘装置要经常检查，保持绝缘良好。

8. 要注意防止扣轨梁连电，道口钢筋混凝土板、钢筋头连电；钢轨端部有肥边、飞边连电；道岔配件连电，放置在线路上钢轨、道岔等金属物受震移动的连电。

三、工电结合部易发生红光带问题

1. 扣件与接头夹板接触，当同一块接头夹板与两侧的扣件相连，将会造成相邻轨道区段红光带，如图 9-7 所示。

2. 推起拨道器或车轮不带绝缘单轨车经过绝缘节，也会造成轨道红光带，如图 9-8 所示。

图 9-7 扣件、接头夹板接触

图 9-8 推起拨道器或车轮不带绝缘单轨车经过绝缘带

3. 钢轨绝缘处轨端碾压肥边、槽形绝缘处基本轨的侧磨肥边，尤其区间弯道处所的基本轨侧磨肥边较长，搭连在两接头夹板，也是造成连电红光带的隐患点，如图 9-9 和图 9-10 所示。

图 9-9　轨端碾压肥边

图 9-10　侧磨肥边

4. 右侧岔后极性绝缘一侧安装的 2 根轨距杆与枕木钢板拉带接触，造成极性绝缘被枕木钢板拉带短路，将岔后极性绝缘封连造成红光带，如图 9-11 所示。

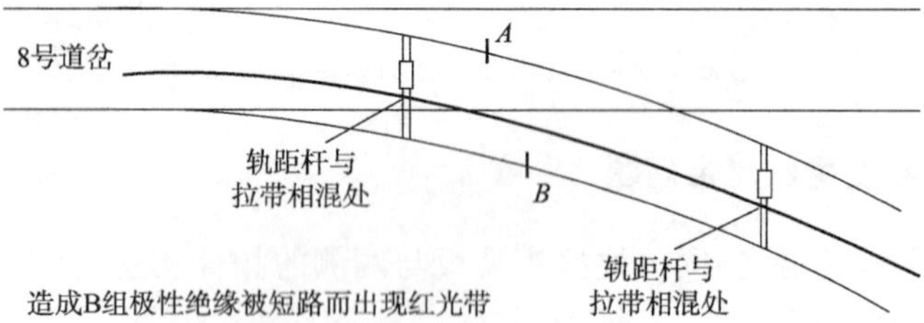

图 9-11　侧向安装轨距杆

5. 绝缘接头及其邻近的轨枕要加强捣固，消灭吊板。捣固时，要特别注意不得损坏轨端接续线、箱盒引接线。起道时，起拨道器应避开绝缘轨缝。起拨道器在钢轨上滑行时，不得滑过绝缘接头，如图 9-12 和图 9-13 所示。

图 9-12　起道作业

图 9-13　捣固作业

6. 绝缘接头应使用高强度螺栓。在拧紧两轨端螺栓时，螺丝扳手不要搭在另一节轨端螺栓上，否则当两轨端螺栓都弯曲且与钢轨孔壁接触时，就会在绝缘接头处将轨道电路短路，造成红光带，如图 9-14 所示。

7. 进行抽换附有引接线、跳线的岔枕，更换尖轨、基本轨、辙叉以及调整轨缝等作业时，必须由电务部门配合方能施工，如图 9-15 所示。

图 9-14 拧紧螺栓

图 9-15 更换辙叉

8. 不要将机具或线上料等压住跳线或引接线上，以防发生短路，如图 9-16 所示。

9. 轨道电路区段作业使用的各种工具，如撬棍、支距尺、万能道尺等均要有良好的绝缘装置，如图 9-17 所示。

图 9-16 扳手压住跳线或引接线

图 9-17 无绝缘套管撬棍

10. 换轨前，螺栓孔必须倒棱，防止拉伸受力时损坏绝缘套管发生混电，如图 9-18 所示。

11. 在更换夹板或螺栓涂油以及使用捣固机作业时，应注意不要损坏轨端接续线，如图 9-19 所示。

12. 焊补时有强大的电流会通过钢轨击坏电务设备，发生电路故障。所以在轨道电路区段焊补钢轨、辙叉或其他设备时，必须有电务部门配合，在焊补前由电务人员将该绝缘区段两端的引接线打掉后方可进行焊补作业，如图 9-20 和图 9-21 所示。

13. 地锚拉杆如果没有绝缘装置，轨道电路电压容易泄漏，会发生红光带故障。所以要求安装地锚拉杆时必须用绝缘轨距杆或在卡铁处安装绝缘套，如图 9-22 和图 9-23 所示。

图 9-18　螺栓孔倒棱

图 9-19　捣固机作业

图 9-20　拆除引接线

图 9-21　焊补作业

图 9-22 地锚拉杆图

图 9-23 轨距杆

第四节 轨道电路区段安装轨距杆标准

在轨道电路的线路上安装轨距杆时，必须使用绝缘轨距杆。绝缘轨距杆使用前应经电务测试，合格后方可使用。更换绝缘轨距杆必须通知电务人员配合，防止轨道电路短路或断路。

1. 作业范围

(1)小半径曲线地段需要加强。

(2)道岔导曲线、临时线路、施工架空等薄弱部位，设置、拆移轨距杆。

(3)轨距杆折断或丝扣损坏，螺帽、垫圈、铁卡损坏需要更换。

(4)在曲线地段需增加轨距杆根数或变动位置。

(5)轨距杆歪斜不发挥作用应进行调整。

(6)轨距杆位置安设不当，影响维修作业。

(7)轨距杆螺丝涂油。

(8)绝缘轨距杆绝缘性能不良。

(9)20 mm 以上冻害地段。

2. 安装要求

(1)轨距杆绝缘在中间部位，绝缘破损时会引起轨道电路红光带。工务部门安装前，要确保轨距杆质量，请电务部门测试绝缘良好后方可安装，并及时更换绝缘不良轨距杆。

(2)绝缘轨距杆的绝缘部分和道砟之间应保持 30 mm 的间隙。绝缘轨距杆两端绝缘的轨距杆，应使其两端内、外卡口铁紧扣轨底，螺栓无松动。粘接式轨距杆，应检查其粘接部位是否密封良好，有无气孔和砂眼。

(3)中间绝缘的轨距螺栓向下，两端绝缘的轨距杆，应使其两端内、外卡口铁紧扣轨底，螺栓无松动。

(4)道岔区内的绝缘轨距杆，应在其与轨底穿越处采取绝缘防护措施。

3. 技术标准

(1)轨距杆安装符合《普速修规》有关规定。

(2)轨距杆在直线地段与线路中心线垂直;在曲线地段与中心线的切线垂直。轨距杆安设位置,应以避开接头均匀设置和不影响维修作业为原则。每根轨距杆应安装靠贴在轨枕沿线路方向的同一侧。卡头与轨枕间间隙不大于 10 mm。轨距杆在直线地段与线路成 90°,在曲线地段应与钢轨切线方向成 90°。

(3)轨距杆两端的卡头必须与轨底顶紧密靠,两端的全部螺母要拧紧,使轨距杆呈拉紧状态,曲线上使用单头轨距杆时,螺栓帽一端应设于曲线上股。

(4)轨距杆处的道床应清洁、无翻浆冒泥、道砟应低于轨距杆绝缘部位,防止浸泡轨距杆绝缘,导致阻值降低,甚至联电。

(5)道岔跳线位置禁止加装轨距杆及防爬设备。

第五节　电气化铁路基础知识

电气化铁路是运用电力作为牵引动力的铁路。电力牵引是用固定电源的电能,通过电力机车上牵引电动机的旋转和齿轮传动,驱使列车在轨道上前进。

电气化铁路上有电力机车用的电力线塔杆、高压输电线、接触网和受电弓等设备,如图 9-24 所示,接触网的结构如图 9-25 所示。

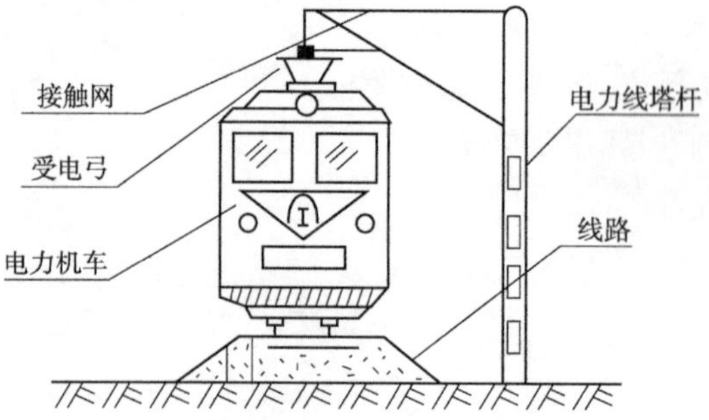

图 9-24　电气化铁路

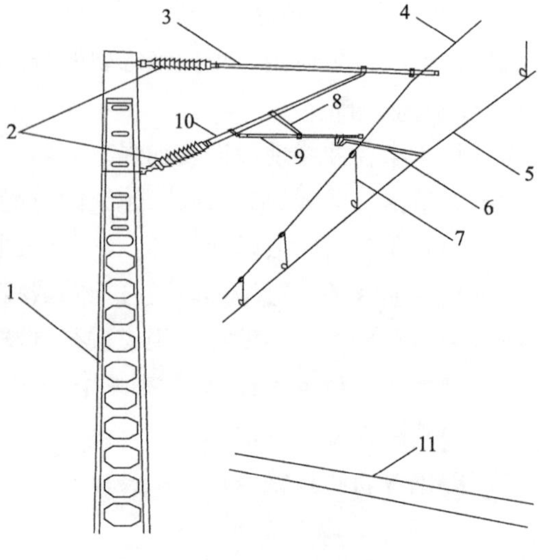

图 9-25　接触网结构

1—支柱;2—棒式绝缘子;3—平腕臂;4—承力索;5—接触线 ;6—定位器;7—吊弦;8—定位管支撑;9—定位管;10—平腕臂;11—钢轨

一、接触线的高度规定

电气化铁路上,为了保证电力机车受电弓不脱开或撞击接触网导线,要求铁路线路水平和前后高低经常保持良好状态。

接触网导线距轨面必须保持一定的距离。接触线最大弛度时距轨面的最高高度为 6 500 mm。最低高度为:

1. 不符合隧道建筑限界图(电力牵引区段)的隧道内为 5 370 mm(5 300 mm 超限货物可停电通过,5 000 mm 超限货物可带电通过),符合隧道建筑限界图(电力牵引区段)的隧道内为 5 700 mm(5 300 mm 超限货物可带电通过)。

2. 一般中间站和区间站为 5 700 mm。

3. 编组站、区段站及配有调车组的中间站为 6 200 mm。如该站已建成的天桥、跨线桥的下方不能满足该高度要求时，经中国国家铁路集团有限公司（简称国铁集团）批准，可降为 5 700 mm。因接触网导线距轨面高度的限制，所以起道高度，特别是曲线调整超高或单股起道时起道的高度，必须限制在一定的范围内，如图 9-26 所示。电力机车受电弓与接触点的移动距离 d 为线路外轨起道高度 h 的 3～4 倍。

$$d=\frac{(5\ 300\sim6\ 500)h}{1\ 500}=(3.6\sim4.3)h \qquad (9\text{-}1)$$

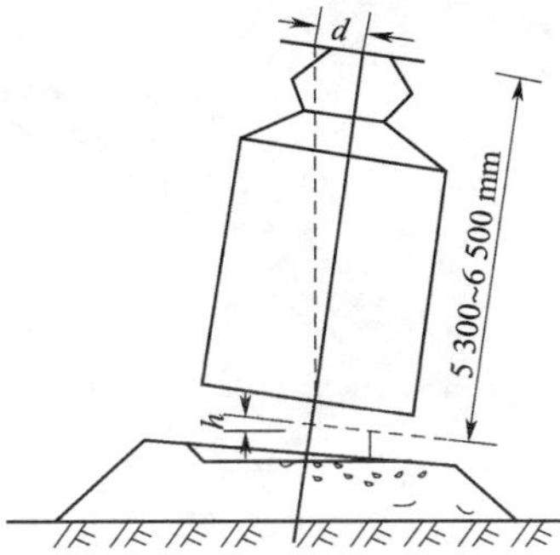

图 9-26 受电弓与接触点的移动距离

二、电气化铁路区段起拨道相关规定

为防止电力机车的受电弓与接触网的接触点落在其工作面宽度以外，《铁路工务安全规则》规定，两股钢轨同时起道时，一次作业起道量不得超过 30 mm，且两股钢轨起道量相差不得超过 11 mm；调整曲线超高时，单股起道量不得超过 11 mm。起道量超出上述规定时，应事先通知供电部门调查确认接触网设备调整工作量并配合作业。起道作业时，隧道、下承式桁架桥和拱桥、斜拉桥不得超过建筑限界尺寸线。根据这项规定，铁路局在电气化区段行车办法中，一般要求由供电和工务部门会同在隧道边墙或接触网杆塔内缘，画一红色横线（限界尺寸线），此红线位置为轨面设计标高加 30 mm 的起道预留量，横线上面标明轨面至接触网的规定高度，横线下面标明隧道边墙或杆塔内缘至线路中心的距离，线路维修起道时，轨面高度不得超过此红色横线，如图 9-27 所示。

如养路工作需要超出上述标准时，须先通知接触网工区，必要时双方配合施工。如因起道、大修或接触网杆塔下沉，双方应会同测定重作标记。在正常情况下，应按《铁路技术管理规程》的规定，供电段段长会同工务段段长对接触网设备限界每年进行一次检查。

图 9-27 限界尺寸

电力机车作用于钢轨的水平力大，线路方向容易变化，拨道作业较多，电气化铁路对拨道量的限制是在不侵入建筑限界的条件下，线路中心位移不得超过 30 mm；一侧拨道量年度累计不得大于 120 mm，不得侵入限界。拨道量超出上述规定时，必须先通知接触网工区予以配合。这是因为要保证电力机车受电弓与接触网导线的正常相对作用，也就是要保证直线线路中心不接触网导线的垂直投影相吻合，如果超过限度，电力机车就有脱弓危险，如图 9-28 所示。

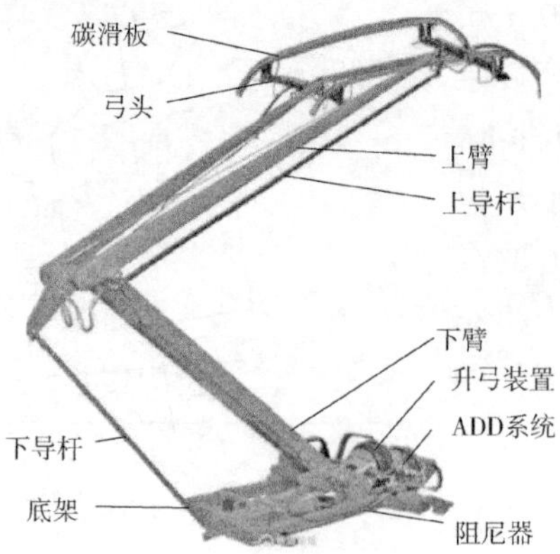

图 9-28　机车受电弓

第六节　电气化铁路线路维修作业规定

电气化铁路线路因有接触网和轨道电路等设备，进行线路养护维修作业时，各工种必须明确分工、密切配合，以保证行车和施工的安全。工务部门线路工人，不但要熟悉本职业务，还必须了解信号设备及其电气性能。线路工区应经常与信号工区保持联系。养路工具、机具设备，如道尺、撬棍、起拨道器、捣固机、扒砟机、轻型轨道车的车轴等必须绝缘，使用前应会同信号工区检查其绝缘性能是否良好。线路工区要掌握各电气集中车站的轨道电路的分布和变动情况，凡进行影响轨道绝缘的任何工作，必须事先与信号工区联系、配合施工。

一、起　　道

接触网导线距钢轨顶面的高度是有限制的，为了保持线路的完好状态，线路就不可避免地要经常做适当起道，特别是单股起道或曲线调整超高起道，但起道量必须控制。应注意，无论在区间还是在道岔作业都不能把起道机放在绝缘接头底下起道，主要是防止发生轨道电路连电事故，如图 9-29 和图 9-30 所示。

图 9-29　起道作业

图 9-30　起道作业

二、拨 道

电力机车作用于钢轨的水平力大，线路方向容易变化，拨道作业也较多。电气化铁路对拨道量的限制是在不侵入建筑(包括接触网标塔)限界的条件下，线路中心位移一次不得超过30 mm，一侧拨道量年度累计不得大于120 mm，并不得侵入建筑限界。拨道量超出上述规定时，应事先通知供电部门调查确认，满足调整要求后配合作业。桥梁上一侧拨道量年累计不得大于60 mm，且应满足线路中心与桥梁中心的偏差，钢梁不大于50 mm，圬工梁不大于70 mm。线路允许速度120 km/h$<v_{max}\leqslant$200 km/h时，钢梁、圬工梁不得大于50 mm。超过此标准时，须先通知接触网工区，必要时协同施工。这是因为要保证电力机车受电弓与接触网导线的正常相互作用，也就是要保证直线线路中线与接触网导线的垂直投影相吻合，如超过规定限度，电力机车就有脱弓危险，如图9-31和图9-32所示。

图9-31 拨道作业

图9-32 拨道作业

在车站内拨道时，还应使扼流变压器箱和轨道变压器的引接线不致损坏，信号机、电动转辙器等不致侵入规定的限界尺寸，必要时应与电务工区配合施工。起道或拨道量超出上述规定时，必须先通知接触网工区予以配合。

三、改 道

电力机车作用于钢轨的水平力大，轨距容易变化，为消除轨距误差或变化率超限，做好改道作业很重要，改道作业如图9-33所示。改道时除按单项作业要求作业外，还应注意：

1. 撬棍加装绝缘胶套管，防止改道时撬棍搭在钢轨上造成短路，影响信号正常使用。

2. 安装绝缘轨距杆时，应检查其绝缘程度是否符合要求。在轨距杆多的地方，轨距杆和道砟之间应保持30 mm间隙，或将轨距杆的绝缘部件下面的道砟掏空，以防雨水存留，浸泡绝缘件。枕木盒内装有跨轨的信号导线时，不得再安装轨距杆或防爬器。

3. 使用中间绝缘的轨距杆，中间绝缘部分不要拆卸，螺栓如有松动或缺少，应及时配合信号工区补齐和拧紧。安装此类轨距杆时，应平装，使螺帽一面向上，以减少渗水。使用两头绝缘的轨距杆，两头内外卡口铁必须扣紧轨底，螺栓无松动，防止绝缘套管串动；绝缘垫圈每侧应不少于2个。

四、捣　　固

电气化铁路线路上，绝缘接头是薄弱部位，应加强捣固质量，捣固作业(图 9-34)中，不要损坏塞钉线及连接线车站股道间的跳线在轨枕的侧面，捣固时尤应注意，不得损坏。钢轨底部不道床之间应保持 20～30 mm 的间隙，以防漏电。道床应保持清洁，没有泥土、杂草的矿渣等易导电的材料，并保持排水良好。

图 9-33　改道作业

图 9-34　捣固作业

在接触网支柱不到侵入建筑限界的条件下，桥梁上一侧拨道量年累计不得大于 60 mm，并应满足线路中心与桥梁中心的偏差，钢梁桥不大于 50 mm，圬工梁不大于 70 mm，当线路允许速度 120 km/h$<v_{max}\leqslant$200 km/h 时，钢梁、圬工梁均不得大于 50 mm。

五、工务作业安全措施

1. 在电化区段拆换钢轨或接头板时，要按有关规定首先连接好横向及纵向连接线，保持钢轨间电气回路的畅通，连接要紧固，导电要良好，确保在任何情况下都不出现危险电压。

2. 在通往牵引变电所的铁路专用线上换钢轨时，在设置可靠的分路连接线前，不得将回流线从钢轨上拆开，拆装回流线由牵引变电所的工作人员进行。

3. 在养路施工中，要防止撞坏和禁止拆开接地线。因施工需要拆开接地线时，要按规定的导线截面接好临时接地线，此项工作要由接触网工或经过专门训练的工务人员进行。

4. 在电化区段，通过和使用的各种机具(铺砟机、铺轨机、铺路机、架桥机及吊车等)设备，不得超过机车车辆限界，所有工作人员(包括所持工具)与接触网带电部分必须保持 2 m 以上的距离。

5. 在进行隧道内的检查、补漏、衬砌修补、油刷标志、刨冰使用高梯搭设脚手架及隧道口的粉刷装饰、端墙检修等作业，与接触网带电部分不足 2 m 距离时，必须在接触网停电后进行。

6. 在接触网带电情况下，使用轨道拖车装卸钢轨时，所有工具(如撬棍等)不准超过头顶。使用电力机车边走边卸时，不得将电力机车置于所卸车辆的后部。

7. 电化区段开山放炮、清除线路两侧危石危树作业时，要与供电段商定，采取有效防护措施。

8. 在带电的接触网下进行装卸作业时，不准在敞车、平车、罐车等车辆上进行装卸作业，不准用竹竿等非高压绝缘物测量货物和装卸高度。在接触网不停电的情况下，平车装运钢轨、片石，站在车上作业时使用的撬棍不得长于 0.8 m；敞车装运石砟、沙土等散堆货物时，作业人员要站在车下通过侧门进行作业。在平车、敞车上作业，要根据现场具体情况，适当加装安全防护网，作业人员站在安全防护网下进行卸车作业。

六、在电气化铁路上作业应注意的事项

1. 在电气化区段通过或使用各种车辆、机具设备不得超过机车车辆限界。除牵引供电专业人员按规定作业外，任何人员及所携带的物件、作业工器具等须与牵引供电设备高压带电部分保持 2 m 以上的距离，与回流线、架空地线、保护线保持 1 m 以上距离，距离不足时，牵引供电设备须停电。

在电气化区段作业时，长轨列车必须安装屏蔽装置，轨道吊必须安装限位装置。

2. 作业范围与牵引供电设备高压带电部分须保持 2 m 以上的距离，与回流线、架空地线、保护线保持 1 m 以上距离，距离不足时，牵引供电设备须停电。必须按规定办理接触网停电申请手续，得到许可施工命令，具备施工条件，并有接触网工区派人安设临时接地线后方能施工。

3. 在距离接触网带电部分 2～4 m 的建筑物上作业时，接触网可不停电，但必须由接触网工或经专门训练的人员现场监护。

4. 发现牵引供电设备断线及其部件损坏，或发现牵引供电设备上挂有线头、绳索、塑料布或脱落搭接等异物，均不得与之接触，应立即通知附近车站，在牵引供电设备检修人员到达并采取措施以前，任何人员均应距已断线索或异物处所 10 m 以外。

5. 在接触网支柱及接触网带电部分 5 m 范围以内的金属结构均必须接地，在与接触网相连的支柱及金属结构上，若未装设接地线或接地线已损坏时，严禁人员与之接触。

6. 使用发电机、空压机、搅拌机等机电设备时，应有良好的接地装置。在可能带电部位，应有“高压危险”“禁止攀登”的明显标志和防护措施。各种机械与车辆不准用水冲洗；施工用的水管不准跨越接触网，不准用射水方式进行圬工养生。

7. 任何作业均不得影响供电设备的支柱、拉线及基础等设施的稳定。

七、工务与供电配合作业施工项目

1. 起道或拨道量超过规定时，必须先通知接触网工区予以配合。

2. 更换钢轨时，应有电务人员在场。

3. 换轨如需拆开回流线时，必须有供电人员在场配合并负责监护，在未设好分路电线之前，不得将回流线从钢轨上拆开，拆装回流线的工作，由供电人员完成。

4. 更换钢轨、道岔及联结零部件，遇有下列情况之一时，必须先通知供电部门采取安全措施后，方准作业。

(1)更换带有回流线的钢轨。

(2)更换牵引发电所岔线和通往岔线线路的钢轨及其主要联结零部件(如夹板、辙叉等)。

(3)有接触网的线路上，在同一地点同时更换两股钢轨戒夹板。

(4)更换整组道岔。更换工作完毕，必须经供电人员检查符合供电要求后，方准撤除临时安全措施。

5. 进行抽换轨枕、找小坑、改轨距等线路作业时，对电气化及信号装置的接地线及轨端连接线，必须保持其正常连接；如需临时拆除接触网接地线时，施工单位应与供电部门配合，采取相应的安全措施后方准开工；作业完毕后应及时恢复接地线，拧紧螺栓并达到合格后，方可结束施工；如接地线需连接时，由供电部门负责完成，严禁在钢轨上焊接，如图 9-35 和图 9-36 所示。

图 9-35 接地线

图 9-36 引接线

6. 线路大、中修及技术改造，需起道或拨道时，施工单位应预先通知供电段、电务段等单位。上述单位应派人到场监护并测量支柱内侧与轨道中心的距离及接触网导线距轨面的高度，使其符合限界及《电气化铁路电气安全规则》的规定。静态检查建筑接近限界时，接触网必须停电。

7. 在电气化区段清除危石、危树时，应有供电部门人员配合，如图 9-37 和图 9-38 所示。

图 9-37 清理危石

图 9-38 清理危树

第七节 更换钢轨、夹板、道岔及联结零件时的安全措施

一、在非自动闭塞的电气化区段上更换钢轨时应遵守的规定

1. 严禁在同一地点将两股钢轨同时拆下。

2. 换轨前应在被换钢轨两端轨节间纵向安设一条截面不小于 70 mm^2 的铜线，导线两端牢固夹持在相邻的轨底上，如图 9-39 所示。该连接线在换轨作业完毕后方可拆除。

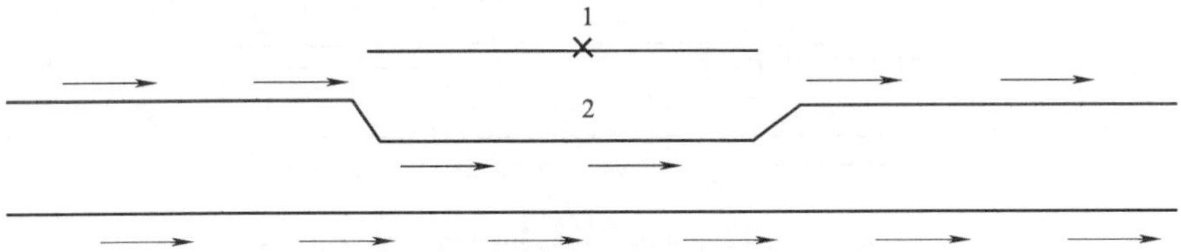

图 9-39 单根更换钢轨时防护电线连接图

1—被更换的钢轨；2—铜导线

二、在自动闭塞的电气化区段上更换钢轨时应遵守的规定

1. 在同一地点同时更换两股钢轨时，无论该地段接触网是否停电，换轨前必须在被换钢轨两端的左右轨节间横向各设一条截面不小于 70 mm^2 的铜导线，在被换一股钢轨两端轨节间纵向安装一条截面不小于 70 mm^2 的铜导线，如图 9-40 和图 9-41 所示。

导线两端用夹子牢固夹持在相邻的轨底上，如图 9-42 所示。作业完毕后方准拆除接地线和导线。

2. 更换一股钢轨时，换轨前应在被换钢轨两端的左右轨节间横向各设一条截面不小于 70 mm^2 的铜导线。导线两端用夹子牢固夹持在相邻的轨底上，如图 9-43 所示。

图 9-40 铜导线

图 9-41 铜导线

3. 更换钢轨需拆装扼流变钢轨引线时，应有电务人员在场配合，拆装作业由电务人员完成；未设置好分路电缆之前，不得将扼流变钢轨引线从钢轨上拆开。

4. 在站内更换钢轨或夹板时，其钢轨导线的连接方法，必须考虑轨道电路和车站作业的要求。

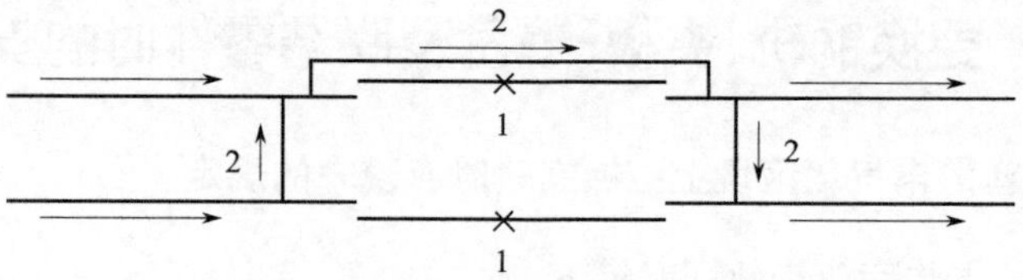

图 9-42　更换两根钢轨时防护电线连接图

1—被更换钢轨；2—横向连接线

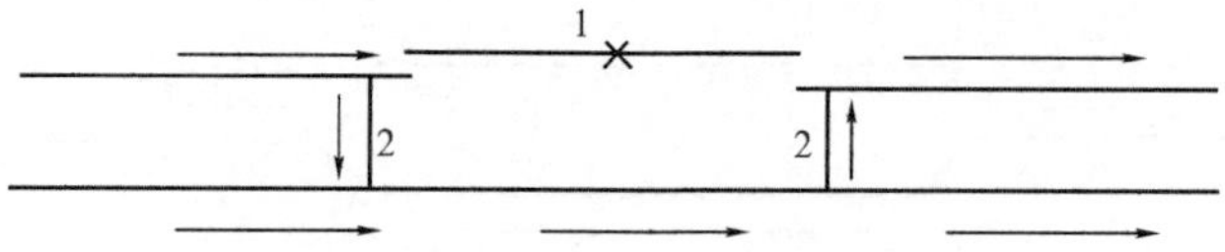

图 9-43　单根更换钢轨时防护电线连接图

1—被更换钢轨；2—横向连接线

5. 整组更换道岔作业按本条第 1 款规定办理。

三、其他要求

1. 更换带有吸上线的钢轨，必须先通知供电部门采取安全措施后，方准作业。

2. 在电气化区段清除危石，进行爆破作业时，应有供电部门人员配合；有碍接触网及行车安全时，应先停电后作业。

3. 大型养路及施工机械作业，如施工机械不超出机车车辆上部限界，且作业人员及所持机具与接触网带电部分保持 2 m 以上距离时，接触网可不停电。不符合上述条件时，应按照规定办理停电手续并做好安全防护措施后，方可作业。

4. 线路作业必须保持电气化及信号装置的接地线及轨端连接线正常连接，如需临时拆除接触网塔杆接地线与贯通地线时，作业单位应在供电和电务部门配合下，采取相应的安全措施后方准开工；作业完毕后应及时恢复与接触网塔杆接地线、贯通地线可靠连接，经供电、电务测试合格后方准结束作业。垂直天窗，如需临时拆除与贯通地线连接的接地线时，作业单位应在电务部门配合下，采取相应的安全措施后方准开工；作业结束后应及时恢复接地线，并经电务部门测试合格后方准结束作业。V 形天窗，严禁拆除与贯通地线连接的各种接地线。

实作部分

第十章　工、量具及使用

第一节　常用工具

一、撬　棍

主要用于起道钉，撬起不易搬起的重物，拨动钢轨等，图10-1所示为撬棍。

在使用中应注意：

1. 拨道时，撬棍要插牢，以防止撬棍滑出伤人；严禁骑跨撬棍，不准肩扛撬棍。

2. 撬起钢轨垫板、撤调高垫板、冻害垫板及整理或更换橡胶垫板时，严禁将手伸入钢轨底与轨枕之间。

3. 多人在一起作业时应统一指挥，相互间应保持一定的安全距离。

4. 带有轨道电路作业，撬棍要有绝缘套，防止混电。

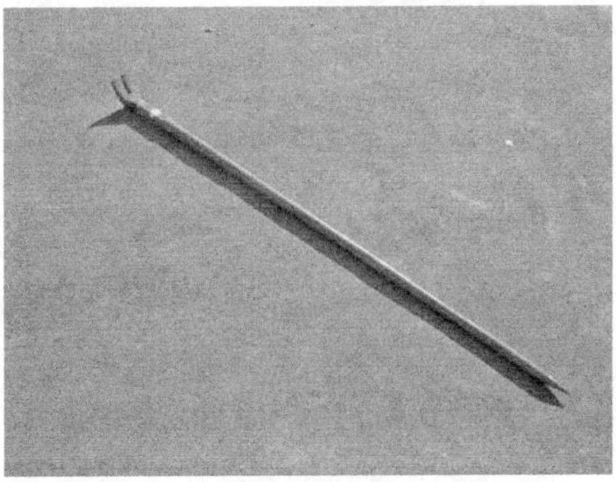

图10-1　撬棍

5. 起道钉时，放置好撬棍垫，两手握紧撬棍，前手握在撬棍中心偏前，后手握在距前手300～400 mm处。注意，不要用力过猛，防止磕碰伤害。手握撬棍的位置要躲开钢轨，不要用力过猛，注意周围人员，不准用锤击、撬棍击撬棍的方法起道钉。

6. 起道钉时，使用撬棍必须垫牢，禁止用石头、木头等代替撬棍垫，有积冰雪时，注意撬棍滑落伤人。

二、翻 轨 器

翻轨器由铸钢翻轨器头、优质碳素结构钢杆尖和无缝钢管焊接而成，实用新型翻轨器，翻转铁路钢轨时用的一种手动钳式工具，如图10-2所示。

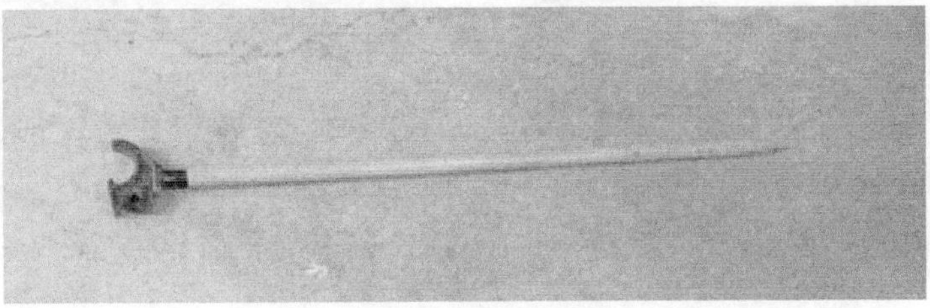

图10-2　翻轨器

翻轨器使用优点：整机重量轻，强度高，操作简便、省力、工作效率高、劳动强度小，铁路工作人员携带方便，是铁路部门常备的专用工具。翻轨器用于翻转铁路钢轨的专用工具。

翻轨器主要是用于解决铁路工作人员翻转钢轨，目的为节约工作时间。它由曲线形钳口头和把柄构成。而曲线形钳口头又分为大曲线钳口和小曲线钳口两部分。把柄端头为圆锥形头或扁楔形头。其钳口和把柄可锻造或铸造为一体。采用翻轨器来翻动、翻转钢轨。

翻轨器使用安全注意事项：

1. 翻轨器需要多人配合作业，使用时保持一定的安全距离，呼唤应答，动作一致。
2. 翻轨器虽然使用无缝钢管作为握柄，但强度较撬棍仍然较低，不能进行拨撬动作。
3. 翻轨器使用时，必须握紧杆柄，以防翻轨器飞出伤人，同时翻轨器前后严禁站人。
4. 使用大钳口卡钳钢轨时，必须保证翻轨器垂直于钢轨，以防钢轨从钳口脱出。

三、丁字扳手

丁字扳手是用于铁路混凝土轨枕螺栓螺母松、紧作业的手动专用工具。具有方便快捷，省时省力等特点。最大扭矩 70 kN·m，适用于 M24 螺母的松紧，如图 10-3 所示。

四、道 钉 锤

道钉锤一般采用高质碳结钢及铁路道轨钢为原料，锻造均匀，机制成型，并采用连续等温电炉淬火处理，锤头长约 326 mm 、锤重约 3. 20 kg，广泛用于铁路线路的维修与施工，是铁路道钉维修的主要工具，如图 10-4 所示。

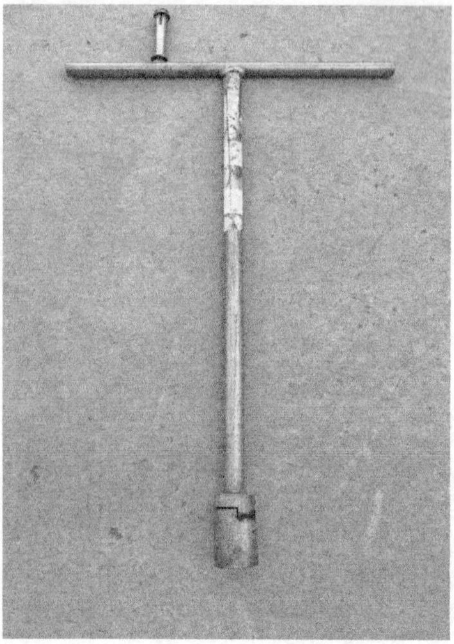

图 10-3　丁字扳手

图 10-4　道钉锤

五、YG-49 型铁路道岔、线路改道器

YG-49 型铁路道岔、线路改道器是一种新型液压工具。适用于任何轨型混凝土枕线路地段、普通道岔地段、提速道岔地段的改道、窜枕作业，如图 10-5 所示。

它改变了传统的改道、窜枕作业方法，避免了因作业方法不当而形成的有害作业，使改道、窜枕作业更加规范、科学，同时减轻了工人的劳动强度，提高了工作效率，是实现铁路线路“精细修”的最佳选择之一。

由顶头、油缸、拉杆、柱塞、手柄操作杆、油箱、底座组成。最大顶压力 49 kN，手柄操作力最大 200 N，常用力 50～100 N，整机质量 8.4 kg，体积 330 mm×80 mm×130 mm，每改道点作业时间不超过 30 s，一人可完成操作。

六、铁　　锹

铁锹，又称铲子，是一种常见的挖掘、抬升或移动物料的工具，适用于道砟、土、煤炭、雪、等松散物料，广泛应用于农业、建筑、园林等领域，是铁路工务各工种主要的工具之一常用的有尖头铁锹和方头铁锹，如图 10-6 所示。

图 10-5　改道器

图 10-6　铁锹

七、铁　　镐

一种常见工具，又称手镐、道镐、捣镐、方头镐等。一般为木质的长把儿，铁质的头部，整个呈 T 形，形似鹤嘴锄，一头尖，另一头呈扁平铲状。用途广泛，大型的可用来敲开、破坏硬质地面(如水泥地面，冰面等)，小型的可作为随身工具，一般用于户外活动。手工捣固镐是铁镐的一种，是在工务线路维修中常用的手工捣固工具，它的一端是尖而另一端为方形扁头，工务人员俗称为“大头镐”，如图 10-7 所示。

八、四 齿 耙

四齿耙是工务部门在人工清筛、手工捣固及整理道床等作业中的常用工具。一头是木制的。木制部分是用双手前后分开同时握住的把柄，就像铁锹或镢头的后部；铁制部分一头有一

个圆环或方孔扣在木制部分上面，或者是个可将木柄一头削尖后插入其中的圆筒鞘，铁制部分的另一侧是四个排列整齐、比较锋利、相互相隔一定距离的四个尖齿，如图 10-8 所示。

使用时两手一前一后，在前一手用力向下刨，可将较密实的土块儿挖起，亦可将较松散的土壤搂得更疏松。

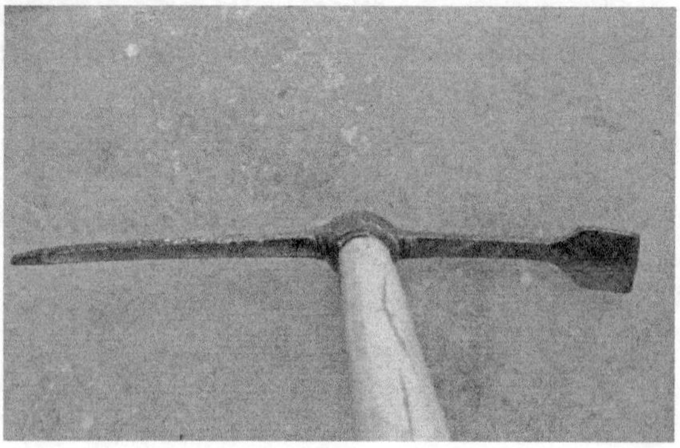

图 10-7　手工捣固镐

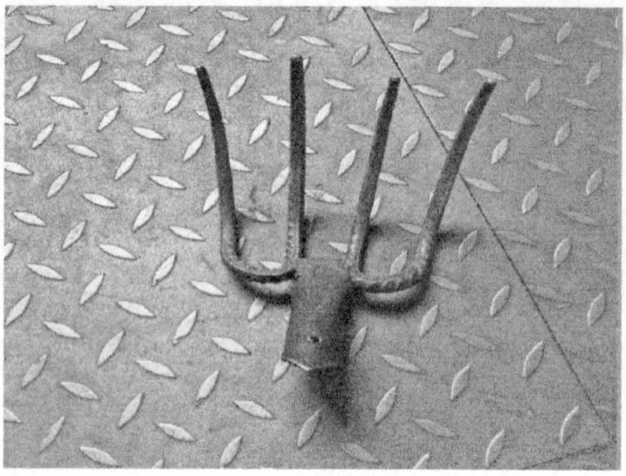

图 10-8　四齿耙

第二节　量　　具

一、轨道检查仪

线路轨道检查仪主要用于铁路轨道静态几何参数的检测及分析（包括轨距、轨距变化率、水平、10 m 的轨向和 20 m 弦长的正矢、10 m 弦长的高低、里程、三角坑），自带的微型计算机系统可在测量的同时记录轨道的病害和线路标记（如百米标、道口和站台等）。所有检测数据可转录到计算机中，按照设定分析标准进行分析，提供轨道超限报表指导修理作业，进行线路的质量管理，如图 10-9 所示。

图 10-9　轨道检查仪

二、轨 距 尺

(一)数显(电子)轨距尺

铁路数显轨距尺,运用目前世界上最先进的传感技术和优化的数据处理算法,对线路、道岔的水平、超高、轨距及查照间隔和护背距离进行精确测量并进行存储,并利用数据分析系统,按照设定分析标准进行分析,生成超限数据报表,指导现场养护维修。轨距尺的精度靠其内部精密传感器和电路来实现,所以在现场测量过程中要绝对禁止轨距尺受到剧烈的碰撞,以免影响整个轨距尺的测量准确度,如图 10-10 所示。

图 10-10　数显(电子)轨距尺

(二)普通轨距尺

1. 普通道尺的构造

普通铁路轨距尺用于标准轨距铁路的线路、道岔的轨距、水平和超高及查照间隔和护背距离进行精确测量。经人工记录、分析,指导现场养护维修,图 10-11 所示为普通轨距尺的构造。

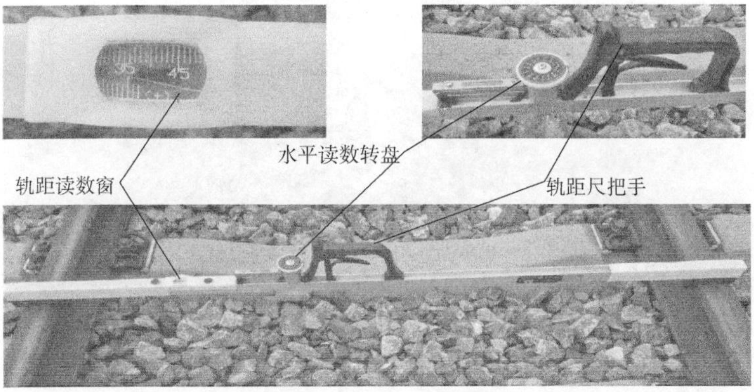

图 10-11　普通轨距尺

2. 普通道尺的使用方法

(1)使用前校核

道尺每季需要返厂或由专门的检测部门进行校正一次。由于测量水平的气泡受到温度的热胀冷缩影响,道尺在每次使用前需要对水平气泡进行校正。气泡校正方法只要将道尺放在钢轨上读出数据,再将道尺调转 180°再次读数,如果两次读数相同时则无需对气泡进行调整。否则需要用工具对气泡进行调整。

(2)轨距测量

普通线路轨距的测量方法相对比较简单。我国铁路的轨距绝大部分为 1 435 mm。测量时将道尺测头平稳卡在两根钢轨内侧顶面下 16 mm 处。向前或向后慢慢滑动道尺拨动活动测头读出最小数据，由于道尺种类存在误差，有些道尺不能前后滑动时需要多次微动调整读数，以读出的最小数据为准。将读数与 1 435 mm 进行相减读出轨距，大于 1 435 mm 记作“+”，小于 1 435 mm 记作“−”。

(3)水平测量

在测量完轨距后再读出水平，测量水平时，需顺时针或逆时针转动水平读数转盘，使水平管内气泡居中，然后按指针所指的数值读出水平。

三、支 距 尺

铁路支距尺主要用于测量铁路道岔导曲线的支距专用量具，通过检测数据进行分析，对超限处所进行修理，保证道岔导曲线圆顺，确保行车安全舒适。同时还可测量道岔尖轨、基本轨爬行，钢轨接头相错量等，主要由尺身、标度尺及游框等组成，图 10-12 所示为铁路支距尺。

图 10-12　支距尺

支距尺的使用方法如下。

(一)使用前的检查

1. 使用前需经专业检定机构检定合格，使用中要坚持周期检定。

2. 检查支距尺外观、刻度值、紧固部件有无缺少、松动，查看校验日期。

3. 是否有绝缘装置。

(二)支距尺的使用

1. 道岔支距测量

扶住尺头，把支距尺游框带钩一侧的尺头对准支距点，并将绝缘板搭在道岔直股钢轨上，使两个测头圆触点与直股钢轨工作边紧贴，再移动游框区，使压测板与导曲线钢轨接触，读取游标上“0”刻度线所对的主尺数值，即为支距示数。具体要求可参照《轨道检测　测量仪器　支距尺》(TB/T 3148—2017)。

2. 尖轨爬行测量

将支距尺放在直外股一侧尖轨尖端前方某一位置(不要压住尖轨或接头)，用小钢尺量取两尖轨尖端(或接头轨端)至尺身的距离，其差值即为爬行量。在测量过程中，要注意避开基本轨部切段，尽量减小误差。

3. 轨枕方正测量

以轨枕位置好的一端参照物，将支距尺放在垂直于轨枕螺栓的钢轨面上，使两个测头圆触点与钢轨工作边紧贴，再在另一钢轨轨面进行划线，然后用钢板尺测量另一端轨枕螺栓与划线距离，即为方正量。

(三)技术标准及质量要求

1. 在规定检查点上检查支距尺寸，支距在相应点上测量。从尖轨跟端的 2 m 处向辙叉方向量取，支距尺应垂直于外直股钢轨工作边，支距尺检查的位置与定点位置不超过 10 mm。

2. 支距测量范围：100～1 400 mm 或 100～1 800 mm。支距示值误差：≤0.4 mm。

3. 垂直读数，读取三次取平均值。

4. 在小钢尺上读数时，眼睛要从外向内慢慢移动，当视线与支距尺尺身上下边重合时读数。

四、钢轨磨耗测量仪

钢轨磨耗测量仪是快速测量钢轨垂直磨耗和侧面磨耗数值的专用计量器具，它主要特点是磁力定位、精巧便携、经济耐用、设计合理。直接把测量部位精确定位：垂直磨耗在钢轨顶面宽 1/3(距标准作业标)测量，侧面磨耗在钢轨踏面下 16 mm 测量。根据检测数据及分析标准来判断磨耗钢轨是否达到轻重伤标准。主要由磁力定位块、侧磨游标尺、测量器主板及顶磨游标尺组成，如图 10-13 所示。

图 10-13　钢轨磨耗测量仪

(一)钢轨磨耗测量仪的使用方法

1. 拉出测杆:从仪器盒中取出,将测杆拉出到端点。

2. 旋转上道:借助磁力,先将磁力定位块靠于轨头非工作侧轭部,再旋转安置于轨头上。要使仪器垂直轨条方向,不得有肉眼看出的歪斜。使磁力定位块两面与钢轨非工作侧侧面、轨轭面密贴。

3. 测量、正确读数:仪器定好位,按下测杆,使测杆端部与轨面接触。即可读数。读数的方法与游标卡尺一样。

4. 拉出测杆,旋转下道:读数记录完毕后,即可下道。要避免在下道时碰伤仪器测头。

(二)注意事项

1. 从仪器盒中取出和放入仪器及上下道时,要小心轻放,避免损坏,尤其是测头。

2. 磁力定位块定位面处要保持清洁,随时云除污垢,锈屑等,保持测量结果准确。必要时,涂以少量机油。

3. 为保证仪器精度,不得松动仪器上任何螺钉。

4. 仪器以钢轨未磨耗的非工作侧面及轨轭面为定位面。因此,经过调边使用的旧轨,不能使用的旧轨,不能使用本仪器。

第十一章　信号防护备品及通信工具的使用

第一节　信号及分类

一、信　　号

1. 信号是指示列车运行及调车作业的命令，有关行车人员必须严格执行。

2. 信号显示方式及使用方法，应按《技规》规定执行。《技规》以外的信号显示方式，须经国铁集团批准，方可采用。

3. 地区性联系用的手信号，由铁路局集团公司批准。

二、铁路信号的分类

铁路信号分为视觉信号和听觉信号。

(一)视觉信号

1. 视觉信号的基本颜色：

红色——停车；

黄色——注意或减低速度；

绿色——按规定速度运行。

2. 视觉信号分为昼间、夜间及昼夜通用信号。在昼间遇降雾、暴风雨雪及其他情况，致使停车信号显示距离不足 1 000 m，注意或减速信号显示距离不足 400 m，调车信号及调车手信号显示距离不足 200 m 时，应使用夜间信号。隧道内只采用夜间或昼夜通用信号。

(二)听觉信号

1. 听觉信号的种类

号角、口笛发出的音响和机车、自轮运转特种设备的鸣笛声。

2. 听觉信号的鸣示

(1)听觉信号鸣示的一般规定：

《技规》(普速铁路部分)第 460 条规定：听觉信号，长声为 3 s，短声为 1 s，音响间隔为 1 s。重复鸣示时，须间隔 5 s 以上。

(2)与工务有关的机车、自轮运转特种设备鸣笛鸣示方式见表 11-1 规定。

表 11-1　机车、自轮运转特种设备鸣笛鸣示方式

名　　称	鸣示方式	使用时机
起动注意信号	一长声 —	1. 列车起动或机车车辆前进时(双机牵引或使用补机时，本务机车鸣笛后，补机应回答，本务机车再鸣笛一长声后起动) 2. 接近鸣笛标、道口、桥梁、隧道、行人、施工地点或天气不良时

续上表

名　　称	鸣示方式	使用时机
退行信号	二长声 — —	列车、机车车辆、单机开始退行时
召集信号	三长声 — — —	要求防护人员撤回时
警报信号	一长三短声 —・・・	发现线路有危及行车安全的不良处所时
紧急停车信号	连续短声 ・・・・・・・・	司机发现（或接到通知）邻线发生障碍，向邻线上运行的列车发出紧急停车信号时。邻线列车司机听到此种信号后，应紧急停车

（2）与工务有关的口笛、号角鸣示方式见表11-2规定。

表11-2　口笛、号角鸣示方式

用途及时机	鸣示方式	
发车、指示机车向显示人反方向移动	一长声	—
指示机车向显示人方向移动	一短一长声	・—
停车	连续短声	・・・・・・・・
要求司机鸣笛	二长三短声	— —・・・
减速	连续二短声	・・　・・
列车接近通报信号：上行	二长声	— —
列车接近通报信号：下行	一长声	—

第二节　防护信号备品使用

一、工务防护中常用的信号备品

（一）移动信号

1. 移动停车信号

昼间——表面有反光材料的红色方牌；夜间——柱上红色灯光，如图11-1所示。

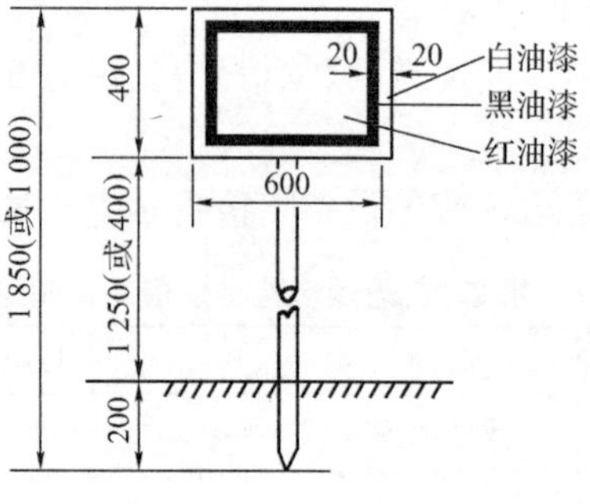

图11-1　移动停车信号牌（单位：mm）

2. 移动减速信号

(1)表面有反光材料的黄底黑字圆牌,标明列车限制速度,如图 11-2 所示。

(2)允许速度 120 km/h$<v<$200 km/h 的线路,施工及其限速区段,在移动减速信号牌外方增设带“T”的移动减速信号牌,昼间与夜间均为表面有反光材料的黄底黑“T”字圆牌,如图 11-3 所示。

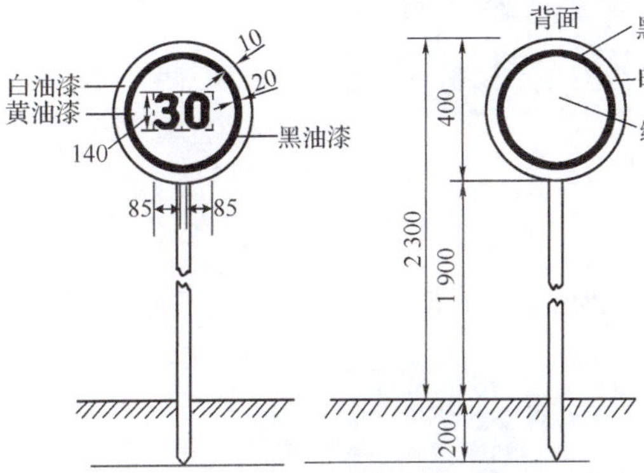

图 11-2 移动减速信号牌(单位:mm)

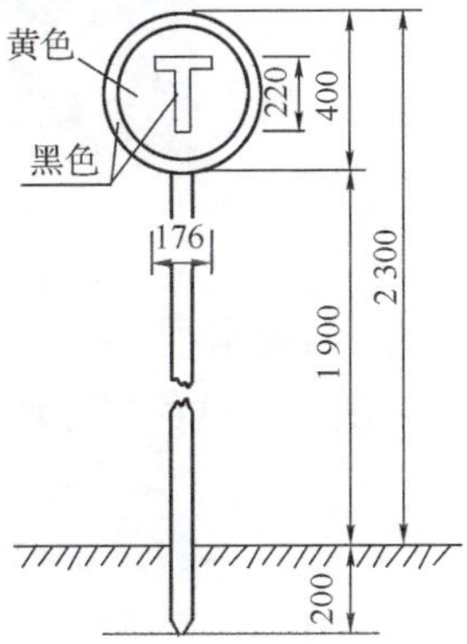

图 11-3 带“T”的移动减速信号牌(单位:mm)

3. 减速防护地段终端信号

昼间与夜间均为表面有反光材料的绿色圆牌,如图 11-2 所示。在单线区段,司机应看线路右侧减速信号牌背面的绿色圆牌。

移动信号表面反光材料应符合国家标准《道路交通反光膜》(GB/T 18833—2012)的规定,其逆反射系数应在Ⅱ级及以上。减速信号内标注数字要连续标注,不能采用单字并排方式。

(二)手信号

1. 停车信号:要求列车停车。

昼间——展开的红色信号旗;夜间——红色灯光,如图 11-4 所示。

图 11-4 停车信号

昼间无红色信号旗时,两臂高举头上向两侧急剧摇动;夜间无红色灯光时,用白色灯光上下急剧摇动,如图 11-5 所示。

图 11-5　停车信号

2. 减速信号:要求列车降低到要求的速度。

昼间——展开的黄色信号旗;夜间——黄色灯光,如图 11-6 所示。

图 11-6　减速信号

昼间无黄色信号旗时,用绿色信号旗下压数次;夜间无黄色灯光时,用白色或绿色灯光下压数次,如图 11-7 所示。

图 11-7　减速信号

(三)固定信号——遮断信号机

1. 遮断色灯信号机显示一个红色灯光——不准列车越过该信号机;不着灯时,不起信号作用。

2. 遮断色灯信号机的预告信号机显示一个黄色灯光——表示遮断信号机显示红色灯光，不着灯时，不起信号作用。

二、短路铜线

短路铜线是工务必不可少的防护备品，是在固定信号机前方，为了防止机车车辆进入已封锁的施工、维修地段或故障地点，确保行车安全而安设在钢轨上，使轨道电路短路、信号机着红灯的连接线；在发生断轨故障时，也可用作接通轨道电路的导电线。按连接方式主要有：顶丝式、夹钳式、磁吸式等，图 11-8 所示为顶丝式短路铜线。

图 11-8　顶丝式短路铜线

短路铜线使用的注意事项：

1. 使用前，先检查铜线两端连接是否牢固，有无损坏、虚接等。

2. 使用时，先用砂纸等将钢轨连接点打磨除锈，露出明显的金属色。

3. 将两端连接触点与打出金属色的钢轨连接牢固。

4. 观察信号的显示并与驻站联络员联系确认轨道电路情况。

5. 利用短路铜线防护的同时，必须根据现场具体情况按规章规定采取其他必要的防护办法，以确保安全。

6. 短路铜线应定期测试，确保其良好状态。

三、防护信号备品的使用办法

(一)施工时使用移动停车信号的防护办法

1. 在区间线路上施工时，使用移动停车信号的防护办法如下。

(1)单线区间施工时，如图 11-9 所示。

(2)双线区间一条线路施工时，如图 11-10 所示。

(3)双线区间两条线路同时施工时，如图 11-11 所示。

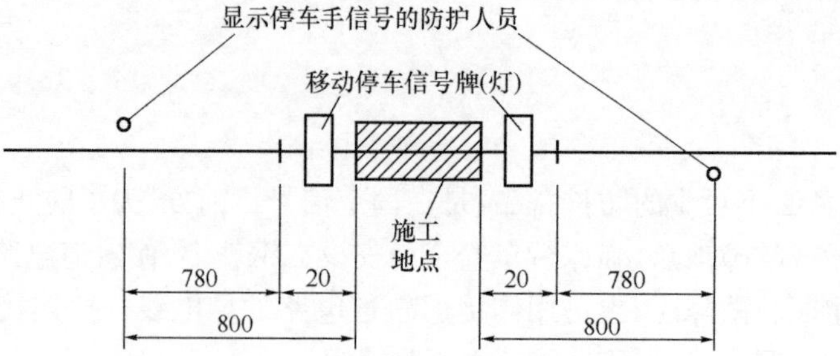

图 11-9　单线区间施工防护(单位:m)

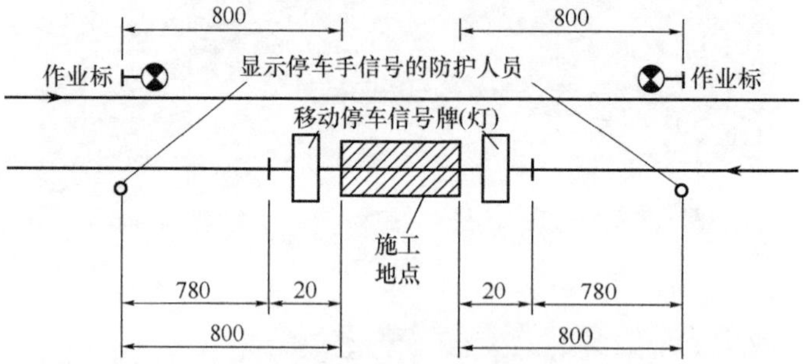

图 11-10　双线区间一条线路施工防护(单位:m)

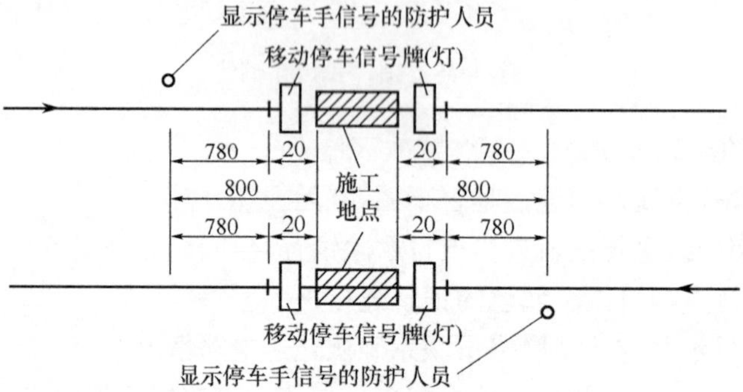

图 11-11　双线区间两条线路同时施工防护(单位:m)

(4)施工地点在站外,距进站信号机(反方向进站信号机)小于 820 m 时,如图 11-12 所示。

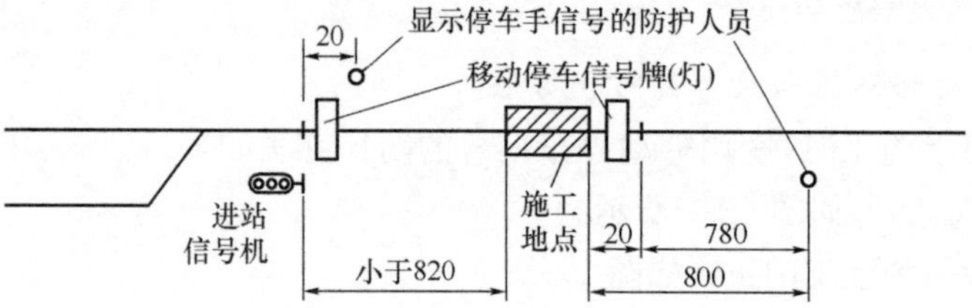

图 11-12　站外不远处施工防护(单位:m)

现场防护人员应站在距施工地点 800 m 附近，且瞭望条件较好的地点显示停车手信号；施工作业地点在站外，距离进站信号机(反方向进站信号机)小于 820 m 时，现场防护人员应站在距进站信号机(反方向进站信号机)20 m 附近；在尽头线上施工，施工负责人经与车站值班员联系确认尽头一端无列车、轨道车时，则尽头一端可不设防护。施工地点与防护人员间瞭望条件不良又无电话联系时，应增设中间防护人员。

凡用停车信号防护的施工地点，在停车信号撤除后，列车需减低速度通过施工地点时，应按减速信号防护办法防护。

2. 在站内线路或道岔上施工，使用移动停车信号的防护办法如下：

(1)在站内线路上施工

①将施工线路两端道岔扳向不能通往施工地点的位置，并加锁或紧固，可不设置移动停车信号牌(灯)。当施工线路两端道岔只能通往施工地点的位置时，在施工地点两端各 50 m 处线路上，设置移动停车信号牌(灯)防护，如图 11-13 所示。

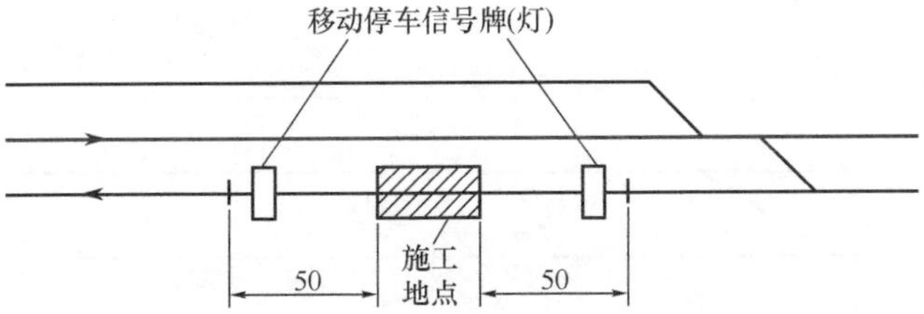

图 11-13　站内施工防护一(单位：m)

②如施工地点距离道岔小于 50 m 时，在该端警冲标相对处线路上，设置移动停车信号牌(灯)防护，如图 11-14 所示。

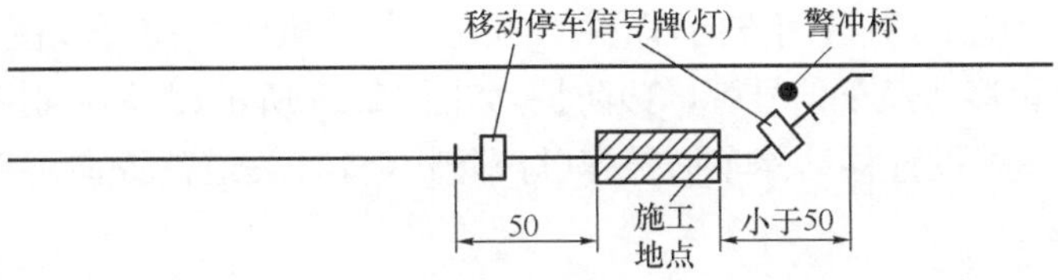

图 11-14　站内施工防护二(单位：m)

③在进站道岔外方线路上施工，对区间方向，以关闭的进站信号机防护；对车站方向，在进站道岔外方基本轨接头处(顺向道岔在警冲标相对处)线路上，设置移动停车信号牌(灯)，如图 11-15 所示。

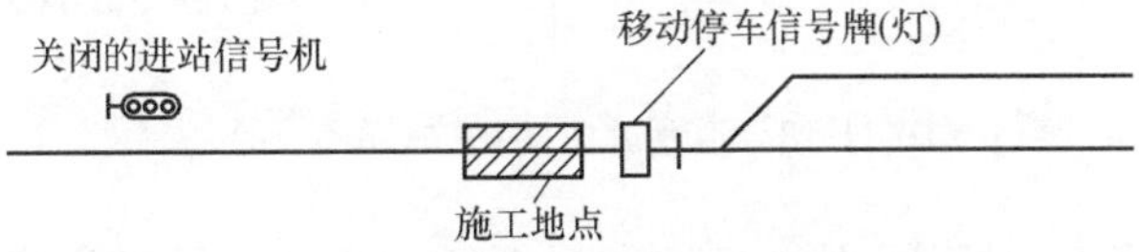

图 11-15　站内施工防护三

④双线区段，在反方向进站信号机至出站道岔的线路上施工，对区间方向，以关闭的反方向进站信号机防护。对车站方向，在出站道岔外方基本轨接头处(对向道岔在警冲标相对处)线路上，设置移动停车信号牌(灯)防护。如图 11-16 所示。

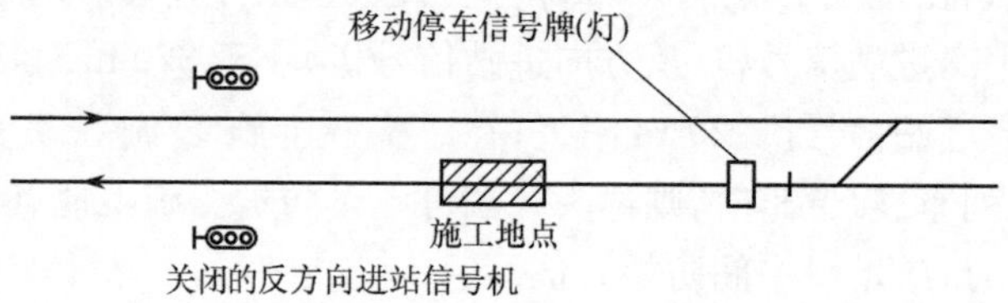

图 11-16　站内施工防护四

(2)在站内道岔上(含警冲标至道岔尾部线路、道岔间线路)施工时,使用移动停车信号防护,防护办法如下:

①站内道岔上施工,一端距离施工地点 50 m,另一端两条线路距离施工地点 50 m(距出站信号机不足 50 m 时,为出站信号机处),分别在线路上设置移动停车信号牌(灯)防护,如图 11-17 所示;如一端距离外方道岔小于 50 m 时,将有关道岔扳向不能通往施工地点的位置,并加锁或紧固。

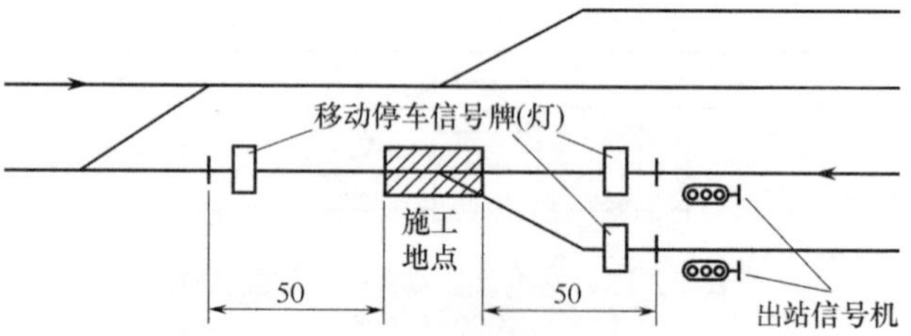

图 11-17　道岔施工防护一(单位:m)

②在进站道岔上施工,对区间方向,以关闭的进站信号机防护;对车站方向,在距离施工地点 50 m 线路上,设置移动停车信号牌(灯)防护,如图 11-18 所示;距邻近道岔不足 50 m 时,在邻近道岔基本轨接头处设置移动停车信号牌(灯)防护,将有关道岔扳向不能通往施工地点的位置,并加锁或紧固。

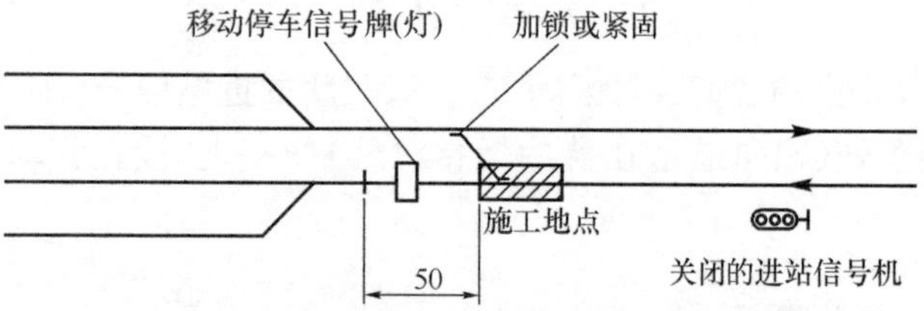

图 11-18　道岔施工防护二(单位:m)

③在出站道岔上施工,对区间方向,以关闭的反方向进站信号机防护;对车站方向,在距离施工地段不少于 50 m 线路上,设置移动停车信号牌(灯)防护,如图 11-19 所示;距邻近道岔不足 50 m 时,将有关道岔扳向不能通往施工地点的位置,并加锁或紧固。

④在交分道岔上施工,将有关道岔扳向不能通往施工地点的位置,并加锁或紧固,在施工地点两端 50 m 处线路上,设置移动停车信号牌(灯)防护,如图 11-20 所示。

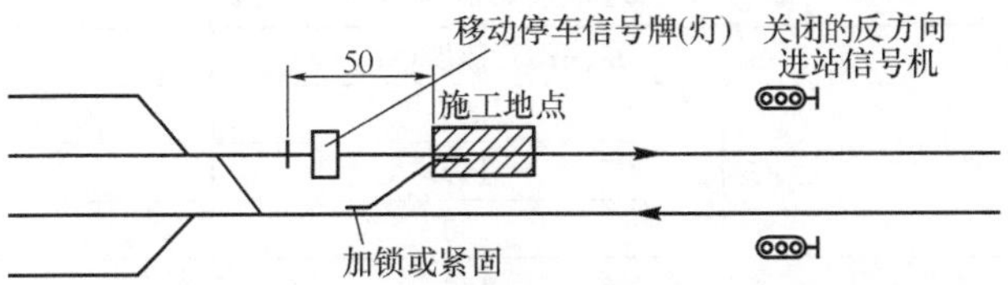

图 11-19　道岔施工防护三(单位:m)

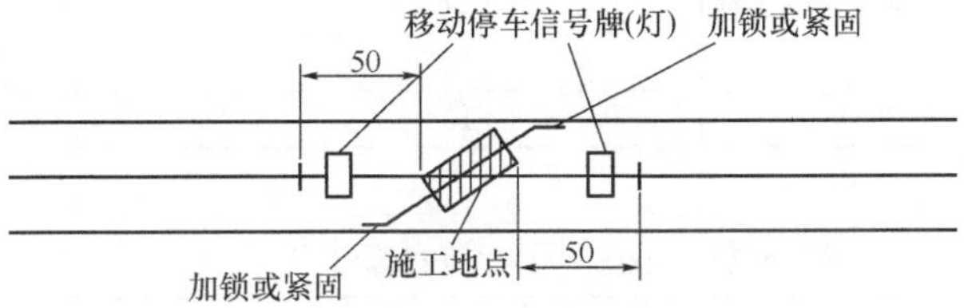

图 11-20　道岔施工防护四(单位:m)

⑤在交叉渡线的一组道岔上施工,一端在菱形中轴相对处线路上,另一端在距离施工地点 50 m 处线路上,分别设置移动停车信号牌(灯)防护,将有关道岔扳向不能通往施工地点的位置,并加锁或紧固,如图 11-21 所示。

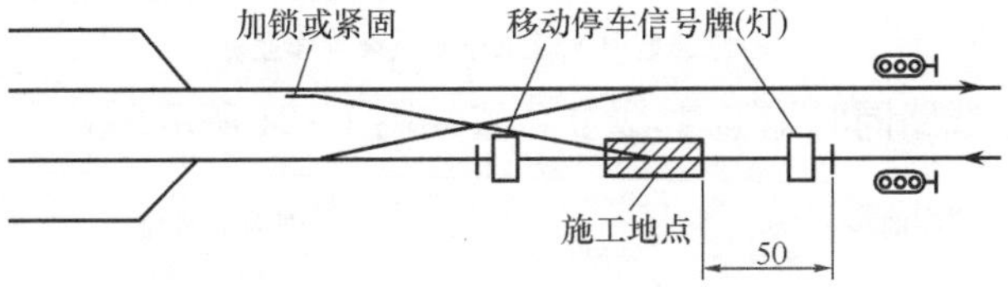

图 11-21　道岔施工防护五(单位:m)

⑥在道岔上进行大型养路机械施工时,如延长移动停车信号牌(灯)防护距离后占用其他道岔时,对相关道岔应一并防护。

(二)施工时使用移动减速信号的防护办法

1. 在区间线路上,根据线路速度等级,使用移动减速信号的防护办法如下。

(1)单线区间施工时,设立位置如图 11-22 所示。

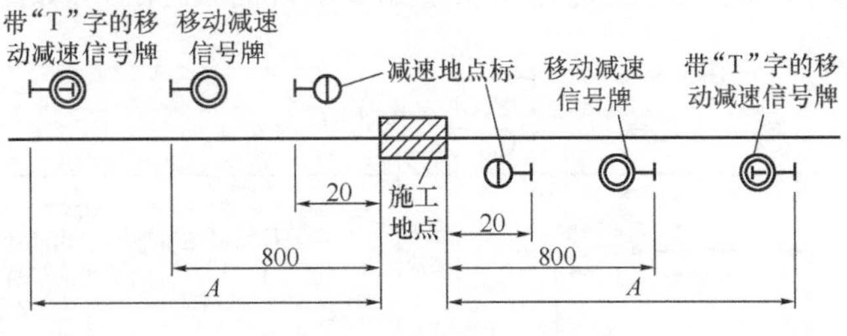

图 11-22　单线区间施工时根据线路速度等级使用移动速度信号防护(单位:m)

注:A 为不同线路允许速度的列车紧急制动距离(下同),见表 11-3;允许速度 120 km/h$<v<$200 km/h 的线路,在移动减速信号牌外方增设带“T”字的移动减速信号牌,以下同。

(2)双线区间在一条线路上施工时,设立位置如图 11-23 所示。

表 11-3　列车紧急制动距离限值表

列车类型	最高运行速度(km/h)	紧急制动距离限值(m)
旅客列车(动车组列车除外)	120	800
	140	1 100
	160	1 400
特快货物班列	160	1 400
快速货物班列	120	1 100
货物列车(货车轴重＜25 t,快速货物班列除外)	90	800
	120	1 400
货物列车(货车轴重≥25 t)	100	1 400

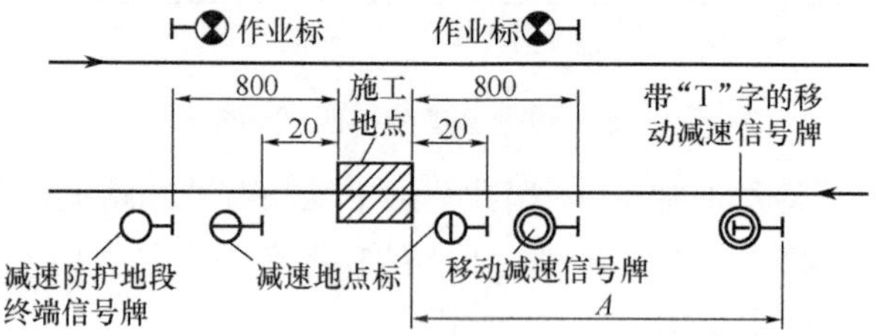

图 11-23　双线区间一条线路施工时根据线路速度等级使用移动减速信号防护(单位:m)

注:限速地段无施工作业不设置作业标。

(3)双线区间两条线路同时施工时,设立位置如图 11-24 所示。

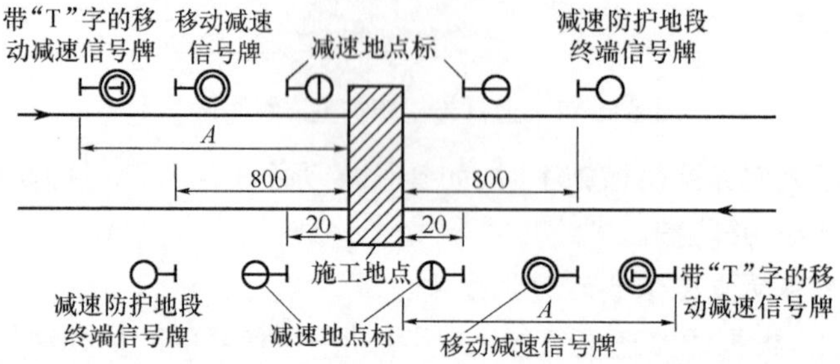

图 11-24　双线区间两条线路同时施工时根据线路速度等级使用移动减速信号防护(单位:m)

(4)施工地点距离进站信号机(或站界标)小于 800 m 时,设立位置如图 11-25 所示。

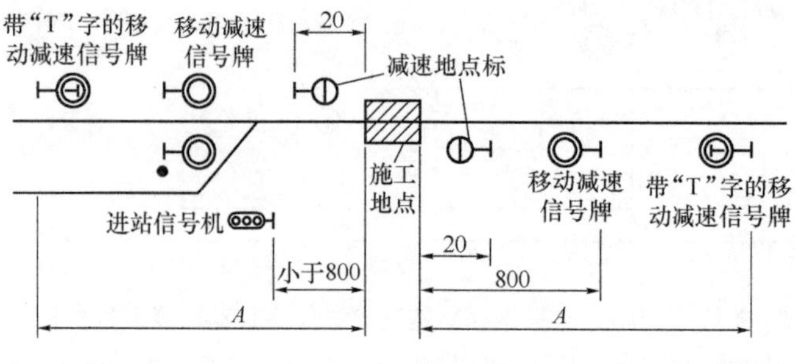

图 11-25　站外距进站信号机小于 800 m 时根据线路速度等级使用移动减速信号防护(单位:m)

注:当站内正线警冲标距离施工地点小于 800 m 时,按 800 m 设置移动减速信号牌;当站内正线警冲标距离施工地点大于或等于 A 时,不设置带“T”字的特殊移动减速信号牌。

2. 在站内线路或道岔上，根据线路速度等级，使用移动减速信号的防护办法如下：

(1)在站内正线线路上施工，当施工地点距进站信号机大于或等于 800 m 时，单线设立位置如图 11-26 所示，双线设立位置如图 11-27 所示。

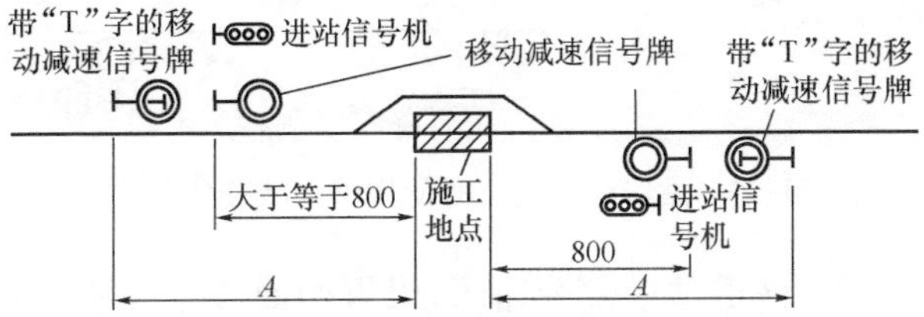

图 11-26　站内正线线路施工时使用移动减速信号防护一(单位：m)

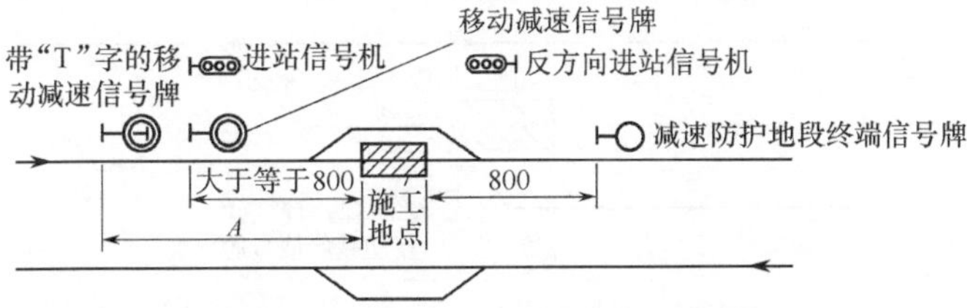

图 11-27　站内正线线路施工时使用移动减速信号防护二(单位：m)

注：当施工地点距进站信号机不足 800 m 时，自施工地点起至 800 m 处区间线路列车运行方左侧，设移动减速信号牌防护；当施工地点距进站信号机大于或等于 A 时，不设置带“T”字的移动减速信号牌；当施工地点距反方向进站信号机不足 800 m 时，自施工地点起至 800 m 处区间线路列车运行方左侧，设减速防护地段终端信号牌；当施工地点距反方向进站信号机大于或等于 800 m 时，在反方向进站信号机处，设减速防护地段终端信号牌。

(2)在站内正线道岔上施工，当施工地点距进站信号机大于或等于 800 m 时，单线设立位置如图 11-28 所示，双线设立位置如图 11-29 所示。

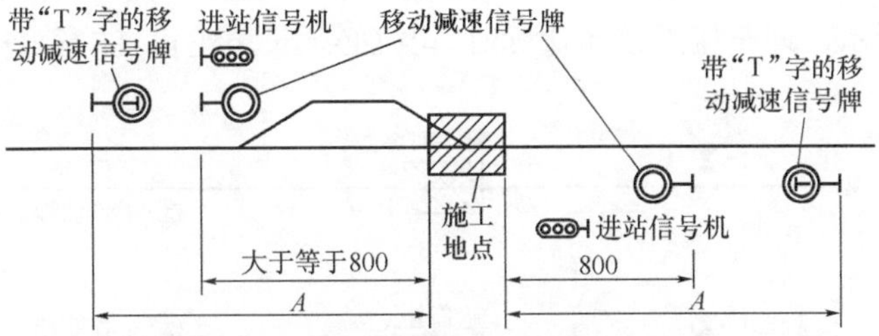

图 11-28　站线道岔施工时使用移动减速信号防护一(单位：m)

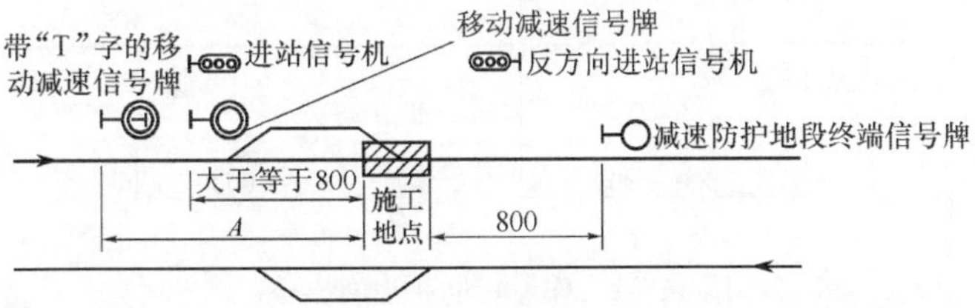

图 11-29　站线道岔施工时使用移动减速信号防护二(单位：m)

注：当施工地点距进站信号机不足 800 m 时，自施工地点起至 800 m 处区间线路列车运行方左侧，设移动减速信号牌防护；当施工地点距进站信号机大于或等于 A 时，不设置带“T”字的移动减速信号牌；当施工地点距反方向进站信号机不足 800 m 时，自施工地点起至 800 m 处区间线路列车运行方左侧，设减速防护地段终端信号牌；当施工地点距反方向进站信号机大于或等于 800 m 时，在反方向进站信号机处，设减速防护地段终端信号牌。

(3)在站线线路上施工,设立位置如图 11-30 所示。

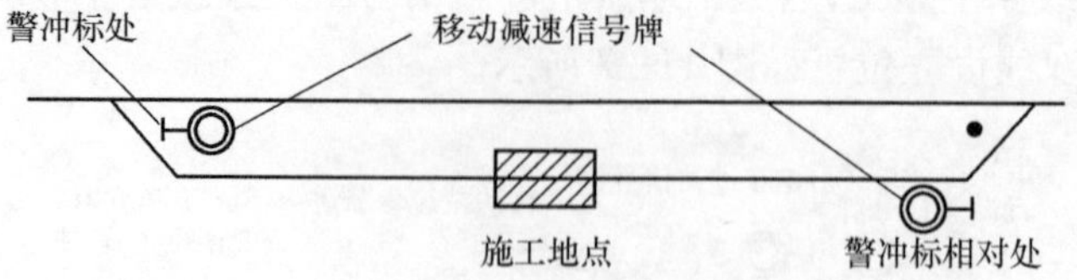

图 11-30　站线线路施工时使用移动减速信号防护

(4)在站线道岔上施工,该道岔中部线路旁,设置两面黄色的移动减速信号,设立位置如图 11-31 所示。

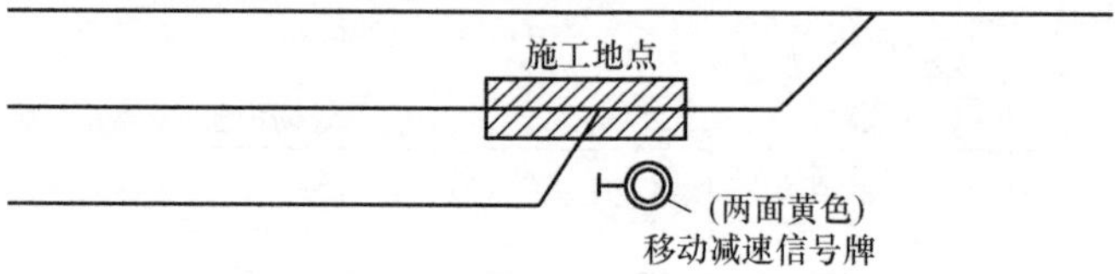

图 11-31　站线道岔施工时使用移动减速信号防护三

凡线间距离不足规定时,应设置矮型(1 m 高)移动减速信号。在移动减速信号牌上应注明规定的慢行速度。

(5)已纳入 LKJ 基础数据的长期限制慢行地段不设置减速信号牌。

3. 作业标防护

在区间线路上进行不影响行车安全的作业,不需要以停车信号或移动减速信号防护,应在作业地点两端 500～1 000 m 处列车运行方向左侧(双线在线路外侧)的路肩上设置作业标,设立位置如图 11-32 所示。列车接近该作业标时,司机必须长声鸣笛,注意瞭望。

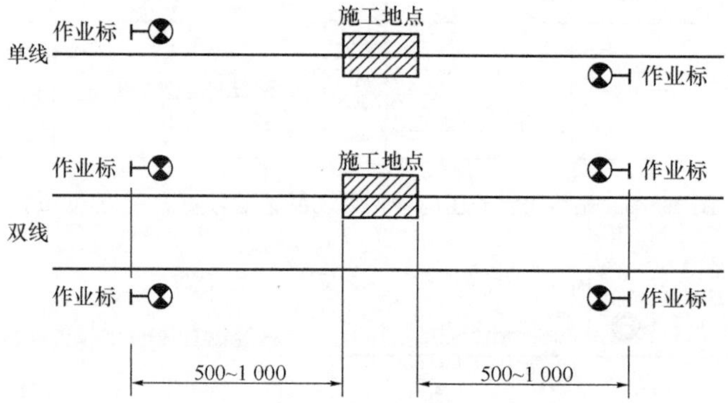

图 11-32　作业标防护(单位:m)

四、防护信号备品的配备

线(桥)车间、工区和巡道、巡守小组的防护信号备品数量,应按表 11-4 规定配备。

表 11-4　防护信号备品数量

名　　称	单位	单　　线			双　　线		
		车　　间	工　　区	巡道巡守	车　　间	工　　区	巡道巡守
作业标	个		4			6	
停车信号	个		2			4	
减速信号	个		2			4	
减速地点标	个		2			4	
双面信号灯	盏	1	4	1/人	1	6	1/人
喇　叭	个		6	1		6	1
红色信号旗	面	2	6	3	2	9	3
黄色信号旗	面	2	6	1	2	6	1
短路铜线(自动闭塞区间)	条		2	1		4	2
无线电话机	台	2	4	2	2	5	2
有线电话机	台	2	4	2	2	4	2
"T"字减速信号	个		4			4	

注:①巡守人员多人值班时,喇叭、信号灯、信号旗应按实际需要相应增加;

②施工单位需要的信号用品数量,可根据实际情况规定;

③单线有道岔的工区,停车信号应配备 3 个,并配备双面黄色减速信号 2 个;

④速度大于 120 km/h 区段的工区配置带"T"字减速信号;

⑤电气化区段工区,配备 70 mm^2 回流线,其数量与长度根据需要确定;

⑥无线电话机宜设有列车无线调度电话频点。

第三节　GP3688 型对讲机的使用

一、GP3688 型对讲机的组成

GP3688 型对讲机主要由电源、接收系统、送话系统及附属设备等组成,具体部件如图 11-33 所示。

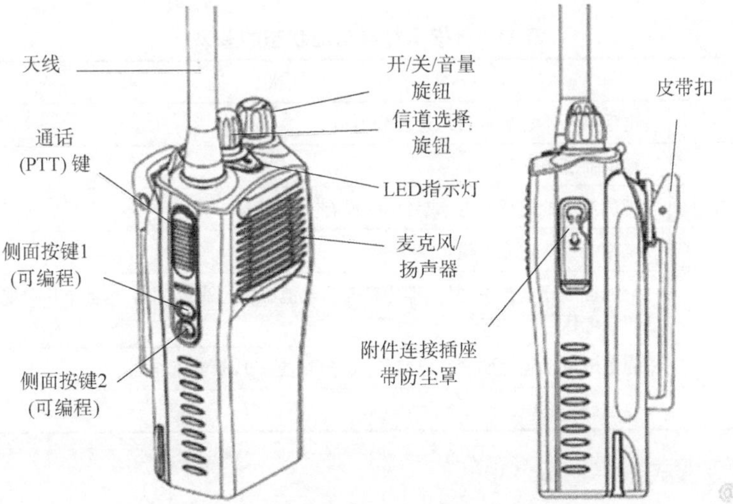

图 11-33　GP3688 型对讲机组成部件

二、GP3688 型对讲机使用方法

1. 将对讲机频道旋钮置于“1”行车频道位置。

2. 需要呼叫机车时，按一下对讲机机身上的“机车”信令键后立即松开、发射指示灯亮，对讲机将发送 3～5 s 机车呼叫信令，待 3～5 s 后发射指示灯熄灭后，听到嘟…一长音回铃声后，按住机身侧面“PTT”(机身左侧的黑色长方形按键)发射键并开始呼叫讲话，(如按下信令键，无回铃长音、等待 2～3 s 后，继续按信令键，待听到回铃长音后，呼叫)。

3. 需要呼叫车站时，按一下对讲机机身上的“车站”信令键后立即松开，发射指示灯亮，对讲机将发送 3～5 s 车站呼叫信令，待 3～5 s 后发射指示灯熄灭后，听到嘟…一长音回铃声后，按住机身侧面“PTT”(机身左侧的黑色长方形按键)发射键并开始呼叫讲话；(如按下信令键，无回铃长音、等待 2～3 s 后，继续按信令键，待听到回铃长音后，呼叫)。

4. 当对讲机频道旋钮置于“1”以外的其他信道时，机身上信令按键失效，这时只需直接按下“PTT”(机身左侧的黑色长方形按键)发射键即可与相对应的信道呼叫讲话。

三、GP3688 型对讲机电池充电

(一)快速充电模式

1. 关闭对讲机。

2. 将电池放入充电座中。

(1)检查电池转接座是否正确插入，电池与电池充电器上的触点是否正确接触。

(2)从充电器上取下电池，使用橡皮轻轻擦拭电池背面的金属触点，将电池装回充电器中，如果 LED 指示灯依然为闪烁的红灯，请更换电池。

(3)标准电池需要 90 min 达到满充电量的 90%，即使新电池过早显示已经充满电量(持续显示为绿色)，但在初次使用时也要充电 14～16 h，以获得最佳电池性能，表 11-5 为指示灯与电池状态的关系。

表 11-5　指示灯与电池状态的关系

LED 指示灯	状　态
无 LED 指示	电池插入不正确或者未检测到电池
闪烁的绿灯	充电器加电成功
闪烁的红灯	无法对电池进行充电，或者电池没有完全插入
持续的红灯	电池处于快速充电模式
闪烁的黄灯	电池位于充电器中，但在等待充电。电池温度过高或过低，电池电压可能低于预先设定的充电门限电压
闪烁的绿灯	充电电量已经达到满充电量的 90%(或更多)，微电流充电
绿色	电池已充满电

(二)慢速充电模式

1. 关闭对讲机。

2. 将电池放入充电座中。

3. 充电器 LED 指示灯显示电池正在充电，表 11-6 为 LED 指示灯与充电状态关系表。

表 11-6　LED 指示灯与充电状态关系

LED 指示灯	状　　态
无 LED 指示	电池插入不正确或者未检测到电池
持续的红灯	电池处于慢速充电模式。在经过 11 h 的充电后电池充满电

第四节　其他通信工具的使用

一、TC3000G 型对讲机使用方法

1. TC3000G 型对讲机试验时，将频道旋钮置于“10 频道”后，将对讲机上方天线附近红色按钮按下 3～5 s 后，发射指示灯亮后，对讲机发出要求司机立即停车循环语音。

2. TC3000G 型对讲机日常使用置于“行车 1 频道”，遇有道口故障时，立即将对讲机上方天线附近红色按钮按下 3～5 s 后，发射指示灯亮后，对讲机发出要求司机立即停车循环语音。

3. 日常使用 TC3000G 型对讲机呼叫机车或车站时，使用方法与 GP3688 型对讲机使用方法相同。

二、E-05 数字集群对讲机使用方法

1. 对讲机正常使用时禁止在未关机状态下更换电池。

2. 不要随意插拔触碰机内数据卡。

3. 电池电量低于 20%及时充电，充电时可以正常通话使用。

4. 电池电量低于 10% 充电时不能正常通话使用。

5. 电池电量低于 5%不能使用机器频繁自动重启，以免导致设备损坏或数据丢失。

6. 对讲机禁止经常性使用充电器供电，充电完毕及时取下充电器，否则影响电池续航时间。

7. 电池电量低于 10%不能及时充电，需要关机后更换备用电池。

8. 电池使用状态机器屏幕右上角有显示使用中注意观察。

9. 使用时不要拽扯天线，否则容易断网不能正常使用。

10. 备用电池长期不使用应 20 天左右充电一次。

11. 如断网或电信公司升级，关机后再开机，此时间不要进行任何操作，待数据自动下载完成有语音提示后方可正常通话，下载时间大约 10～120 s。

三、大功率对讲机使用方法

道口的行车电台是用于监听列车运行情况和发生危及行车安全故障时与机车、车站防护联络的重要工具，严禁用于其他用途，一经发现，严肃处理。

1. 将对讲机频道旋钮置于“1”行车频道位置。

2. 需要呼叫机车时，按住机身侧面“PTT”(机身左侧的黑色上方长方形按键)发射键并开始呼叫讲话，送话时对讲机自带机车信令，能激活机车无线列调电台。

3. 需要呼叫车站时，按住机身侧面“PTT”(机身左侧的黑色上方长方形按键)发射键并开始呼叫讲话，本对讲机无车站信令在车站无线列调挂机状态下无法呼叫车站，如需呼叫车站改用其他通信设备。

4. 因大功率对讲机天线制造工艺原因，严禁提、扯、弯折大功率对讲机天线。

第十二章　轨道设备认知

传统轨道结构由钢轨、轨枕、道岔、联结零件、道床及轨道加强设备组成。

第一节　钢轨的类别及型号

一、钢轨的类别

我国钢轨按长度分为标准轨和厂制缩短轨两类。

1. 标准轨

我国钢轨的标准长度有 12.5 m 和 25.0 m 两种。特重型、重型轨采用 25.0 m 标准长度钢轨，其他类型轨道可采用 12.5 m、25.0 m 标准长度钢轨。为满足铺设跨区间无缝线路和区间无缝线路的需求，又增加了 100 m(60 kg/m)、75 m(75 kg/m)长定尺轨。

2. 厂制缩短轨

曲线缩短轨长度有比 12.5 m 标准轨短 40 mm、80 mm、120 mm 的三种，比 25.0 m 标准轨短 40 mm、80 mm、160 mm 的三种。

二、钢轨的型号

1. 钢轨型号习惯上用每米大致质量的千克整数(kg/m)表示。我国铁路标准钢轨有 75 kg/m、60 kg/m、50 kg/m、43 kg/m、38 kg/m 等。

2. 钢轨断面形状和尺寸

(1)钢轨断面形式

钢轨横断面按部位大致可分为：轨头、轨腰、轨底，如图 12-1(a)所示。

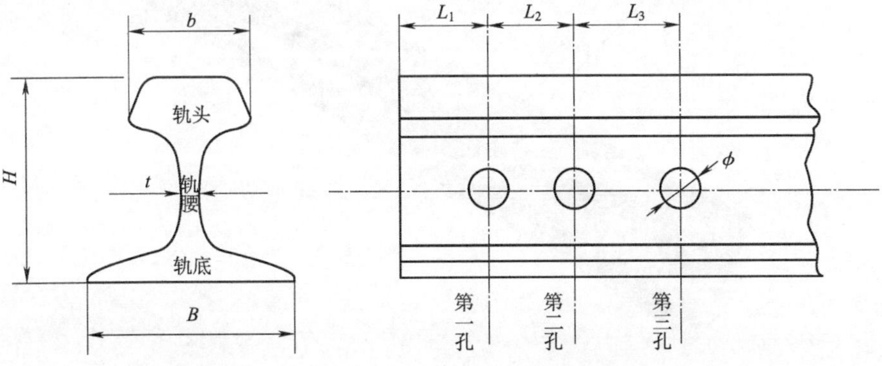

(a) 钢轨断面　　(b) 钢轨侧面

图 12-1　钢轨断面及侧面

细分为钢轨顶面、轨头侧面工作边、轨头下颚、中和轴、轨底下表面、轨底上表面、轨底三角区、轨底角。

(2)钢轨各部尺寸

钢轨的头部顶面宽(b)、轨腰厚(t)、轨身高(H)及轨底宽(B)是钢轨的四个主要参数,标准断面和尺寸如图 12-1 所示。钢轨截面各部尺寸见表 12-1。

表 12-1 钢轨截面各部尺寸

项目	钢轨类型(kg/m)			
	43	50	60	75
每米质量 M(kg)	44.75	51.65	60.8	74.6
钢轨高度 H(mm)	140	152	176	192
轨头宽度 b(mm)	70	70	73	75
轨底宽度 B(mm)	114	132	150	150
轨腹厚度 t(mm)	14.5	15.5	16.5	20
螺栓孔直径 ϕ(mm)	29	31	31	31
轨端至 1 孔中心距 L_1(mm)	56	66	76	96
1 孔至 2 孔中心距 L_2(mm)	110	150	140	220
2 孔至 3 孔中心距 L_3(mm)	160	140	140	130
截面积(cm^2)	57	65.8	77.45	95.04
钢轨长(m)	12.5、25	12.5、25	12.5、25	25

三、钢轨标志

钢轨标志表明钢轨生产厂家、制造年月、钢轨代码、钢轨类型及钢轨长度等,钢轨标志如图 12-2 所示。

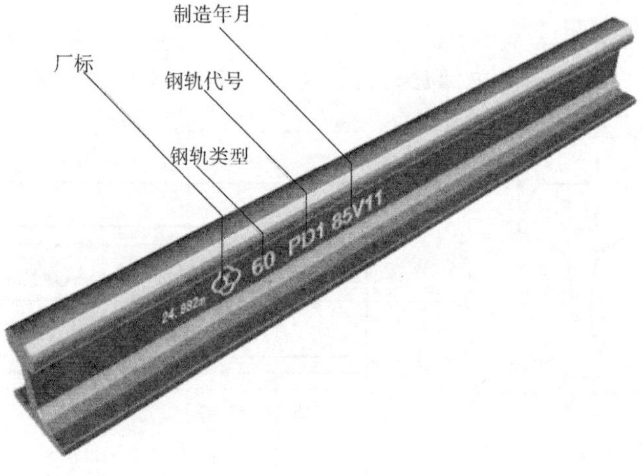

图 12-2 钢轨标志

1. 热轧凸起的标志

按 TB/T 2344 规定，钢轨一侧的轨腰上轧制凸起的标志。

(1)制造厂标志(如攀钢、包钢、鞍钢、武钢、邯钢)如图 12-3 所示。

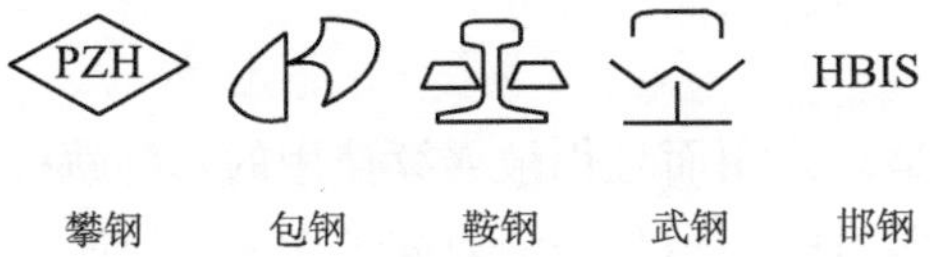

图 12-3 钢轨生产厂标志

(2)钢轨轨型(如 60 代表 60 kg/m)、钢轨钢牌号(如 U75V、U71MnH、U71MnG)、制造年(轧制年度末两位数，如 04 代表轧制年度为 2004 年)、月(Ⅲ代表 3 月份轧制，Ⅵ代表 6 月份轧制)，如图 12-4 所示。

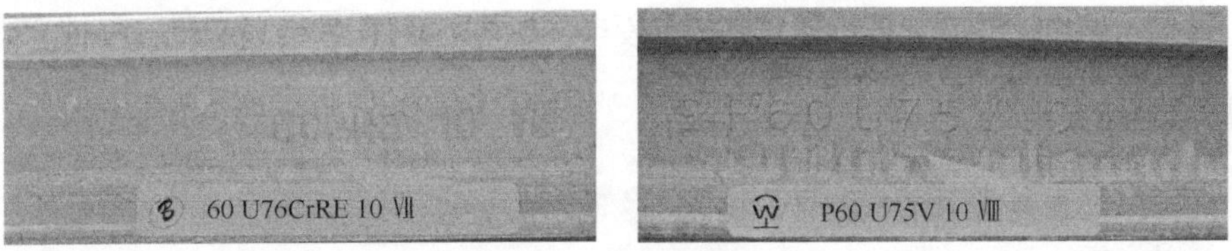

图 12-4 钢轨标志示意

2. 其他标记

钢轨精整后，在钢轨一个端面头部贴上标签，标签中所填写的内容应包括型号、牌号、炉号、长度等，如图 12-5 所示。

图 12-5 钢轨头部标签

第二节 轨 枕

一、轨枕的类别

(一)按其使用目的

1. 用于一般区间的普通轨枕。

2. 用于道岔上的岔枕。

3. 用于桥梁上的桥枕。

(二)按其材质

轨枕按其材质分主要有木枕、混凝土枕等。

1. 木枕

木枕又称枕木,是铁路最早采用而且仍被继续使用的一种轨枕。

木枕主要优点是弹性好,可缓和列车的动力冲击作用;易加工,运输、铺设、养护维修方便;与钢轨联结比较简单;有较好的绝缘性能等。但木枕要消耗大量优质木材,由于资源有限,其价格较贵。木枕的主要缺点是易腐朽、磨损,使用寿命短;其次是由于木材种类和部位的不同,其强度、弹性不完全一致,在机车车辆作用下会形成轨道不平顺,增大轮轨动力作用。

2. 混凝土枕

混凝土枕材料来源较广,对轨道稳定性好,可满足干线铁路高速度、大运量的要求,不受气候、腐朽、虫蛀及失火影响,使用寿命长,但它容易因发生裂纹而失效,质量大,更换困难,弹性差。

二、轨枕的型号

由于我国主要干线上,木枕基本下线,绝大部分线路都已铺设混凝土轨枕,故对混凝土轨枕的型号加以介绍。

1. Ⅰ型混凝土轨枕

Ⅰ型混凝土轨枕的承载能力已不能适应行车条件的变化,破损加剧,寿命缩短。因此,在我国铁路线路上正逐步被淘汰下道。

2. Ⅱ型(含新Ⅱ型)混凝土轨枕

Ⅱ型混凝土轨枕的设计是根据重载线路承受荷载大、重复次数多的特点,采用疲劳可靠性进行设计的,适用于重型、次重型轨道,新Ⅱ型轨枕如图 12-6 所示,Ⅱ型轨枕如图 12-7 所示。

3. Ⅲ型混凝土轨枕

由于Ⅱ型轨枕在重型、次重型轨道上使用时,某些区段出现轨枕中顶面横向裂缝、沿螺栓孔纵向裂缝、枕端龟裂、侧面纵向水平裂缝、挡肩斜裂等病害,轨枕年失效下道率平均 1.2%,难以适应重型和特重型轨道的承载条件,为了适应强轨道结构的要求,又研制了Ⅲ型轨枕,如图 12-8 所示。

图 12-6　新Ⅱ型轨枕

图 12-7　Ⅱ型轨枕

图 12-8　Ⅲ型轨枕

第三节　道　　岔

一、道岔的类别

常用的道岔种类：单开道岔、对称道岔、复式交分道岔、菱形交叉、渡线及交叉渡线等。

1. 普通单开道岔

这种道岔保持主线为直线，侧线在主线的左侧或右侧岔出（面对道岔尖端而言）。侧线向右侧岔出的，称为右向单开道岔，简称右开道岔，如图 12-9 所示。侧线向左侧岔出的，称为左向单开道岔，简称左开道岔，如图 12-10 所示。

图 12-9　右开道岔

图 12-10　左开道岔

2. 对称道岔

指主线为直线，把轨道分为左右对称的两条轨道的道岔，如图 12-11 所示。

3. 复式交分道岔

指在两条轨道交叉地点，列车能两侧转线的交分道岔，如图 12-12 所示，常见号码有 9 号、12 号。

图 12-11　对称道岔

图 12-12　交分道岔

4. 菱形交叉

由两组锐角辙叉和两组钝角辙叉组成的平面交叉设备，如图 12-13 所示。

5. 渡线

使列车由一线转入他线的设备，由两组单开道岔及一条连接轨道组成，如图 12-14 所示。

图 12-13 菱形交叉

图 12-14 渡线

6. 交叉渡线

交叉渡线是指在两条相邻线路上互相交叉过渡的道岔设备。交叉渡线由四组单开道岔、一组菱形交叉及连接轨道组成，如图 12-15 所示。

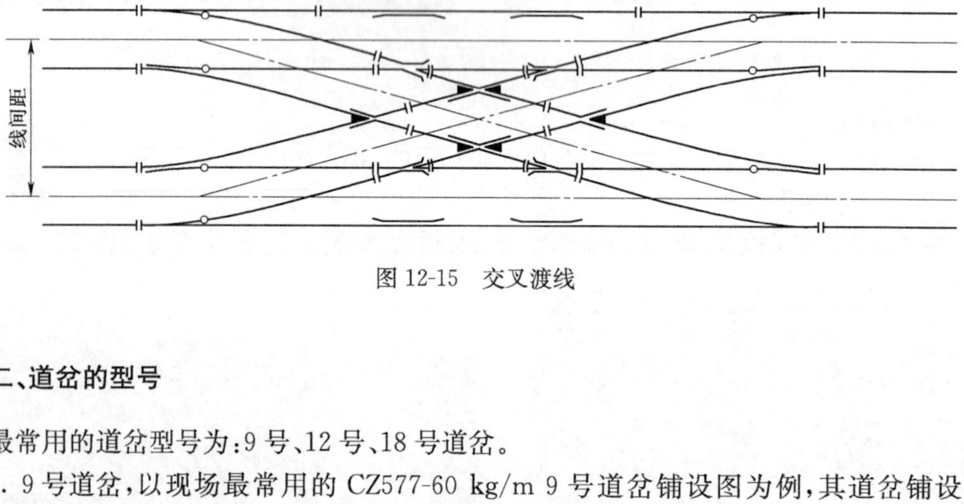

图 12-15 交叉渡线

二、道岔的型号

最常用的道岔型号为：9 号、12 号、18 号道岔。

1. 9 号道岔，以现场最常用的 CZ577-60 kg/m 9 号道岔铺设图为例，其道岔铺设图如图 12-16 所示。

2. 12 号道岔，以 SC330-60 kg/m，12 号道岔铺设图为例，其道岔铺设图如图 12-17 所示。

3. 18 号道岔，以研线 1302-60 kg/m，18 号道岔铺设图为例，其道岔铺设图如图 12-18 所示。

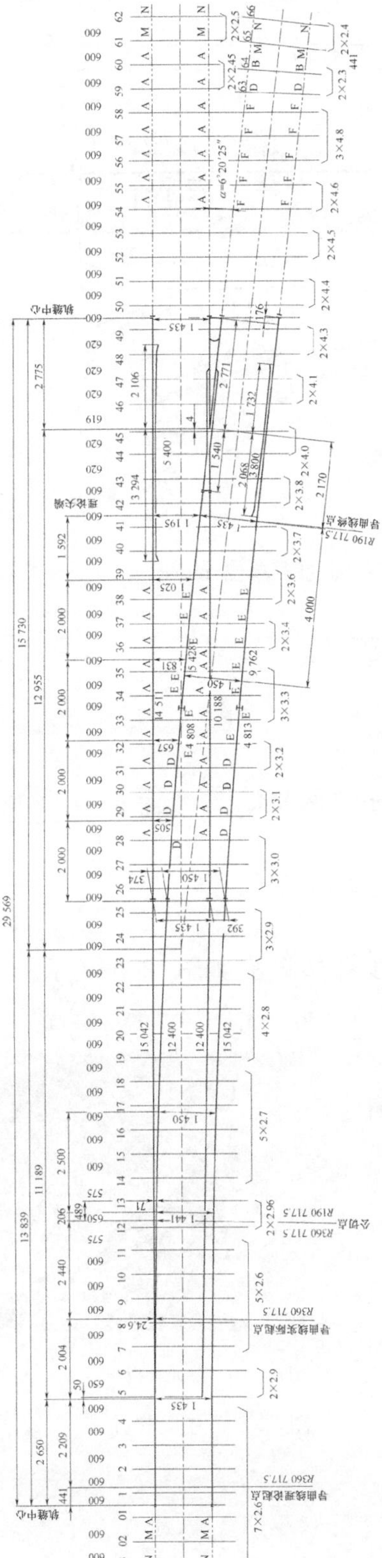

图 12-16 CZ577-60 kg/m 9号道岔铺设图(单位:mm)

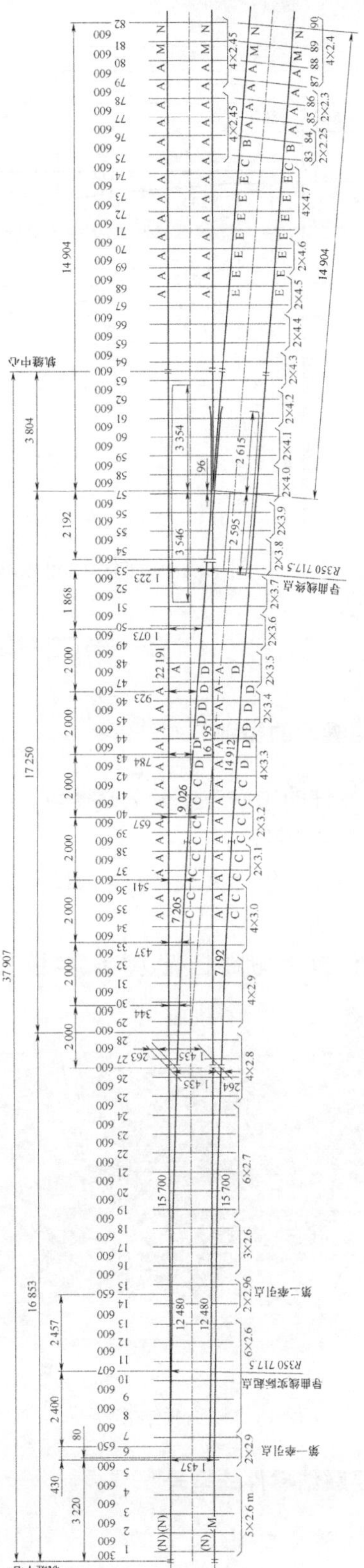

图 12-17 SC330-60 kg/m 12号道岔铺设图(单位:mm)

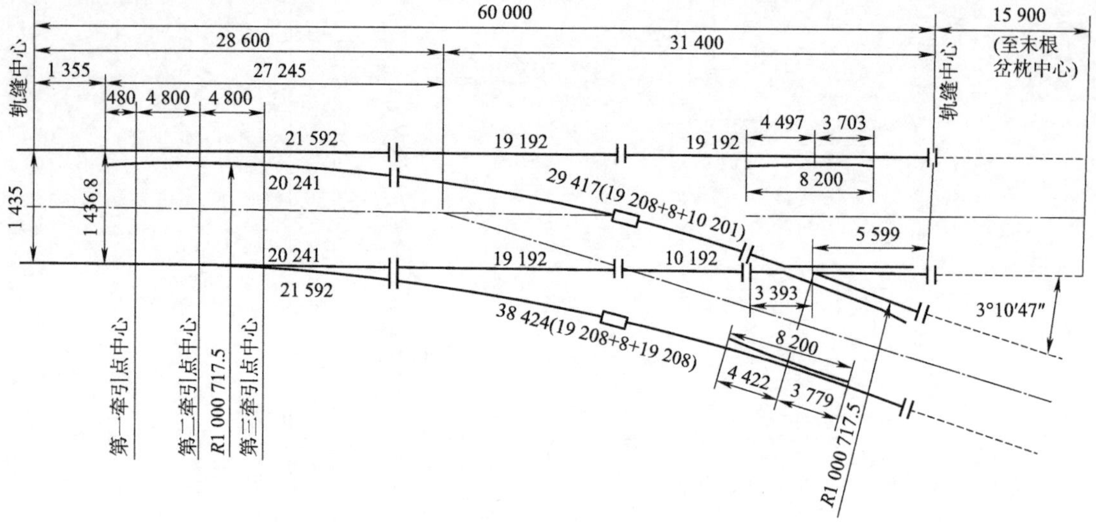

图 12-18　研线 1302-60 kg/m 18 号道岔铺设图(单位:mm)

第四节　联结零件

一、联结零件的类别

按联结零件的用途主要分为接头联结零件和中间扣件两大类。

1. 接头联结零件

接头联结零件包括夹板、螺栓、螺母、垫圈等,如图 12-19 所示。

2. 中间扣件

中间扣件包括:轨距挡板、弹条、挡板座、螺栓、螺母、平垫圈等,如图 12-20 所示。

图 12-19　接头联结零件

图 12-20　中间扣件

二、主要联结零件的型号

(一)接头螺栓型号

高强度螺栓在螺帽上铸有“⊙”的标记,遵照国际标准按抗拉强度划分为 10.9 级和 8.8 级两种。10.9 级有纹部分直径为 24 mm，8.8 级有纹部分直径为 24 mm 和 22 mm 两种。螺母采用 10 级高强度螺母，螺母在 30°倒角面制出高与宽各 1 mm 的凸圈（TB/T 2347—1993），高强度接头螺栓如图 12-21 所示。

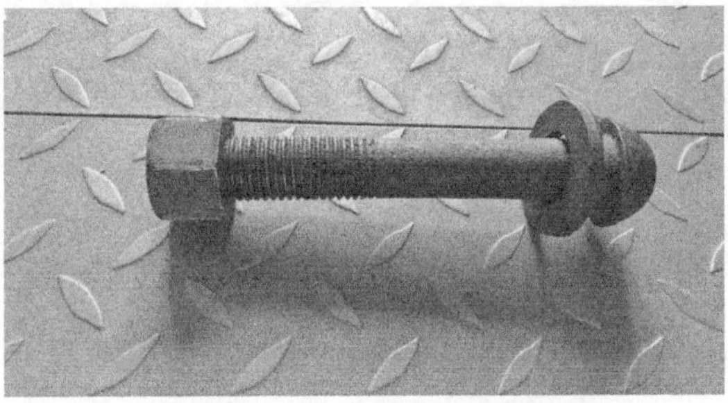

图 12-21　高强度接头螺栓

（二）接头防松螺母型号

防松螺母类型见表 12-2。

表 12-2　防松螺母型号

防松螺母类型	8 级	10 级	12 级
扭矩（N·m）	400～600	600～1 000	900～1 100

（三）垫圈的类型

垫圈的类型如下。

1. 平垫圈

主要应用于弹条扣件。

2. 单簧垫圈

主要用于钢轨接头水平螺栓。

3. 双簧垫圈

主要用于 70 型扣件及轨撑。

（四）弹条型号

普速铁路弹条主要有Ⅰ型和Ⅱ型两种型号，图 12-22 为Ⅱ型弹条。

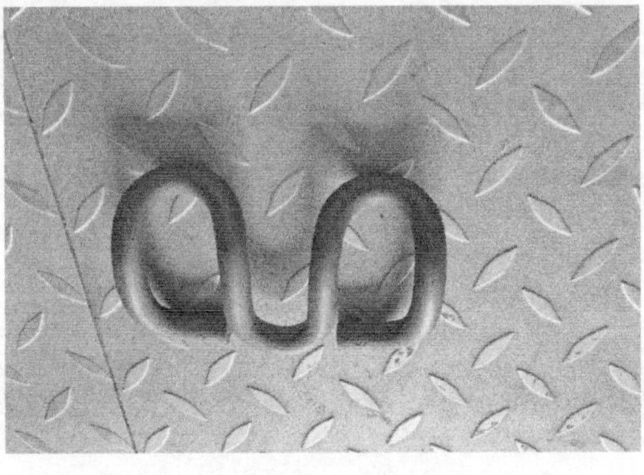

图 12-22　Ⅱ型弹条

(五)挡板座

标准挡板座的有 2-4 号、0-6 号两种类型,如图 12-23、图 12-24 所示。

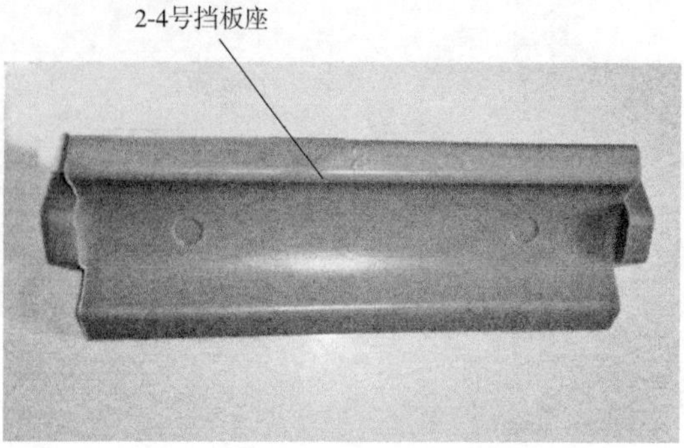

图 12-23　2-4 号挡板座

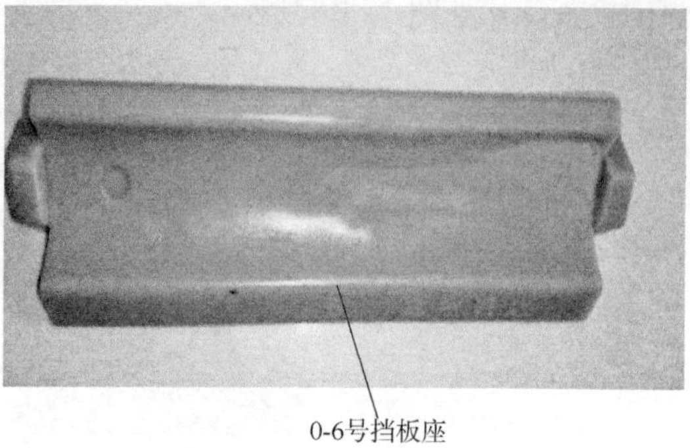

图 12-24　0-6 号挡板座

第五节　道　　床

一、道床的类别

普速铁路道床主要有整体道床和道砟道床两类。

1. 整体道床

用混凝土等材料浇筑的道床,常用于隧道内,混凝土整体道床如图 12-25 所示。

2. 道砟道床

用道砟铺设的道床,在我国普速铁路上普遍采用,如图 12-26 所示。

图 12-25　混凝土整体道床

图 12-26　道砟道床

二、道砟的类别

1. 道砟的定义

道砟就是作道砟道床用的标准级配碎石或卵石、砂子、矿渣等松散材料。

2. 道砟类别

目前我国多采用碎石、砂子为主要道床材料,干线上主要采用优质碎石一级道砟,允许速度 200 km/h 的线路应采用一级碎石道砟。

三、铺设有砟道床对道砟的要求

1. 道砟必须有碎石道砟产品合格证，作为竣工验收和评定道床质量的依据。
2. 大修、维修补充的道砟应采用一级道砟，其粒径级配必须符合《普速修规》的相关规定。
3. 质地坚韧，有弹性，不易压碎和捣碎。
4. 排水性能好，吸水性差。
5. 不易风化，不被风吹动或被水冲走。

第六节　轨道加强设备类别

轨道加强设备是为了提高设备和确保行车安全，根据需要按规章规定安设在轨道上的加强设备。

一、防爬设备

1. 防爬器

我国目前广泛使用的是穿销式防爬器。这种防爬器每个可以承受 30 kN 的爬行力。防爬器是由带挡板的轨卡和穿销组成，穿销式防爬器如图 12-27 所示。

2. 防爬支撑

防爬支撑是配合防爬器阻止钢轨爬行和轨枕移动的轨道部件，如图 12-28 所示。

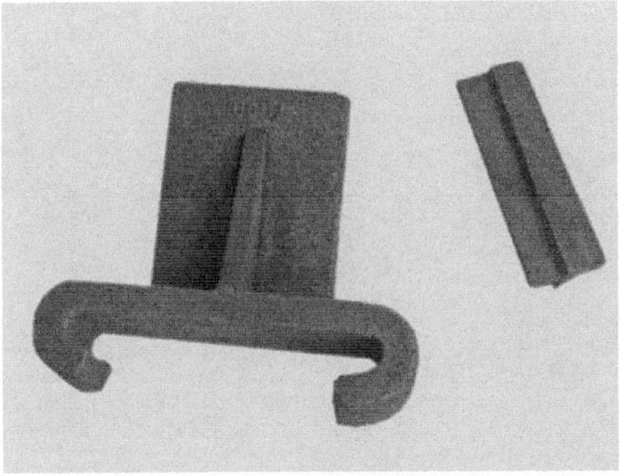

图 12-27　穿销式防爬器

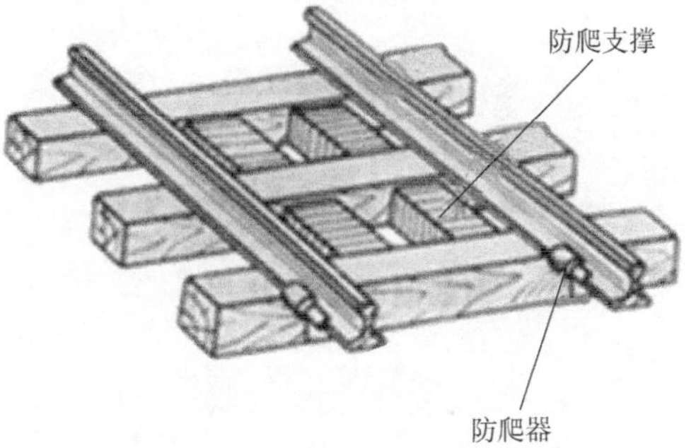

图 12-28　防爬支撑

二、轨 距 杆

连接两股钢轨底部防止轨距扩大的拉杆，一般用于小半径曲线和道岔轨距不易保持需加强的处所，如图 12-29 所示。

三、轨　　撑

防止钢轨倾覆，保持轨距和轨底坡的轨道部件，一般用于小半径曲线和道岔，如图 12-30 所示。

图 12-29　轨距杆

图 12-30　轨撑

第十三章　线路、信号及桥隧标志认知、设置与维护

第一节　线桥标志认知

《技规》(普速铁路部分)第453条规定:线路标志包括:公里标、半公里标,曲线标,圆曲线和缓和曲线的始终点标,桥梁标,隧道(明洞)标,坡度标,以及铁路局、工务段、线路车间、线路工区和供电段的界标。

一、里程标志

1. 公里标

设在一条线路自起点计算每一整公里处,如图13-1所示。

2. 半公里标

设在一条线路自起点计算每一半公里处,如图13-2所示。

图13-1　公里标

图13-2　半公里标

二、曲线标志

1. 曲线标

设在曲线中点处,标明曲线中心里程、半径大小、曲线和缓和曲线长度,如图13-3所示。

2. 圆曲线和缓和曲线的始终点标

设在直缓、缓圆、圆缓、缓直各点处,标明所向方向为直线、圆曲线或缓和曲线,如图13-4所示。

图 13-3　曲线标

图 13-4　圆曲线和缓和曲线的始终点标

三、桥隧标志

1. 桥梁标

设在桥梁两端桥头处，标明桥梁编号、中心里程和长度，如图 13-5 所示。

2. 隧道(明洞)标

直接标注在隧道(明洞)两端洞门端墙上，标明隧道号或名称，中心里程和长度，如图 13-6 所示。

图 13-5　桥梁标

图 13-6　隧道(明洞)标

四、坡 度 标

设在线路坡度的变坡点处，两侧各标明其所向方向的上、下坡度值及其长度，如图 13-7 所示。

图 13-7　坡度标

五、界　　标

图 13-8　界标

铁路局、工务段、线路车间、线路工区和供电段的界标，设在各该单位管辖地段的分界点处，两侧标明所向的单位名称，如图 13-8 所示。

六、铁路安全保护区标桩

在铁路线路安全保护区边界设置的标桩，线路安全保护区标桩分为 A 型如图 13-9(a)所示、B 型如图 13-9 所示(b)所示两种。并根据需要设置围墙、栅栏、防护桩等防护设施。

1. A 型标桩为基本型，沿铁路线路安全保护区边界每 200 m 左右设置一个，特殊地段可增加或减少设置数量，人烟稀少地区可不设置。

2. B 型标桩为辅助型，适于在人员活动频繁地段的道口、桥隧两端、公路立交桥附近醒目地点、居民区附近和人身伤害事故多发地段的铁路线路安全保护区边界设置。

标桩在铁路线路两侧规定距离设置时，应与线路另一侧标桩相错埋设。

(a) A型标桩　　(b) B型标桩

图 13-9　铁路安全保护区标桩

七、严禁通过标

在未全封闭的铁路桥梁、隧道两端的线路两侧，设严禁通过标，如图 13-10 所示。

八、严禁采砂标

在铁路桥梁跨越河道上下游规定的地点，设严禁采砂标，如图 13-11 所示。

图 13-10　严禁通过标

图 13-11　严禁采砂标

第二节　信号标志认知

信号标志，设在列车运行方向左侧(警冲标除外)。双线区段的轨道电路调谐区标志设在线路外侧。

一、警 冲 标

设在两会合线路线间距离为 4 m 的中间。线间距离不足 4 m 时，设在两线路中心线最大间距的起点处，如图 13-12 所示。在线路曲线部分所设道岔附近的警冲标与线路中心线间的距离应按限界的加宽增加。

图 13-12　警冲标

二、站 界 标

设在双线区间列车运行方向左侧最外方顺向道岔(对向出站道岔的警冲标)外不少于 50 m 处，或邻线进站信号机相对处，如图 13-13 所示。

三、鸣 笛 标

设在道口、大桥、隧道及视线不良地点的前方 500～1 000 m 处，如图 13-14 所示。

图 13-13　站界标

图 13-14　司机鸣笛标

在非限鸣区域，司机见此标志须长声鸣笛；在限鸣区域内，司机见此标志应开启灯显示警设备，除遇危及行车安全等情况外，限制鸣笛。

四、作 业 标

设在施工线路及其邻线距施工地点两端 500～1 000 m 处，如图 13-15 所示。司机见此标志须长声鸣笛，注意瞭望。

五、减速地点标

设在需要减速地点的两端各 20 m 处。正面表示列车应按规定限速通过地段的始点，背面表示列车应按规定限速通过地段的终点，如图 13-16 所示。

图 13-15　作业标

图 13-16　减速地点标

六、通知操纵除雪机人员的临时信号标志

1. 除雪机工作阻碍标——表示前面有道口、道岔、桥梁等建(构)筑物，妨碍除雪机在工作状态下通过；

2. 除雪机工作阻碍解除标——表示已通过阻碍地点。

上述标志的设置，如图 13-17 所示。

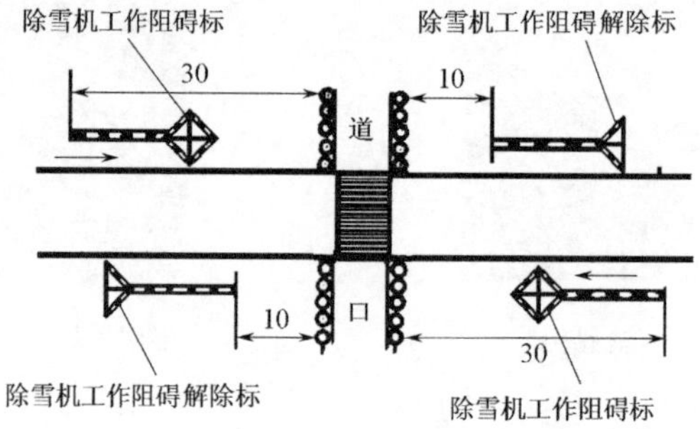

图 13-17　通知操纵除雪机人员的临时信号标志(单位：m)

第三节　线路、信号等标志设置油刷标准

一、线路标志

(一)里程标志

1. 公里标

公里标全高 1 100 mm，宽 550 mm，厚 100 mm，地面上部高为 600 mm，埋深 500 mm。公里标字模采用 150 mm×105 mm，每字间隔为 20 mm，公里标字距公里标顶端 170 mm，如图 13-18 所示。

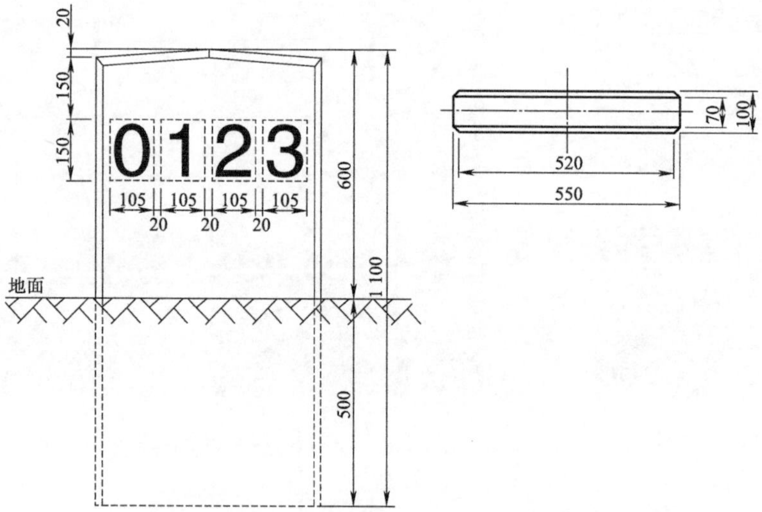

图 13-18　公里标形式及尺寸(单位：mm)

2. 半公里标

半公里标全高 900 mm，宽 200 mm，厚 100 mm，地面上部高为 500 mm，埋深 400 mm。半公里标字模采用 100 mm×70 mm，半公里标字距半公里标顶端为 70 mm，如图 13-19 所示。

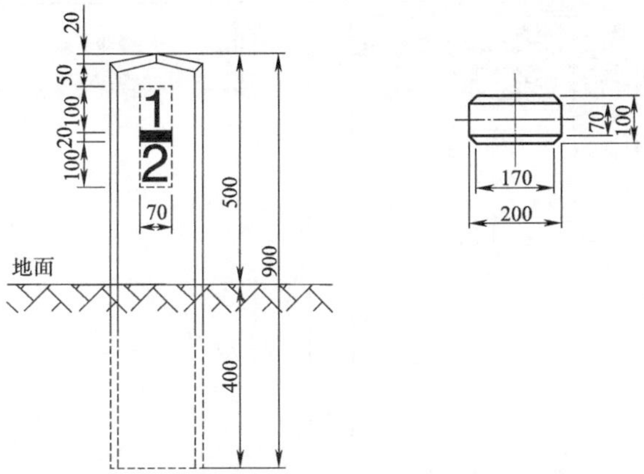

图 13-19　半公里标形式及尺寸(单位：mm)

3. 隧道内公里标、半公里标

设于隧道边墙上，其底边高出地面约 1 m，字号大小与普通线路一致，如图 13-20 所示。

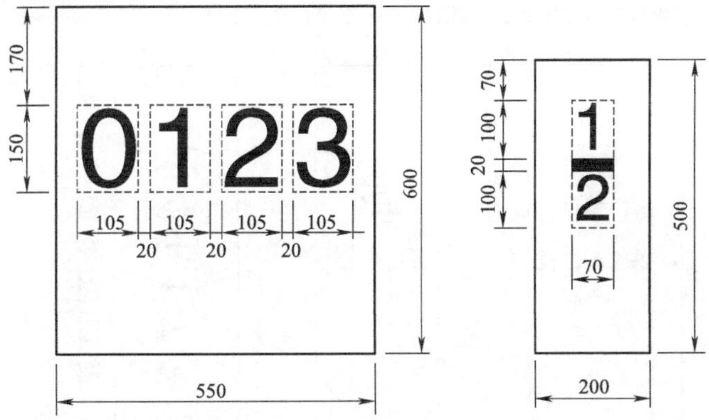

图 13-20　隧道内里程标、半公里标的形式及尺寸(单位：mm)

(二)曲线标志

1. 曲线标

埋设在曲线的中心位置，曲线标全高 110 mm，宽 550 mm，地面上部高为 600 mm，埋深 500 mm。曲线标中汉字规格："优质曲线"为 75 mm×60 mm，其余汉字 70 mm×50 mm，行间隔为 15 mm，字间隔为 10 mm；数字规格：小数点前为 50 mm×35 mm，小数点后为 30 mm×20 mm，字间隔均为 10 mm。

自上向下为 6 行，顺序为："优质曲线""曲线长　×××．×××(曲线长度)""缓和曲线长　×××(缓和曲线长度)""曲线半径　××××(曲线半径数)""超高　×××(超高量)""加宽　×××(加宽量)"。第二行字上缘距曲线标顶端为 130 mm。"优质曲线"字样为红色，其余为黑色。经段验收达到优质标准的方可印刷"优质曲线"字样，否则暂空，如图 13-21 所示。

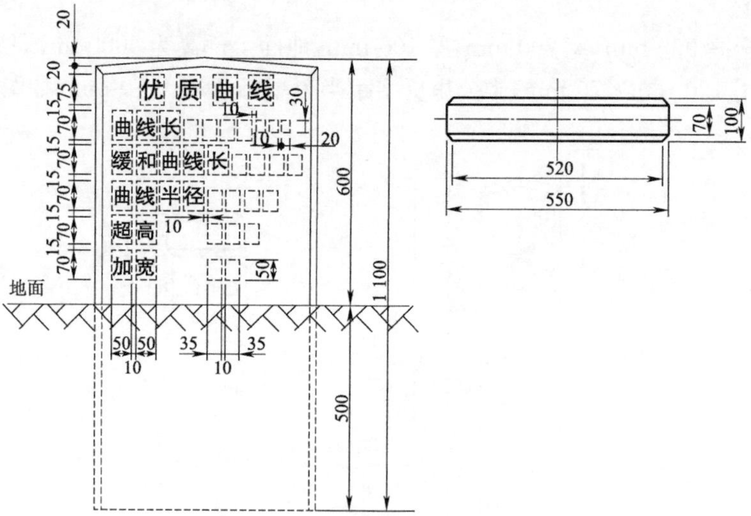

图 13-21　曲线标形式及尺寸(单位:mm)

2. 圆曲线和缓和曲线的始终点标

又称为直缓、缓圆点标,高 900 mm,三面等宽均为 150 mm。地面上部高为 500 mm,埋深 400 mm。两正面汉字规格 90 mm×60 mm;背面印刷里程数字,为竖向印刷所对应里程,规格为 50 mm×35 mm,字间隔为 15 mm,如图 13-22 所示。

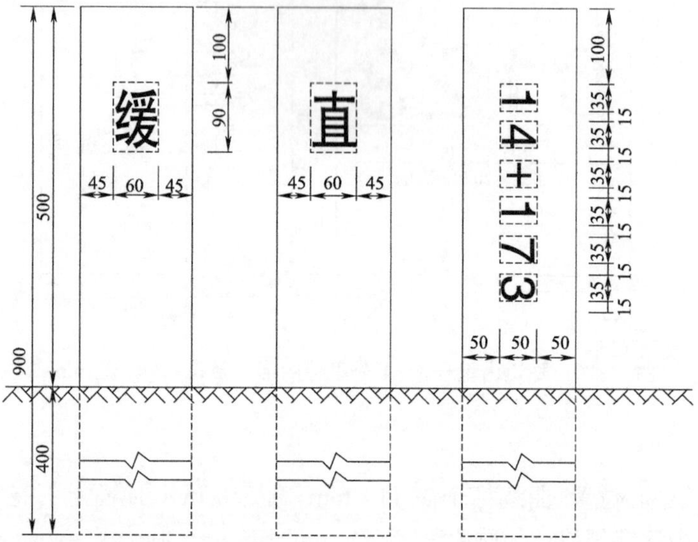

图 13-22　圆曲线和缓和曲线的始终点标的形式及尺寸(单位:mm)

3. 隧道内曲线相关标志

设于隧道边墙上,其底边高出地面约 1 m。曲线标中汉字规格:汉字 50 mm×40 mm,行间隔为 15 mm,字间隔为 10 mm;数字规格:小数点前为 35 mm×30 mm,小数点后为 30 mm×20 mm,字间隔均为 5 mm。直缓、缓圆点标汉字均为 60 mm×40 mm,如图 13-23 所示。

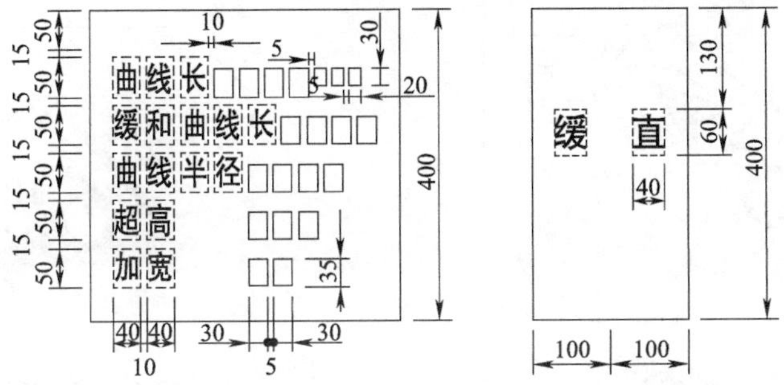

图 13-23　隧道内曲线标志的形式及尺寸(单位:mm)

（三）坡度标志

1. 坡度标

全高 1 100 mm，宽 350 mm，厚 100 mm，地面上部高为 600 mm，埋深 500 mm。坡度标上方表示坡度的数字大小为：小数点前为 120 mm×60 mm，如为平坡，表示坡度的“0”应居中，数字距坡度标顶端的距离为 70 mm；如为上坡或下坡，自左向右的顺序为表示坡度大小的数字和坡度方向的箭头，其中小数点前的数字规格为 120 mm×60 mm，小数点后的数字规格为 80 mm×40 mm，字间隔为 10 mm，小数点后的数字与小数点前的数字顶端对齐，有坡度的数字方向应与坡度标上端斜角平行；坡度标下部表示坡度长度的数字规格为 120 mm×60 mm，字间隔为 10 mm，居中排列。坡度标侧面表示里程的数字规格为 40 mm×30 mm，字间隔为 15 mm，第一个字距坡度标顶端 120 mm。坡度标中箭头方向均指向线路一侧，各种形式及尺寸如图 13-24 所示。

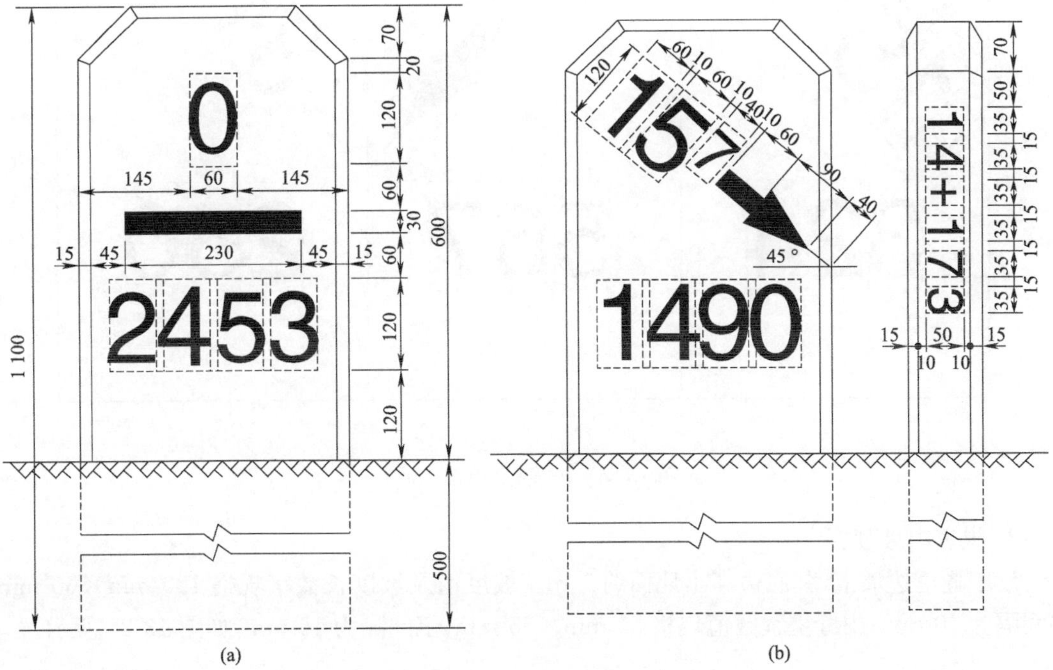

图　13-24

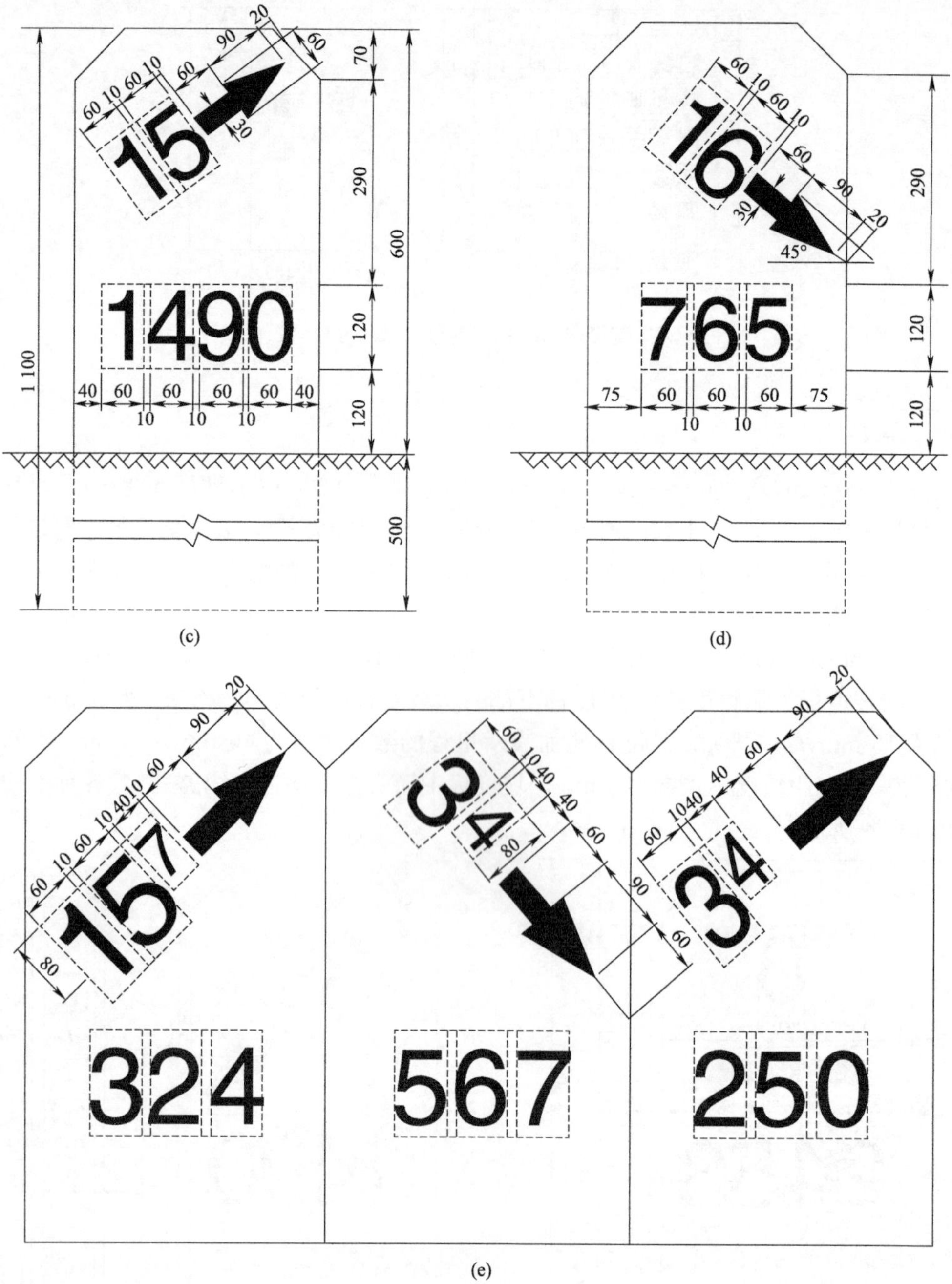

图 13-24　坡度标(单位:mm)

2. 隧道内坡度标

设于隧道边墙上,其底边高出地面约 1 m。坡度值及坡度长数字规格 120 mm×60 mm,字间隔为 10 mm;中缝里程数值规格 50 mm×35 mm,字间隔为 15 mm,如图 13-25 所示。

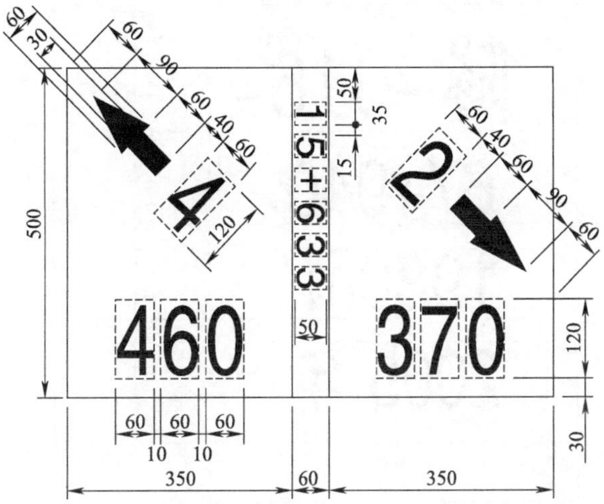

图 13-25　隧道内坡度标的形式及尺寸(单位:mm)

(四)桥隧标志

1. 桥梁标

桥梁标全高 1 100 mm,宽 550 mm,厚 100 mm,地面上部高为 600 mm,埋深 500 mm。桥标里程为桥中心里程,“桥－125”为编号,“1326_{527}”为里程数。汉字 170 mm×120 mm;编号及里程数字字号 110 mm×60 mm,间隔 10 mm;小数点后的数字字号 50 mm×35 mm,间隔 7 mm,如图 13-26 所示。

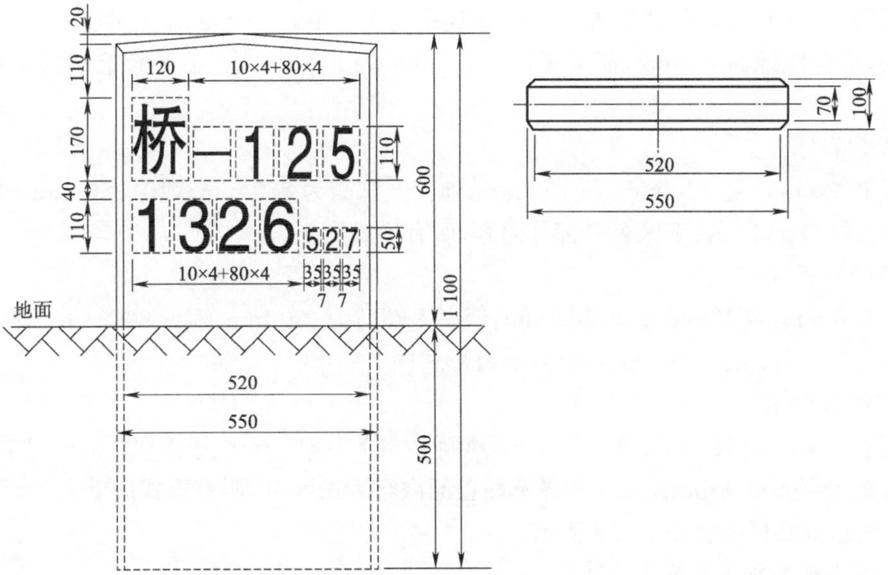

图 13-26　桥梁标的形式及尺寸(单位:mm)

2. 隧道标

设于隧道门左侧,其位置以便于瞭望且不侵入衬砌轮廓为度。可用 M15 水泥砂浆(厚 35 cm)或 C20 混凝土就地制作,如图 13-27 所示。

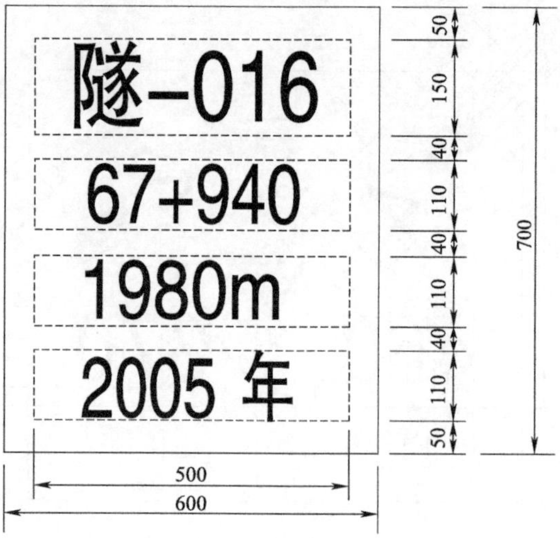

图 13-27　隧道标的形式及尺寸(单位:mm)

(五)界标

1. 局管界标

全高 1 410 mm,宽 120 mm,厚 100 mm,地面上部高为 1 110 mm,埋深 300 mm。

局管界标两正面分为四部分,最上端为局名,分为两列,如北京铁路局的管界标左侧为“铁路局”,右侧为“北京”,字号均为 50 mm×30 mm,按 4 字布置,“北京”两字、“铁路局”三字均上下两端对齐,中间匀布。第二部分为段名,第三部分为车间名,最下端为工区名,各种规格同第一部分。侧面为“管界”二字,字规格为 100 mm×70 mm,字间隔为 20 mm,管界下为箭头,箭头距地面 30 mm,箭头规格为 60 mm×40 mm,“管”字上缘距地面垂直距离为 600 mm。

2. 段管界标

全高 1 220 mm,宽 120 mm,厚 100 mm,地面上部高为 870 mm,埋深 350 mm。段管界标两正面分为段名、车间名、工区名三部分内容,所有形式同上。

3. 车间管界标

全高 930 mm,宽 120 mm,厚 100 mm,地面上部高为 630 mm,埋深 300 mm。车间管界标两正面分为车间名、工区名两部分内容,所有形式同上。

4. 工区管界标

全高 680 mm,宽 120 mm,厚 100 mm,地面上部高为 430 mm,埋深 250 mm。“管”字上缘距地面垂直距离为 400 mm。工区管界标两正面内容为工区名,所有形式同上。

界标的形式及尺寸如图 13-28 所示。

(六)铁路线路安全保护区标桩

1. 铁路线路安全保护区 A 型标桩的形式及尺寸,如图 13-29 所示。

2. 铁路线路安全保护区 B 型标桩的形式及尺寸,如图 13-30 所示。

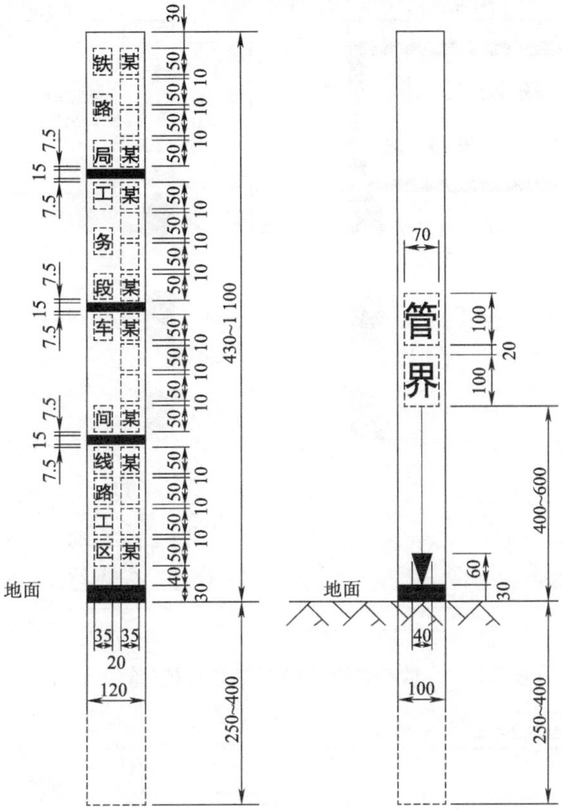

图 13-28　界标的形式及尺寸(单位:mm)

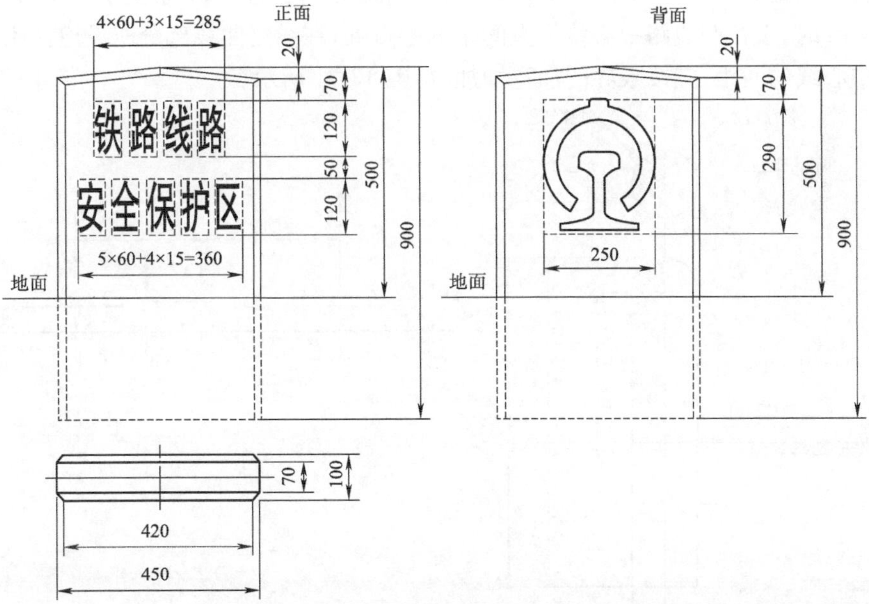

图 13-29　铁路安全保护区 A 型标桩(单位:mm)

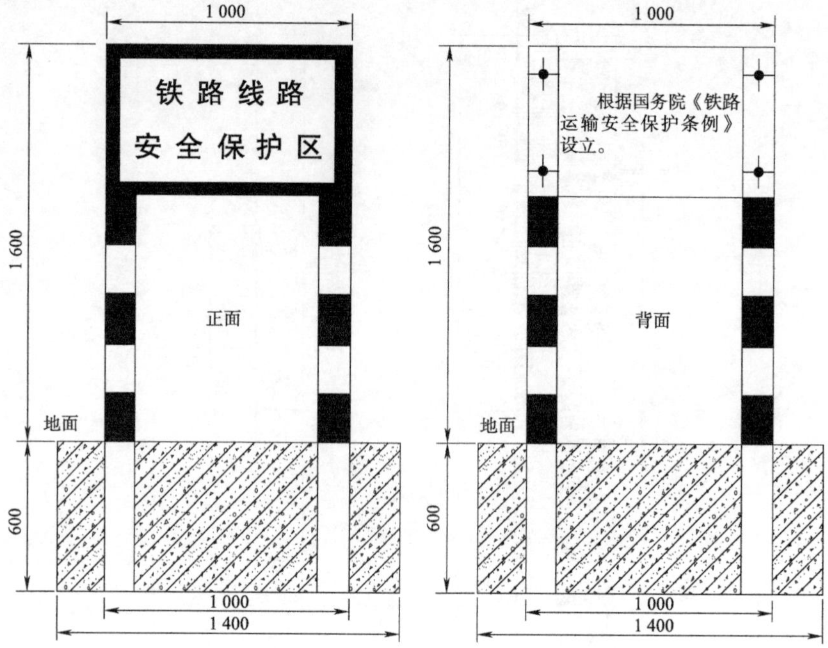

图 13-30　铁路安全保护区 B 型标桩(单位:mm)

二、与工务有关的信号标志

1. 警冲标

距轨枕顶面高度为 300 mm。一侧为白色,一侧为红、白、红相间,宽度均为 100 mm。警冲标高出轨枕面距离一般为 300～350 mm。警冲标设在两会合线路间距为 4 m 的中间,股道间距不足 4 m 时,设在两线路中心线最大间距的起点处;在线路曲线部分所设道岔附近的警冲标与线路中心线的间距,应按限界的加宽增加,如图 13-31 所示。

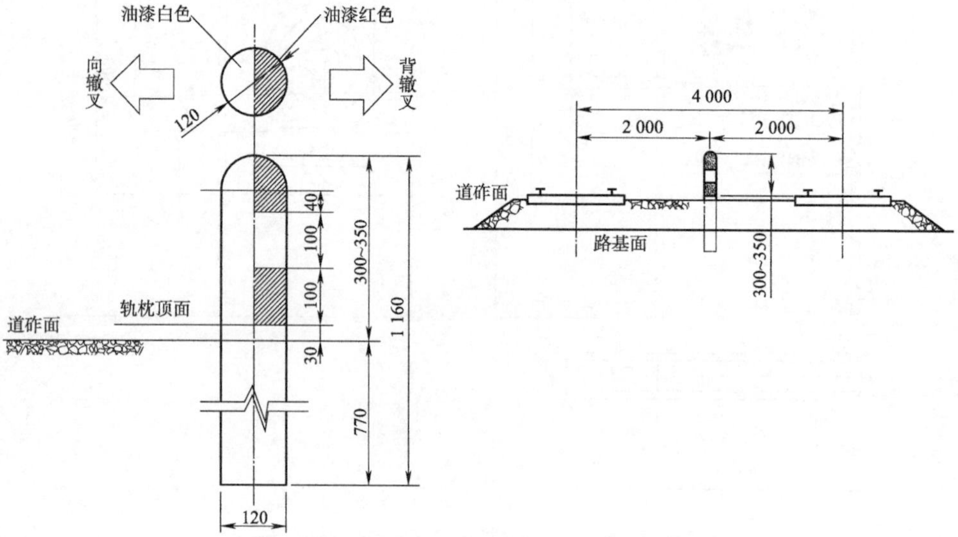

图 13-31　警冲标的形式及尺寸(单位:mm)

2. 站界标

站界标牌为 640 mm×300 mm,“站”“界”字为 200 mm×260 mm,标牌正面漆白底黑字,背面及柱身漆白色。柱高 3 250 mm,站界标牌上边缘距地面 2 250 mm,下部埋深 1 000 mm,如图 13-32 所示。安设在双线区间列车运行方向左侧最外方顺向道岔(对向出站道岔的警冲表)外不少于 50 m 处或邻线进站信号机相对处。该位置线路两侧相对处均有信号机的,可不安设站界标。

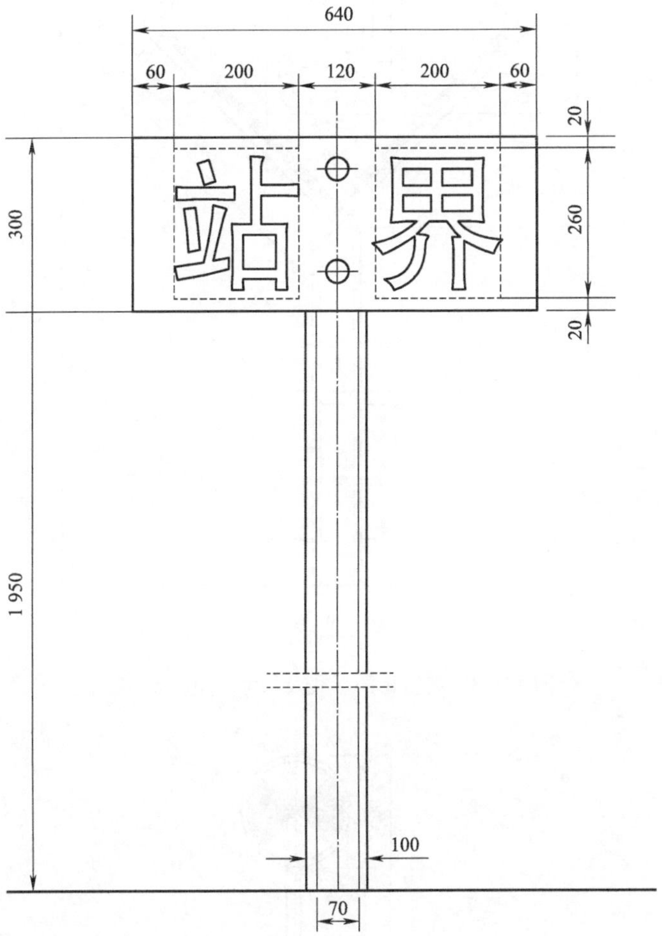

图 13-32　站界标的形式及尺寸(单位:mm)

3. 鸣笛标

鸣标牌为 600 mm×600 mm,“鸣”字为 400 mm×320 mm,标牌正面漆白底黑字,背面及柱身漆白色。柱加牌共长 3 500 mm,下部埋深 1 000 mm。安设在道口、大桥、隧道及视线不良地点的前方 500～1 000 m 处行车方向左侧。司机见此标志,需长声鸣笛,如图 13-33 所示。

4. 作业标

作业标形式及尺寸如图 13-34 所示。

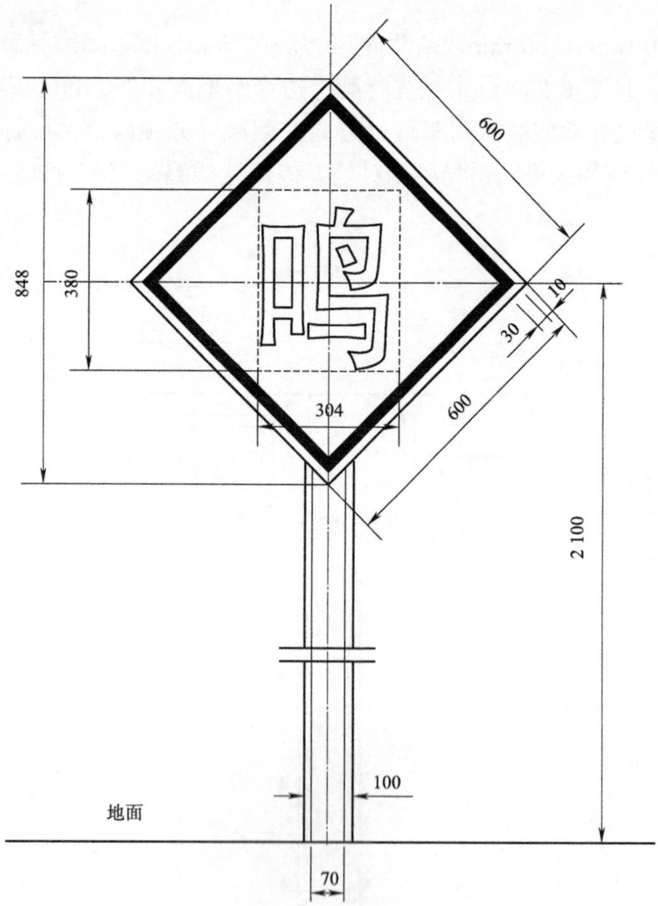

图 13-33　鸣笛标的形式及尺寸(单位:mm)

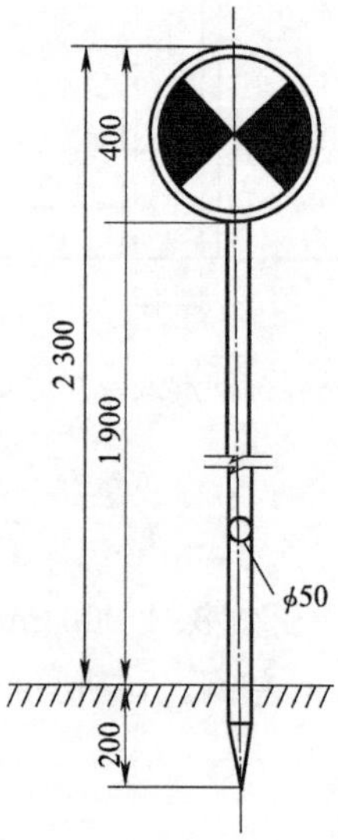

图 13-34　作业标的形式及尺寸(单位:mm)

5. 减速地点标

减速地点标形式及尺寸如图 13-35 所示。

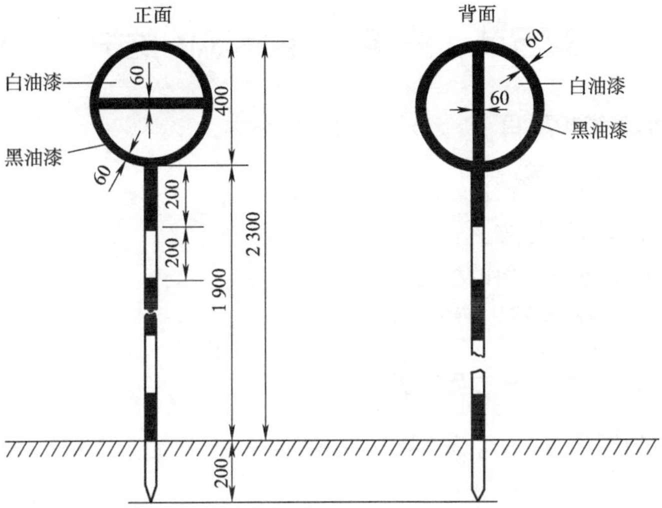

图 13-35 鸣笛标的形式及尺寸（单位：mm）

第四节 线路、信号标志的设置

一、线路、信号标志的设置的基本要求

1. 线路、信号标志应设在其内侧距线路中心不小于 3.1 m 处(警冲标除外)。

2. 线路标志，按计算公里方向设在线路左侧。双线区段须另设线路标志时，应设在列车运行方向左侧。

3. 信号标志，设在列车运行方向左侧(警冲标除外)。双线区段的轨道电路调谐区标志设在线路外侧。

二、线路、信号标志设置标准

1. 各种主要线路标志应按里程准确埋设，前后不能出现误差。埋设高度应以《线路及信号标志图集》为准。

2. 标志埋设要垂直、无歪斜、无松动，标志面应正向列车运行方向显示，不得有侧转。

3. 警冲标的埋设高度以两线较高线路的轨枕面为标准，其高度为 300～350 mm，从上到下的油漆要求红白相间，每节高为 100 mm。

4. 标志在埋设时，注意不要反向或损坏。各种埋设高度低于 1 m 的线路标志，埋设高度误差要求不超过±30 mm；埋设高度高于 1 m 的线路标志，埋设高度误差要求不超过±50 mm，且推摇时无松动。

5. 各种标志埋设完毕后，应认真丈量复核。若有不合标准、松动歪斜及埋设高度、位置、距离不合要求的，或有侵入限界可能的，应一律按标准重新埋设牢固。

6. 线路标志的式样应符合标准图的规定，标志鲜明，字迹端正规范，标志面的底漆、面漆要光滑无毛孔。标志上的字体、字体位置、字体大小应符合要求，禁止采用徒手书写。

第五节　线路、信号标志的维护

一、线路、信号标志维护项目

1. 更换损坏、规格式样不符合技术要求的标志。
2. 补充缺少或增设线路标志。
3. 重新埋设位置变更或歪斜的标志。
4. 重新书写字迹不清、油漆不鲜明的标志。

二、线路、信号标志的维护方法及步骤

线路、信号标志的维护，基本可分为搬运准备、挖坑埋设、油漆刷新三个步骤。

(一)搬运准备

1. 调查线路上损坏、缺少的线路标志，打上更换、补设标记。
2. 确定标志搬运方案。采用车载装运或两人合作肩抬。
3. 装运或卸下标志时，应注意轻装轻放，防止损坏。
4. 搬运到位时应考虑将进入端旋转在埋设坑边，但不要影响挖土作业。

(二)挖坑埋设

1. 更换旧标志时，先用铁镐刨松硬土，用铁锹将旧标志四周的土挖去，堆集在坑边。当深度挖至能见到旧标志牌的底部时，可用手将旧标志摇松，最后用绳套牢，抬出或用手直接拔出，最后再将基坑开挖到埋设要求的深度。

2. 将新标志放入挖好的坑内，用尺丈量距离、高度。若符合要求，即可回填坑土。一人扶正标志，另一人填土。回填坑土时，应注意标志牌的垂直度和朝向。填土应逐层进行，随填随夯，直至达到规定要求的高度。然后整平面土，除净周边杂草。

3. 开挖新坑埋设标志时，应在标准埋设位置处挖好土坑。土坑挖掘深度应根据标志的高度要求确定。然后扶正标志方向，向标志四周填土，边填边夯实。填至规定高度后，再将标志四周填土整平，清除杂物，清扫干净。

(三)油漆刷新

1. 新埋设的标志应先用钢丝刷将表面的灰土擦拭干净，对标志牌上的坑洼用较稠的石灰粉涂刷嵌满，对较大的表面孔洞或标志牌边角缺损，可用水泥修补。

2. 调好油漆，在标志面上薄薄地均匀涂刷一遍，稍干后再涂刷一遍，不能一次涂刷过厚，以免油漆起皮。

3. 待底漆完全干燥后，即可用特制模板印制标志牌上的文字、数字和图形。

4. 对旧有油漆不鲜明，字迹不清楚的标志，重新刷油、书写，新标志，按要求刷上油漆后进行书写。

三、线路、信号标志的维护作业要求

1. 重新刷油漆之前，将标志牌的表面擦拭干净，用调好的油漆均匀涂刷，待干燥后，再书写或喷刷。

2. 装、运、卸标志牌时，严禁摔碰，对高标志更应特别注意。

3. 挖出的土堆置在合适的地方，防止脏污道床。

4. 挖掘新坑，应与有关部门联系，防止挖断电缆、电线及其他管道。

5. 挖出的旧标志牌，放置适当位置，作业结束后，运回驻地集中存放。

四、安全事项

1. 多人搬运、安放、埋设标志时，应有专人负责统一指挥，动作一致，要注意防止手脚被碰伤，挖坑时两人应注意配合，确保人身安全。

2. 在线路路肩或道床坡脚处埋设标志，当来车时应停止作业避车，并注意车上散落货物及篷索，以免伤人。

3. 埋设警冲标时，在两线间作业，应派专人负责瞭望防护，来车时要及时撤出两线间到路肩上避车，并注意防止作业工具和堆放的材料侵入限界。

第十四章　单项标准化作业

第一节　起道作业

一、线路起道作业

（一）作业目标

1. 抬高线路低洼处所，整治线路水平、三角坑及高低超限。

2. 整治线路坑洼、吊板、低接头。

3. 调整线路纵断面，局部或全面起道，恢复线路平顺性。

（二）作业条件

1. 按照《国铁集团铁路营业线施工管理办法》规定指定专人担任作业负责人；起道量及防护条件执行《普速铁路工务安全规则》规定。

2. 无缝线路起道作业，应按《普速修规》规定的作业轨温条件执行。

3. 起道地段要有足够的道砟。全面起道，起道量超过 15 mm 时，一般应用仪器测量并设置起道标桩，按标桩起道。

4. 电气化铁路起道作业，两股钢轨同时起道时，一次作业起道量不得超过 30 mm，且两股钢轨起道量相差不得超过 11 mm；调整曲线超高时，单股起道量不得超过 11 mm。起道量超出上述规定时，应事先通知供电部门调查确认接触网设备调整工作量并配合作业。

起道作业时，隧道、下承式桁架桥和拱桥、斜拉桥不得超过建筑限界尺寸线。

5. 与电务、供电等有关时，必须通知相关设备管理单位人员配合。

（三）作业程序

1. 作业准备

根据工作量调查情况，准备道尺、L 形轨道卡尺、水准仪、液压起道器、内燃冲击镐或手镐、齿耙、水准仪（弦线）、石笔、轨温计、油漆等料具，并检查状态是否良好。

2. 设置防护

根据作业条件，按《普速铁路工务安全规则》设置作业防护。

3. 核对量具

起道作业前，由起道负责人对当日使用的各种量具进行检查核对，保持量具准确。由起道器手检查起道器状态是否完好；内燃冲击镐手检查内燃冲击镐是否良好，油箱油料是否充足。

4. 测量轨温

到达作业地点后首先测量轨温，确认是否符合作业轨温条件，做到超温不作业。严格执行作业前、作业中、作业后测量轨温制度。

5. 划撬

调查和确定标准股，单线直线以顺着线路里程增加方向左股为标准股，双线直线以迎车方向左股为基准股；曲线以下股为标准股，每隔 20 m 或 25 m 为一点（实施集中修地段每隔 5 m 为一点），将计划起道量标记在钢轨上。

6. 撤除垫板

先撤除每处调高垫板超过 2 块，总厚度超过 10 mm 的垫板。如重点起道作业，对捣垫结合处所，则按计划撤除或预留垫板，调整胶垫和拧紧扣件（木枕压打道钉）。

7. 指挥起道

全面起道前应对计划起道段扣件扣压力不足地段全面进行复紧，禁止有明吊现象继续起道；全面起道时，由起道负责人按各点标记的起道量，先将标准股上各点起够，各点之间用目测起平，水准仪跟随前面起道复核各点及两点间目测段起道量，确认达标并将标准股起出一段后，返回起好对面股水平。根据作业时间，掌握起道长度，应在列车通过前做完顺坡。

8. 打撬塞

打塞者在钢轨起到要求高度后，立即在起道器两侧轨枕下将枕底道砟串好打实，禁打顶门塞，保证撤出起道器后，轨道回落在预计范围内，钢轨起到标准高度后同时对打塞处不方正的轨枕松卸扣件、方正轨枕、拧紧扣件、打实。

9. 起标准股

起道器手要按照起道负责人的手势，扒好起道器窝，放置起道器于适当位置，直线和曲线下股放在钢轨里口，曲线上股放在外口，混凝土枕地段和无缝线路应放在轨缝、铝热焊缝以外不少于一个轨枕孔内。

10. 起对面股

由起道负责人掌握，当标准股起出一段线路，一般起完 2 至 4 撬后，立即返回找对面股水平，线路开通前做好顺坡。

11. 回检

作业负责人对作业地段进行全面检查验收，并做好回检记录。

12. 撤除防护

按《普速铁路工务安全规则》撤出作业防护，按作业条件开通线路。

（四）作业要求

1. 起道时除经测量设计调整纵断面外，应保持既有坡度、坡度变更点位置和竖曲线半径，同时应考虑按《技规（普速铁路部分）》规定不侵入建筑限界和不超过与相邻线规定的最大高度差。

2. 当全面起道时，要准确划好每撬的撬头、撬尾、坑底的位置，同时将钢轨低头、拱腰、死坑、吊板等画上增减镐标记。用标桩全面起道时，量取记录轨面与标桩的高度差，标记各点起道量。如重点起道时，直线以水平高的一股为标准股，曲线以下股为标准股，划好坑洼头尾和钢轨低接头、拱腰、空吊板等轻、重捣符号。

3. 指挥起道，重点起道时，先起标准股，起道负责人俯身在标准股钢轨上，一般距起道器不少于 20 m 看道，目测钢轨外侧轨头下颚高低情况，用手势指挥起道。起对面股时，轨距尺放在靠近起道器已起完的一端，起完一段水平后，如有高低不平情况，先在标准股目测补撬，后找对面股水平高低。

4. 起标准股，当全面起道时，在接头处起一次，混凝土枕每隔 6 根，木枕每隔 6～8 根起一次。重点起道时，一般在坑底起一次，漫坑按长度增加次数。打塞时用道镐在钢轨外口枕下串实，接头轨缝处在轨缝两侧轨枕下打塞，如起过量时，应用镐尖透塞，通过复测，根据恢复标高情况确定继续透塞、轻打或不打，并在对应位置做好标记。

5. 起对面股，找准水平后，起道负责人要俯在钢轨上回看轨道纵平，根据高低不平情况进行补撬，把对面股前后纵平找好。

6. 起道组对打塞处不方正的轨枕应同时予以方正。起道负责人要与捣固组保持密切联系，对加重或减轻捣固处所要随时监督指导，防止由于捣固不良影响起道质量，造成反撬。

7. 起道负责人在标准股打完撬塞起道器回落后，应复查起道高度是否符合要求，对面股打完撬塞起道器回落后，应复查水平，不符合要求应进行反撬。捣固作业完毕，线路恢复到正常状态后撤除防护。

（五）技术要求

1. 轨道前后高低目视平顺，用 10 m 弦量最大矢度在允许速度 160 km/h$<v_{max}<$200 km/h 线路不超过 3 mm；$v_{max}\leqslant$160 km/h 线路不超过 4 mm；其他站线不超过 5 mm。

2. 水平偏差在允许速度 160 km/h$<v_{max}<$200 km/h 线路不超过 3 mm；$v_{max}\leqslant$160 km/h 线路不超过 4 mm；其他站线不超过 5 mm。

3. 三角坑偏差不含曲线超高顺坡造成的扭曲量，三角坑检查基长为 6.25 m，但在延长 18 m 的距离内，在允许速度 160 km/h$<v_{max}<$200 km/h 线路不超过 3 mm；$v_{max}\leqslant$160 km/h 线路不超过 4 mm；其他站线不超过 5 mm。

4. 除经测量调整纵断面外，应保持既有坡度、坡度变更点位置和竖曲线半径不得改变。

5. 起道与非起道的连接地段，其顺坡率为允许速度不大于 120 km/h 的线路不应大于 2.0‰；允许速度为 120 km/h（不含）～160 km/h 的线路不应大于 1.0‰；允许速度 160 km/h$<v_{max}<$200 km/h 的线路不应大于 0.8‰。

6. 由线路起道引起的有关项目，应符合各单项技术作业标准。

（六）作业安全

1. 防护设好后方可作业。作业中，现场防护员与驻站联络员保持联络。

2. 作业人员下道避车时应遵守《普速铁路工务安全规则》第 3.2.3 条规定。

3. 起道负责人要认真掌握列车运行情况，尽量做到在一次间隔时间内起完捣实，并做好顺坡。

4. 维修作业严禁使用齿条式起拨道器。人工捣固时，前后距离应不小于 3 根轨枕，作业人员前脚不得伸出轨枕边缘。多组捣固机械同时捣固时，前后距离应不小于 3 m，走行应保持同步。

5. 在有轨道电路区段执行《普速铁路工务安全规则》规定要求，起道器不得放在绝缘接头处，不得在绝缘接头轨面上滑行。

6. 标准轨地段，气温较高时，事先要检查轨缝，必要时均匀轨缝，控制起道高度。如道床石砟不足或连续瞎缝时，则禁止起道，防止胀轨跑道的发生。

二、道岔起道作业

（一）作业目标

1. 整治道岔及前后 50 m 范围内的水平、高低、三角坑、空吊板进行整修。

2. 增加道床厚度，调整纵断面而进行的局部或全面起道捣固，恢复道岔平顺性，保证行车安全。

（二）作业条件

1. 按《国铁集团铁路营业线施工管理办法》规定指定专人担任作业负责人；两股钢轨同时起道时，一次作业起道量不得超过 30 mm，且两股钢轨起道量相差不得超过 11 mm；调整曲线超高时，单股起道量不得超过 11 mm。起道量超出上述规定时，应事先通知供电部门调查确认接触网设备调整工作量并配合作业。

2. 防护条件执行《普速铁路工务安全规则》规定。

3. 无缝道岔起道作业允许轨温条件，按实《普速修规》第 4.8.4 条和第 4.8.6 条执行。

4. 道岔转撤部（含可动心轨）作业时，必须通知电务人员配合。

（三）作业程序

1. 作业准备

根据工作量调查情况准备以下机具材料：

(1)工具：道尺、L 形轨道卡尺、液压起拨道器 2 台、内燃冲击镐、捣镐、石砟筛、石砟耙、石砟叉子、弦线、小钢尺、石笔、轨温计、夯拍机、方枕器、单口扳手。

(2)量具、机具检查：起道作业前，由作业负责人对当日使用的各种量具进行检查核对（道尺必须定期由计量部门进行检定，保持量具准确）；由液压起拨道器手检查液压起道器状态是否良好；内燃冲击镐手检查内燃冲击镐是否良好，油箱油料是否充足，并带足油料。

(3)首先测量轨温，确认是否符合作业轨温条件，做到超温不作业，严格执行《普速修规》第 4.8.4 条和第 4.8.6 条规定。

(4)驻站联络员与现场防护员及现场负责人执行“三方控、双确认”制度，防护按《普速铁路工务安全规则》规定执行。

2. 划撬

确认基准股：直股以直内股为基准股，曲股以取下股为基准投，高于基准股为“+”号，低于标准股为“−”号。

(1)找小坑起道：按不同速度等级线路的静态几何尺寸容许偏差管理值，对当日作业道岔，找出高低、水平、三角坑超限及空吊板处所，准确划好每撬的撬头、撬尾、坑底的位置，根据区段的通过流量及现场情况确定起道量。同时将钢轨低头、拱腰、吊板等画上重捣标记，设有定位桩的道岔划撬，采用眼看、L 形轨道卡尺和弦绳精确查找。

(2)全面起道：根据道岔所处的位置，如道岔与线路、道岔与道岔、本线与邻线的实际高度，混凝土枕道岔还应调查钢轨与橡胶垫之间及垫板与轨枕顶面之间的调高垫板数量，还要考虑特殊建筑物、管道、电缆、转辙机拉杆的水平位置等，确定起道量，并考虑起、终点。

3. 起道

(1)找小坑看道：起道负责人俯身在道岔标准股上，一般以岔头和辙叉的高程为基点高度，在距液压起拨道器不少于 20 m 处，看钢轨头部外侧轨头下颚水平延长线上的高低情况，指挥液压起拨道器手放置液压起拨道器并按其示意的起道高度进行起道。

(2)全面起道看道:一般按转辙器、连接部分、辙叉及岔后的顺序进行。先确定一点为起道标准点,标准点确定后,撤除调高垫板,即可按顺序起道。根据调查确定的起道量,以道岔直向外股为标准股,起道负责人在距液压起拨道器 20～30 m 处,看钢轨头部外侧轨头下颚水平延长线,确定起道位置和起道量。

(3)起标准股:根据调查起道量对标准股进行起道,做好长平。

起道负责人目视大长平,看钢轨头部外侧轨头下颚水平延长线目测指挥起道,并根据该区段的车流量,预留一定的下沉量。

放置液压起拨道器前,先扒好液压起拨道器窝,采用内燃冲击镐时应扒好镐窝,采用内燃振捣棒时可不扒镐窝,液压起拨道器操作人要按起道负责人的手势,将液压起拨道器放置在指定位置,密切注视起道负责人的手势。

(4)起非基本股、辙叉:应在标准股起好后,立即用道尺确定另一股水平,根据水平情况进行起道。木枕道岔转辙部带构造水平道岔,尖轨中部下股应以尖轨尖端和尖轨跟端的高程为基点高度,看下股钢轨头部外侧下颚水平延长线目测起平,尖轨跟端水平,一般取直股、曲股两线的水平偏差值之和的 1/2 作为该点的水平。

连接部分查看内直股或导曲线下股水平时,要同时看直、曲两股水平,两股水平为 0 mm。

锰钢整铸辙叉部分查看辙叉前后直股、曲股水平时,用道尺同时测量直股、曲股水平,使直股、曲股保持在同一水平面上;辙叉护轨部分查看水平时,应待辙叉处液压起拨道器回落后根据直股、曲股水平状态,确定护轨查看水平位置。

可动心轨辙叉部分起直外股查看辙叉直股、曲股水平时,用道尺同时测量直股、曲股水平;曲下股查看辙叉曲股、直股水平时,使直股、曲股保持在同一水平面上;起可动心轨水平时,应待可动心轨两侧镐塞打好,液压起拨道器回落后,用道尺同时测量直股、曲股水平,使直股、曲股保持在同一水平面上。

4. 打撬塞

转辙部分当钢轨起到要求高度后直接打塞,连接部分液压起拨道器放在导曲线上股时,应在直外股和导曲线上股钢轨下同打镐塞。

起导曲线下股时,应在导曲线下股和直内股钢轨下同时打镐塞。

辙叉部分起好后,应待起到负责人测量直股、曲两股水平,确定镐塞是打辙叉或同时打直股或曲股后,再进行打塞。

打塞者在钢轨起到要求高度后,即在液压起拨道器两侧轨枕下将枕底道砟串好打实,坚持打八面镐,禁打顶门塞,并且做到"三够",即捣固长度够、镐数够、力量够,确保道岔各部分都均匀捣实,保证撤出液压起拨道器后,轨道回落在预计范围内。并对打塞处不方正的轨枕应同时方正。

5. 复查起道负责人在标准股打完镐塞液压起拨道器回落后,应复查起道高度是否符合要求,对水平打完镐塞液压起拨道器回落后,应进行复查水平,不符合要求应进行反撬。

6. 捣固时要加强对坑底及重点处所(电务转辙机处、尖轨跟端、辙叉部)的捣固,必须打八面镐,适当增加捣固长度、镐数及力量。

7. 整理恢复防爬设备,回填、整理道床,夯拍密实。

8. 回检找细检查水平、高低和空吊板情况，进行整修。

9. 撤除防护，开通线路：确认线路达到放行列车条件，人员、机具撤出限界以外后，执行"三方控、双确认"制度，施工负责人通知现场防护员撤除防护，现场防护员撤除防护用对讲机通知驻站联络员作业完毕，开通线路；驻站联络员接到现场开通线路的通知复诵确认后，进行销记。

（四）作业要求

1. 进行全组道岔起道，有条件时应采用仪器进行起道作业，要把线路、岔群看成一个整体，全组起道时应先确定好基准点，起到量都必须确定准确，确保整修后道岔与前后线路大长平一致。

2. 放置起道器前，先扒好起道器窝，起标准股时，尖轨部分，导曲线前部，护轮轨部分，起道器放在钢轨外口。起其他股时，比照起标准股的做法，起道器放在最外一股钢轨的外口。混凝土岔枕道岔，起道器放在接头以外的轨枕孔内。

3. 在直向行车大于侧向行车数的情况下，为避免反超高，直向和侧向的上股均需适当增加镐数，若侧向行车多时，可仅对两内股钢轨增加镐数。

4. 导曲线起道，起下股时，导曲线长平要与尖轨跟平顺。起道器抬起道后，三股钢轨要同时打镐塞，以减少起道次数。起道时四股钢轨应保持在同一水平面上，木枕道岔导曲线上股较下股稍起高 2～3 mm；导曲线后端直股、曲股接头中间处，起到养护标准，做好顺坡。如遇四股钢轨无法做到同一水平面，翻转个别导曲线岔枕，然后再进行起道捣固。

5. 辙叉部分起道，把起道器放在下股钢轨外侧，同时用轨距尺量上股，起道后迅速捣固辙叉，从辙叉趾端起，或者从辙叉跟端起，按前进方向，依顺序打镐，对辙叉心及前后接头，增加镐数。大号辙叉起道可用多台起道器同时起道。

6. 捣固时，每根岔枕打八面镐，并且做到"三够"，即捣固长度够、镐数够、力量够，确保道岔各部分都均匀捣实，捣固轨底两侧各不少于 400 mm。单开道岔的尖轨转辙器拉杆处的 3 个木枕孔，交分道岔钝角辙叉可动心轨转辙器拉杆处的枕空，均受转辙器拉杆的影响，此处捣固采用斜向捣固的方法慢捣、细捣、枕木全长捣。尖轨跟部和辙叉，以及菱形钝角辙叉部位，均为列车振动冲击严重部位，捣固要细致，采用四面交叉捣固。辙叉受单侧行车影响形成偏载，应增加镐数。作业中统一采用振动式捣固镐或冲击式捣固镐，严禁两种方式捣固镐混用，因两种方式捣固质量不同，线路沉降量不同，影响捣固质量。

7. 一般小坑在坑底放置起道器，漫坑除坑底外适当增加放置起道器处数。打塞时，用捣固镐在钢轨外侧枕下适当捣实。在铺设木岔枕的道岔上，起道器放在钢轨接头时，在接头轨缝前后枕盒内向接头轨缝两侧轨下捣实。

8. 起道时应考虑岔群长平的一致性，以及建筑物、电力接触网、管道、电缆等不受干扰，使线路与道岔、道岔与道岔之间衔接平顺，以及转辙机拉杆处于水平位置。

（五）技术要求

1. 水平、高低容许偏差，符合作业验收标准。

2. 道床石砟饱满，捣固密实。起道作业时，顺坡率应满足作业验收标准。

3. 作业前中后应测量轨温，按《普速修规》第 4.8.4 条和第 4.8.6 条规定执行。

（六）作业安全

1. 普轨地段作业时气温过高，作业前应先调查轨缝，串好轨缝，人工捣固作业时，前后距离应不小于3根轨枕。

2. 扒开道床，石砟堆起不得侵入限界。在列车通过前，必须将起道地段做好顺坡，捣固完，达到放行列车条件。

3. 无缝道岔铝热焊缝处起道，液压起拨道器应放在焊缝以外不少于一个轨枕盒内，轨道电路地段液压起拨道器不得放在绝缘接头上，并不得在绝缘头轨面上滑行。影响电务设备时必须通知电务部门配合作业，电务人员未到达前严禁作业。

第二节　拨道作业

一、直线拨道作业

(一)作业目标

1. 有计划地调整线路平面，拨正直线轨向。

2. 根据季节特点和线路变化情况全面拨正直线轨向。

3. 拨正超临时补修容许偏差直线轨向。

(二)作业条件

1. 按《国铁集团铁路营业线施工管理办法》规定指定专人担任作业负责人；根据拨道量及列车通过容许速度，确定防护条件，防护条件执行《普速铁路工务安全规则》规定。

2. 无缝线路拨道作业，应按《普速修规》规定的作业轨温条件执行。

3. 电气化区段拨道量超出线路中心位移规定值时，应事先通知供电部门调查确认接触网设备调整工作量并配合作业；隧道、下承式桁架桥和拱桥、斜拉桥不得超过建筑限界尺寸线。

4. 与电务、供电等有关时，必须通知相关设备管理单位人员配合。

(三)作业程序

1. 作业准备

(1)根据工作量调查情况，准备轨距尺、液压拨道器3台、捣镐、经纬仪、弦线、钢板尺、内燃螺栓扳手、夯拍机、石笔、轨温计等料具，并检查状态是否良好。

(2)拨道器操作手检查拨道器状态，严禁机械带病上道。

(3)到达作业地点后首先测量轨温，确认是否符合作业轨温条件，并严格执行作业前、作业中、作业后测量轨温制度，做到超温不作业。

(4)计划利用测量数据拨道时，要在距离标准股钢轨非作用边外侧1.0～1.3 m处钉临时测桩，测桩稳固，且顶面应低于钢轨轨面150 mm；同时在钢轨外侧轨腰上标记拨道量及方向。

2. 设置防护

根据作业条件，按《普速铁路工务安全规则》设置作业防护。

3. 划撬

(1)直线地段单线以顺里程方向左股为标准股，双线以列车运行方向左股或轨向相对较好的一股为标准股。

(2)利用测量数据拨道时，以临时测桩为相对参照标尺，使用经纬仪，依据标记在标准股钢轨外侧轨腰的拨道数据及方向进行拨道作业。

(3)利用目测方法拨道时，画橇人点指钢轨顶面，由拨道负责人目视线路状况，确认拨动方向、拨道量和拨道点。

4. 扒松道床

拨道量大或道床特别密实时，应在拨道前将轨枕动程方向的枕头道砟挖槽；拨道量较小，可用镐尖将轨枕头大道砟刨松即可；拆除影响拨道的其他设施，同时打压道钉或拧紧扣件。

5. 粗拨道

(1)拨道量大于 20 mm 时应先粗拨。拨道负责人跨立在标准股上看道指挥，远处大方向看轨面光带，近处小方向看钢轨里口，向不动点目测穿直。拨道负责人用手势指挥拨道。使用撬棍时，两股人力大致相等；使用液压拨道器时，扒窝深至 120～125 mm，前股不少于两台、相距 2～3 枕空，后股一台。每橇相隔 5～7 枕空。拨道时在标准股上点撬。

(2)电气化区段拨道，线路中心位移一次不得超过 30 mm；一侧拨道量年度累计不得大于 120 mm，并不得侵入建筑限界。双线时注意线间距。

(3)桥梁上一侧拨道量年度累计不得大于 60 mm，且应满足线路中心与桥梁中心容许偏差：钢梁不大于 50 mm，圬工梁不得大于 70 mm，线路允许速度 120 km/h$<v_{max}<$200 km/h 时，钢梁、圬工梁不得大于 50 mm。

6. 细拨道

细拨道时与粗拨道程序相同，并根据需要预留钢轨回弹量。允许速度 160 km/h$<v_{max}<$200 km/h 线路，直线地段轨向不良，局部不平顺应采用弦测或经纬仪测量，人工拨道。

7. 整平夯实

拨道后根据需要进行重点捣固，将扒出的道砟和镐窝整平，将拨道后离缝的一侧枕头石砟埋深夯实好，以保证质量。

8. 拨道作业后回检

回检时，对不符合标准的及时进行整修，对有关作业按技术标准要求进行验收。

9. 撤除防护

按《普速铁路工务安全规则》撤出作业防护，按作业条件开通线路。

(四)作业要求

1. 拨道指挥。拨道指挥人跨立在标准股上看道指挥，指挥人距拨道人拨大弯时 100 m，拨小弯时 50 m。远处大方向看轨面光带，近处小方向看钢轨内侧，向不动点目测穿直。指挥者手势要及时、快速、准确。

(1)拨接头时两手握拳，高举头顶相碰。

(2)拨大腰时两手高举头上，食指与拇指张开，比成大圆弧状。

(3)拨小腰时两手放在胸前，两臂微曲，食指与拇指张开，比成小圆弧状。

(4)交叉拨拧反弯时，两臂在腹部交叉。

(5)一撬拨好，两臂平伸。

(6)前进后退，单臂高举，手心向外做推动状为前进，手心向内做招呼状为返回。

(7)向左或向右拨动时，手臂向拨动方向一侧平伸，拨动大时挥动大，拨动小时挥动小。

(8)全部拨完或休息，右臂伸展画圆圈。

2. 拨动线路。

(1)撬棍拨道时，拨道人员手握住撬棍的一端，另一端相距 200～300 mm 握住撬棍，腰部挺直，前膝弯曲，身体略向拨道方向倾斜，眼看拨道负责人听口号，按照指示方向拨动。在拨道负责人这股钢轨最前面拿撬棍人员，要负责在钢轨上点撬，当往回倒撬时，前面第一人将撬棍担在钢轨上轻轻拖着走，代替点撬。拨动时，指定一人负责喊口号，大家接号，以求用力一致。易拨时喊短号，难拨时喊长号，防止拨多反撬。拨正大方向应利用阴天或晴天的早晚时间，背向阳光指挥拨道。

(2)用液压拨道器拨道时，油缸与轨面夹角不大于 45°。

(五)技术要求

1. 直线拨正后线路方向目视直顺，无甩弯。

2. 轨向顺直，用 10 m 弦测量最大矢度，轨向、高低、水平容许偏差符合《普速修规》作业验收容许偏差管理值的有关规定。

3. 空吊率正线及到发线不超过 8%，其他站线不大于 12%。

4. 由线路拨道引起的有关作业项目，应符合各单项技术作业标准。

(六)作业安全

1. 防护设好后方可作业。作业中，现场防护员与驻站联络员保持联络。

2. 作业人员下道避车时应遵守《普速铁路工务安全规则》第 3.2.3 条规定。

3. 作业地段存在连续瞎缝或气温超过 30 ℃严禁进行拨道作业，无缝线路地段执行《普速修规》第 4.8.6 条规定。

4. 无缝线路地段拨道作业，起拨道器不准放置在铝热焊缝处。

5. 在有轨道电路区段，器具不得放在绝缘接头处，不得在绝缘接头轨面上滑行，防止连电。

6. 标准轨地段，气温较高时，事先要检查轨缝，必要时均匀轨缝，控制拨道量。如道床不足或连续瞎缝时，则禁止拨道，防止胀轨跑道的发生。

7. 在电气化区段作业，线路中心位移一次超过±30 mm 时，必须通知供电部门调查确认接触网设备调整工作量并配合作业。

二、曲线拨道作业

(一)作业目标

1. 有计划地调整线路平面时全面细致地拨正曲线轨向。

2. 根据季节特点和线路变化情况全面拨正曲线轨向。

3. 拨正保养容许偏差曲线轨向。

(二)作业条件

1. 按《国铁集团铁路营业线施工管理办法》规定指定专人担任作业负责人；根据作业影响范围及列车通过容许速度，确定防护条件，防护条件执行《普速铁路工务安全规则》规定。

2. 无缝线路拨道作业，应按《普速修规》规定的作业轨温条件执行。

3. 电气化区段拨道量超出线路中心位移规定值时，应事先通知供电部门调查确认接触网设备调整工作量并配合作业；隧道、下承式桁架桥和拱桥、斜拉桥不得超过建筑限界尺寸线。

4. 与电务、供电等有关时，必须通知相关设备管理单位人员配合。

(三)作业程序

1. 作业准备

(1)根据工作量调查情况，准备轨距尺、液压拨道器 3 台、捣镐、弦线、钢板尺、经纬仪、内燃螺栓扳手、夯拍机、石笔、轨温计等料具，并检查状态是否良好。

(2)拨道器操作手检查拨道器状态，严禁机械带病上道。

(3)到达作业地点后首先测量轨温，确认是否符合作业轨温条件，并严格执行作业前、作业中、作业后测量轨温制度，做到超温不作业。

(4)计划利用测量数据拨道时，要在距离标准股钢轨非作用边外侧 1.0～1.3 m 处钉临时测桩，测桩稳固，且顶面应低于钢轨轨面 150 mm；同时在钢轨外侧轨腰上标记拨道量及方向。

2. 设置防护

根据作业条件，按《普速铁路工务安全规则》设置作业防护。

3. 作业调查

(1)曲线两端直线方向不直、曲线头尾有反弯或鹅头应先拨正。目视曲线方向明显不良时，应进行粗拨道，由曲线头尾往圆曲线挑压，达到目视基本圆顺。

(2)量取现场正矢。拉 20 m 弦线(道岔附带曲线拉 10 m 弦线，或根据曲线长度确定弦长)在中部用小钢尺在钢轨踏面下 16 mm 处，量取各测点现场正矢，测量 3 次取平均值。

(3)拨道前准备。检查地锚桩、拉杆、螺栓工况，确定每个封锁点时间内的拨道量和长度。

4. 拨道计算

用测得的现场正矢，进行拨道计算，算出各测点的拨道量。两曲线间夹直线段较短时，可与两曲线同时计算拨正。

5. 扒松道床

拨道量大或道床特别密实时，应在拨道前将轨枕动程方向的枕头道砟挖槽；拨道量较小，可用镐尖将轨枕头大道砟刨松即可；拆除影响拨道的其他设施，同时打压道钉或拧紧扣件。

6. 拨道

(1)电气化区段拨道，线路中心位移一次不得超过 30 mm；一侧拨道量年度累计不得大于 120 mm，并不得侵入建筑限界。双线时注意线间距。

(2)拨道量大于 20 mm 时，应先按计算拨道量拨正各正矢点，然后采用目测拨正各点使其圆顺。拨道负责人跨立在标准股上看道指挥，远处大方向看轨面光带，近处小方向看钢轨作用边。拨道负责人用手势指挥拨道。使用撬棍时，两股人力大致相等；使用液压拨道器时，扒窝深至 120～125 mm，前股不少于两台、相距 2～3 枕空，后股一台。每橇相隔 5～7 枕空。拨道时在标准股上点撬。

(3)桥梁上一侧拨道量年度累计不得大于 60 mm，且应满足线路中心与桥梁中心偏差：钢梁不大于 50 mm，圬工梁不得大于 70 mm，线路允许速度 120 km/h$<v_{max}\leqslant$200 km/h 时，钢梁、圬工梁不得大于 50 mm。

(4)细拨道时与粗拨道程序相同，并根据需要预留钢轨回弹量。允许速度 160 km/h$<v_{max}<$200 km/h 线路，根据计算的拨道量，以临时测桩为相对参照标尺，使用 L 形轨距尺，依据标记在标准股钢轨外侧轨腰的拨道数据及方向进行拨道作业。

7. 整平夯实

拨道后根据需要进行重点捣固，将扒出的道砟和镐窝整平，将拨道后离缝的一侧枕头石砟埋深夯实好，以保证质量。

8. 拨道作业后回检

回检时，对不符合标准的及时进行整修，对有关作业按技术标准要求进行验收。

9. 撤除防护

按《普速铁路工务安全规则》撤出作业防护，按作业条件开通线路。

(四)作业要求

1. 看道时，曲线上股为基本股，拨道负责人可站在上股外侧指挥，指定专人用尺测量拨道量，以拨道桩处拨道量为控制点进行顺撬。拨道量大时，应分次拨道，先粗拨，后细拨，并根据经验预留回弹量。指挥手势与直线拨道相同。

2. 曲线局部方向不良时，可利用拉绳简易计算法进行个别调整，但调整时一定要复查拨动点与前后邻点的正矢。

3. 使用液压拨道器拨道时，油缸与轨面夹角不大于45°。

(五)技术要求

1. 拨后曲线达到圆顺，用20 m弦测量曲线正矢容许偏差符合《普速修规》作业验收容许偏差管理值的有关规定。高低、水平容许偏差符合《普速修规》作业验收容许偏差管理值的有关规定。

2. 为保证拨后曲线圆顺，在进行拨道计算时，计划的拨后正矢一般不得超过拨后正矢误差的1/3。

3. 在复曲线的半径连接处，正矢与计算正矢的容许误差按大半径曲线的缓和曲线规定办理，缓和曲线与直线连接处不得有反弯或“鹅头”。

4. 现场曲线的始终点、缓和曲线长度、曲线全长、曲线半径、实设超高均应与设备图表保持一致。

5. 空吊率正线及到发线不超过8%，其他站线不大于12%。

6. 由线路拨道引起的有关作业项目，应符合各单项技术作业标准。

(六)作业安全

1. 防护设好后方可作业。作业中，现场防护员与驻站联络员保持联络。

2. 作业人员下道避车时应遵守《普速铁路工务安全规则》第3.2.3条规定。

3. 作业地段存在连续瞎缝或气温超过30 ℃严禁进行拨道作业，无缝线路地段执行《普速修规》第4.8.6条规定。

4. 无缝线路地段拨道作业，拨道器不准放置在铝热焊缝处。

5. 在有轨道电路区段，器具不得放在绝缘接头处，不得在绝缘接头轨面上滑行，防止连电。

6. 标准轨地段，气温较高时，事先要检查轨缝，必要时均匀轨缝，控制拨道量。如道床不足或连续瞎缝时，则禁止拨道，防止胀轨跑道的发生。

7. 在电气化区段作业，线路中心位移一次超过±30 mm时，应事先通知供电部门调查确认接触网设备调整工作量并配合作业。

三、道岔拨道作业

(一)作业目标

整正道岔方向不良和发生的显著变化，拨正道岔方向；调整道岔横向位移需拨道；道岔轨向超限处所，进行临时补修时重点拨道。

(二)作业条件

1. 按《国铁集团铁路营业线施工管理办法》规定指定专人担任作业负责人；线路中心位移一次不得超过 30 mm，一侧拨道量年度累计不得大于 120 mm，并不得侵入建筑限界。拨道量超出上述规定时，应事先通知供电部门调查确认，满足调整要求后配合作业，防护条件执行《普速铁路工务安全规则》的规定。

2. 无缝道岔拨道作业允许轨温条件，按《普速铁路线路修理规则》第 4.8.4 条和第 4.8.6 条规定执行。

3. 电气化区段拨道量超出线路中心位移规定值时，必须先通知接触网工区配合；影响道岔正常使用，必须先通知电务配合。

(三)作业程序

1. 作业准备

根据工作量调查情况准备以下机具材料：

(1)工具：道尺、L 形轨道卡尺、液压起拨道器或拨道器、捣镐、耙子、叉子、活口扳手、弦线、小钢尺、石笔、轨温计。

(2)量具、机具检查：拨道作业前，由拨道负责人对当日使用的各种量具进行检查核对(道尺必须定期由计量部门进行检定，保持量具准确)；由液压起拨道器手检查液压起拨道器或拨道器状态是否完好。

(3)首先测量轨温，确认是否符合作业轨温条件，做到超温不作业。并严格执行作业前、作业中、作业后测量轨温制度。

(4)根据作业条件，按《普速铁路工务安全规则》设置作业防护。

2. 划撬

按照线路与道岔、道岔与道岔连接顺畅的原则，对照不同线路速度等级轨向偏差管理值标准，以直外股为标准股，确定拨道方向和拨道量。道岔拨道不得影响邻线间距、线路、道岔与信号机、站台等建筑物的距离。

3. 扒松道床

拨道量大或道床板结时，应在拨道前将轨枕头的道砟挖开一些；拨道量不大，可用镐尖将轨枕头的道砟刨松；对难以拨动的道岔可准备几块铁垫板，垫在起拨道器下。

可动心轨道岔拨道时，要将拨动方向前的道砟扒开。

4. 松动或拆卸地锚拉杆

设有地锚拉杆，根据道岔拨动的量，拨道前松动或拆卸有碍拨道的地锚拉杆，拆除影响拨道的其他设施，同时打压道钉或拧紧扣件。

5. 拨正道岔

拨道量较大时应采用仪器进行拨道，拨道负责人以道岔直向外股钢轨为基本股，跨站在距拨道地点 30 m 或更远的位置，背对阳光，目视两端线路及道岔；如果拨道量不大，拨道负责人站在适当位置，以外直股钢轨为基准股，目视两端和道岔，判定拨动量，进行拨移。

液压起拨道器手要注意拨道负责人的动作，根据手势拨道。在基本股最前面的人，要负责在钢轨上点撬，往回倒撬时，也要点撬。大弯需一撬倒一撬地向前拨，每拨到中间可隔 3～4 个轨枕，遇到接头时，必须插撬。遇到钢轨有硬弯时，可用起拨道器加顶调直的方法配合拨道；局部小方向可将起拨道器集中在一孔内拨正，防止撬位过长拨成反弯。拨道时应预留回弹量。

起拨道器不得安放在绝缘接头下。

6. 整理道床

拨动量较大时，拨道结束后要进行捣固，将扒出的、拨道器窝和镐窝整平，将拨后离缝的一侧枕头石砟埋实、整平夯实，以保证质量。由于拨道引起的其他作业，应恢复到作业标准。

7. 作业后回检

拨道作业完毕后进行回检，不符合标准的及时进行整修，对有关作业按技术标准要求进行验收。

8. 撤除防护，开通线路

确认线路达到放行列车条件，人员、机具撤出限界以外后，施工负责人通知现场防护员撤除防护，现场防护员撤除防护用对讲机通知驻站联络员作业完毕，开通线路；驻站联络员接到现场开通线路的通知复诵确认后，进行消记。

（四）作业要求

1. 调查工作量时，发现拨道影响其他设备，或其他设备影响拨道时，与有关部门协商解决。

2. 有条件时应采用仪器进行拨道作业，道岔是线路的一部分，要把线路、岔群看成一个整体，全拨道时应先确定好基准点及拨道量，确保整修后道岔与前后线路大长平一致。

3. 设有定位桩的道岔可根据预先埋设好的测桩，用 L 形轨道卡尺确定拨道量，拨道较大时应根据车次和线路条件等情况，分别做好两次或多次拨道，拨道量超过 20 mm 时应执行“先拨后捣再找细最后复查”的方法。

4. 拨道人要注意拨道负责人的动作，根据手势拨道，在基本股最前面，扒拨道器窝人员要负责在钢轨上点撬，往回倒撬时，也要点撬。大弯需一撬倒一撬地向前拨，拨道间隔 3～4 个轨枕孔，遇到接头时，必须增加撬。在混凝土岔枕道岔上，用液压拨道器拨道，先扒好窝，或在起道器下垫上铁板。起道器与地面夹角在 20°左右，拨道应预留回弹量。

5. 拨道时要注意邻线间距、线路、电力接触网、道岔与信号机、站台等建筑物的距离。

（五）技术要求

1. 方向直顺，道岔及其连接曲线方向符合《普速修规》的有关规定。

2. 由于拨道引起的有关项目，应符合各项标准。

（六）作业安全

1. 影响电务设备时必须通知电务部门配合作业，电务人员未到达前严禁作业。

2. 有轨道电路的道岔上拨道，严禁将起拨器放在绝缘接头下作业，并且不得在绝缘接头上滑动。

3. 下道避车时应执行《普速铁路工务安全规则》要求，人员材料不得侵入限界。

4. 电气化区段，拨道作业应符合《普速铁路工务安全规则》要求。

第三节　捣固作业

一、手镐捣固作业

(一)作业目标

1. 捣实线路轨道水平、三角坑及纵向高低超限处所枕底道床。

2. 整治线路暗坑、吊板和低接头等病害。

3. 抬高线路、破底清筛道床和进行线路综合整治维修捣实枕底道床。

4. 对超垫处所进行撤垫捣实。

5. 更换轨枕、拨道量超过 40 mm(非电气化区段)、方正轨枕超过 50 mm 以及进行其他影响轨枕底道床稳定的作业。

(二)作业条件

1. 按《国铁集团铁路营业线施工管理办法》规定指定专人担任作业负责人;起道量及防护条件执行《普速铁路工务安全规则》规定。

2. 无缝线路捣固作业,应按《普速修规》规定的作业轨温条件执行。

3. 电气化铁路起道作业,两股钢轨同时起道时,一次作业起道量不得超过 30 mm,且两股钢轨起道量相差不得超过 11 mm;调整曲线超高时,单股起道量不得超过 11 mm。起道量超出上述规定时,应事先通知供电部门调查确认接触网设备调整工作量并配合作业。

起道作业时,隧道、下承式桁架桥和拱桥、斜拉桥不得超过建筑限界尺寸线。

4. 与电务、供电等有关时,必须通知相关设备管理单位人员配合。

(三)作业程序

1. 作业准备

根据工作量调查情况,准备道尺、L 形轨道卡尺、水准仪、液压起道器、手镐、齿耙、弦线、石笔、轨温计等料具,并检查状态是否良好。

2. 设置防护

根据作业条件,按《普速铁路工务安全规则》设置作业防护。

3. 扒开道床

依照事先划好撬的始、终点扒开道床。先扒好外口,再扒里口,掏出轨底道砟,再将枕盒内的道砟进行清理,根据起道高度保持适当留砟量;扒开道床的道砟,不得侵入机车辆车限界,符合道心内高于轨面不超过 25 mm,外侧距钢轨非作用边 810 mm 的要求、边坡坡度 1∶1 的要求,并剔除大砟,留下较小石砟以便捣固。剔除的大砟放在道床边坡上。

4. 拧紧扣件或压打道钉

起道前先按计划撤除找平用的调高垫板,调整胶垫和拧紧扣件或压打道钉等配合工作。

5. 捣固

(1)捣固姿势。

站立位置:左或右脚站在被捣固的轨枕上,距钢轨中心约 400 mm,与钢轨成 15°角,脚尖不得伸出轨枕边缘,左或右脚在轨枕盒内,两脚相距 250 mm,并成 70°角,左脚尖踏在轨底处。

分组捣固时，应相隔三根轨枕及以上，以免工具伤人。

举镐姿势：向轨底捣固时，必须斜举镐，其倾斜度使左右手在脸面的侧线上，左手略与下颌齐，并约离开150 mm，右手自然上升，大约握于镐把中央。向其他位置捣固时，应举正镐，两手高度与举斜镐相同，使镐把中心线与脸面中心线一致，并向后倾斜15°角，镐把中心不超过头顶。

落镐后姿势：身体向后倾斜15°角，左手紧握镐把端部，右手与左手约距100 mm，使镐把与地面成40°～50°角。

动作要领：开始举镐时，前手必须向镐把中心移动，将镐向身体方向举起。举起后身体直立，挺胸抬头，目向前视，此时身体重心全部放在后脚上。落镐自头顶向后倾斜15°角时开始用力加速打下，此时身体重心由后脚移于前脚，目视落镐点，当镐头打到道砟而前向后手移动约100 mm时，双手用力，防止镐头摆动，并用力向后带镐，将镐闷住道砟。

(2)捣固方法

两人一组，在钢轨两侧打对面镐，如两股钢轨均需捣固，则两组同捣一根轨枕，同起同落，每个轨枕头打四面镐，捣够长度和镐数，加强坑底和接头捣固。捣固人员作业的左右、内外位置，在一次作业中应保持不变。

(3)排镐顺序

捣固先由轨底向外排镐，再由外排向轨底，按轨枕不同类型及打镐数量排镐。第一排落在距枕底边10～20 mm处，第二排落在距枕边20～30 mm处。捣固自钢轨中心至两侧距离400～450 mm。

(4)打镐数量

根据不同类型的轨枕起道高度，确定打镐数量。

①木枕：起道量在5 mm以下或不起道打16镐，接头打20镐；起道量在6～14 mm时打18镐，接头打20镐；起道量在15～20 mm时打20镐，接头打22镐；起道量超过20 mm时打22镐。

②混凝土轨枕：不起道时钢轨外侧打18镐，内侧打21镐；起道时钢轨外侧打24镐，内侧打28镐。

6. 回检找细

捣固作业中，对水平、高低和空吊板情况，要进行一次中间检查，进行必要的找细整修。捣固结束后，要全面检查水平、高低和空吊板情况，全面进行找细整修。

7. 回填整理道床

先道心、后枕头，填满枕盒内道床，全面整理道床，夯拍坚实。

8. 回检

收工前，作业负责人对作业地段进行全面检查验收，并做好回检记录。

9. 撤除防护

按《普速铁路工务安全规则》撤出作业防护，按作业条件开通线路。

(四)作业要求

1. 手工捣固扒道床要做到“三够一清”，长(400～450 mm)×宽(100 mm)×深度扒至枕底下(10～20 mm)。清除堵门砟。不起道扒至轨底下10～20 mm；起道10 mm时扒至枕底平；起道超过20 mm时预留道砟量为起道量的2倍。

2. 对轨枕间距和偏差超过 50 mm，铝热焊缝距轨枕边少于 40 mm 应方正轨枕。

3. 道床回填平整，做到均匀平整、坚实、整齐、边坡一致，无缝线路砟肩堆高 150 mm。

(五)技术要求

1. 手工捣固时扒镐窝必须彻底。捣固长度应为钢轨两侧，木枕各 400 mm，混凝土枕各 450 mm，混凝土枕外口扒至枕端，深度基本与枕底平，轨底石砟清理彻底，不致影响打斜镐。

2. 每个轨枕头打四面镐，捣够长度，打够镐数，捣固坚实。

3. 水平、三角坑、高低的容许误差，作业地段符合《普速铁路线路修理规则》作业验收容许偏差管理值的有关规定。

4. 钢轨与胶垫间或钢轨与铁垫板间的空隙不超过 2 mm，空吊率正线不大于 8%、站线不大于 12%。

(六)作业安全

1. 防护设好后方可作业。作业中，现场防护员与驻站联络员保持联络。

2. 作业人员下道避车时应遵守《普速铁路工务安全规则》第 3.2.3 条规定。

3. 作业地段存在连续瞎缝或气温超过 30 ℃严禁进行起道捣固作业。无缝线路起道捣固作业必须满足《普速修规》规定的作业轨温条件，必须备足道砟，起拨道器不准放置在铝热焊缝处，起道量超过 40 mm 时，作业前、中、后应进行位移观测。

4. 维修作业严禁使用齿条式起拨道器。多人在一起作业时，分组捣固应统一指挥，每组间隔应保持 3 根及以上轨枕，防止工具碰撞伤人。

5. 在轨道电路区段，起拨道器严禁放在绝缘接头处或在绝缘接头处钢轨顶面滑行，防止连电。

6. 在电气化区段起、拨道量一次不得超过 30 mm，一侧拨道量年度累计不得大于 120 mm，并不得侵入建筑限界。拨道量超出上述规定时，应事先通知供电部门调查确认，满足调整要求后配合作业。

二、内燃冲击镐(电镐)捣固作业

(一)作业目标

1. 捣实线路轨道水平、三角坑及纵向高低超限处所道床。

2. 整治线路暗坑、吊板和低接头等病害。

3. 抬高线路、破底清筛道床和进行线路综合整治维修捣实枕底道床。

4. 对超垫处所进行撤垫捣实。

5. 更换轨枕、拨道量超过 40 mm(非电气化区段)、方正轨枕超过 50 mm 以及进行其他影响轨枕底道床坚实的作业。

(二)作业条件

1. 按《国铁集团铁路营业线施工管理办法》规定指定专人担任作业负责人；根据起道量大小确定防护条件，防护条件执行《普速铁路工务安全规则》规定。

2. 无缝线路捣固作业，应按《普速修规》规定的作业轨温条件执行。

3. 电气化线路，两股钢轨同时起道时，一次作业起道量不得超过 30 mm，且两股钢轨起道量相差不得超过 11 mm；调整曲线超高时，单股起道量不得超过 11 mm。起道量超出上述规定时，应事先通知供电部门调查确认接触网设备调整工作量并配合作业。起道作业时，隧道、下承式桁架桥和拱桥、斜拉桥不得超过建筑限界尺寸线。

4. 与电务、供电等有关时，必须通知相关设备管理单位人员配合。

(三)作业程序

1. 作业准备

(1)根据工作量调查情况，准备道尺、水准仪(L形轨道卡尺或弦绳)、水准仪、液压起道器、内燃冲击镐、夯拍机、齿耙、石笔、轨温计、油漆等料具，并检查状态是否良好。

(2)检查机械是否良好，并拧紧松动的紧固件。

(3)检查燃油箱及机油是否充足，润滑状态是否良好。

(4)启动内燃机，怠速运转3～5 min，再把油门提到工作位置，试运转。其间应注意检查油路是否有漏油，内燃机响声是否异常。

2. 设置防护

根据作业条件，按《普速铁路工务安全规则》设置作业防护。

3. 扒开道床

扒砟长度450 mm，起道量不超20 mm，保留1/3石砟；起道量20～30 mm，保留1/2石砟；起道量超过30 mm(非电化区段)，可不扒砟但应使用内燃震动捣固镐捣固。

4. 捣固

(1)捣固姿势：两脚站在被捣固轨枕前或后的两根相邻轨枕上，前脚与钢轨平行，后脚站在枕盒内，身体前倾两手握把。捣固时，首先使冲击镐与轨枕垂线成45°角。以后逐渐增大，到结束时成80°角。

(2)排镐顺序及时间：每面捣4个镐位，从轨底向两侧镐数分别是4、3、2、1次，每次5 s，每面捣固总时长50 s。

(3)操作要求：每侧两把冲击镐在捣固时应做到五一致：下镐位置、下镐角度、捣固时间、捣固动作、位置转移一致，冲击镐与地平面成40°～45°角。

(4)作业转移

捣固结束后，四人同时将内燃冲击镐提起，镐头应距轨枕20～30 mm。

5. 回检找细

捣固作业中，对水平、高低和空吊板情况，要进行一次中间检查，进行必要的找细整修。捣固结束后，要全面检查水平、高低和空吊板情况，全面进行找细整修。

6. 安全下道

作业结束后，关掉内燃冲击镐，撤至限界以外放置稳固。

7. 回填整理道床

先道心、后枕头、填满枕盒内道砟，全面整理道床、夯拍坚实。

8. 回检

收工前，作业负责人对作业地段进行全面检查验收，并做好回检记录。

9. 撤除防护

按《普速铁路工务安全规则》撤出作业防护，按作业条件开通线路。

（四）作业要求

1. 每个枕头捣四面，每面不少于 4 个镐位，枕下道床捣固密实，各轨枕间强度均匀。

2. 道床回填平整，做到均匀平整、坚实、整齐，边坡一致，无缝线路砟肩堆高 150 mm。

（五）技术要求

1. 捣固长度应为钢轨两侧，木枕各 400 mm，混凝土枕各 450 mm，捣固时间与起道高度相匹配。

2. 水平、三角坑、高低的容许误差，作业地段符合《普速铁路线路修理规则》作业验收容许偏差管理值的有关规定。

3. 钢轨与胶垫间或钢轨与铁垫板间的空隙不超过 2 mm，空吊率正线不大于 8%、站线不大于 12%。

（六）作业安全

1. 防护设好后方可作业。作业中，现场防护员与驻站联络员保持联络。

2. 作业人员下道避车时应遵守《普速铁路工务安全规则》第 3.2.3 条规定。

3. 作业地段存在连续瞎缝或气温超过 30 ℃严禁进行起道捣固作业，无缝线路地段执行《普速修规》第 4.8.6 条规定。无缝线路起道捣固作业必须备足道砟，起拨道器不准放置在铝热焊缝处，起道量超过 40 mm 时，作业前、中、后应进行位移观测。

4. 维修作业严禁使用齿条式起拨道器。多人在一起作业时，分组捣固应统一指挥，每组间隔应保持 3 m 以上，防止工具碰撞伤人。

5. 在轨道电路区段，起拨道器严禁放在绝缘接头处或在绝缘接头处钢轨顶面滑行，防止连电。

6. 雨天及恶劣天气捣固机严禁上道，防止发生触、连电事故。

7. 在电气化区段起、拨道量一次不得超过 30 mm，一侧拨道量年度累计不得大于 120 mm，并不得侵入建筑限界。拨道量超出上述规定时，应事先通知供电部门调查确认，满足调整要求后配合作业。

三、液压捣固机捣固作业

（一）作业目标

1. 捣实线路轨道水平、三角坑及纵向高低超限处所道床。

2. 整治线路暗坑、吊板和低接头等病害。

3. 抬高线路、破底清筛道床和进行线路综合整治维修捣实枕底道床。

4. 对超垫处所进行撤垫捣实。

5. 捣实更换轨枕、拨道量超过 40 mm（非电气化区段）、方正轨枕超过 50 mm 以及进行其他影响轨枕底道床坚实地段的作业。

（二）作业条件

1. 按《国铁集团铁路营业线施工管理办法》规定指定专人担任作业负责人；根据起道量大小确定防护条件，防护条件执行《普速铁路工务安全规则》规定。

2. 无缝线路捣固作业，应按《普速修规》规定的作业轨温条件执行。

3. 电气化线路，两股钢轨同时起道时，一次作业起道量不得超过 30 mm，且两股钢轨起道量相差不得超过 11 mm；调整曲线超高时，单股起道量不得超过 11 mm。起道量超出上述规定时，应事先通知供电部门调查确认接触网设备调整工作量并配合作业。起道作业时，隧道、下承式桁架桥和拱桥、斜拉桥不得超过建筑限界尺寸线。

4. 与电务、供电等有关时，必须通知相关设备管理单位人员配合。

(三)作业程序

1. 作业准备

(1)根据工作量调查情况，准备道尺、水准仪(L 形轨道卡尺或弦绳)、水准仪、液压起道器、内燃冲击镐、液压捣固机、夯拍机、齿耙、石笔、轨温计、油漆等料具，并检查状态是否良好。

(2)检查捣固机的技术状态是否良好，紧固件是否牢固，配件是否齐全，手压泵是否灵活有效。

(3)检查传送带三角带张紧程度，如有松弛必须进行调整。

(4)油箱及振动油腔中存油是否充足，向导柱和各部位油孔加注润滑油。

(5)检查液压系统动作时是否正常，如有泄油，应予以紧固。

(6)检查下道架是否良好，根据道床高低调整好活动腿，以防止捣固机下道后内外倾斜。

(7)检查内燃机并加油、水，油面不得低于油箱高度 4/5。启动内燃机，怠速运转 3～5 min，再把油门提到工作位置，使捣固机正常运转，操作换向阀做升降，夹实运动。其间应注意检查液压系统各部是否有漏油，内燃机响声是否异常。

2. 设置防护

根据作业条件，按《普速铁路工务安全规则》设置作业防护。

3. 上道

操作手在确认施工领导人发出上道信号后，方准推机上道。每台捣固机 1 人操作，另 1 人做辅助工作。

4. 捣固

捣固时，要对位准，下插稳，夹实快。按下插—夹实—张开—提升—转移的作业顺序进行作业。注意夹钳，镐头，勿碰联结零件，导接线等，以免影响安全或作业质量。

(1)下插

捣固机要定位，镐板在轨枕前后和钢轨左右的距离要均匀，并垂直下插，不得撞击钢轨，轨枕及联结零件。下插要稳，遇到阻力时应边下插边略做张合动作。镐板上缘应插到轨枕底面下 30～40 mm。

(2)夹实

在镐板下插到位后即开始夹实。夹实时，镐板夹实到行程终了以后，应继续夹实 2～3 s。夹实次数和轻重应根据线路条件和起道量做决定，本着“小腰轻，大腰实，接头加强”的原则。木枕线路按“1—2—0”夹实，即每根轨枕只需夹实一次，在钢轨接头和空吊板处适当增加夹实次数，小腰处不夹或轻夹；混凝土枕线路按“3—2—1”夹实，即每根轨枕接头夹 3 次，小腰与轻捣符号处夹 1 次，其余夹 2 次。但对接头和重捣处应先夹 2 次，然后张开镐板提升后再下插夹实一次。

(3)提升

每捣完一根轨枕后，两台捣固机要同时提升镐板。严禁镐板在夹实状态下提升。

(4)转移

动作要迅速,做到边升镐边推移捣固机,走圆弧形,并不得碰撞轨枕及联结零件。两台捣固机应同起、同落、同时转移推进,动作一致,保持平稳。操作中用耳听,眼看,鼻闻,手摸的方法:有无异常音响,看捣固机位置和各部件状态,闻机械各部摩擦等有无异味,摸油泵、振动轴温升变化。若发现内燃机、油泵、轴承、液压油超过额定温度,机械发出异响或出现异状,应立即停止工作下道,查出原因修好后,再上道作业。严禁机械带病操作。

5. 下道

捣固结束后,将镐板提升到最高位置,断电以后,平稳放下起道架,有辅助人员协助推下线路。下道架应安置牢固,推动捣固机至下道架最外端,落下捣镐,插入定位销,折回(或拆下)下道架,将捣固机固定好,防止侵入建筑限界。

6. 捣固回检,机械保养

捣固结束后要检查水平,高低和空吊板情况,确定捣固质量。当天捣固作业结束后应对机械进行保养和擦拭。盖好防护罩,当环境温度低于 0 ℃时,需放净内燃机冷却水。

7. 撤除防护

按《普速铁路工务安全规则》撤出作业防护,按作业条件开通线路。

(四)作业要求

1. 每个枕头捣四面,枕下道床捣固密实,各轨枕间强度均匀。

2. 道床应符合《普速修规》第 3.3.2 条规定。

(五)技术要求

1. 液压捣固机两机同时捣固一根轨枕时,力求动作一致,一起下插、一起夹实、一起张开,以提高捣固质量和效率,保证左右股钢轨水平。

2. 水平、三角坑、高低的容许误差,作业地段符合《普速修规》作业验收容许偏差管理值的有关规定。

3. 钢轨与胶垫间或钢轨与铁垫板间的空隙不超过 2 mm,空吊率正线不大于 8%、站线不大于 12%。

(六)作业安全

1. 防护设好后方可作业。作业中,现场防护员与驻站联络员保持联络。

2. 作业人员下道避车时应遵守《普速铁路工务安全规则》第 3.2.3 条规定。

3. 作业地段存在连续瞎缝或气温超过 30 ℃严禁进行起道捣固作业,无缝线路地段执行《普速修规》第 4.8.6 条规定。无缝线路起道捣固作业必须备足道砟,起拨道器不准放置在铝热焊缝处,起道量超过 40 mm 时,作业前、中、后应进行位移观测。

4. 维修作业严禁使用齿条式起拨道器。多人在一起作业时,分组捣固应统一指挥,每组间隔应保持 3 m 以上,防止工具碰撞伤人。

5. 在轨道电路区段,起拨道器严禁放在绝缘接头处或在绝缘接头处钢轨顶面滑行,防止连电。

6. 雨天及恶劣天气捣固机严禁上道,防止发生触、连电事故。

7. 在电气化区段拨道作业,线路中心位移一次不得超过 30 mm,一侧拨道量年度累计不得大于 120 mm,并不得侵入建筑限界。拨道量超出上述规定时,应事先通知供电部门调查确认,满足调整要求后配合作业。

第四节　改道作业

一、木枕改道(钉道钉)作业

(一)作业目标

木枕地段改正轨距及其变化率和线路小轨向,其他作业中有关起拔道钉和钉道钉部分比照办理。

(二)作业条件

1. 按《国铁集团铁路营业线施工管理办法》规定指定专人担任作业负责人;根据作业影响范围及列车通过容许速度,确定防护条件,防护条件执行《普速铁路工务安全规则》规定。

2. 作业中允许一处连续起下不超过5个枕木头上的道钉(60 kg钢轨地段,仅在改道困难时,允许一处连续起下不超过7个枕木头上的道钉)。

3. 木枕无缝线路作业必须满足《普速修规》规定的作业轨温条件,备足道砟,防止发生胀轨跑道。

4. 绝缘接头及道岔转辙部改道时,应在电务人员配合下作业。

(三)作业程序

1. 作业准备

根据工作量调查情况,准备道尺、道钉锤、撬棍、撬棍垫、改孔器、直钉器、轨温计、木片等料具,并检查状态是否完好。

2. 设置防护

根据作业条件,按《普速铁路工务安全规则》设置作业防护。

3. 确定标准股与划撬

直线以方向较好的一股为标准股,改正对面股;曲线以外股为标准股,改正里股。改正小方向时,先改正标准股。标准股确定以后,量轨距,在需改动处所划好撬。

4. 清扫与削平

轨底或铁垫板切入木枕5 mm以上,或不足5 mm但有毛刺影响改道时,清除木枕面及裂纹内的沙石泥土,进行枕面削平,并清除木屑。

5. 起拔道钉

起钉时放好撬棍垫,两手握紧撬棍,前手握在撬棍中心偏前,后手握在距前手300~400 mm处。先起联结钉,后起里外口道钉。三垫、三起、一拔,垂直拔出道钉,并放在枕面上。

6. 插道钉孔木片

(1)一般每一钉孔插入一片,如钉孔过大或腐朽严重,可以插两片。

(2)轨距需要改小时,木片插在钉孔的外侧,轨距需要改大时木片插在钉孔的内侧,钢轨不需要移动时木片插在钉孔侧面。

(3)钉孔持钉力不足或改道量超过5 mm时,应使用经过防腐处理的较大木片(每边比道钉孔大1 mm)打入旧孔内,重新钻孔。

7. 改正钉孔

用改眼器改正歪斜钉孔，改孔深度约 100 mm。如有折断的钉梗，应使用撬棍拔出，困难时用打入器打下。

8. 整直道钉

用直钉器整直弯曲的道钉。将直钉器顺着枕木盒放在平整的道床上，弯钉凸面向上，钉帽对着直钉入，用打闷钉的方法直钉。

9. 改正轨距

(1)拨撬同时量轨距。

(2)整正铁垫板，并使其外棱靠贴轨底。

(3)栽钉：钢轨里外口道钉的钉尖离开轨底 8 mm，垂直栽好。

(4)打钉：垂直打入，要先轻打，后重打，最后闷打。

(5)改完一撬后，复查轨距，补打铁垫板与木枕的联结道钉。

10. 回检

作业负责人对作业地段进行全面检查验收，并做好回检记录。

11. 撤除防护

按《普速铁路工务安全规则》撤出作业防护，按作业条件开通线路。

(四)作业要求

1. 禁止以道钉为支点拨动钢轨和用撬棍扭转道钉。

2. 严禁用道钉挤动钢轨的办法改道，不准归打道钉。

3. 改道同时更换不良道钉。

(五)技术要求

1. 轨距及其变化率状态良好。符合《普速修规》表 6.2.1—2 作业验收标准。

2. 轨道小方向顺直。

3. 道钉垂直打入，靠贴轨底，不歪、仰、俯、离。

4. 钉道钉的规定：

(1)使用五孔铁垫板时，直线及半径 800 m 以上的曲线地段，钉四个道钉，铁垫板与木枕的联结道钉必须钉足(冻害地段及明桥面除外)；半径 800 m 及以下的曲线连同缓和曲线上钉足五个道钉。

(2)使用三孔或四孔铁垫板时，内侧钉两个道钉，外侧钉一个道钉。

(3)无铁垫板时，内外侧各钉一个道钉，道钉位置应成八字形，由枕木边缘至道钉中心距离应大于 50 mm，钢轨内外侧道钉应错开 80 mm 以上。

(六)作业安全

1. 防护设好后方可作业。作业中，现场防护员与驻站联络员保持联络。

2. 作业人员下道避车时应遵守《普速铁路工务安全规则》第 3.2.3 条规定。

3. 不准用道钉、石块等物件代替撬棍垫，不准在钢轨上直钉，不准使用弯曲道钉。

4. 打道钉前，要检查锤把安装是否牢固，打钉时前方不准站人，防止锤头脱落伤人。

5. 改道打道钉时严禁锤击钢轨，不准用捣镐打道钉。分组打道钉时，前后距离应不小于

6 根枕木。在无人行道的桥面上作业时,起钢轨外口道钉,应站在道心内侧并使用专用起钉器或弯头撬棍等特制工具。

6. 木枕使用钻孔机钻孔时,要认真检查电线路及插座连接是否良好,防止连电和漏电伤人。

7. 在有轨道电路的线路上改道时,所有的起拨道器杆、撬棍应加装绝缘套管。同时,严禁使起拨道器杆等金属工具放在引入线上,起拨道器不准插在绝缘轨缝和有跳线处所;在钢轨上推行起拨道器遇有绝缘接头时需提起,以防连电。

8. 无缝线路地段改道,起拨道器不得安放在铝热焊缝处。

9. 插入起拨道器时应注意身后人员,以防伤人。

二、混凝土枕改道(组装扣件)作业

(一)作业目标

混凝土地段改正轨距及其变化率和线路小轨向,调整失效或非标扣件;其他作业中有关松卸和组装扣件部分比照办理。

(二)作业条件

1. 按《国铁集团铁路营业线施工管理办法》规定指定专人担任作业负责人;根据作业影响范围及列车通过容许速度,确定防护条件,防护条件执行《普速铁路工务安全规则》规定。

2. 利用列车间隔时间作业或非成段更换钢轨时,作业中允许一处连续卸下不超过 5 个轨枕头上的扣件(60 kg/m 钢轨地段,仅在改道困难时,允许一处连续卸下不超过 7 个轨枕头上的扣件)。

3. 无缝线路混凝土枕改道及组装扣件作业必须满足《普速修规》规定的作业轨温条件。

(三)作业程序

1. 准备工具

根据工作量调查情况,准备道尺(120 km/h 及以上速度区段必须使用电子道尺)、扳手或内燃扳手、改道器、钢板尺、正矢绳、起道器、耙子、铁锹、长效油脂、轨距挡板、尼龙座、胶垫、铁刷子、石笔、轨温计、毛刷子等料具,并检查状态是否良好。

2. 核对量具

改道作业前,由现场负责人对当日使用的各种量具进行检查核对,保持量具准确。检查油料是否充足。

3. 设置防护

根据作业条件,按《普速铁路工务安全规则》设置作业防护。

4. 测量轨温

到达作业地点后首先测量轨温,确认是否符合作业轨温条件,做到超温不作业。严格执行作业前、作业中、作业后测量轨温制度。

5. 确定标准股与划撬

(1)直线以方向较好的一股为标准股,改正对面股;曲线以外股为标准股,改正里股。改正小方向时,先改正标准股。

(2)标准股确定以后，量轨距，在需改道地段划撬标记始终点。若钢轨一侧轨距挡板不落槽，搭在轨底面上，另一侧轨距挡板与轨底离缝，应先松开螺栓串动轨枕；凡需要调整的扣件应划撬标记。

6. 调整基准股扣板或轨距挡板

(1)首先按划撬标记卸掉螺帽，拿下扣板或轨距挡板，根据基准股的方向、扣板或轨距挡板离缝情况，采用更换铁座、加或调整更换扣板、轨距挡板、尼龙挡板座等方法进行试调。

(2)在试调达到轨向直顺、扣件密靠程度时，如遇有胶垫板破损、歪斜及小胶垫或尼龙挡板座破损、串出时，应在调整或更换后再上扣件。

(3)改道地段螺丝杆涂抹长效油脂后上螺帽并拧紧，扭矩达到《普速修规》第 3.7.4 条规定标准。

(4)调整基准股扣件时，随时穿好轨向，防止挤动钢轨。

7. 整正对面股、调整轨距

(1)量轨距，根据轨距大小调整对面股的扣板或轨距挡板、尼龙挡板座。调整轨距可先采用翻转扣板或尼龙挡板座的方法。

(2)其他作业项目与基准股相同。

8. 回检找细

作业负责人组织作业人员全面检查轨道几何尺寸及零配件状态，并及时整修不良处所，确认放行列车条件。

9. 撤除防护

按《普速铁路工务安全规则》撤出作业防护，按作业条件开通线路。

(四)作业要求

1. 当全面改道时，要准确划好每撬的撬头、撬尾的位置。

2. 利用列车间隔作业时，严格控制一股钢轨上一处连续卸开扣件的数量。下道避车前，扣件必须达到齐全有效。

3. 轨道电路区段，改道器、撬棍应有绝缘，绝缘接头处按规定使用轨距挡板、弹条，以防连电。

4. 现场负责人应复查改道后线路几何尺寸是否符合《普速修规》表 6.2.1—1 作业验收要求，不符合要求应及时返工。

(五)技术要求

1. 轨向顺直，用 10 m 弦测量容许误差在允许速度 160 km/h$<v_{max}<$200 km/h 线路不超过 3 mm；$v_{max}\leqslant$160 km/h 不超过 4 mm；其他站线不超过 5 mm。

2. 轨距容许偏差在允许速度 160 km/h$<v_{max}<$200 km/h 线路不超过±2 mm；120 km/h$<v_{max}\leqslant$160 km/h 线路不超过＋4 mm、－2 mm；$v_{max}\leqslant$120 km/h 线路和其他站线不超过＋6 mm、－2 mm。

3. 轨距变化率在允许速度 120 km/h$<v_{max}<$200 km/h 线路不大于 1‰，其他线路不大于 2‰(不含规定的递减率)。

4. 扣件扭矩执行《普速修规》第 3.7.4 条规定。

5. 各种型号的扣件不得混用，接头、中间扣件应用正确，尼龙座应注意顺坡。

6. 扣板与轨底、扣板与尼龙座、尼龙座与承轨槽的“三道缝”必须密贴。

7. 大小胶垫位置正确。

8. 轨枕承轨台内的沙子、积土、铁锈用毛刷子清理干净。

(六)作业安全

1. 防护设好后方可作业。作业中,现场防护员与驻站联络员保持联络。

2. 作业人员下道避车时应遵守《普速铁路工务安全规则》第 3.2.3 条规定。

3. 利用列车间隔时间进行改道作业时,现场负责人要认真掌握列车运行情况,驻站联络员与现场防护员及时用对讲机联络,尽量做到一个作业单元在一次间隔时间内完成。

4. 在有轨道电路区段,改道器或起拨道器不得放在绝缘接头处,不得在绝缘接头轨面上滑行,以防连电。

5. 无缝线路地段改道,起拨道器不得安放在铝热焊缝处。

6. 线路允许速度 $v_{max}>160$ km/h 地段进行成段改道,放行列车或单机首列速度不得超过 160 km/h。

三、道岔改道作业

(一)作业目标

改正超限轨距和轨距变化率不良处所、整修道岔支距、护轮轨及查照间隔和护背距离,调整各部轮缘槽尺寸。

(二)作业条件

1. 按《国铁集团铁路营业线施工管理办法》规定指定专人担任作业负责人;根据改道量大小及列车通过容许速度确定防护条件,防护条件执行《普速铁路工务安全规则》规定。

2. 无缝道岔改道作业允许轨温条件,按《普速修规》第 4.8.6 条规定执行。

3. 影响电务设备时,通知电务人员配合。

(三)作业程序

1. 作业准备

根据工作量调查情况准备以下机具材料:

(1)工具:道尺、L 形轨道卡尺、支距尺、弦绳、卷尺(30~50 m)、轨距块、改道器、撬棍、道锤、锛子、内燃扳手(T 形扳手)、内燃角磨机、活口扳手、扣件、尼龙座、木楔、长效油脂、刷子(根据所改道岔型号及岔枕类型选用以上工具)。

(2)量具、机具检查:改道作业前,由改道负责人对当日使用的各种量具进行检查核对(道尺必须定期由计量部门进行检定,保持量具准确);由液压起拨道器手检查液压起拨道器状态是否完好;内燃扳手、角磨机操作手检查内燃扳手、角磨机性能是否良好,油箱油料是否充足,并带足油料。

(3)到达作业地点后首先测量轨温,确认是否符合作业轨温条件,做到超温不作业。并严格执行作业前、作业中、作业后测量轨温制度。

(4)驻站联络员、现场及两端防护员对讲机联络,现场两端设置移动停车信号防护,防护设好后方可作业。

2. 划撬

道岔改道按直外股轨向、直内股轨距和轨距变化率、导曲线支距、高锰钢整铸辙叉部轨距及直、曲股查照间隔(1 391 mm,只运行货车为 1 388 mm)和护背距离(1 348 mm)或可动心轨直曲股轨距和轨距变化率的顺序进行。

(1)复核病害位置:结合工作量调查位置进行现场复核,改道负责人站在岔前 20～50 m 处的钢轨上,目视直外股钢轨轨向,对目测出的轨向凸凹长度和方向进行粗略定位,用 10 m 弦测(设有定位桩的道岔,可用轨道卡尺测量)的方法,确定改道量,然后用道尺逐根检查直内股轨距和轨距变化率,对照不同线路速度等级对轨距和轨距变化率的偏差规定,确定超限处所,做好长度和方向标记。

(2)量支距:用支距尺测量各点支距,对照不同线路速度等级对支距的偏差规定,找出超限处所,做好长度和方向标记;然后用道尺逐根检查曲下股轨距和轨距变化率,对照不同线路速度等级对轨距和轨距变化率的偏差规定,确定超限处所,做好长度和方向标记。

(3)检查查照间隔及护背距离:辙叉部先用道尺检查直、曲股轨距尺寸不良时应调整轨距,轨距调整后再调整护轨轮缘槽宽及直、曲股查照间隔和护背距离,按 1 391 mm(只运行货车为 1 388 mm)不能小、护背 1 348 mm 不能大的规定,确定改动长度、方向和改道量并做出标记。组合辙叉及可动心轨辙叉用弦线在辙叉趾端与跟端,拉线检查长心轨、短心轨平直度,对臌曲部位做出标记,用道尺检查直曲股距轨和轨距变化率,对照不同线路速度等级对轨距和轨距变化率的偏差规定,确定超限处所,做好长度和方向标记。

3. 改道

木枕道岔在改道范围内,将铁垫板压陷或四周毛刺的岔枕削平清理干净,松开轨距杆及支距杆,并将影响起钉的接头螺栓卸掉。

混凝土枕道岔改道范围内,松开轨距杆、支距杆和地锚梁拉杆,并将影响松卸轨枕螺栓的接头螺栓卸掉(有缝道岔)。

(1)木枕道岔

①改正直外股轨向

将改道范围内的里外侧扣件或道钉起出,钉孔内插入防腐木楔后,由改道负责人在改道前方目测或 10 m 弦测轨向,改道人员用起拨道器或改道器将钢轨移动至轨向顺直,然后钉好道钉。

②改正导曲线上股圆顺度

将改道范围内的里外侧道钉起出,钉孔内插入防腐木楔后,由改道负责人用支距尺控制支距尺寸,改道人员用起拨道器或改道器将钢轨移动至要求尺寸,然后钉好道钉。

③改正内直股和曲下股轨距和轨距变化率

将改道范围内的里外侧道钉起出,钉孔内插入防腐木楔后,由改道负责人在改道范围内用道尺按 1 435 mm(尖轨尖端有递减时按不大于 6‰递减至基本轨接头,导曲线有轨距加宽时,“前三后四”范围内按小于等于 3‰做好两端轨距递减)及轨距变化率要求控制轨距,改道人员用起拨道器或调整轨距杆以及改道器将钢轨移动至轨距符合要求,然后钉好道钉。

④改正辙叉

首先改正直外股主轨的单侧轨向(双股存在轨向时应先拨道后改道)将直外股或曲下股范围内的里外侧道钉起出,钉孔内插入防腐木楔后,由改道负责人用道尺确定辙叉全长范围内轨距尺寸,钉好道钉调整护轨轮缘槽宽及查照间隔距离、护背距离,木枕道岔在心轨顶面宽

50 mm 至实际尖端范围内或按照道岔铺设图要求，用道尺按查照间隔不小于 1 391 mm（只运行货车的线路为 1 388 mm）或护背距离不大于 1 348 mm 要求控制尺寸，松开护轨水平螺栓，在护轨内增减护轨调整片方法进行调整，直至查照间隔 1 391 mm（只运行货车为 1 388 mm）或护背距离 1 348 mm 符合要求，辙叉偏斜的应一律调整，然后钉好道钉。

(2)混凝土枕道岔

混凝土道岔，均采用调整不同号码轨距块的方法进行改道。

①改正直外股轨向

将改道范围内的里外侧扣件松开取下弹条，调整不同号码的轨距块后，由改道负责人在改道前方目测轨向，或用 10 m 弦测量（设有定位桩的道岔，可用 L 形轨道卡尺测量）轨向，改道人员用改道器将钢轨移动至轨向顺直，然后拧紧扣件。

②改正导曲线上股圆顺度

将改道范围内的里外侧扣件松开取下弹条，调整不同号码的轨距块后，由改道负责人用支距尺控制支距尺寸，改道人员用改道器将钢轨移动至要求尺寸，然后上好扣件。

③改正内直股和曲下股轨距和轨距变化率

将改道范围内的里外侧扣件松开取下弹条，调整不同号码的轨距块后，由改道负责人在改道范围内用道尺按 1 435 mm 及轨距变化率要求控制轨距，改道人员用改道器将钢轨移动至轨距符合要求，然后上好扣件。

④改正辙叉

高锰钢整铸辙叉。首先改正直外股主轨的单侧轨向（双股存在轨向时应先拨道后改道），由改道负责人用道尺确定辙叉全长范围内轨距尺寸，按 1 435 mm 要求控制轨距尺寸，将直外股、曲下股改道范围内的里外侧扣件松开取下弹条，调整不同号码的轨距块后，上紧扣件复紧螺栓，恢复直股护轨，调整直护轨槽宽，控制在 42(＋3、－1) mm，由改道负责人按照道岔铺设图要求量取的位置在心轨顶面用道尺按查照间隔 1 391 mm（只运行货车为 1 388 mm）或护背距离 1 348 mm 要求控制尺寸，改道人员采用增减护轨调整片的方法进行调整，直至查照间隔 1 391 mm（只运行货车为 1 388 mm）或护背距离 1 348 mm 符合要求，然后拧紧护轨螺栓。

将曲下护轨及改道范围内的里外侧扣件松开取下弹条，调整不同号码的轨距块后，曲下股由改道负责人在辙叉全长范围内用道尺按 1 435 mm 要求控制轨距尺寸，改道人员用改道器将钢轨移动，直至轨距符合要求，然后上好扣件。

4. 补充扣件、道钉

在改好整组道岔后，木枕道岔要补齐道钉（或螺纹钉），更换损坏和规格不符的垫板，消灭歪、仰、爬、斜、浮、离、磨、弯道钉。打钉时防止飞钉、锤头脱出伤人，严禁打甩锤；混凝土枕道岔要补齐扣件、竖螺栓，更换损坏扣件和垫板。

5. 上紧轨距杆等道岔加强部件

改道作业中卸松的轨距杆和地锚拉杆，改道后重新上紧并涂油。

6. 回检找细

全面检查，对不良处所进行整修，作业结束后，恢复线路外观，清理现场回收旧料。

7. 撤除防护开通线路

确认线路达到放行列车条件，人员、机具撤出限界以外后，施工负责人通知现场防护员撤除防护，现场防护员撤除防护用对讲机通知驻站联络员。作业完毕，开通线路；驻站联络员接到现场开通线路的通知复诵确认后，进行消记。

(四)作业要求

1. 道岔改道作业不应以改代拨，应先将方向彻底拨直在进行。

2. 改道作业可以按转辙部分、连接部分、辙叉部分分段进行，向外侧改道时一般先钉里口道钉或紧里口扣件，向里口改道时一般先钉外口道钉或紧外口扣件。

转辙部分：先改好直股基本轨，使道岔至前后线路或道岔连接良好，尖轨跟端至护轨前端，可在两端与钢轨等距离的岔枕上钉钉拉线，改好方向。

导曲线部分：用长钢尺在直股钢轨上标上支距点，用支距尺改好导曲线上股，用轨距尺改好导曲线下股。然后，用轨距尺改好内直股，尖轨跟端后做好轨距递减。

辙叉部分：辙叉趾端、跟端轨距，限制在 2 mm 内，改好查照间隔。

(五)技术要求

1. 道岔各部尺寸符合《普速修规》规定。

2. 与改道有关的项目，符合各项标准。

(六)作业安全

1. 影响电务设备时必须通知电务部门配合作业，电务人员未到达前严禁作业。

2. 使用撬棍必须插牢，防止脱手伤人，不准骑、仰靠撬棍上。

3. 在有轨道电路道岔上作业，撬棍、改道器必须带绝缘套，防止断路或短路。

4. 打道钉，防止锤头脱出伤人。

第五节　人工清筛作业

一、不破底清筛道床作业

(一)作业目标

清筛道床整治道床不洁(不洁度大于 25%)引起的线路个别地段翻浆，恢复道床弹性，保持道床排水畅通。

(二)作业条件

1. 按《国铁集团铁路营业线施工管理办法》规定指定专人担任作业负责人；根据作业影响范围及列车通过容许速度，确定防护条件，防护条件执行《普速铁路工务安全规则》规定。

2. 无缝线路清筛道床作业必须满足《普速修规》规定的作业轨温条件，必须备足道砟，防止发生胀轨跑道。

3. 各作业组均应至少间隔 6 根轨枕进行倒筛。

4. 与电务、供电等有关时，必须通知相关设备管理单位人员配合。

(三)作业程序

1. 作业准备

根据工作量调查情况，准备夯拍机、捣镐、钢锹、铁耙、筛子、道尺、卷尺、轨温计等料具，并检查状态是否良好。

2. 设置防护

根据作业条件，按《普速铁路工务安全规则》设置作业防护。

3. 清筛枕盒内道砟

每组顺序清筛第一枕盒内的道砟，将清砟倒在路肩上，第二轨枕盒内道砟清筛后，回填在第一轨枕盒内，如此循序倒筛。筛余物随时弃至路肩外。

4. 筛道床边坡

将钢轨外侧轨枕空和枕头的石砟一起清筛。开始时将道床扒个豁口清筛，将清砟倒在后边路肩上，污土弃到路肩外，继续向前清筛，将清砟均匀倒入后边的豁口内堵好枕头，依此进行倒筛。

5. 填补缺口

每个地段分工临近结束时，对最后轨枕空及道床边坡的缺口，用本组第一轨枕空路肩上堆放的清砟回填。

6. 整理道床

清筛后，整理枕盒及边坡道床，整直坡脚，夯拍密实。清除筛出余土，并整平路肩。

7. 回检验收

随清筛进度进行回检找细，并按作业技术要求进行自验和互验，不合格应及时返工。

8. 撤除防护

按《普速铁路工务安全规则》撤出作业防护，按作业条件开通线路。

(四)作业要求

1. 清筛时使用符合规定的筛子，对用铁线编的筛子要严格检查，以保证清筛质量。

2. 清筛作业中不要破坏枕底道床。下雨天或潮湿污物裹沾在道砟上时，停止清筛作业。

3. 道砟不足时，未备好石砟，不准清筛。清筛作业时，各组之间至少间隔 6 根轨枕。

4. 要回收在路肩上下散失的道砟，同时利用清筛余土填补路肩坑洼。路堑地段不得将筛余物抛在路堑边坡处。

(五)技术要求

1. 不破底清筛枕盒内及边坡道床深度，单线线路中心线部分清筛至枕底向下 100 mm，两枕端清筛至枕底下 150 mm，并做好排水顺坡。

2. 清筛后的道床顶面宽度及边坡坡度，应符合《普速修规》的有关规定。

3 所用筛子孔径应不大于 15 mm，清筛后用同孔径筛子复筛检查，筛出物体积不超过 5%。

4. 筛后道床应符合《普速修规》第 3.3.2 条规定。

(六)作业安全

1. 防护设好后方可作业。作业中，现场防护员与驻站联络员保持联络。

2. 作业人员下道避车时应遵守《普速铁路工务安全规则》第 3.2.3 条规定。

3. 作业地段存在连续瞎缝或气温超过 30 ℃严禁进行清筛道床作业，无缝线路地段执行《普速修规》第 4.8.6 条规定。

4. 清筛轨枕头道砟时，清筛深度超过枕底时，注意不要破坏枕底道床，并及时回填轨枕头石砟。

二、清筛道床边坡作业

（一）作业目标

清除道床两侧边坡因施工或其他作业造成道床坡角脏污及边线范围的土垄，改善道床排水。

（二）作业条件

1. 按《国铁集团铁路营业线施工管理办法》规定指定专人担任作业负责人；根据作业影响范围及列车通过容许速度，确定防护条件，防护条件执行《普速铁路工务安全规则》规定。

2. 无缝线路清筛道床作业必须满足《普速修规》规定的作业轨温条件，必须备足道砟，防止发生胀轨跑道。

3. 各作业组均应至少间隔 6 根轨枕进行倒筛。

4. 与电务、供电等有关时，必须通知相关设备管理单位人员配合。

（三）作业程序

1. 作业准备

根据工作量调查情况，准备捣镐、夯拍机、钢锹、铁耙、筛子、皮筐、道尺、卷尺、轨温计等料具，并检查状态是否良好。

2. 设置防护

根据作业条件，按《普速铁路工务安全规则》设置作业防护。

3. 开口

用镐、耙沿枕木外头开口，开口宽 700～800 mm，为倒筛做准备。将开口处筛出的清砟，堆在路肩上。

4. 倒筛道床

使用铁耙先将坡面清砟扒入开口孔内，然后对不洁道砟进行清筛，均匀地倒在后边空位上，依此循序倒筛，筛出余物弃至路肩外。

5. 填补缺口

每个地段分工临近结束时，用本组开口时堆在路肩上的清砟回填，填补最后缺口。

6. 整理道床

均匀与整平清筛后道床坡面，夯拍坚实（其中枕木外头 400 mm 范围内道床要使用夯拍机夯拍密实）。将筛出余土清除，并整平路肩。

7. 回检验收

随清筛进度进行回检找细，并按作业技术要求进行验收，不合格应及时返工。

8. 撤除防护

按《普速铁路工务安全规则》撤出作业防护，按作业条件开通线路。

（四）作业要求

1. 清筛时使用符合规定的筛子，对用铁线编的筛子要严格检查，以保证清筛质量。

2. 道砟不足时，未备好石砟，不准清筛。清筛作业时，各组之间至少间隔六根轨枕。

3. 收工前，要回收路肩上下散失的道砟，同时清除筛余土，填补路肩坑洼。路堑地段不得将筛余物抛在路堑边坡处。

(五)技术要求

1. 清筛范围:自轨枕头垂直清筛至枕底下 100～150 mm,然后顺边坡不洁层扒筛至路肩面。

2. 清筛后的道床顶面宽度及边坡坡度,应符合《普速铁路线路修理规则》的有关规定。

3. 所用筛子孔径应不大于 15 mm,清筛后用同孔径筛子复筛检查,筛出物体积不超过 5%。

4. 清筛后道床无土垅,达到饱满、均匀、坚实,坡面、坡脚整齐,无杂草,路肩平整,排水良好。

(六)作业安全

1. 防护设好后方可作业。作业中,现场防护员与驻站联络员保持联络。

2. 邻线来车时停止作业,下道避车应执行《普速铁路工务安全规则》规定要求,人员、材料、工具不得侵入限界。

3. 作业地段存在连续瞎缝或气温超过 30 ℃严禁进行清筛道床边坡作业。无缝线路地段执行《普速修规》第 4.8.6 条规定。

4. 清筛轨枕头道砟时,深度超过枕底时,注意不要破坏枕底道床,并及时回填轨枕头石砟。

第六节　垫 板 作 业

一、混凝土枕地段线路调高垫板作业

(一)作业目标

消除线路轨道水平、三角坑及高低超限和暗坑、吊板等病害。

(二)作业条件

1. 按《国铁集团铁路营业线施工管理办法》规定指定专人担任作业负责人;根据作业影响范围及列车通过容许速度,确定防护条件,防护条件执行《普速铁路工务安全规则》规定。

2. 无缝线路垫板作业轨温条件应符合《普速修规》规定要求。

(三)作业程序

1. 作业准备

根据工作量调查情况准备工量具,道尺、调高垫板、起拨道器、大头镐、小扁铲、单口扳手、大胶垫、垫板、机油等。

2. 设置防护

根据作业条件,按《普速铁路工务安全规则》设置作业防护。

3. 划撬

(1)选择标准股和划撬。在垫板作业前,不论直线或曲线,作业负责人应先俯身观测坑洼,要在较高处丈量水平,然后以水平高的一股为标准股。垫板地段要查明坑洼位置,准确划好每撬的始终点或确定垫板量。同时,要将钢轨拱起、低接头、死坑、空吊板等查明并划上符号,以便指导垫板作业。

(2)测量标准股垫高量(实际垫高量＝低洼量＋轨枕空吊板量＋弦线下垂量)，用目视找出坑洼起止点，然后用弦线测量或目视估测每根轨枕的轨面低洼值，并估计轨枕空吊板量值。

4. 散布垫板

根据划撬长度、垫板厚度分发垫板，厚度不足时可用不同厚度垫板组合使用。

5. 基本作业——一般由 5～6 人按流水作业方法进行。

(1)松扣件。

使用内燃扳手或 T 形扳手松开扣件螺栓。

(2)抬轨。

起道器手扒好起道器窝，放入起道器，并根据垫板厚度抬起钢轨。抬轨时注意放平起道器，高度以放入垫板为宜。

(3)先垫标准股，后垫对面股。

(4)确定对面股的垫高量，一般采用两种方法：一种方法是标准股垫好后，用道尺测量对面股的水平误差，加上空吊板量，即为对面股的垫高量；另一种方法是先测量标准股的垫高量，然后测量水平，根据标准股的垫高量与对面股的水平差，确定对面股的垫高量，即对面股垫高量＝标准股低洼量＋对面股空吊板量±对面股水平差(标准股高水平加时为“＋”，标准股低水平减时为“－”)。

(5)垫板。用小铲铲松胶垫，将调高垫板垫在橡胶垫板与轨枕顶面之间，如发现胶垫损坏时应予更换。

(6)移正胶垫，按计算垫高量垫入调高垫板。

(7)松起道器，落下钢轨。

(8)测量轨距，整理扣件，拧紧轨枕螺栓。当轨距小时，应先紧里口螺栓，反之则先紧外口螺栓。为了不影响轨距变化率，最好由中间轨枕开始向两侧拧紧轨枕螺栓，并对作业区段内螺栓进行涂油。

6. 作业负责人对作业地段进行全面检查验收，并做好回检记录。

7. 现场负责人组织回收材料，清点工具，转移作业位置。

8. 撤除防护

按《普速铁路工务安全规则》撤出作业防护，按作业条件开通线路。

(四)作业要求

1. 抽垫板时，不得将手伸入轨底，以免挤伤手指。

2. 作业区段内竖螺栓必须涂油。

(五)技术要求

1. 调高垫板应垫在橡胶垫板与轨枕顶面之间，每处调高垫板不得超过 2 块，总厚度不得超过 10 mm。

混凝土枕线路冻害地段，在冻结后，冻起高度不超过 15 mm 地段，可用调高垫板整修。每处调高垫板不得超过 2 块，总厚度不得超过 15 mm(丝扣不足的螺旋道钉除外)。发生 15 mm 以上冻害时，可采用调高扣件。使用调高扣件的混凝土枕、混凝土宽枕，每处调高垫板不得超过 3 块，总厚度不得超过 20 mm(大调高量扣件除外)。

2. 垫板位置正确，无偏斜、无串动。

3. 扣件应安装密贴。扣板、轨距挡板应靠贴轨底边。扣板（弹片）扣件扭矩应保持 80～140 N·m。Ⅰ型、Ⅱ型弹条中部前端下颚与轨距挡板离缝作业后不应大于 1 mm，日常保持不宜大于 2 mm。Ⅲ型弹条小圆弧内侧与预埋铁座端部相距 8～10 mm。小阻力扣件弹条中部前端下颚与钢轨离缝作业后不应大于 1 mm，日常保持不宜大于 2 mm。

4. 线路、道岔上垫入或撤出冻害垫板作业时，在正线、到发线上，顺坡长度应为：允许速度不大于 120 km/h 线路不应小于冻起高度的 600 倍，允许速度为 120（不含）～160 km/h 线路不应小于冻起高度的 1 200 倍，允许速度大于 160 km/h 线路不应小于冻起高度的 1 600 倍；在其他站线上，顺坡长度不应小于冻起高度的 400 倍。线路上冻起高度超过 20 mm 时，两端顺坡之间应有不短于 10 m 的过渡段，其坡度应与线路坡度一致。辙叉及转辙部分不得有变坡点。

（六）作业安全

1. 防护设好后方可作业。作业中，现场防护员与驻站联络员保持联络。

2. 下道避车应执行《普速铁路工务安全规则》规定要求，人员、材料、工具不得侵入限界。

3. 在有轨道电路区段执行《普速铁路工务安全规则》规定要求，起道器不得放在绝缘接头处，不得在绝缘接头轨面上滑行。

二、更换调整橡胶垫板和衬垫作业

（一）作业目标

1. 更换磨损、断裂、压溃或变形的橡胶垫板。

2. 调整串出、歪斜橡胶垫板、衬垫及挡肩爬上承轨槽面的橡胶垫板。

（二）作业条件

1. 按《国铁集团铁路营业线施工管理办法》规定指定专人担任作业负责人；根据作业影响范围及列车通过容许速度，确定防护条件，防护条件执行《普速铁路工务安全规则》规定。

2. 无缝线路更换调整混凝土枕扣件作业，应按《普速修规》规定的作业轨温条件执行。

（三）作业程序

1. 作业准备：根据工作量调查情况，准备液压起拨道器或撬棍、道尺、力矩扳手、内燃（电动）扳手、胶垫、衬垫、石笔、轨温计等料具，并检查状态是否良好。

2. 设置防护：根据作业条件，按《普速铁路工务安全规则》设置作业防护。

3. 松开轨枕螺栓的螺帽，同时松开两侧各 2 根轨枕螺母。

4. 顶起钢轨：用液压起拨道器将钢轨顶起，起高量以能撤下橡胶垫板为宜。

5. 撤除旧橡胶垫板、衬垫，并将承轨槽面清除干净。

6. 更换或调整橡胶垫板、衬垫。

7. 将衬垫、橡胶垫板位置放正，钢轨就位，后撤下液压起拨道器，上好扣件将螺帽拧紧。

8. 回收旧料：将换下的零配件及时回收。

9. 回检：收工前，作业负责人对作业地段进行全面检查验收，并做好回检记录。

10. 撤除防护：按《普速铁路工务安全规则》撤除作业防护，按作业条件开通线路。

（四）作业要求

1. 承轨槽上砂土等污物应清除干净。

2. 按照计划工作量，将橡胶垫板或衬垫散布在更换位置适当地方。

（五）技术要求

1. 橡胶垫板、衬垫位置正确、平整、方正。

2. 其他零件符合技术要求，扣件扭矩达到《普速修规》规定要求。

（六）作业安全

1. 防护设好后方可作业。作业中，现场防护员与驻站联络员保持联络。

2. 下道避车应执行《普速铁路工务安全规则》规定要求，人员、材料、工具不得侵入限界。

3. 不准将手直接伸入轨底，取、放橡胶垫板或衬垫，要使用专用工具。钢轨归位时，要统一指挥。

4. 起拨道器不得放置于绝缘接头和铝热焊接头处。

5. 在有轨道电路线路上作业，防止短路。

三、更换修理道岔垫板作业

（一）作业目标

将道岔垫板断裂、失效的进行更换。

（二）作业条件

按《国铁集团铁路营业线施工管理办法》规定指定专人担任作业负责人；根据作业影响范围及列车通过容许速度，确定防护条件，防护条件执行《普速铁路工务安全规则》规定。

（三）作业程序

1. 根据工作量调查情况，准备单口扳手、T 形扳手（可卸螺纹钉）、起拨道器、撬棍、活口扳手、道尺、道钉锤、钢丝刷、扣件、木楔、石笔、长效油（以上工具选用）等料具。

2. 检查鉴定作业工具、机具状态良好，不得带病上道。

3. 设置防护。根据作业条件，按《普速铁路工务安全规则》设置作业防护。

4. 拔道钉或卸扣件。拔出待换垫板上道钉或卸下扣件，将道钉或扣件摆放在相邻岔枕面上；松开待换或修理垫板两边各 2 根岔枕轨撑螺栓、冒起道钉或松动扣件。调直弯曲道钉，用钢丝刷清除螺钉上污垢。

5. 抽垫板。用起道器或撬棍撬起钢轨，抽出垫板。清理混凝土枕面上污垢，削平枕木。钢轨起高量以能撤下胶垫板为宜。

6. 换垫板。木枕道岔在钉孔内插入经过防腐处理的木片，换入新垫板或将修理后的旧垫板换入。同时对伤损道钉扣件进行更换。

7. 紧螺栓或钉道钉。放下钢轨，螺栓涂油、拧紧松开的螺栓，放入木楔、钉紧道钉。保持螺栓油润状态良好、无锈蚀。

8. 回检。收工前，作业负责人对作业地段进行全面检查验收，并做好回检记录。对验收不合格地段责令返工。

9. 清理现场。现场负责人组织回收材料，清点工具。做到工完料净，禁止工具、材料遗留在现场。

10. 撤除防护、结束作业。确认线路达到放行列车条件，人员、机具撤出限界以外后，作业负责人通知现场防护员撤除防护，现场防护员撤除防护用对讲机通知驻站联络员作业完毕，开通线路；驻站联络员接到现场开通线路的通知复诵确认后，进行销记。

（四）作业要求

1. 在需更换修理的垫板处做出需更换修理的标记。

2. 撤出垫板后对木枕进行削平，避免因枕木不平造成垫板折断。

3. 更换时核对垫板型号，避免因型号不统一造成其他病害。

4. 重新钉入道钉前要插入木楔，再钉道钉。

5. 垫板更换完成后要对该进行检查，避免造成其他问题。

（五）技术要求

1. 枕木削平后清除木屑。

2. 打道钉前要整正垫板。

3. 由更换修理垫板引起的有关项目，应符合各单项技术作业标准。

（六）作业安全

1. 防护设好后方可作业。作业中，现场防护员与驻站联络员保持联络。

2. 下道避车应执行《普速铁路工务安全规则》规定要求，人员、材料、工具不得侵入限界。

3. 起钉不准用其他物件代替撬棍垫，不准在钢轨上直钉，不准使用弯曲道钉。

4. 使用撬棍必须要有绝缘套，避免连电。

第七节　更换轨枕作业

一、单根更换木枕作业

（一）作业目标

依据《普速修规》规定的木枕失效标准，更换失效的或其他需要更换的木枕。

（二）作业条件

1. 按《国铁集团铁路营业线施工管理办法》规定指定专人担任作业负责人；根据作业影响范围及列车通过容许速度，确定防护条件，防护条件执行《普速铁路工务安全规则》规定。

2. 连续更换轨枕不超过 2 根。

3. 与电务、供电等有关时，必须通知相关设备管理单位人员配合。

4. 无缝线路地段更换木枕时，严格执行《普速修规》作业轨温条件。

5. 单根抽换木枕，以两人一组作业为宜。

6. 使用新木枕应预先钻孔，孔径及深度按《普速修规》第 3.5.6 条执行。

（三）作业程序

1. 作业准备

根据工作量调查情况，准备捣镐、钢锹、铁耙、道尺、枕木夹钳、撬棍、道钉锤、活口扳手、轨温计等料具，并检查状态是否良好。

2. 预钻道钉孔和捆头

预先钻好一端的道钉孔，根据需要捆扎木枕头。

3. 散布木枕

根据事先调查标记符号的位置散布木枕，直线地段将木枕散布在作业方便的一侧，曲线地段散布在曲线下股一侧。

4. 设置防护

根据作业条件，按《普速铁路工务安全规则》设置作业防护。

5. 拆除防爬设备和轨距杆

拆除影响更换木枕作业的防爬设备和轨距杆。

6. 扒道床

(1)扒砟应确认线路爬行方向。挖开与爬行方向相反侧的轨枕空内道砟；在坡道上挖开上坡道侧的轨枕空道砟；在双线挖开与列车运行方向相反侧的轨枕空道砟。

(2)砟肩扒槽时选择条件有利侧，挖开轨枕空的一端砟肩道砟。单线曲线地段要在下股扒槽。

(3)扒砟深度一般应扒到枕底下 30 mm 左右，并考虑削平深度等，以不妨碍抽出、穿入木枕为宜。

(4)扒出的道砟要堆放整齐，不得超过轨面。在扒砟时，如碎石道床严重不洁，应同时进行清筛。

7. 起下道钉

先起下铁垫板与木枕的联结道钉，再起下钢轨内口道钉，最后起下钢轨外口道钉，将起下的道钉、铁垫板放在相邻的木枕上，弯曲道钉用直钉器调直。

8. 撤出铁垫板

撤除铁垫板，若铁垫板压陷枕面，则将木枕连同铁垫板一同拨入枕盒内，后撤除铁垫板。

9. 抽出旧木枕

将旧木枕横向拨入扒开的轨枕盒内，用木枕夹钳顺着道床槽将旧木枕抽出，顺放在路肩上。

10. 整平道床

整平原枕底道床，其深度应较新木枕厚度深 15～20 mm，宽度为 280 mm 左右。以能拨入新枕木和安设铁垫板为宜。

11. 穿入新枕木

确定轨枕穿入方向，用木枕夹钳顺着道砟槽将新木枕穿入，按标记位置横向拨至轨枕位置上。

12. 安设铁垫板

顺轨底安设铁垫板，使铁垫板外肩靠贴轨底边，左右距轨枕边的距离应相等。

13. 钻孔压钉

(1)由一人撬起木枕，另一人打道钉。先压打预钻孔一端的道钉，然后量轨距，钻好另一端道钉孔，压打道钉。

(2)打道钉时，整直弯曲道钉和更换不良道钉。如附近轨距不良时，应同时改正。

14. 捣固

回填部分道砟，扒好另一侧镐窝，轨下要适当加强，做到紧密、坚实，并串实道心。

15. 安装防爬设备和轨距杆

按有关作业标准和要求安装拆卸的防爬设备、轨距杆。

16. 回检找细

全面检查、整修不良处所，对捣固不实地段进行第二遍捣固，将扒出的道砟回填，恢复道床断面，并整平道床坡面，清扫枕木面。

17. 整理料具

回收旧枕木，分类堆码，妥善保管。

18. 撤除防护

按《普速铁路工务安全规则》撤出作业防护，按作业条件开通线路。

(四)作业要求

1. 在接头上更换木枕时，应选用材质较好、标准尺寸，两根同时更换。

2. 木枕宽面在下，顶面与底面同宽时，应使树心一面向下。

3. 木枕应与轨道中心垂直，位置正确。

4. 抽出和穿入木枕，拆装铁垫板时，不准撬起钢轨。

5. 禁止在轨距不良的条件下钻孔和打道钉。

6. 禁止用锹、镐、撬棍、耙子等伤损新、旧木枕。

7. 新木枕换上后的 2～5 天应再进行一遍捣固。

(五)技术要求

1. 换入的木枕，应在轨道一侧取齐，取齐的一端距轨底应为 450 mm，其误差不得大于 10 mm。单线直线地段在里程方向左侧取齐，曲线地段在上股一侧取齐。双线地段在两外侧取齐，站内在站台一侧取齐。如有过长或过短的木枕，则应两侧等长。

2. 换入的新木枕，必须预先钻道钉孔。孔径及深度按《普速修规》第 3.5.6 条执行。

3. 有关的轨道几何尺寸及道钉、捣固、道床、防爬设备等应符合各单项技术作业标准。

(六)作业安全

1. 防护设好后方可作业，作业中，现场防护员与驻站联络员保持联络。

2. 作业人员下道避车时应遵守《普速铁路工务安全规则》第 3.2.3 条规定。

3. 散布与更换木枕时，防止碰坏标志和信号设备，在有轨道电路地段作业时防止连电。

4. 新、旧木枕的装运、更换和存放，要防止侵入建筑限界。

5. 严禁扩大施工准备范围，达到放行列车条件后方可开通线路。

6. 机具应按规定安装漏电保护装置。作业前对发电机、电钻、导线和接线盒要认真检查，有漏电部分要整修好，并遵守有关操作规程。

二、单根更换混凝土枕作业

(一)作业目标

依据《普速修规》规定的混凝土枕失效标准，更换失效的或其他需要更换的混凝土枕。

(二)作业条件

1. 按《国铁集团铁路营业线施工管理办法》规定指定专人担任作业负责人;根据作业影响范围及列车通过容许速度,确定防护条件,防护条件执行《普速铁路工务安全规则》规定。

2. 连续更换轨枕不超过 2 根。

3. 与电务、供电等有关时,必须通知相关设备管理单位人员配合。

4. 无缝线路地段更换混凝土枕时,严格执行《普速修规》作业轨温条件。

5. 单根抽换混凝土枕,以四人一组作业为宜。

6. 使用速锚剂应严格按说明书锚固使用,防止轨道电路泄漏。

(三)作业程序

1. 散布轨枕

根据事先调查符号散布轨枕,直线地段将混凝土枕散布在作业方便的一侧,曲线地段散布在曲线下股一侧。

2. 作业准备

根据工作量调查情况,准备捣镐或内燃捣镐、钢锹、铁耙、道尺、T 形套筒、活口扳手、轨温计等料具,并检查状态是否良好。

3. 设置防护

根据作业条件,按《普速铁路工务安全规则》设置作业防护。

4. 拆除影响作业的设备

先确定“开门”的位置,再拆除影响更换混凝土枕作业的防爬器及轨距杆,并由其他单位配合拆除影响作业设备。

5. 扒道床

扒开与爬行方向相反侧的轨枕空道砟,扒空深度以能抽出、穿入轨枕为宜。对含土量较多的道砟,要结合进行清筛。

6. 卸下扣件

卸掉螺帽、垫圈、扣件(垫片或挡板座)和胶垫等配件,并集中存放在适当地点。

7. 抽出旧轨枕

将旧轨枕横向拨入扒开的轨枕盒内,然后用绳索套住螺栓或专用工具将旧枕抽出,顺放路肩上。抽出旧枕和拨入新枕,以四人一组为宜。

8. 整平道床

(1)整平原枕底道床,其深度稍大于轨枕和胶垫的厚度,以能拨入新轨枕及不妨碍捣固为宜。

(2)如枕底原有道床严重不洁时,应在抽出旧枕后,扒出道砟清筛。在回填时把枕底扒平,使其深度合适,以免影响新枕穿入。

9. 穿入新枕

将新轨枕对准扒开清理好的枕盒,用绳索或专用工具穿入,按标记位置拨正轨枕。

10. 安装扣件

放好轨下胶垫,螺杆涂油,安装垫片(或挡板座)、扣件及垫圈,改正轨距,拧紧螺帽,使扣件扭矩及扣压力符合《普速修规》第 3.7.4 条规定。

11. 填砟捣固

回填适量的道砟，串实捣固。

12. 安设拆除设备

按有关作业标准和要求安装防爬器及轨距杆，并配合其他单位安装影响换枕作业拆卸的设备。

13. 回检找细

全面检查、整修不良处所，将扒出的道砟回填，恢复道床断面，并整平道床坡面，清扫枕木面。

14. 整理料具

按旧轨料管理办法有关规定回收旧轨枕，分类堆码、妥善保管。

15. 撤除防护

按《普速铁路工务安全规则》撤出作业防护，按作业条件开通线路。

(四)作业要求

1. 搬运和更换时防止损坏轨枕及螺杆。

2. 补充和更换缺少失效零配件，扣件扭力矩要达到标准。

3. 消灭空吊板，换枕后的 2～5 天应再进行一遍捣固。

(五)技术要求

1. 新枕位置要正确，必须与轨道中心线垂直，间距偏差及歪斜在正线、到发线上不超过 50 mm，在其他站线上不超过 60 mm。

2. 轨枕中部道床应符合《普速修规》第 3.3.2 条规定。

3. 轨道几何尺寸及扣件、捣固、道床、防爬设备等应符合各单项技术作业标准。

(六)作业安全

1. 防护设好后方可作业。作业中，现场防护员与驻站联络员保持联络。

2. 作业人员下道避车时应遵守《普速铁路工务安全规则》第 3.2.3 条规定。

3. 散布与更换轨枕时，防止碰坏标志和信号设备，在有轨道电路地段作业时防止连电。

4. 新、旧轨枕的装运、更换和存放，要防止侵入建筑限界。

5. 严禁扩大作业范围，达到放行列车条件后方可开通线路。

6. 机具应按规定安装漏电保护装置。作业前对发电机、电钻、导线和接线盒要认真检查，有漏电部分要整修好，并遵守有关操作规程。

三、单根抽换岔枕作业

(一)作业目标

将失效的旧岔枕抽出，插入相同型号的新岔枕。

(二)作业条件

1. 按《国铁集团铁路营业线施工管理办法》规定指定专人担任作业负责人；根据作业影响范围及列车通过容许速度，确定防护条件，防护条件执行《普速铁路工务安全规则》规定。

2. 更换转辙部岔枕时，必须通知电务人员配合。

(三)作业程序

1. 根据工作量调查情况,准备液压起拨道器、道尺、撬棍、活口扳手、单口扳手、内燃扳手、内燃冲击镐或捣镐、耙子、抬杆、套子、石砟、叉子、拉耙、滚轮、尖锹、石笔。作业前,由负责人对当日使用的各种量具进行检查核对,保证量具准确。检查内燃冲击镐、液压起拨道器是否良好,油箱油料是否充足并带足油料。

2. 设置防护。根据作业条件,按《普速铁路工务安全规则》设置作业防护。

3. 扒道床。扒砟应确认线路爬行方向。挖开与爬行方向相反侧的轨枕空内道砟;在坡道上挖开上坡道侧的轨枕空道砟;在双线挖开与列车运行方向相反侧的轨枕空道砟。砟肩扒槽时选择条件有利侧,挖开轨枕空一端砟肩道砟。单线曲线地段要在下股扒槽。

4. 拆卸联结零件及撤除铁垫板。先松下铁垫板与岔枕的联结螺栓,撤除联结零配件、铁垫板,将松下的零配件、铁垫板放在相邻的岔枕上。

5. 抽出旧岔枕。将旧岔枕横向拨入扒开的轨枕盒内,顺着道床槽将旧岔枕抽出,顺放在路肩上。

6. 整平道床。整平原枕底道床,以能拨入新枕木和安设铁垫板为宜。

7. 穿入新岔枕。确定轨枕穿入方向,顺着道砟槽将新岔枕穿入,按标记位置横向拨至轨枕位置上。

8. 安设铁垫板及联结零件。顺轨底安设铁垫板,更换伤损胶垫。由一人撬起岔枕,另一人填砟打塞,测量轨距,上扣件,紧固螺栓,压打道钉。如附近轨距不良时,应同时改正。

9. 捣固。回填部分道砟,扒好另一侧镐窝,串实、捣固枕下道砟。

10. 整理道床。先道心、后枕头,填满枕盒内道床,全面整理道床,夯拍密实。

11. 回检找细。全面检查、整修不良处所,将扒出的道砟回填,恢复道床断面;整平道床坡面,清扫枕木面。

12. 清理现场。回收旧岔枕,按规定摆放,不得侵入限界;清点工具、机具。做到工完料净,枕木堆码整齐不超限;防止工具、机具、材料遗留在现场。

13. 撤除防护。按《普速铁路工务安全规则》撤出作业防护,按作业条件开通线路。

(四)作业要求

1. 更换岔枕,不准抬道抽枕。

2. 轨道电路地段作业时防止连电。

3. 钢轨枕下捣固密实,道心枕下串实;新岔枕换上后的 2～5 天应再进行一遍捣固。

4. 回填石砟作业地段轨底处道床顶面应低于轨枕顶面 20～30 mm。混凝土枕中部道床可不掏空,但应保持疏松。

(五)技术要求

1. 扒砟深度一般应扒到枕底下 30 mm 左右,以不妨碍抽出、穿入岔枕;扒出的道砟要堆放整齐,不得超过轨面;在扒砟时,如碎石道床严重不洁,应同时进行清筛。

2. 捣固后无空吊板。

(六)作业安全

1. 防护设好后方可作业。作业中,现场防护员与驻站联络员保持联络。

2. 下道避车应执行《普速铁路工务安全规则》规定要求,人员、材料、工具不得侵入限界。

3. 散布岔枕时，防止碰坏标志和信号设备；新岔枕必须吊装吊卸、严禁人工拨卸，新岔枕的摆放要防止侵入建筑限界。

第八节　更换接头螺栓及扣件作业

一、更换接头螺栓作业

（一）作业目标

1. 更换发生折断、严重锈蚀、丝扣损坏、杆径磨耗超过 3 mm 及不能保持规定扭矩的接头螺栓。

2. 结合线路计划维修进行螺栓涂油或定期涂油。

3. 更换螺栓作业时应涂油。

（二）作业条件

1. 按《国铁集团铁路营业线施工管理办法》规定指定专人担任作业负责人；根据作业影响范围及列车通过容许速度，确定防护条件，防护条件执行《普速铁路工务安全规则》规定。

2. 绝缘接头螺栓更换及涂油必须通知电务人员配合。

（三）作业程序

1. 作业准备

（1）根据工作量调查情况，准备活口扳手、扭力扳手、内燃扳手（电动扳手）、接头螺栓、长效防腐润滑脂、钢丝刷、油刷等料具，并检查状态是否良好。

（2）使用内燃接头扳手（电动扳手）卸螺栓作业前，整备机器处于完好状态，内燃机启动怠速运转 3～5 min 预热。

2. 设置防护

根据作业条件，按《普速铁路工务安全规则》设置作业防护。

3. 卸螺栓

（1）卸螺栓时两脚站在预卸螺栓帽的一侧，脚跟相距 300～400 mm，并成 90°角，两脚趾顶在夹板的边缘，上体前屈。当螺丝把嵌住螺帽后，重心移到旋回方向的前脚，卸螺栓时左手在前，两手用力旋转螺丝把。

使用活口扳手时前脚踏在轨枕上，后脚踏在另一根轨枕上，距轨底约 50 mm。右手持螺丝把，左手支撑在轨面上，并以手指按住螺丝头部。

（2）使用内燃接头扳手（电动扳手）应根据《普速修规》的要求标定扭矩，松卸的扭矩要大于紧固的扭矩，用扭矩扳手校定达到规定的范围内。作业中，确认转动方向正确，启动发动机，达到额定转速后，即可进行作业。在松开接头螺栓时，应先使套筒扳头全部套入螺帽后方可进行松开作业，以免磨损螺帽。

4. 除锈

用小扁铲及钢丝刷或布除去螺栓上的积锈油垢等污物。

5. 检查

检查螺栓有无伤损，垫圈是否失效。

6. 涂油

螺丝扣部分应全面涂油，螺栓杆也应少量涂油。

7. 上螺栓

穿上螺栓，套上垫圈，上紧螺母，垫圈口朝下。

8. 复拧

对更换或涂油的接头螺栓全面复拧，并达到规定扭矩要求。

9. 回检

收工前，作业负责人对作业地段进行全面检查验收，并做好回检记录。

10. 撤除防护

按《普速铁路工务安全规则》撤除作业防护，按作业条件开通线路。

(四)作业要求

1. 高强螺栓与普通螺栓不得混用。普通螺栓采用半圆球头，高强度螺栓采用平锥头。普通螺母不做标记，高强螺母的标记为30°倒角一面做出高与宽各2 mm的凸圈。

2. 严禁用锤敲击螺栓。

3. 螺栓涂油使用长效防腐润滑脂。

(五)技术要求

1. 接头螺栓应与钢轨配套使用，不准代用。

2. 螺栓规格符合设计标准，无松动失效。

(1)普通线路接头螺栓扭矩应达到《普速修规》规定值，并应保持均匀。扭矩不足时，不得低于规定值100 N·m以上。接头防松紧固件的扭矩标准参照《普速修规》表3.7.9—2。

(2)可动心轨道岔的普通钢轨接头应使用10.9级螺栓，扭矩应保持700～900 N·m。固定型辙叉接头冻结应采用高强螺栓，扭矩应保持1 100～1 400 N·m。

(3)高强绝缘接头螺栓扭矩要达到900 N·m(43 kg/m钢轨为700 N·m)。

(4)缓冲区钢轨接头必须使用不低于10.9级的螺栓，螺栓扭矩应保持在700～1 100 N·m。

3. 保持螺栓油润状态良好、无锈蚀。

4. 松卸螺母自如，无松动失效。

(六)作业安全

1. 防护设好后方可作业。作业中，现场防护员与驻站联络员保持联络。

2. 下道避车应执行《普速铁路工务安全规则》规定要求，人员、材料、工具不得侵入限界。

3. 道岔部位接头螺栓更换或涂油作业执行道岔作业要求。

4. 在无缝线路缓冲区更换接头螺栓或涂油时，应在实际锁定轨温±20 ℃以内逐根进行。在实际锁定轨温±20 ℃以上时禁止进行更换接头螺栓或涂油作业。

5. 在绝缘接头作业时，应有电务人员进行配合。

二、更换调整混凝土枕扣件作业

(一)作业目标

1. 更换伤损混凝土枕扣件。

2. 调整扣件改正轨距、方向不良。

3. 调整扣件与轨底，铁座与承载槽挡肩有间隙，螺旋道钉扭力矩达不到技术要求的扣件。

4. 更换损坏或调整串出、歪斜铁座垫片。

(二)作业条件

1. 按《国铁集团铁路营业线施工管理办法》规定指定专人担任作业负责人；根据作业影响范围及列车通过容许速度，确定防护条件，防护条件执行《普速铁路工务安全规则》规定。

2. 无缝线路更换调整混凝土枕扣件作业，应按《普速修规》规定的作业轨温条件执行。

(三)作业程序

1. 作业准备。根据工作量调查情况，准备力矩扳手、单口扳手(内燃扳手)、垫圈、扣板、螺母等料具，并检查状态是否良好。

2. 设置防护。根据作业条件，按《普速铁路工务安全规则》设置作业防护。

3. 更换时，卸下螺母，取下垫圈、扣板。调整扣件时，属于不密贴，先卸掉螺母，取下平垫、垫圈，试调扣板或挡板；如不合适，翻转或调换使用。如仍不合适，可加垫调整垫片，但不得超过一块。如扭矩不符合要求，根据实际整修螺旋道钉。

4. 清除螺旋道钉及根部周围扣件上的污垢、铁锈，并检查扣件有无伤损。

5. 对螺旋道钉根部、丝扣均匀涂油。

6. 按顺序组装好扣件，需要更换扣件时，应换入新扣件，拧紧螺母。按下列顺序安装扣件：

(1)安放防磨垫板，橡胶垫板。

(2)安放铁座、挡板座。

(3)安装扣板、轨距挡板、弹条。注意扣板(轨距挡板)与轨底有缝的要翻转或调换，或更换加厚铁座(尼龙挡板座)。

(4)套上双簧垫圈。

(5)垫平垫圈。

(6)上螺帽，将螺母拧紧达到扭矩要求。

(7)不良扣件及零件应同时更换。

7. 回检。对几何尺寸及零配件进行全面检查，螺栓要全面复拧。

8. 回收旧料。将换下的零配件及时回收。

9. 撤除防护。按《普速铁路工务安全规则》撤除作业防护，按作业条件开通线路。

(四)作业要求

1. 螺旋道钉锈蚀，按螺旋道钉涂油作业标准要求涂油。最好使用长效防腐润滑脂。

2. 作业时采用隔二卸一流水作业法，涂油前必须全部卸开扣件，去垢除锈，涂油均匀，但油量不宜过多，以免侵蚀胶垫。拧紧螺母，不宜任意提高扣压力。

3. 扣板或挡板与轨底不密贴时，可在调整扣板或挡板号码的基础上，加垫调整垫片。铁垫片垫在扣板或挡板与轨底侧面之间；胶垫片垫在铁座与胶垫之间或者挡板与挡板座之间。

4. 调整扣件时，随时检查轨距和方向，调整好基本股扣件后，调整另一股钢轨的扣件。当轨距小时，加大内侧扣件号码，相应减小外侧扣件号码；轨距大时，减小内侧扣件号码，加大外侧扣件号码。曲线以上股为基本股。

5. 在调整扣件时，如遇到胶垫不正、破损，其他零件损坏，也应调整或更换。

（五）技术要求

1. 扣件状态和扭矩，达到《普速修规》的规定要求。

2. 轨枕面上、螺旋道钉、扣件去垢除锈彻底，螺旋道钉油润良好。

3. 扣件正确安装，符合图定标准，螺母能正常上、卸，扣压力达到标准。

4. 铁座垫片应与混凝土枕承轨槽面、挡肩密贴，位置正确。

5. 使用扣板扣件时，正线半径在 800 m 及以下和站线半径在 450 m 及以下的曲线地段，钢轨外侧应使用加宽铁座。

6. 轨距误差不超过作业验收标准：速度大于 120 km/h 区段轨距变化率不大于 1‰，其他地段不大于 2‰。

（六）作业安全

1. 防护设好后方可作业。作业中，现场防护员与驻站联络员保持联络。

2. 下道避车应执行《普速铁路工务安全规则》规定要求，人员、材料、工具不得侵入限界。

3. 在长大桥梁、隧道及瞭望条件不良地段作业时，应增设现场防护员。

第九节　更换接头夹板作业

一、作业目标

1. 更换折断夹板。

2. 更换夹板中央裂纹（指中间两螺栓孔范围内）及其他部位裂纹发展到螺栓孔的夹板。

3. 更换夹板弯曲及上、下缘磨耗或螺栓孔磨耗造成病害的夹板。

二、作业条件

1. 按《国铁集团铁路营业线施工管理办法》规定指定专人担任作业负责人；根据作业影响范围及列车通过容许速度，确定防护条件，防护条件执行《普速铁路工务安全规则》规定。

2. 更换绝缘夹板必须通知电务人员配合。

三、作业程序

1. 作业准备

根据工作量调查情况，准备单口扳手、活口扳手、撬棍、道钉锤、轨缝调整器、夹板、急救器、扭力扳手、螺栓、润滑脂、钢丝刷、油刷等料具，并检查状态是否良好，核对待换夹板型号一致、状态良好（单块更换时应备一对同型号夹板）。

2. 设置防护

根据作业条件，按《普速铁路工务安全规则》设置作业防护。

3. 检查轨缝

更换夹板作业时，应先调查轨缝，根据需要适当调整，将前后钢轨锁定。

4. 起道钉或松卸扣件

木枕起下接头道钉，混凝土枕接头需卸下轨枕螺栓扣件，卸下夹板螺栓。

5. 拆卸夹板

将夹板撤下后放在适当位置,并将内部积土扫净。

6. 除锈检查

用小扁铲及钢丝刷除去夹板、钢轨和螺栓孔周围铁锈、油垢。除锈后要仔细检查钢轨和夹板上有无伤损、裂纹。

7. 涂油

对螺栓及夹板和钢轨接触面上均匀涂上油层。

8. 安装夹板

上夹板时应注意是否需要内外口调换使用。弹簧垫圈口应朝下。

9. 上螺栓

用螺丝把尖端将夹板孔和钢轨孔对正再穿入螺栓,直线 6 孔夹板先拧紧 1、6、3、4 位螺栓,再拧紧 2、5 位螺栓;曲线 6 孔夹板先拧紧 1、6、5、2 位螺栓,再拧紧 3、4 位螺栓。

10. 打钉或安装扣件

打钉时执行打道钉作业要求。安装扣件时按顺序安装扣件、弹条、垫片及螺母,并扭紧螺母达到扭矩要求。

11. 复拧

螺栓全部拧紧一遍,以达到扭矩要求。

12. 回收旧料

将换下的夹板及螺栓及时回收。

13. 回检

开通前,作业负责人对作业地段进行全面检查验收,并做好回检记录。

14. 撤除防护

按《普速铁路工务安全规则》撤除作业防护,按作业条件开通线路。

四、作业要求

1. 钉齐道钉或上齐扣件。木枕,将换前起下的道钉钉入;混凝土枕,清除轨枕上的污垢,对螺栓涂油,安装扣件,拧紧螺栓。

2. 新换夹板时,夹板与钢轨接触面要除锈涂油。

3. 各种联结零件,应做到数量齐全;不良螺栓、垫圈等应同时更换。

五、技术要求

1. 同一接头的夹板必须类型相同。接头减振夹板要确认好内外侧。

2. 道岔钢轨接头轨面和内侧错牙《普速修规》表 6.4.7 规定要求。

3. 接头螺栓扭矩达到《普速修规》表 3.7.9—1、表 3.7.9—2 的规定值。

六、作业安全

1. 防护设好后方可作业。作业中,现场防护员与驻站联络员保持联络。

2. 下道避车应执行《普速铁路工务安全规则》规定要求，人员、材料、工具不得侵入限界。

3. 在无缝线路地段更换夹板时，应在实际锁定轨温±10 ℃以内进行。

4. 根据气温情况注意防止轨缝拉开及线路胀轨跑道。

5. 在绝缘接头作业，必须在电务部门配合下进行作业。

第十节　安装防爬设备作业

一、作业目标

1. 调整锁定方法不正确的防爬设备。

2. 补充、更换或修理缺少或失效的防爬设备。

3. 整正防爬设备。

二、作业条件

1. 按《国铁集团铁路营业线施工管理办法》规定指定专人担任作业负责人；根据作业影响范围及列车通过容许速度，确定防护条件，防护条件执行《普速铁路工务安全规则》规定。

2. 无缝线路安装防爬设备作业，应按《普速修规》规定的作业轨温条件执行。

三、作业程序

1. 作业准备。根据工作量调查情况，准备活口扳手、扒砟耙子、方头镐、防爬器、防爬支撑、承力板等料具，并检查状态是否良好。

2. 设置防护。根据作业条件，按《普速铁路工务安全规则》设置作业防护。

3. 将防爬器、防爬支撑散布到作业地点。

4. 扒开道床，取出旧支撑，安装新支撑。

5. 卸下防爬器，放在适当位置。新设防爬器时，先将防爬器套子套挂在轨枕空的轨底上。更换防爬器时，先将既有防爬器撤掉，放在附近不影响作业处。整修承力板时，将防爬器退出。

6. 安装防爬器及承力板。将防爬器套子安装在轨枕侧面，摆正位置，并将木制承力板靠紧防爬器加力板，然后将销子在套内插紧。

7. 打紧防爬器。将安装好的防爬器，以道钉锤子或手镐在钢轨内外口，轮流轻打，直至打紧为止，使轨枕与承力板、防爬器加力板、三者之间紧靠无缝，防止只打一面造成三者不严。

8. 划出距轨底边缘 350 mm 的支撑位置，安装支撑（如设在轨底可不划位置线）。

9. 回填道床。将扒开的道砟回填并整平。

10. 回收旧料。将换下的防爬器及材料及时回收。

11. 回检。收工前，作业负责人对作业地段进行全面检查验收，并做好回检记录。

12. 撤除防护。按《普速铁路工务安全规则》撤除作业防护，按作业条件开通线路。

四、作业要求

1. 安装防爬设备的轨枕，位置不正时应进行方正。

2. 打紧防爬器时，用锤轮流轻击防爬器及穿销，到位后打紧。

3. 防爬支撑尺寸必须标准，避免安装防爬支撑挤动轨枕，造成枕木间距不符，并不准用道钉锤直接敲击支撑或轨枕。

五、技术要求

1. 防爬器和防爬支撑的安装位置和数量应符合《普速修规》规定或设计要求。

2. 防爬器与轨枕之间应设承力板。防爬支撑断面应不小于120 cm^2。防爬器、承力板、轨枕三者应密贴。承力板作用面的面积应大于防爬器承力板面积，小面厚度不小于50 mm；混凝土枕的承力板呈楔形，斜面与轨枕面一致，小头厚50 mm。

3. 穿销式防爬器必须配套使用，销子要打紧。注意销子不得顶住铁垫板或道钉。

4. 防爬支撑排列整齐，密靠轨枕。

六、作业安全

1. 防护设好后方可作业。作业中，现场防护员与驻站联络员保持联络。

2. 下道避车应执行《普速铁路工务安全规则》规定要求，人员、材料、工具不得侵入限界。

3. 打压防爬销子作业要准、要稳，避免锤偏打伤钢轨，并要与作业人员按《普速铁路工务安全规则》规定保持足够的安全距离，防止飞锤伤人。

第十一节　安装轨距杆、轨撑作业

一、安装及调修轨距杆作业

(一)作业目标

安装、移设、更换、修理轨距杆(含绝缘轨距杆)及轨距杆螺丝涂油。作业范围如下：

1. 小半径曲线地段需要加强。

2. 道岔导曲线、临时线路、施工架空等薄弱部位，设置、拆移轨距杆。

3. 轨距杆折断或丝扣损坏，螺帽、垫圈、铁卡损坏需要更换。

4. 在曲线地段需增加轨距杆根数或变动位置。

5. 轨距杆歪斜不发挥作用应进行调整。

6. 轨距杆位置安设不当，影响维修作业。

7. 轨距杆螺丝涂油。

8. 绝缘轨距杆绝缘性能不良。

9. 20 mm以上冻害地段

(二)作业条件

1. 按《国铁集团铁路营业线施工管理办法》规定指定专人担任作业负责人；根据作业影响范围及列车通过容许速度，确定防护条件，防护条件执行《普速铁路工务安全规则》规定。

2. 更换绝缘轨距杆必须通知电务人员配合。

(三)作业程序

1. 作业准备。

(1)根据工作量调查情况,准备活口扳手、扒砟耙子、成套轨距杆、长效润滑脂、钢丝刷、油刷等料具,并检查状态是否良好。

(2)对绝缘轨距杆应由电务人员配合检查测试。

(3)如需要更换或增设轨距杆,将新轨距杆放置在计划更换或安装位置附近的路肩上。

2. 设置防护。

按《普速铁路工务安全规则》设置作业防护。

3. 扒开安装或更换位置的石砟。

4. 松卸螺母,检查绝缘。

松开、卸下螺母除锈、涂油。同时检查绝缘状况,如发现绝缘损坏或达不到要求,配合电务修理、更换。

5. 安装或调整轨距杆,拧紧螺母。

安装时,轨距杆穿入后,将两端卡头分别挂在轨底上,调整位置。调整时应根据需要先将两端有关螺母松开,使轨距杆变动部位能自由活动,调好定位。

在道心内用管钳子嵌住或用撬棍撬压轨距杆,使之固定,然后先拧紧一端钢轨内外侧螺母。拧另一端螺母时,注意勿使钢轨某一侧螺母过紧以免影响轨距。

6. 回填道砟,整平。

7. 回收旧料。

将换下的轨距杆及时回收。

8. 回检。

收工前,作业负责人对作业地段进行全面检查验收,并做好回检记录。

9. 撤除防护。

按《普速铁路工务安全规则》撤除作业防护,按作业条件开通线路。

(四)作业要求

1. 螺旋杆涂油时,双头螺旋杆先涂一端,再涂另一端。

2. 安装轨距杆时,先将两钢轨内侧的螺母、弹簧垫圈、平垫圈、铁卡套入轨距杆两端内侧,然后分别依次将两端外侧铁卡、弹簧垫圈、螺母组装好,挂在轨底,调好位置。安装铁卡严禁敲打。

3. 在拧紧螺母时,使轨距杆固定,拧紧一侧钢轨内外铁卡螺母,再拧紧另一侧钢轨内外铁卡螺母。在拧紧螺母过程中,随时检查轨距。

(五)技术要求

1. 轨距杆安装符合《普速修规》有关规定。

2. 轨距杆在直线地段与线路中心线垂直;在曲线地段与中心线的切线垂直。轨距杆安设位置,应以避开接头均匀设置和不影响维修作业为原则。每根轨距杆应安装靠贴在轨枕沿线路方向的同一侧。卡头与轨枕间间隙不大于 10 mm。轨距杆在直线地段与线路成 90°角,在曲线地段应与钢轨切线方向成90°角。

3. 在轨道电路的线路上安装轨距杆时,必须使用绝缘轨距杆。

4. 轨距杆两端的卡头必须与轨底顶紧密靠,两端的全部螺母要拧紧,使轨距杆呈拉紧状态,曲线上使用单头轨距杆时,螺栓帽一端应设于曲线上股。

(六)作业安全

1. 防护设好后方可作业。作业中,现场防护员与驻站联络员保持联络。

2. 下道避车应执行《普速铁路工务安全规则》规定要求,人员、材料、工具不得侵入限界。

3. 安拆轨距杆时,应注意前后人员防止碰伤人员。

4. 绝缘轨距杆使用前应经电务测试,合格后方可使用。

5. 作业中防止轨道电路短路或断路。

二、安装轨撑作业

(一)作业目标

1. 修理或更换轨撑损坏或作用不良的轨撑。

2. 配合其他作业拆装轨撑。

3. 新安设轨撑。

(二)作业条件

1. 按《国铁集团铁路营业线施工管理办法》规定指定专人担任作业负责人;根据作业影响范围及列车通过容许速度,确定防护条件,防护条件执行《普速铁路工务安全规则》规定。

2. 无缝线路安装轨撑作业,应按《普速修规》规定的作业轨温条件执行。

(三)作业程序

1. 作业准备。根据工作量调查情况,准备力矩扳手、撬棍、撬棍垫、道钉锤、轨撑、轨撑方垫、铁座、平垫圈、双簧圈等料具,并检查状态是否良好。

2. 设置防护。根据作业条件,按《普速铁路工务安全规则》设置作业防护。

3. 混凝土枕线路,卸下螺帽,卸下原扣件;取下平垫圈、双簧圈、轨撑方垫,卸下轨撑铁座,取出轨撑;木枕线路起拔道钉,撤下铁垫板或轨撑。

4. 清除轨腰和轨枕承轨槽内污垢、铁锈,竖螺栓涂油;木枕进行削平,并利用电钻钻孔。

5. 安装新轨撑,再依次安装轨撑铁座、铁座垫片、轨撑方垫、双簧圈、平垫、拧紧螺帽或钉上道钉放好垫圈,拧紧螺帽或者钉上道钉。

6. 回收旧料。将换下的防爬器及材料及时回收。

7. 回检。收工前,作业负责人对作业地段进行全面检查验收,并做好回检记录。

8. 撤除防护。按《普速铁路工务安全规则》撤除作业防护,按作业条件开通线路。

(四)作业要求

1. 新轨撑应与原轨撑的型号一致。

2. 更换轨撑数量2个及以上应逐个更换。

3. 禁止锤击轨撑,使之强行镶入轨腰,造成轨撑损坏。

（五）技术要求

1. 轨撑与钢轨、轨撑与轨撑铁座、轨撑铁座与铁座垫片、铁座垫片与混凝土枕挡肩应密贴，间隙不超过 1 mm。

2. 联结零件齐全，作用良好。

3. 扣件扭矩应达到《普速修规》规定。

（六）作业安全

1. 防护设好后方可作业。作业中，现场防护员与驻站联络员保持联络。

2. 下道避车应执行《普速铁路工务安全规则》规定要求，人员、材料、工具不得侵入限界。

3. 轨道电路区段作业，作业机具应具备绝缘措施，防止轨道电路的短路。

第十二节　混凝土枕扣件螺栓涂油作业

一、作业目标

在线路上对混凝土枕螺栓进行去垢除锈涂油。

二、作业条件

1. 按《国铁集团铁路营业线施工管理办法》规定指定专人担任作业负责人；根据作业影响范围及列车通过容许速度，确定防护条件，防护条件执行《普速铁路工务安全规则》规定。

2. 作业中至少每隔两根轨枕，松开或卸下一个轨枕上的扣件。

三、作业程序

1. 作业准备

根据工作量调查情况，准备机油（含长效油脂）、油刷、扭力扳手、钢丝刷等工具，并检查状态是否良好。

2. 设置防护

根据作业条件，按《普速铁路工务安全规则》设置作业防护。

3. 卸下扣件

按作业计划安排，每隔两根及以上轨枕卸下一个轨枕头上的扣件。

4. 去垢除锈

用钢丝刷等工具清除螺杆根部周围、丝扣、螺帽及扣件上的油垢积锈，并进行检查。

5. 螺栓涂油

在螺杆根部及丝扣上均匀涂油。

6. 安装扣件

摆正胶垫及扣件，上好零件，拧紧螺帽，同时更换不良扣件及零件。完成一个轨枕头上的螺旋道钉涂油以后，再进行下一个轨枕头上的螺旋道钉涂油。

7. 复拧螺帽

完成一段以后或收工前，全面检查轨距，复拧一遍螺帽，列车过后再次拧紧，使扭力矩普遍达到作业验收标准要求。

8. 回检

收工前，作业负责人对作业地段进行全面检查验收，并做好回检记录。

9. 撤除防护

按《普速铁路工务安全规则》撤出作业防护，按作业条件开通线路。

四、作业要求

1. 涂油前应将扣件全部卸下，去垢除锈，不得简化作业程序。

2. 涂油必须使用符合要求的油料，必须使用长效防腐润滑脂。螺栓根部涂油量不宜过多，防止腐蚀胶垫。

3. 在作业中不得盲目提高扣压力，考虑扣压力早期衰减量。

4. 采取流水作业方法时，要明确分工，互相配合。如扣件伤损不良时，应同时更换。

五、技术要求

1. 轨枕面上的螺杆根部周围和丝扣上，去垢除锈干净，油润状态良好。

2. 扣板式扣件的扭力矩达 80～140 N·m，弹条扣件前端下颚与轨枕挡板靠贴，作业后缝隙不应大于 1 mm，日常保持缝隙不宜大于 2 mm。

3. 螺帽能正常松卸，扣件的安装符合单项技术作业标准。

六、作业安全

1. 防护设好后方可作业。作业中，现场防护员与驻站联络员保持联络。

2. 按《普速铁路工务安全规则》规定下道避车，人员、材料、工具不得侵入限界。

3. 严禁扩大施工准备范围，达到放行列车条件后方可开通线路。

4. 螺栓涂油时防止油脂滴到轨面。